THÈSES DE GRAMMAIRE

PAR B. JULLIEN

DOCTEUR ÈS LETTRES, LICENCIÉ ÈS SCIENCES

PARIS

LIBRAIRIE DE L. HACHETTE ET Cie

RUE PIERRE-SARRAZIN, N° 14

(Près de l'École de médecine.)

1855

THÈSES
DE GRAMMAIRE

Paris. — Typographie PANCKOUCKE, rue des Poitevins, 8 et 14.

A MON PÈRE

Bernard JULLIEN

Né au Péage-lez-Romans (Drôme), le 20 mai 1752
maitre ès arts et professeur
de l'ancienne Université de Paris
professeur au Prytanée militaire
de Saint-Cyr et de la Flèche
émérite en 1816
décédé au Péage, le 10 septembre 1826

Hommage d'amour filial
et de reconnaissance

ERRATA.

Page 10, ligne 7 : Souvent, *lisez* ou.
Page 20, ligne 26 : indépendantes, *lisez* dépendantes.
Page 31, ligne 24 : Arnauld avait déjà composé, *lisez* où Arnauld devait composer.
Page 31, ligne 27 : peu de temps après, *lisez* alors.
Page 33, ligne 23 : Desmarests, *lisez* Desmarets.
Page 68, ligne 18 : réclame, *lisez* en réclame.
Page 90, ligne 18 : juventem, *lisez* juventus.
Page 95, ligne 11 : dangereux. On dit, *lisez* dangereux, on dit.
Page 120, ligne 27 : serait, *lisez* il serait.
Page 140, ligne 12 : il tire, *lisez* il tira.
Page 140, ligne 37 : syn axiques, *lisez* syntaxiques.
Page 171, ligne 2, en remontant, note y, page 240, lisez note g, page 249.
Page 233, ligne 18 : s'en produisait, *lisez* : se produisait.
Page 280, ligne 17 : Julie, *lisez* Émilie.
Page 301, ligne 12 : chacun, *lisez* chacune.
Page 306, ligne 2, en remontant : Antoine Mage, *lisez* Antonin.
Page 325, ligne 26 : quantité, *lisez* qualité.
Page 356, ligne 2 : de torquet Iarabm, *lisez* detorquet Iarbam.
Page 360, ligne 19 : Mlvrai, *lisez* Mivrai.
Page 430, ligne 11 : m'oceuper, *lisez* m'occuper.
Page 437, ligne 25 : de s'étendre, *lisez* s'étendre.
Page 458, ligne 25 : des composés, *lisez* à des composés.
Page 465, ligne 17 : remontez l'exposant après le deuxième O.
Page 474, ligne 4 : pour les corps, *lisez* pour ceux.

PRÉFACE.

Ce volume peut être considéré comme faisant suite à celui que j'ai publié, il y a un an, sous le titre : *De quelques points des sciences dans l'antiquité*. Il s'agit encore ici de quelques points théoriques; mais ils sont, d'une part, étrangers à l'antiquité, et, de l'autre, se rapportent tous à la grammaire.

Seulement, cette science a ici une étendue que tout le monde ne lui donne pas. On s'accorde sur ce qu'est la grammaire proprement dite; quant à la *haute grammaire*, ou *grammaire supérieure*, c'est pour moi l'étude du langage dans ce qu'il a de beau, de séduisant pour l'imagination; c'est, en un mot, l'étude du style, ou de ses formes, de ses figures, de ses qualités et de ses défauts. Cette partie touche évidemment à la littérature ou à la rhétorique; elle s'en distingue en ce que celles-ci s'occupent avant tout des ouvrages en prose ou en vers, et ne considèrent le style qu'en tant qu'il y convient ou n'y convient pas; tandis que, selon moi, le style doit être étudié isolément et en lui-même, afin qu'ensuite, quand on viendra, dans la littérature, à parler des divers ouvrages, on applique à chacun les principes précédemment appris; qu'on emploie les formes de langage déjà connues, sans être obligé d'interrompre sans cesse et d'entrecouper, l'une par l'autre, deux doctrines aussi différentes, celle des œuvres littéraires et celle de la langue.

Les dix premières dissertations se rapportent à la *grammaire proprement dite;* les sept suivantes à la *haute grammaire*. Les trois dernières thèses appartiennent à la *grammaire appliquée*, c'est-à-dire qu'il s'y agit d'applications toutes spéciales des données de la grammaires à d'autres sciences, comme la logique, la physique, la chimie, etc.

Il semble que j'aurais dû reproduire avant toutes ces thèses celle que j'ai soutenue, en 1836, pour les épreuves du doctorat, *Sur l'étude et l'enseignement de la grammaire*, comme j'ai replacé ma thèse *Sur la physique d'Aristote* en tête du volume précédent. Je ne l'ai pas fait, parce que cette thèse, qui pouvait avoir quelque intérêt en 1836, n'en a plus aucun aujourd'hui que j'ai publié chez M. Hachette : 1° un *Cours supérieur de grammaire* en deux volumes (grand in-8° à deux colonnes), où j'ai traité d'une manière philosophique, avec plus de détails et infiniment plus d'étendue que n'en comportait ma thèse, tous les sujets que j'y indiquais, et d'autres encore; 2° un *Cours raisonné de langue française,* où j'ai mis sous une forme beaucoup plus facile tout ce qu'il y avait de pratique dans les deux volumes philosophiques dont je viens de parler. Je n'ai donc conservé de ma thèse de 1836 que la dédicace que j'en faisais à la mémoire de mon père, et je la reproduis ici, modifiée toutefois dans ses termes, et contenant des indications biographiques qui m'ont paru nécessaires.

On demandera peut-être s'il y a quelque chose de commun entre ce volume et le *Cours supérieur de grammaire,* qui semble traiter des sujets semblables. Il n'y a rien du tout, par la raison que le *Cours supérieur* est un ouvrage dogmatique, dans lequel j'ai exposé le mieux que je l'ai pu les idées des autres, sans y mêler une seule des miennes, celles-ci ayant été réservées pour l'ouvrage que je donne aujourd'hui. Cette différence dans l'objet en a entraîné une autre dans la forme générale du livre. Le *Cours supérieur de grammaire* est un véritable traité embrassant la science dans toute son étendue, divisé, pour cela, en parties, en livres, en chapitres. Le présent volume est, comme mes *Études sur quelques points des sciences,* formé de pièces indépendantes les unes des autres. C'est une suite de thèses sur diverses questions de grammaire, toutes susceptibles d'être débattues, toutes ayant pour but d'établir ce qui me semble la vérité sur des points mal connus, niés ou contestés. Ce sont donc des mémoires dont les doctrines n'auront à entrer dans un ouvrage dogmatique que quand elles auront obtenu l'assentiment des grammairiens; jusque-là, elles en doivent être exclues comme tout ce qui est paradoxal. Ainsi, ce volume est absolument nouveau dans son objet et son ensemble, quoique quelques pièces aient déjà été imprimées, surtout dans des recueils périodiques.

Paris, 10 décembre 1854.

COUP D'OEIL
SUR L'HISTOIRE
DE LA GRAMMAIRE[1].

L'origine de la grammaire, comme celle de presque toutes les autres sciences, se perd dans la nuit des temps. Qui pourrait dire quand et comment a commencé le langage? Diodore de Sicile[2] en place l'origine dans les âges les plus fabuleux; c'est aux dieux, c'est à Mercure en particulier qu'il attribue cette invention (si toutefois c'est une invention). N'est-ce pas déjà dire qu'il est impossible de rien assurer sur ce point?

Sans remonter si haut, n'est-il pas tout aussi difficile d'assigner l'époque où furent formulées, ou seulement reconnues, les règles fondamentales d'une langue ancienne?

L'écriture, même alphabétique, qui, dans l'ordre naturel

---

[1] Ce morceau avait été composé pour servir d'introduction historique à la première partie de mon *Cours supérieur de grammaire*, en 1849. Des raisons particulières ayant déterminé l'auteur et le libraire à ne pas l'admettre dans un ouvrage d'enseignement, il ne fut tiré qu'à un petit nombre d'exemplaires et distribué à quelques amis. Je le reproduis ici tel à peu près qu'il était d'abord, mais avec une ou deux additions et quelques suppressions.

[2] *Biblioth.*,], 16, n° 1.

de nos connaissances, n'a dû se produire que bien longtemps après l'écriture symbolique ou idéographique, remonte chez les Grecs au delà des temps héroïques : des vers très-connus de Lucain [1] en attribuent l'introduction en Grèce à Cadmus, que l'on suppose être venu d'Asie en Europe au milieu du XVIe siècle avant notre ère, et y avoir apporté l'alphabet usité chez les Phéniciens.

Une autre tradition plus ancienne encore et au moins aussi respectable donne cette invention à Prométhée, qui, comme l'Hermès égyptien, dont on lui fait souvent jouer le rôle dans notre occident, devrait avoir vécu plus de vingt siècles avant Jésus-Christ. C'est le vieil Eschyle, qui écrivait près de 500 ans avant le christianisme, qui, dans son *Prométhée enchaîné*, fait prononcer à son héros des vers où il se vante d'avoir trouvé l'art de l'écriture et les combinaisons des lettres [2].

Si l'on ne voulait voir dans ce fils de Japet qu'un mythe, un symbole, un personnage d'imagination, entre lui et Cadmus se trouve l'Égyption Cécrops, qui fonda le royaume d'Athènes au milieu du XVIIe siècle, et qui ne put probablement pas y introduire les arts et les lois de sa patrie sans employer en même temps l'écriture connue dans toute l'Égypte. Remarquons d'ailleurs que ce n'est pas une conjecture purement spéculative; des témoignages anciens attribuent nominativement à Cécrops cette belle importation. Tacite le met au nombre de ceux que l'on croit avoir doté la Grèce de cette utile découverte [3].

C'est dans le courant du XVe ou au commencement du XIVe siècle avant notre ère, 100 ans environ avant la guerre de Troie, qu'apparaissent les Amphion, les Olen, les Eu-

---

[1] *Pharsal.*, III, v. 220. Cf. Diod., *Biblioth.*, V, 57, nº 5.
[2] *Prometh. vinct.*, v. 460.
[3] *Annal.*, XI, 14.

molpe, auxquels des traditions confuses attribuent la première invention de ces formes de langage qu'on appelle des *vers* [1]. Ainsi la Grèce s'élançait glorieusement, sous la lumière de l'alphabet et le charme de l'harmonie, à la conquête de la science. Cependant le Latium déchirait petit à petit ce voile épais d'ignorance qui l'enveloppait de toutes parts. Sous le règne de Janus, c'est-à-dire vers le milieu du xv° siècle, on voit arriver en Italie Saturne, personnage fabuleux, mais certainement grec, qui, chassé du ciel par son fils Jupiter, y venait chercher un asile. C'est lui, selon quelques auteurs, qui aurait enseigné l'usage des lettres aux habitants de cette contrée. Selon d'autres, et cette tradition est plus vraisemblable, la connaissance de l'écriture appartient à l'âge suivant; Saturne aurait seulement appris à ensemencer la terre et à faire la moisson; et, de plus, il aurait introduit l'usage d'une monnaie sur laquelle étaient gravés, d'un côté, une tête humaine, de l'autre, un navire [2].

Mais un siècle environ après l'arrivée de Saturne, sous le règne de Faunus, 1300 ans avant notre ère, le génie littéraire des Latins semble s'éveiller. Il trouve cet ancien vers saturnien, vers rude et grossier, qui devait plus tard disparaître entièrement de la prosodie romaine, qui à cette époque paraissait sans doute plein d'harmonie aux sauvages habitants de ce pays, puisque c'était sur ce mètre que les demi-dieux Faunus et Fauna passaient pour rendre leurs oracles au fond des forêts [3]. A la même époque, l'Arcadien Évandre, fils de la nymphe Carmentis, ainsi appelée à cause de son habileté à composer des vers ou *carmes* (*carmina*), obligé de fuir de son pays, vint comme Saturne chercher un

---

[1] Voyez plus loin le *Coup d'œil sur l'histoire des formes du style*.
[2] Aur. Victor, *Origo gentis rom.*, c. 3.
[3] Varron, *De lingua lat.*, VII, 36 ; Aur. Victor, lieu cité.

asile en Italie, et apprit le premier aux Italiens à lire et à écrire[1].

L'arrivée d'Énée et d'Anténor n'est postérieure que d'une quarantaine d'années à celle d'Évandre. On peut donc croire qu'en effet, c'est vers cette époque que l'art de l'écriture s'introduisit dans le Latium, ou par ce prince, ou par les Troyens fugitifs, dont quelques-uns, au moins, devaient connaître les arts de la Grèce.

Ainsi, la science grammaticale des siècles héroïques se borne dans les deux pays de l'antiquité classique, d'une part à la connaissance des lettres et de l'écriture; de l'autre, à la détermination de certaines formes de langage assez harmonieuses pour qu'on les ait distinguées du langage habituel par un nom particulier.

L'âge suivant n'apporta pas de grands changements dans cette connaissance : quelques distinctions nouvelles dans les lettres ou dans les sortes de vers sont à peu près tout ce que la grammaire peut remarquer entre la guerre de Troie et l'époque de Thalès. Mais alors arrivent les siècles philosophiques, et en même temps se prépare l'étude théorique du langage.

On ignore entièrement ce qu'ont pu faire Iléus et Lamprus, grammairiens cités par Aristote[2]; c'est sans doute être bien généreux que de regarder comme très-significatif ce titre qui leur est donné par les anciens. Platon lui-même, qu'on a voulu prendre pour l'un des fondateurs de la grammaire théorique, parce que dans plusieurs de ses dialogues, et en particulier dans son *Cratyle*, il indique quelques questions qui touchent à la connaissance des mots et aux étymologies, est tombé à cet égard dans des puérilités telles, qu'on ne saurait, non plus, le citer comme ayant mérité

---

[1] Aur. Victor, *Origo gentis rom.*, c. 5.

[2] *Magn. moral.*, II, 7, t. II, p. 182 B, édit. Duval; Vossius, *De arte gramm.*, I, 3.

cette réputation. Thurot [1] le juge très-bien, et très-favorablement, quand il dit qu'on avait encore si peu réfléchi sur l'art de parler et sur celui d'écrire, que Platon paraît avoir eu très-peu de connaissances sur l'origine de ces arts. Il serait juste d'ajouter que l'esprit poétique de ce philosophe, et son imagination souvent désordonnée, le rendaient peu propre à l'examen de ces questions, à la solution de ces difficultés.

C'est réellement Aristote, qui, là comme partout, nous offre le premier modèle d'une science positive, très-peu avancée sans doute, établie du moins sur des observations bien faites. On trouve chez lui un ouvrage entier, le *Traité de l'interprétation*, et divers chapitres de ses *Catégories*, de sa *Poétique*, de sa *Rhétorique*, où il discute des questions de grammaire, et les résout comme on les résoudrait de nos jours. On prétend qu'il fut aidé dans ses recherches grammaticales par Théodecte, qui avait été son condisciple dans l'école de Platon. Ce qu'il y a de sûr, c'est qu'ils avaient sur beaucoup de points les mêmes idées, et qu'ils reconnaissaient tous deux les mêmes espèces de mots, savoir : les *noms*, les *verbes* et les *liaisons*. Quintilien, qui nous fournit ce détail [2], ne définit malheureusement pas ces liaisons; on peut être sûr toutefois qu'une expression si vague ne représentait pas aux grammairiens qui l'employaient une idée bien précise. C'était toujours un grand point d'avoir remarqué ces analogies et ces différences, à l'aide desquelles nous classons nos idées et leur expression.

Les premiers stoïciens, Zénon, Cléanthe, Chrysippe, qui suivirent de près Aristote, continuèrent son travail et poussèrent plus loin que lui la distinction des mots. Ils en reconnurent cinq espèces, qu'ils nommèrent aussi les par-

---

[1] *Hermès*, Disc. prélimin., p. xvj.
[2] *Instit. orat.*, I, 4, n° 18.

ties du discours, savoir : 1° le *nom propre;* 2° le *nom commun* ou *appellation;* 3° le *verbe;* 4° la *liaison*, qui comprenait sans doute la préposition et la conjonction ; 5° l'*article*. D'autres ajoutaient le *participe* et l'*adverbe* ¹.

Bientôt vinrent ces professeurs célèbres, ces savants conservateurs de la bibliothèque d'Alexandrie sous les Ptolémées, qui passent avec raison chez les anciens pour avoir le plus avancé l'étude de la science, Zénodote d'Éphèse, Callimaque, l'oncle du poëte; Ératosthène de Cyrène, Aristophane de Byzance, l'inventeur des accents ; Aristarque de Samothrace, son élève, dont le nom était devenu chez les anciens, et est resté chez nous, synonyme d'excellent critique ; Cratès de Mallus, l'adversaire d'Aristarque², qui, en 166 avant J.-C., introduisit à Rome l'étude de la grammaire. Ayant été, en effet, envoyé au sénat par le roi Attale, entre la première et la seconde guerre punique, il eut le malheur, en se promenant par la ville, de tomber dans un égout et de s'y casser la jambe. Il mit à profit le temps que dura sa convalescence pour ouvrir chez lui des conférences de grammaire, qui furent suivies avec empressement et imitées depuis par les Romains ³.

La science, dès cette époque, c'est-à-dire vers le troisième siècle avant notre ère, était donc constituée. Elle occupait d'une manière exclusive certains hommes qui prenaient le titre de *grammairiens*. Toutefois, il ne faudrait pas se faire une idée de la grammaire ancienne par ce que nous voyons aujourd'hui. Chez nous, en effet, tout est parfaitement défini : les limites des sciences sont précises et leurs parties bien déterminées. Chez les anciens, rien de pareil. Le grammairien ne s'occupait pas seulement d'établir les

---

¹ Quintil., *Instit. orat.*, 1, 4, n° 19.
² Ficker, *Hist. abr. de la littérature ancienne*, traduction de M. Theil, t. 1, p. 186.
³ Suétone, *De illustr. gramm.*, c. 2.

règles générales du langage, il expliquait les expressions difficiles, les locutions vieillies ou étrangères; il rassemblait des passages explicatifs tirés d'autres écrivains ; il donnait des éditions annotées d'ouvrages entiers ; résolvait les difficultés de certains passages; faisait dans les textes les changements qu'il croyait nécessaires, et rédigeait le catalogue critique des écrivains classiques [1]. Tout cela nous semble fort éloigné de la grammaire proprement dite; et, pour tout dire en un mot, c'est moins notre science grammaticale que des *commentaires* de tout genre, c'est-à-dire des suites de notes sur toute la teneur d'un ouvrage. Un *commentaire* a, en effet, 1° une partie historique, qui consiste à chercher les coutumes ou les circonstances auxquelles le texte se rapporte ; 2° une partie critique qui pèse les variantes, discute l'autorité des textes ; 3° une partie lexicographique, si l'on réunit les mots peu connus ou qui ont besoin d'explication ; 4° une partie littéraire, si l'on juge l'ouvrage du point de vue de la composition et des règles de l'art; 5° enfin, une partie purement grammaticale ou technique, si l'on note les innovations, si l'on explique les différentes figures, si l'on montre les principales beautés du style. Nous avons des commentaires où toutes ces parties se trouvent ensemble ; d'autres sont plus spécialement consacrés à l'une ou à l'autre [2]. Telle était la grammaire pour les anciens, telle nous la trouvons dans le plus ancien *Manuel de grammaire grecque* qui nous soit parvenu, peut-être même le premier qui ait été composé vers 60 avant J.-C. [3], je veux parler du *Manuel* de Denys de Thrace, le plus célèbre des élèves d'Aristarque.

Ce grammairien, en effet, sans changer pourtant ni res-

---

[1] Ficker, ouvr. cité, t. I, p. 184.
[2] *Cours supérieur de gramm.*, t. Iᵉʳ, p. 295, mot *Commentaire*.
[3] Ficker, ouvr. cité, t. I, p. 187.

treindre le domaine trop étendu de la science de son temps, en détermina du moins les divisions principales. Il rédigea un ouvrage divisé en six parties, savoir : 1° la lecture selon les accents ; 2° l'explication des tropes ou figures poétiques ; 3° l'interprétation des dialectes, des mots extraordinaires et de certains points historiques ; 4° la découverte de l'étymologie des mots ; 5° l'exacte recherche de l'analogie ; 6° la manière de juger les poëmes, ce que Denys regarde comme la plus belle et la plus importante partie de son art.

On est frappé sans doute du désordre qui règne dans ce plan. Quelques parties, comme la lecture et l'écriture, appartiennent à la grammaire élémentaire ; d'autres, comme les tropes, les figures, ne sont à leur place que dans l'étude du style et des formes de langage les plus élégantes. L'explication des dialectes et la recherche des analogies rentrent dans la grammaire élémentaire ; la manière de juger les poëmes suppose un cours de critique littéraire et philosophique. Ce désordre même prouve que la science grammaticale était encore bien nouvelle et fort incomplétement définie ; du moins formait-elle une science réelle, et si nous en avons, depuis, rapporté les parties à des branches diverses de la science du langage, si même nous avons donné des titres différents aux savants qui s'en occupent, nous ne pouvons nier cependant que ce ne fût déjà un ensemble imposant par sa grandeur.

La division précédente une fois établie, on commença à en désigner sous des noms particuliers les diverses parties. On appela *techné* ou *ars* la grammaire méthodique, celle que nous comprenons spécialement sous ce nom ; et *exégèse* ou *grammaire exégétique* ou *historique* celle qui s'occupe du vrai sens, de l'étymologie, de l'histoire ou de l'emploi des mots. Cette dernière était presque toute la grammaire primitive ; ceux qui s'en occupaient étaient appelés *grammairiens, philologues, lexicographes, critiques*, etc : les autres, connus aussi comme grammairiens, portaient le nom spécial de *technographes* ou *artigraphes*. La grande utilité de leurs ouvrages leur fit prendre successivement une importance telle que le nom de grammairiens leur appartint plus tard exclusivement : et nous en verrons la raison, quand nous parlerons de la grammaire chez les modernes.

Toujours est-il que la grammaire proprement dite commença à prendre son rang, et que bientôt parurent des hommes qui la représentaient honorablement, tels que Tryphon, Habron, Philon de Byblos, Séleucus, Nicanor, Apollonius et son fils Hérodien. Apollonius surnommé Dyscole, c'est-à-dire *le Difficile*, à cause de la difficulté de son style, ou de celle des questions qu'il traite, ou par suite de son caractère hargneux et contredisant, était né à Alexandrie, dans les premières années du deuxième siècle de notre ère. Il a toujours passé pour un des grammairiens grecs les plus habiles ; se rattachant par ses études comme par ses livres et ses idées aux chefs les plus illustres de l'érudition alexandrine, il avait recueilli, soit directement, soit indirectement, les leçons de ces maîtres habiles, et, de plus, dans ce qui nous reste de lui, il expose avec soin sur chaque sujet la doctrine de ses devanciers, de sorte qu'il est en même temps pour nous l'historien le plus instructif et le meilleur représentant des études grammaticales dans l'antiquité grecque [1].

L'exposé fidèle des doctrines d'Apollonius, faite dans ces derniers temps par M. Egger, est donc le meilleur spécimen de l'état de la science théorique chez les Grecs, et il nous donne partout la preuve de l'inexpérience des anciens dans l'art d'appliquer l'analyse et le raisonnement au langage, comme la donnent aussi à tout moment leurs livres de scien-

---

[1] M. Egger, *Apollon. Dyscole*, in-8°, 1854, c. 1, § 1, p. 11 et 12.

ces en d'autres matières ; leurs traités d'arithmétique et de géométrie, leurs thèses de philosophie et de dialectique.

Les Grecs ne savaient ni saisir, dans une question à exposer, le vrai point de la difficulté, ni surtout y arriver par le plus court chemin. Loin de là ils s'attachaient presque sans exception à des circonstances tout à fait accessoires, souvent indifférentes, et ne parvenaient que par de longs détours à faire comprendre ce qu'ils voulaient dire, et qui souvent ne servait à rien.

J'en emprunterai un exemple à Apollonius lui-même ; il s'agit du pronom qu'il définit ainsi : « C'est un mot qui se met à la place du nom, qui représente des personnes déterminées, qui a des cas et des nombres irréguliers, lorsqu'il n'a pas de formes pour marquer les genres [1]. »

Je n'examine pas la définition en elle-même ; il est tout simple que par suite du travail d'analyse qui s'est fait pendant tant de siècles et dont les anciens avaient fourni les premiers matériaux, nous soyons arrivés à quelque chose de plus simple et de plus exact ; mais nous ne pouvons nous empêcher d'être surpris qu'un grammairien habile n'ait pas distingué ce qui tient à la nature des mots, qui doit seul entrer dans leur définition, de ce qui n'est qu'un accident de langage, et qui se trouvera dans leur déclinaison.

Ici Apollonius insiste sur ce que les pronoms qui n'ont pas de forme pour marquer les genres, c'est-à-dire ceux de la première et de la seconde personne (exclusivement à ceux de la troisième qui varient du masculin au féminin et au neutre) sont irréguliers dans leurs cas ou dans leurs nombres : c'est comme si nous faisions entrer dans la définition de nos adjectifs possessifs *mon*, *ton*, *son*, qu'ils ont le singulier féminin terminé en *a* et non pas en *e* muet ; il n'y a personne qui ne dît que cela ne fait rien à ces adjectifs con-

[1] M. Egger, ouvr. cité, c. 4, § 2, p. 194.

sidérés en eux-mêmes, et qu'il sera temps de faire cette remarque quand on étudiera leurs diverses formes.

Les anciens n'étaient pas si avancés, et la curieuse et intéressante discussion d'Apollonius sur ce point, discussion traduite avec soin par M. Egger[1], montre bien que pour lui c'était une définition formellement arrêtée à laquelle il ne croyait pas qu'on reprochât jamais de pécher par excès ou par défaut.

M. Egger remarque lui-même un peu plus loin[2] « cette sorte de maladresse d'Apollonius à désigner par des mots simples et justes, certains faits grammaticaux aujourd'hui familiers à l'intelligence de nos plus jeunes écoliers. » Il revient sur la même pensée en d'autres termes, et pour un sujet tout différent, dans le chapitre consacré à la théorie générale de la syntaxe[3]. « Apollonius, dit-il, ne sait pas distinguer par des termes précis le *sujet* et le *régime* d'un verbe; il lui faut de longues périphrases pour expliquer l'emploi des cas obliques au lieu du cas direct dans le voisinage d'un verbe.... Il est plus loin encore de connaître les règles de *position* qui jouent un si grand rôle dans la syntaxe de plusieurs langues, et particulièrement dans la nôtre.... » Cette maladresse ou, pour parler sans figure, cette ignorance des formes à la fois faciles et solides de l'exposition didactique, est le caractère commun de toute l'antiquité. C'est un des points par où la supériorité de l'intelligence moderne (due, répétons-le bien, au profit que nous avons tiré des travaux anciens), est le plus incontestablement établie. Elle ne se borne pas aux définitions, ni aux règles données, ni à la forme des démonstrations, ni à quelques sujets exclusivement à d'autres. Elle s'étend dans

---

[1] *Apollon. Dyscole*, p. 95.
[2] Ouvr. cité, c. 4, § 3, p. 122.
[3] Ouvr. cité, c. 7, p. 237.

tous les genres, à tout ce qui dépend du raisonnement, elle embrasse l'exposition entière des vérités dogmatiques. Ce fait grave ne saurait être trop sérieusement médité par ceux qui s'occupent de l'histoire ou de l'enseignement des sciences. Il explique comment aucun ouvrage ancien ne peut être aujourd'hui employé tel qu'il est pour aucune étude, bien que souvent ce soit l'œuvre d'un homme de génie, tandis qu'au contraire d'excellents traités peuvent être dus chez nous à des hommes relativement médiocres. Seulement ceux-ci ont profité, pour le perfectionnement de leur œuvre, de ce que le temps, les mœurs, le langage, et particulièrement les discussions théologiques, philosophiques, politiques, littéraires et autres, ont introduit dans nos esprits d'ordre, de régularité, de précision, de méthode.

Après Apollonius, la grammaire continua d'être cultivée en Grèce, d'abord par son fils Hérodien, qui fut dans l'érudition grammaticale ce que son père avait été pour la philosophie de la science [1], un infatigable chercheur. Mais les recherches et les travaux ne changèrent pas sensiblement de caractère, ni alors, ni dans les longs siècles qui s'écoulèrent jusqu'à la renaissance.

Nous avons vu comment la grammaire avait été introduite à Rome par Cratès de Mallus. Elle y eut la même étendue un peu indéterminée, les mêmes formes et les mêmes allures qu'en Grèce : *In grammaticis (conclusa sunt)*, dit Cicéron [2], *poetarum pertrectatio, historiarum cognitio, verborum interpretatio, pronuntiandi quidam sonus*. Peu de temps après le départ de Cratès, Octavius Lampadion divisa en sept livres et expliqua la *Guerre punique* de Névius; plus tard Vargunteius lut et interpréta devant un nombreux auditoire les *Annales* d'Ennius; Archelaüs et Philo-

---

[1] M. Egger, ouvr. cité, c. 1, § 2, p. 36 à 38, c. 2, § 1, p. 55.
[2] *De Orat.*, I, 42, n° 187.

comus expliquèrent aussi et firent apprécier les *Satires* de Lucilius[1]. Le vieux Caton s'était enfin occupé de recherches grammaticales sur l'origine des mots. On trouve des fragments de ses recherches dans la collection des grammairiens[2].

Ce furent surtout les chevaliers romains Lucius Ælius et Servius Clodius qui, au rapport de Suétone[3], étendirent et perfectionnèrent le plus à Rome l'étude de la grammaire. Après eux, et sans compter les grands hommes, comme Cicéron et César, qui y donnèrent aussi leurs soins, Varron, Verrius Flaccus, Asconius Pédianus, Valerius Probus, Palémon, Aulu-Gelle, Censorin, Macrobe, Capella, Fronton, Nonius Marcellus[4], Isidore de Séville et beaucoup d'autres dont il ne nous reste que des fragments, s'occupèrent exclusivement de cette partie de la grammaire que nous avons, comme les anciens, désignés sous le nom d'*exégétique,* qui traite de la philologie, de l'étymologie, des recherches sur les mots.

Mais Ælius Donat, né au milieu du quatrième siècle, et qui fut le maître de saint Jérôme, écrivit sur les lettres, les syllabes, les pieds, les accents et les huit parties du discours, un ouvrage qu'on peut regarder comme la première grammaire méthodiquement composée[5] et entendue à la façon des modernes. Elle a été, pendant le moyen âge, le manuel ordinairement en usage dans les écoles, et a en quelque sorte servi de modèle aux autres grammaires latines, particulièrement à celles de Sosipater Charisius et de Diomède, qui ouvrent le recueil de Putsch[6].

---

[1] Suet., *De illustr. gramm.*, c. 2.
[2] Ficker, ouvr. cité, t. II, p. 30.
[3] *De illustr. gramm.*, c. 2.
[4] Ficker, ouvr. cité, t. II, p. 113, 170, 215.
[5] Ficker, ouvr. cité, t. II, p. 219.
[6] *Grammaticæ latinæ auctores antiqui*, Hanov., 1605.

Priscien de Rome, élevé à Césarée, fut, au commencement du sixième siècle, professeur de grammaire à Constantinople. Il nous a laissé, sous le titre de *Commentaires sur la grammaire*, en dix-huit livres, l'ouvrage le plus étendu et le plus riche sur les principes de la langue latine [1]. Il traduit souvent, résume ou développe Apollonius Dyscole, et applique à sa langue les principes que son modèle appliquait à la langue grecque. Priscien représente donc pour nous l'état le plus élevé où soit parvenue chez les anciens la grammaire proprement dite, celle qui a pour objet spécial l'étude des mots dans leur orthographe et leurs formes déclinées ou conjuguées et leur arrangement dans les phrases. Cette science ainsi limitée par Donat, comme nous l'avons vu, et dont l'importance devait finir par lui mériter exclusivement et excellemment le nom de *grammaire*, se maintint, soit en Orient, soit en Occident, pendant la décadence et même après la chute de l'empire romain. Enfin, en 1453, après la prise de Constantinople, quelques Grecs instruits vinrent en Italie et y réveillèrent l'amour et l'étude du grec.

Mais ce fut surtout au seizième siècle, à cette époque du plus grand mouvement peut-être de l'esprit humain, que la grammaire commença, comme tant d'autres choses, à prendre une face nouvelle. On sortit d'abord des routes battues par l'antiquité, c'est-à-dire qu'on ne s'occupa plus seulement du grec et du latin ; beaucoup d'écrivains prirent leur propre langue, particulièrement la langue française pour objet de leurs études. Ils s'évertuèrent à établir dans tous les genres et sur tous les points, ou la vérité absolue, ou l'opinion la plus probable. Il serait impossible de faire connaître tous ceux qui, à cette époque, s'occupèrent de ces questions ; ils sont si nombreux, que déjà on doit les

---

[1] Ficker, ouvr. cité, t. II, p. 220.

diviser en différentes classes, si l'on veut se faire une idée nette du travail auquel ils se livrèrent.

Les uns, que j'appellerai volontiers *rhéteurs* ou *dissertateurs*, prennent les qualités ou les défauts de la langue pour sujets de dissertations quelquefois solides, souvent plus ingénieuses que graves, la plupart du temps inutiles, quand, par la force des choses, la question se trouve enfin décidée selon ou contre le vœu de l'auteur. A la tête de ces écrivains se place Henri Estienne, dont les discours ou dialogues *Du langage françois italianisé*, *De la conformité du langage françois avec le grec*, *De la précellence du langage françois*, devaient avoir et ont eu en effet une grande réputation, parce qu'ils présentaient, quand ils ont paru, l'intérêt qui s'attache toujours à la polémique.

Les discussions entre Cureau de la Chambre et Belot, rappelées par Ménage, dans sa *Requête des dictionnaires*; celles qui éclatèrent en 1670 et 1671, à l'occasion des inscriptions, entre Desmarest de Saint-Sorlin, d'une part, Santeuil et Commire de l'autre; celles qui s'élevèrent, en 1676, entre l'abbé de Bourzéis et Charpentier, à l'occasion de la défense de notre langue par celui-ci, occupèrent vivement et par la même raison, les contemporains, et sont, comme les pamphlets d'Henri Estienne, oubliées ou délaissées aujourd'hui. C'est le sort commun de toutes ces dissertations où le sujet, presque infini dans son étendue, mal défini dans sa nature, embrasse des questions extrêmement complexes, que personne ne peut résoudre d'une manière péremptoire, et qu'on abandonne bientôt parce qu'il n'y a aucune connaissance positive à y acquérir.

Les grammairiens que je nomme *annotateurs*, dans un cercle beaucoup plus circonscrit, font un travail sans contredit plus utile. Ils observent les mots, les locutions, les tours de phrase employés soit par les écrivains, soit par le public, ils en établissent la convenance et la légitimité, ou l'inconvenance et la barbarie, tantôt par la discussion, tantôt en citant des autorités. Comme les scoliastes de l'antiquité, dont ils font la fonction, ils ne s'astreignent la plupart du temps à aucun ordre didactique, et l'on ne peut retrouver ce qu'on a lu chez eux qu'au moyen de tables bien faites. Les *Remarques* de Scudéri, et surtout les *Sentiments de l'Académie sur la tragi-comédie du Cid*, les *Remarques sur la langue françoise*, de Vaugelas, augmentées plus tard de celles de Thomas Corneille et des *Observations* de Patru; les *Doutes sur la langue françoise*, par le P. Bouhours; ses *Remarques nouvelles sur la langue françoise*, et la *suite de ces Remarques*; les *Synonymes* de l'abbé Girard; les *Remarques sur Racine*, par l'abbé d'Olivet; le *Commentaire sur Corneille*, par Voltaire, et une multitude d'autres ouvrages appartiennent à cette catégorie; ils ont tous une utilité directe, et permettent de déployer assez de goût ou d'érudition pour que quelques-uns aient immortalisé leurs auteurs.

Les *étymologistes* pourraient faire à eux seuls une espèce à part; ils recherchent avec soin l'origine et la filiation des mots. Cette partie de la grammaire, qui exige l'érudition la plus profonde et l'attention la plus scrupuleuse, est en même temps l'une des plus utiles quand on a assez de réserve pour ne voir que ce qui est et ne pas s'abandonner aux illusions. Malheureusement il est difficile de résister à son imagination quand on poursuit la trace d'un mot dans les ombres de l'antiquité, et qu'on peut se représenter si facilement des formes qui peut-être n'ont jamais existé, mais que l'esprit crée, quand il en a besoin, à l'instant même. Aussi, bien peu d'étymologistes ont su se défendre de faire des romans, et leur nom, à cause de cela, est souvent pris en mauvaise part, au moins par les esprits sérieux, qui n'admettent dans les sciences que ce qui est démontré. Ménage, né en 1613, le président de Brosses, né en 1709,

Court de Gébelin, né en 1725, ont beaucoup écrit dans ce genre. Barbazan et Lacurne de Sainte-Palaye se sont aussi occupés des étymologies du français, mais l'un et l'autre d'une manière beaucoup plus sérieuse et surtout plus certaine, en s'appuyant sur les recherches faites dans notre ancien langage.

C'est en effet de cette manière seulement qu'on pourra arriver à quelque résultat solide sur ce point difficile : aussi n'y a-t-il plus aujourd'hui, quant à la manière d'étudier, aucun dissentiment parmi nos érudits. Ils ont tous renoncé à ces systèmes préconçus par lesquels ils voulaient retrouver toute notre langue, les uns dans l'hébreu, ceux-là dans le basque, ceux-ci dans le celtique. On laisse aujourd'hui ces imaginations creuses à ceux qui, manquant des connaissances positives, tâchent de les remplacer par l'arrangement ingénieux d'un petit nombre d'idées chimériques. Les vrais savants étudient dans tous nos vieux auteurs les formes réelles de nos mots, et, remontant ainsi de proche en proche à leur forme originelle, indiquent leur étymologie, sinon avec une certitude entière, au moins avec toute la probabilité que peut donner l'expérience, que peut confirmer le grand nombre des exemples.

Les *grammairiens dogmatiques*, dont il nous reste à parler, et sur lesquels nous nous étendrons davantage, sont ceux qui essayent de réunir tous les faits particuliers d'une langue sous un petit nombre de règles générales, ou d'exceptions à ces règles; ce sont ceux dont les ouvrages ont le plus d'importance, puisque c'est sous leur direction que les langues s'apprennent, et que leurs principes, quand ils sont adoptés, servent de type pour apprécier la pureté du style des écrivains.

Toutefois ces grammairiens dogmatiques doivent encore être divisés en deux classes. Les uns sont des praticiens; ils ont réuni sous la forme la plus favorable à l'enseignement de l'enfance, les règles déterminées par les grammairiens antérieurs et suivies par la plupart des auteurs. Comme leurs livres sont destinés aux écoles de tous les degrés, il s'en fait quelquefois une consommation incroyable : tel de ces ouvrages, aujourd'hui surtout, est tiré tous les ans à quatre-vingt ou cent mille exemplaires. Mais cette vogue extrême n'a rien de durable; et bien que quelques-uns de de ceux qui ont écrit sur la grammaire élémentaire aient été des hommes d'un mérite réel, comme Restaut, par exemple, l'abbé Vallart, de Wailly, Lhomond, cependant, une fois passé le moment de la faveur publique, il n'y a plus rien à en tirer. D'autres méthodes succèdent, quelques changements s'introduisent, soit dans l'orthographe, soit dans la division des espèces de mots ou dans la syntaxe, et l'auteur en vogue dix ans auparavant, est, un peu plus tard, totalement abandonné. Il n'a pas même l'avantage d'être recueilli par les érudits ni les grammairiens philosophes : car, comme il n'a rien dit de son chef, qu'il n'a fait qu'abréger ou mettre en ordre ce que d'autres avaient trouvé ou établi les premiers, c'est à ceux-ci qu'on a recours, c'est à eux qu'on demande non-seulement leurs règles, mais les faits sur lesquels ils les ont fondés, et par la synthèse desquels, lors même qu'ils se sont trompés, ils ont du moins ouvert une route nouvelle à l'esprit humain.

Les grammairiens théoriciens sont donc les grammairiens par excellence, ceux dont la science et le public intelligent tirent le plus d'utilité. Ils font dans leur domaine ce que les autres savants font dans le leur ; c'est-à-dire qu'après avoir reconnu tous les faits particuliers ou discrets qui forment le langage, ils recueillent soigneusement ceux qui ont entre eux de l'analogie, les réunissent dans des groupes bien déterminés, et formulent ainsi, sous le nom de *règles* ou *principes généraux*, des propositions concrètes, applicables à un grand nombre de ces faits.

La science grammaticale, considérée de ce point de vue, est une des études les plus nobles, les plus utiles et les plus intéressantes dont les hommes se puissent occuper; car elle permet d'étudier dans son expression la plus naturelle, la plus pure et la plus complète, je veux dire dans le langage, l'esprit humain lui-même, l'objet le plus important sans doute de nos études : elle l'étudie surtout sur un sujet positif bien déterminé, et qui ne permet pas de s'égarer comme le font trop souvent les purs métaphysiciens, dans les régions imaginaires, ou à la recherche de divisions systématiques ou de principes sans application.

Un exemple intéressant expliquera ce que je veux dire. Beauzée et Domergue se fondant sur ce que les philosophes distinguent soigneusement les substances de leurs modifications, et considérant que les adjectifs et les verbes modifient les substantifs, mettent ensemble ces deux espèces de mots[1]. N'est-ce pas là sacrifier tous les avantages d'une bonne division au vain plaisir d'établir une classification toute métaphysique? Quelle utilité le grammairien tirera-t-il de la réunion des adjectifs et des verbes, si ces deux mots ne se comportent jamais de la même manière? s'ils n'ont pas les mêmes désinences? ni en général les mêmes accidents? N'aurait-on pas mieux fait de les écarter l'un de l'autre?

Harris fait une faute semblable. Il analyse une période et remarque que quelques mots comme *Dieu, créa, aimable, sommeil,* conservent encore un sens lorsqu'on les détache de la phrase où ils entrent; que d'autres, au contraire, tels que *qui, la, pour, de,* deviennent tout à fait insignifiants, non qu'ils le soient absolument et en eux-mêmes, mais parce que, se rapportant toujours à un autre mot, ils ont

---

[1] *Encyclopédie* (Gramm. et littér.), article *Mot*, t. II, p. 572, 574 et 581. Lemare a dit la même chose.

besoin, pour former un sens, d'en être précédés ou suivis[1]. Cette analyse d'Harris n'est peut-être pas aussi exacte qu'il le pensait; mais supposons-la vraie : sur ce principe il divise les mots en *principaux* ou *absolument significatifs* et *accessoires*, ou *qui ne signifient que par relation à un autre mot*. Que résultera-t-il pour nous de cette distinction? Rangerons-nous l'article *le, la, les*, dans la même catégorie que les prépositions *de* et *pour?* Et quand on aura mis *qui, que, lequel* dans la classe des accessoires, et *aimable* dans celle des principaux, empêchera-t-on ces deux mots de se comporter partout de la même manière? Fera-t-on qu'il n'y ait pas avantage à les étudier ensemble ou au moins l'un après l'autre?

Disons le nettement. Ces auteurs qui établissent ainsi à grand' peine une division métaphysique sans aucune application immédiate, ressemblent à un anatomiste qui, méconnaissant l'analogie entre nos deux yeux ou nos deux oreilles, l'établirait entre une oreille et un œil, sur la raison qu'ils sont tous les deux à droite ou tous les deux à gauche. Sans doute cette position est une analogie, mais qui n'a aucune influence sur la nature intime de nos organes, et qu'il faut absolument laisser de côté quand on étudie sérieusement les choses.

En fait, la nature nous guide lorsque nous parlons, et nous fait appliquer par la seule force de l'analogie des règles très-certaines et indépendantes de principes dont nous ne nous rendons pas facilement compte. Ces principes tiennent évidemment à un travail caché de nos esprits, travail dirigé cependant d'une manière si uniforme, que les orateurs, les écrivains, les poëtes, s'accordent dans la pratique sur l'emploi des mots, leur construction ou leur syntaxe. Comment, dira-t-on, pouvons-nous appliquer ces règles si nous ne les

---

[1] Thurot, *Hermès*, traduit d'Harris, I, 3, p. 24.

connaissons pas, bien loin de pouvoir les énoncer? Il n'y a ici qu'un mot à répondre : nous les appliquons d'instinct; exactement comme nous marchons ou prenons quelque chose, sans connaître en aucune façon les nerfs qui transmettent aux extrémités ni les muscles qui font exécuter à nos jambes ou à nos mains les ordres de la volonté. Les recherches des anatomistes, continuées pendant des siècles, corrigeant successivement les erreurs précédemment admises, n'ont pas moins fini par constituer un ensemble de connaissances positives dont les temps modernes peuvent avec raison être fiers.

Il en est de même dans ce que je pourrais appeler l'anatomie des opérations grammaticales de notre entendement. Certes c'est une vue d'analogie qui nous fait accorder l'adjectif et le substantif : mais celui qui ne verrait là dedans, par exemple, qu'une parité de consonnances se ferait certainement une idée fausse. C'est réellement une analogie d'idées qu'expriment dans nos langues indo-européennes l'accord de ces mots et tous les autres accords, tandis que les compléments de toute espèce expriment une relation de dissemblance.

Or, indiquer toutes les nuances de similitude ou de différence que notre esprit conçoit; montrer comment et par quels degrés il passe des unes aux autres; prouver par l'application même et les formes du langage qu'en effet la théorie n'a rien de fantastique ou qui n'ait sa vérification dans la façon dont nous concevons, formons, classons et assemblons nos idées : c'est là l'objet de la grammaire, vue d'une manière philosophique : c'est, sous tous les rapports, une science fort élevée et qui demande une capacité d'intelligence et de raisonnement assez peu commune.

Cette science, quelle qu'elle soit, a eu, en France surtout, une suite remarquable de représentants illustres. Sans doute ces représentants ne sont pas nombreux; mais la suite n'en est, pour ainsi dire, pas interrompue depuis le seizième siècle, et tous concourent plus ou moins à élever le grand et beau monument que nous avons aujourd'hui sous les yeux.

Le premier de tous est peut-être l'Anglais Palsgrave, qui publia en 1530, à Paris, une grammaire française sous ce titre : *Esclarcissement de la langue françoyse* [1]. L'année suivante vit paraître la grammaire d'un homme bien plus célèbre, car il est cité par presque tous ceux qui le suivent : c'est le médecin Jacques Dubois, dit *Sylvius*, né près d'Amiens en 1478, mort en 1555, dont la sordide avarice avait tellement irrité ses écoliers, qu'ils affichèrent sur sa porte, le jour de sa mort, un distique de Buchanan, dont le sens était : « Ci-gît Sylvius, qui n'a jamais rien donné gratuitement; et maintenant qu'il est mort, si quelque chose lui fait peine, c'est que tu lises cette épitaphe sans payer. »

Ce médecin n'était pas moins un habile grammairien et un profond humaniste. Il publia, en 1531, chez Robert Estienne, une grammaire française écrite en latin selon l'usage du temps [2], où, au milieu de principes singulièrement hardis, et reconnus aujourd'hui erronés, on trouve de très-bonnes règles, des inventions fort heureuses et des étymologies aussi vraies qu'intéressantes. Une de ses inventions les plus utiles est peut-être celle de la cédille, quoiqu'on l'attribue en général aux Espagnols. Voici, en effet, comment y arrive Sylvius [3]. Il expose dans son introduction un système d'écriture dont le but est de concilier l'écriture étymologique et la prononciation. Ce système, inadmissible à cause de la complication extrême qu'il mettrait dans l'é-

---

[1] Voyez dans l'*Histoire des révolutions du langage en France*, par M. Francis Wey (p. 262 à 275), une analyse très-développée de cet ouvrage presque introuvable aujourd'hui.

[2] J. Sylvii *In linguam gallicam isagoge*, etc.

[3] M. Wey (ouvr. cité), p. 280, attribue aussi à Dubois cette invention.

criture, consiste à garder partout les lettres étymologiques, et à figurer au-dessus la prononciation qu'on leur donne actuellement. Par exemple, dans *nous lisons*, ce mot venant du latin *legimus*, Sylvius l'écrit *nous ligons;* et, pour qu'on ne se trompe pas, sur la prononciation, il place au-dessus du *g* une petite *s*, chargée de représenter le son du mot. On voit tout de suite où nous mène ce système : chaque combinaison de deux lettres est presque pour nous comme un caractère nouveau à apprendre; et si vingt de nos lettres peuvent ainsi, dans les transformations du langage, être remplacées par dix autres, ce qui n'est peut-être pas dire assez, c'est comme si nous avions à apprendre un alphabet de deux cents lettres; ajoutez à cela le langage primitif et le langage actuel qu'il faut toujours avoir présents à l'esprit, et vous concevrez que le système d'écriture de Sylvius, malgré ce qu'il avait d'ingénieux, n'ait eu aucun succès.

Toutefois, dans quelques circonstances, cette indication peut avoir son utilité. Si, par exemple, une consonne change très-souvent le son qui lui est propre en celui d'une autre, comme le *c* que nous sommes forcés de prononcer *s* dans *traça, façon, reçu,* et tant d'autres mots, l'idée de mettre une petite *s* au-dessus du *c* était certainement très-avantageuse : c'est ce qu'a fait Sylvius. Depuis nous avons déplacé cette *s*, nous l'avons mise au-dessous du *c*, mais le principe est le même; et si cette invention nous est si commode que nous n'ayons rien trouvé de mieux, c'est à Sylvius que l'honneur semble devoir en revenir.

Peu de temps après Sylvius, Étienne Dolet et Louis Meigret publièrent des ouvrages de grammaire intéressants. Dolet, né en 1509 à Orléans, brûlé à Paris en 1546, comme coupable d'athéisme, et plus connu d'ailleurs par des études d'un autre genre, a publié en 1540, à Paris, comme spécimen de l'ouvrage qu'il annonçait sous le titre du *Parfait orateur*, un petit volume contenant trois traités : 1° sur la manière de bien traduire ; 2° sur la ponctuation ; 3° sur les accents. Le caractère impatient et emporté de l'auteur, et les jugements acerbes qui excitèrent tant d'ennemis contre ce poëte et le firent enfin périr d'une manière si cruelle, se montrent dans plusieurs de ses pages, et n'empêchent pas que l'ordre dans les idées, la clarté dans l'expression, beaucoup de bon sens dans les définitions et les principes ne le recommandent à ceux qui veulent connaître l'histoire de la grammaire.

Louis Meigret, de Lyon, a publié deux ouvrages importants : l'un, qui est de 1545, est intitulé *Traité touchant le commun usage de l'escriture françoise*, et a pour objet la réforme de notre orthographe selon un système dont quelques mots donneront tout à l'heure une idée ; le second, imprimé en 1550, à Paris, chez Wechel, dans le système orthographique qu'il avait établi quelques années auparavant, est intitulé *Tretté de la grammère françoèse* [1]. Indépendamment du style, qui a beaucoup vieilli, l'orthographe en rend la lecture pénible : et c'est fâcheux, car on y trouve, comme je vais le montrer, un grand nombre d'idées saines, dont plusieurs ont été depuis adoptées par les grammairiens les plus habiles.

La première partie, en quatre chapitres, a pour objet les voyelles, les consonnes et les syllabes. Meigret y rappelle ses anciennes critiques sur l'orthographe reçue, et y expose celle qu'il veut employer. On peut remarquer l'emploi de la cédille sous le ç lorsqu'il a le son de l's, et l'emploi du même signe, imité depuis par Beauzée, lorsque le c doit avoir le son chuintant devant l'*h* : çheval, çhien. Meigret se plaint encore avec raison de la confusion qu'on faisait tou-

---

[1] Voyez dans l'*Histoire des révolutions du langage en France*, de M. Wey, un examen détaillé de ces anciens ouvrages, c. 7, p. 259 à 335.

jours du *v* et de l'*u*. Les deux figures étaient cependant connues et employées dès lors, mais sans distinction généralement avouée, et Meigret n'a pas eu le courage de commencer la réforme pour ces deux lettres, quoiqu'il n'y ait pas manqué pour l'*i* et le *j*. Après ces préliminaires, vient l'étude grammaticale proprement dite; il admet huit parties du discours. Les théories sont encore bien obscures et embarrassées chez lui; toutefois on reconnaît en plusieurs endroits son esprit éminemment critique et ami de la vérité.

En parlant des substantifs, il dit, par exemple : « Pour ce qui regarde les cas, la langue françoise ne les connoist pas, parce que les noms françois ne changent point leur terminaison [1]. » Et plus de deux siècles après lui, l'abbé Vallart et Restaut établissaient encore des déclinaisons françaises.

Dans les adjectifs, Meigret rejetait les comparatifs en *eur*, et les superlatifs en *issime*, qu'on cherchait à introduire de son temps. Toutefois, il remarque fort justement que nous avons en effet quelques comparatifs en *eur*, comme *inférieur*, *mineur*, mais qu'ils ne sont comparatifs que par leur sens et leur étymologie, puisque la langue française ne les construit pas avec d'autres mots, comme nos comparatifs ordinaires [2]; il ajoute que nous avons deux manières de faire la comparaison (il entend le comparatif simple, *plus savant que....* et le superlatif relatif, *le plus savant des....*), et que, par l'une d'elles, le comparatif gouvernant son *subséquent* avec *de*, *du*, *des*, ou *d'entre*, semble signifier que le comparé est compris sous l'espèce de celui à qui on le compare; qu'autrement la comparaison ne vaut rien [3]. C'est précisément ce que Beauzée a dit deux cents ans plus tard, quand

---

[1] Folio 20, au verso.
[2] Folio 28, au recto.
[3] Folio 28, au recto.

il a établi que notre superlatif relatif n'était qu'un comparatif étendu à tous les êtres de la même espèce[1].

Son chapitre 6 est encore remarquable par l'analyse qu'il y fait de la proposition, qu'il appelle fort justement une *clause*, comme comprenant une pensée bien terminée ; par la distinction du sujet, qu'il appelle *surposé* ou *apposé*, et du complément du verbe, qu'il nomme *souposé ;* par l'observation que, s'il n'y a pas de cas dans nos substantifs, il y en a certainement dans nos pronoms[2], et que le verbe *être* se distingue des autres en ce que son *souposé*, c'est-à-dire le mot qui vient après lui, est toujours *nominatif*[3], c'est-à-dire que c'est un attribut et non pas un complément ; qu'enfin l'infinitif ne peut faire fonction de verbe dans la proposition, parce qu'il n'a aucune signification distincte de temps, de personne, ni de nombre[4].

Certainement l'homme qui, au milieu du seizième siècle, exprimait d'une manière si ferme des idées si avancées et si justes, n'était pas doué d'un esprit médiocre. L'abbé Gouget, dans sa *Bibliothèque française*[5], juge très-sévèrement Meigret et en parle en ces termes, peu honorables pour lui-même : « Je n'ai rien dit des grammaires de Louis Meigret.... elles sont si mauvaises, qu'on ne peut en supporter la lecture même de quelques pages. » J'espère que ce jugement ne tiendra pas devant les exemples que je viens de citer.

Gouget dit un peu plus loin : « Robert Estienne, sentant bien qu'on ne pouvait pas plus conseiller la grammaire de Sylvius, que celle de Meigret, en entreprit lui-même une nouvelle. » L'abbé Gouget prête ici à Robert Estienne une

---

[1] *Encyclop. méthod.* (Gramm. et littér.), mot *Superlatif.*
[2] Folios 49 et 53.
[3] Folio 49.
[4] Folio 77.
[5] T. I, p. 18.

intention que sa préface n'indique pas : en effet, il ne rejette pas la grammaire de Meigret ni celle de Sylvius comme mauvaises, mais comme contenant certains principes qui ne sont pas admis; ce qui est bien différent. Meigret, en particulier, avait adopté un système d'écriture que personne ne voulait recevoir, que plusieurs peut-être avaient beaucoup de peine à lire. C'était une raison, sans doute, pour qu'un nouvel auteur espérât plus de succès en suivant une autre voie; cela ne faisait pas que Meigret n'eût pas déployé dans son livre beaucoup d'érudition, d'originalité et d'esprit philosophique.

Moins de dix ans après la grammaire de Meigret, en 1558, ou plutôt le 7 décembre 1557, comme on le voit sur la dernière page du livre, Robert Estienne, si célèbre comme imprimeur, si connu même par le *Trésor de la langue latine,* publié pour la première fois en 1531, donna en français un *Traité de la langue françoise,* qui fut tout d'abord, chose singulière, traduit en latin à l'usage des étrangers qui voulaient apprendre le français, et une douzaine d'années après, en 1569, réimprimé par son fils Henri Estienne. Thurot, dans le discours préliminaire de sa traduction de l'*Hermès* d'Harris[1], dit un mot seulement de l'ouvrage de Robert Estienne ; mais il ne paraît pas l'avoir lu, car il lui attribue les premiers essais de grammaire parmi nous, tandis que l'auteur nomme dans sa préface ceux qui l'ont précédé; dans tous les cas, Thurot ne l'apprécie aucunement. L'objet de Robert Estienne était de suppléer à ce qui manquait à ses devanciers : Les hardiesses orthographiques de Meigret effrayaient, comme je l'ai dit, beaucoup de personnes. Quant à Sylvius, qui était Picard, il donnait comme de bon français beaucoup de locutions qui sentaient sa province. Robert Estienne, qui vivait à Paris et

[1] P. lxij.

souvent à la cour, voulut donner des modèles du beau langage français ; il enseigna, en effet, avec beaucoup de clarté, mais peut-être sans une grande portée de vues, ce que l'on devait savoir alors pour parler correctement notre langue.

Une grammaire qui mérite encore d'être mentionnée, et qui est de quelques années seulement postérieure à celle de Robert Estienne, c'est celle de Ramus ou Pierre de la Ramée, lecteur du roi en l'Université de Paris, dédiée à la reine Catherine de Médicis. Elle fut imprimée en 1572, et se fait remarquer par une bizarrerie singulière. Ramus avait imaginé un système non pas seulement d'orthographe, mais d'écriture pour la langue française, c'est-à-dire qu'il admettait des lettres nouvelles, et donnait à quelques-unes des anciennes une autre valeur que celle qu'elles ont [1]. Sa grammaire est ainsi presque tout entière écrite selon ce système ; toutefois, comme il a pensé que la lecture de ces nouveaux caractères pourrait être pénible pour quelques-uns, il a mis à côté l'interprétation en caractères ordinaires. Les divisions de son livre sont simples, les règles en sont faciles ; mais, comme dans la grammaire d'Estienne, il n'y a pas non plus chez lui une grande portée de vues. On y trouve néanmoins des idées très-justes et très-utiles ; celle-ci en particulier, que la langue française a dans la juxta-position des mots une source féconde de composés excellents, comme *sauve-garde, boute-feu, couvre-chef, bride-oie, cure-dent, chausse-pied*, etc. ; et que les langues anciennes, si vantées pour la multitude de leurs mots composés, n'en avaient pourtant pas qui présentassent une idée aussi nette que les nôtres [2].

---

[1] Voyez dans l'ouvrage de M. Wey, p. 300 et suiv., une analyse détaillée de la grammaire de Ramus.

[2] Voyez dans les *Remarques sur la langue française* de M. Wey, t. II, p. 15, à propos d'une histoire de notre orthographe, une notice

François Sanchez, de Las-Brocas en Espagne, plus connu sous le nom latin de *Sanctius*, né en 1523 et mort en 1601, se fit dans la grammaire une réputation immense par sa *Minerve*[1]. « Cet auteur, dit Lancelot dans la préface de sa *Méthode latine*, s'est étendu particulièrement sur la structure et la liaison du discours, que les Grecs appellent *syntaxe*, qu'il explique de la manière du monde la plus claire, en la réduisant à ses premiers principes et à des raisons toutes simples et naturelles; en faisant voir que ce qui paraît construit sans aucune règle et par un usage entièrement arbitraire de la langue, se rappelle aisément aux lois générales de la construction ordinaire, ou en exprimant quelque parole qui y est sous-entendue, ou en recherchant l'usage ancien dans les anciens auteurs latins, dont il est demeuré des traces dans les nouveaux; et enfin en établissant une analogie et une proportion merveilleuse dans toute la langue. Car, il faut remarquer que les parties du discours se peuvent lier ensemble, ou par une construction simple, lorsque tous les termes sont tellement expliqués dans leur ordre naturel qu'on voit clairement pourquoi l'un gouverne l'autre; ou par une construction figurée, lorsque, s'éloignant de cette simplicité, on use de certains tours et de certaines expressions, parce qu'elles sont ou plus fortes, ou plus courtes, ou plus élégantes, dans lesquelles il y a plusieurs parties du discours qui sont sous-entendues sans être marquées. Et ainsi, ce que doit faire particulièrement un homme qui excelle dans l'art dont nous parlons, c'est de rappeler cette construction figurée aux lois de la simple,

---

malheureusement partiale sur nos anciennes grammaires. Le même auteur a donné depuis, dans son *Histoire des révolutions du langage en France*, un exposé plus considérable et plus instructif du même sujet, auquel j'ai déjà renvoyé plusieurs fois.

[1] Salamanque, 1587, et plusieurs fois réimprimée depuis et savamment commentée par Périzonius.

et de faire voir que ces expressions, qui paraissent d'autant plus belles qu'elles sont plus extraordinaires et plus hardies, subsistent néanmoins sur les principes de la construction ordinaire et essentielle de la langue, si l'on sait bien l'art de les y réduire. C'est ce que Sanctius a fait d'une si admirable manière, que Scioppius célèbre dans le même art, en fit une estime très-particulière aussitôt qu'il eut vu son livre, et s'est rendu depuis son disciple dans l'excellent livre qu'il a écrit sur cette matière. » On voit donc que le mérite de Sanctius consista principalement en ce que, cherchant à se rendre raison de tout, il porta constamment dans l'étude de la langue cette analyse philosophique qu'on a depuis transportée dans toutes les langues, et qui a produit la science toute moderne qu'on nomme *Grammaire générale*.

Gérard Vossius, né en 1577, plus érudit sans doute que Sanctius, mais moins original peut-être et moins hardi, suivit cependant ses traces et celles de Scioppius dans son grand et bel ouvrage *Sur la science de la grammaire* [1], où il semble avoir réuni et discuté tout ce qu'ont dit les grammairiens anciens sur les lettres, les mots et les phrases dans la langue latine.

Lancelot ne fit guère, pour ce qui tient au latin, que résumer ce qu'avaient dit Sanctius, Scioppius et Vossius dans sa *Nouvelle méthode pour apprendre la langue latine*; dans sa *Nouvelle méthode pour apprendre la langue grecque*, il suivit la même marche. Mais la *Grammaire générale et raisonnée* qu'il publia bientôt, de concert avec Arnauld, eut une bien autre originalité, et causa dans le monde savant une sensation bien plus vive.

Je ne m'étendrai pas sur la vie de ces deux hommes. Antoine Arnauld, né le 6 février 1612, vingtième enfant d'un avocat célèbre, fut détourné par l'abbé de Saint-Cyran,

---

[1] Amsterdam, 1735, gros in-4°.

abbé de Port-Royal, de suivre la carrière du barreau. Il embrassa l'état ecclésiastique, et fut admis, en 1643, au nombre des docteurs de la maison de Sorbonne. La même année vit paraître son traité *De la fréquente communion*, qui souleva des haines si puissantes, que l'auteur fut obligé de se cacher comme un fugitif. A partir de ce moment, objet d'inimitié pour les uns et d'admiration pour les autres, mêlé activement aux querelles théologiques que les doctrines de Jansénius provoquèrent en France, la vie d'Arnauld fut celle d'un chef de parti, et se passa dans la lutte, dans la persécution ou dans l'exil; il mourut à Liége, le 8 août 1694, à l'âge de 83 ans.

Claude Lancelot, né à Paris en 1616, plus jeune qu'Arnauld de quatre ans, fut employé par les solitaires de Port-Royal dans une école qu'ils avaient établie à Paris. Il y enseigna avec distinction les humanités et les mathématiques; il fut ensuite chargé de l'éducation des princes de Conti, et, cette éducation lui ayant été ôtée après la mort de la princesse leur mère, il prit l'habit de Saint-Benoît, dans l'abbaye de Saint-Cyran. Quelques troubles s'étant élevés dans ce monastère, on l'exila à Quimperlé, en basse Bretagne, où il mourut, le 15 avril 1712, à l'âge de 97 ans.

Ces deux savants se rencontrèrent donc à l'abbaye de Port-Royal. Arnauld avait déjà composé avec Nicole, en 1662, *la Logique* ou *l'Art de penser*, un des ouvrages qui honorent le plus le dix-septième siècle et la philosophie française. Il concourut peu de temps après avec Lancelot à nous donner, sous le nom de *Grammaire générale et raisonnée*, le livre le plus profondément philosophique qui eût été employé dans l'enseignement.

C'est Lancelot qui a rédigé l'ouvrage; mais on peut voir quelle part active Arnauld y a prise, par ces mots de la préface : « Ayant quelquefois trouvé des difficultés qui m'arrêtaient, je les ai communiquées à un de mes amis qui, ne s'étant jamais appliqué à cette sorte de science, n'a pas laissé de me donner beaucoup d'ouvertures pour résoudre mes doutes : et mes questions mêmes ont été cause qu'il a fait diverses réflexions sur les vrais fondements de l'art de parler, dont m'ayant entretenu dans la conversation, je les trouvai si solides, que je me fis conscience de les laisser perdre, n'ayant rien vu dans les anciens grammairiens, ni dans les nouveaux, qui fût plus curieux ou plus juste sur cette matière. C'est pourquoi j'obtins encore de la bonté qu'il a pour moi qu'il me les dictât à ses heures perdues; et ainsi, les ayant recueillies et mises en ordre, j'en ai composé ce petit traité. »

Le fond appartient donc en plusieurs endroits à Arnauld, si la forme générale du livre est due à Lancelot. Ajoutez que plusieurs passages de *l'Art de penser* [1], sont le complément nécessaire de quelques théories purement grammaticales, qu'on pourrait trouver un peu resserrées dans la *Grammaire générale*, et vous serez convaincus que les deux auteurs sont absolument inséparables, comme les ouvrages eux-mêmes doivent souvent être réunis.

Quoi qu'il en soit, la *Grammaire générale et raisonnée* était une brillante innovation dans la science. C'était la première fois qu'on exprimait en français ces vérités aujourd'hui communes, que le langage étant l'expression de nos pensées, et les opérations de l'esprit étant partout les mêmes, il y avait des principes généraux auxquels toutes les langues étaient naturellement soumises, et dont on devait pouvoir reconnaître l'empreinte sous l'infinie variété des idiomes. Cette grammaire fut donc accueillie et jugée très-favorablement dès son apparition. Elle fut bientôt traduite dans toutes les langues de l'Europe; tous les savants étrangers ou nationaux qui eurent occasion d'en parler s'accordèrent à la

---

[1] Part. Ire, c. 8, et part. II, c. 1, 2, 3, 5, 8 et 11.

louer comme un de nos excellents ouvrages; et l'on peut dire qu'en effet elle marque le point de départ de l'étude philosophique des langues : elle en est le premier traité général. Si dans d'autres ouvrages, comme la *Minerve* de Sanctius, on avait tâché d'appliquer quelques-unes de ces idées à la langue latine; si, dans quelques passages même de la grammaire de Meigret, nous avons reconnu des idées qui n'auraient pas été déplacées dans un ouvrage plus élevé; nulle part ne dominait encore cette doctrine de la généralité des principes fondés sur l'analyse de notre entendement; et c'est l'établissement de cette vérité qui fait le mérite impérissable de la *Grammaire générale et raisonnée*.

Il ne faut pas croire, toutefois, après cet éloge, que cet ouvrage nous semble aussi excellent qu'il l'a paru jadis; ce serait une erreur : car indépendamment du style qui a toujours été lourd et embarrassé, et qui, de plus, est aujourd'hui suranné, la science a fait des progrès considérables depuis deux siècles, et nous apercevons aujourd'hui des défauts essentiels qui ne frappaient pas les contemporains. Il serait facile d'en relever quelques-uns ici. Mais cette discussion est bien mieux placée dans un livre de doctrine que dans une narration rapide; laissons-les donc de côté.

L'abbé Régnier-Desmarais (ou plutôt *Desmarests*, si l'on veut s'en rapporter à ce qu'il dit lui-même dans ses *Mémoires*), né en 1632, donna à la grammaire française une autre direction que Port-Royal. Moins philosophe qu'érudit; moins hardi que savant, il fit pour le français ce que Vossius avait fait pour le latin. Il recueillit avec un soin particuculier tout ce que de longues lectures et surtout les recherches qu'il avait faites, comme secrétaire perpétuel de l'Académie française, spécialement chargé de la rédaction du dictionnaire, lui avaient appris sur notre langue, et composa ainsi une série de dix traités très-développés, sur les *lettres*, l'*orthographe*, l'*article*, le *nom* (substantif et adjectif), le *pronom*, le *verbe*, le *participe*, l'*adverbe*, la *préposition* et la *conjonction*, dont l'ensemble forme sa grammaire. On a dit avec raison de ce livre, que, bien qu'il soit un peu diffus, il contenait en germe ce qu'on a écrit de meilleur sur la pratique de notre langue. C'en est assez, sans doute, pour que les grammairiens philosophes n'oublient pas l'abbé Régnier; et, à ce titre, il méritait d'avoir sa place dans cette galerie d'hommes illustres que j'essaye de faire apprécier ici.

A la même époque que l'abbé Régnier, vivait un autre grammairien célèbre, membre comme lui de l'Académie française : c'était l'abbé de Dangeau, né en 1643. Moins érudit que son confrère, mais plus hardi dans ses idées, plus curieux surtout de trouver des routes ou des combinaisons nouvelles, Dangeau porta son attention sur les points les plus délicats et souvent les plus obscurs de notre langue. Il détermina avec un soin particulier les sons (voyelles ou consonnes) qui appartiennent au français, établit leurs rapports, expliqua leurs transformations, proposa, en conséquence un système d'orthographe inacceptable sans doute, mais où il y avait des vues excellentes et qui ont été adoptées plus tard. Passant de là à l'étude des mots et surtout à celle des verbes, il distingua entre eux des différences très-fines, qui avaient échappé à tous ses devanciers; les classa sous diverses espèces, et leur donna des noms particuliers, dont plusieurs se sont conservés. L'abbé de Dangeau est assurément un des grammairiens français qui ont le plus contribué à perfectionner la partie théorique de notre grammaire.

Le Père Buffier, jésuite, suivit de près Régnier-Desmarais et Dangeau. Né en Pologne, de parents français, en 1661, il se fixa à Paris, après avoir fait un voyage à Rome, et y composa un grand nombre d'ouvrages recueillis pour la plupart dans un gros volume in-folio, publié en 1732

Parmi ces traités, presque tous oubliés aujourd'hui, il y en a deux qui ont mérité à Buffier une réputation durable : l'un est le *Traité des premières vérités et de la source de nos jugements;* c'est un petit ouvrage de philosophie, d'une clarté admirable : l'autre est sa *Grammaire française sur un nouveau plan*, où il résume en effet la grammaire sous une forme particulière qui ne ressemble à rien de ce qu'on avait jusqu'alors. Ses principes sont quelquefois contestables : sa soumission absolue à l'usage, quel qu'il soit, peut être combattue. Du moins il a présenté toute la science d'une manière à la fois simple et philosophique; et avec autant de clarté qu'il y en a dans son *Traité des premières vérités*.

Dumarsais (César Chesneau sieur), né à Marseille en 1676, perdit son père de bonne heure, et resta entre les mains d'une mère qui laissa dépérir la fortune de ses enfants. Cependant il fit ses études avec succès chez les Pères de l'Oratoire de Marseille. Il entra même dans cette congrégation, mais il en sortit bientôt et vint à Paris à l'âge de vingt-cinq ans. Il fut reçu avocat en 1704, puis quitta cette profession pour entrer d'abord chez le président de Maisons, plus tard chez le marquis de Bauffremont, et diriger l'éducation de leurs fils. « Le séjour qu'il fit durant plusieurs années dans cette maison, dit d'Alembert, est une des époques les plus remarquables de sa vie, par l'utilité dont il a été pour les lettres. Il donna occasion à Dumarsais de se dévoiler au public pour ce qu'il était, pour un grammairien profond et philosophe, et pour un esprit créateur dans une matière sur laquelle se sont exercés tant d'excellents écrivains. C'est principalement en ce genre qu'il s'est acquis une réputation immortelle. » Voltaire[1] dit la même chose en d'autres termes : « Personne n'a connu mieux que lui la métaphysique de la grammaire; personne n'a plus appro-

---

[1] *Siècle de Louis XIV* (Catalogue des écrivains du).

fondi les principes des langues. » En effet, ses qualités dominantes étaient la netteté et la justesse, portées l'une et l'autre au plus haut degré. Il avait l'esprit plus sage que brillant, la marche plus sûre que rapide, et plus propre aux matières qui dépendent de la discussion et de l'analyse qu'à celles qui demandent une impression vive et prompte. L'habitude qu'il avait prise d'envisager chaque idée par toutes ses faces, et la nécessité où il s'était trouvé de parler presque toute sa vie à des enfants, lui avaient fait contracter, dans la conversation, une certaine diffusion qui passait quelquefois dans ses écrits, et qu'on y remarqua surtout à mesure qu'il avança en âge[1]. Dumarsais mourut en 1756, âgé de près de quatre-vingts ans, et emportant la réputation du plus profond grammairien, et de celui surtout qui avait le mieux su faire passer dans toutes les têtes la parfaite intelligence des questions qu'il examinait.

Girard (l'abbé Gabriel), né à Clermont, en Auvergne, en 1678, un ou deux ans après Dumarsais, fut loin d'avoir la profondeur philosophique ni la sagacité de celui-ci. Doué d'un esprit critique, habile a saisir des nuances plutôt qu'à embrasser un ensemble, il avait publié en 1718, avec un succès peut-être exagéré, son *Dictionnaire des synonymes*, que d'autres écrivains ont bien étendu depuis. Ce ne fut que vingt-neuf ans après, en 1747, et lorsqu'il était déjà membre de l'Académie française, qu'il publia deux volumes in-12, sous le titre : *Les vrais principes de la langue françoise, ou la Parole réduite en méthode conformément aux lois de l'usage*. C'est une véritable grammaire, destinée, non pas à être apprise par cœur dans les écoles, mais à discuter toutes les questions qui peuvent se rapporter aux espèces de mots, à la syntaxe, à l'orthographe, à l'agrément du langage, etc. Malheureusement, on peut reprocher à

---

[1] D'Alembert, *Éloge de Dumarsais*.

l'auteur et le fond et la forme de son livre : le fond, parce qu'il ne comprend qu'imparfaitement les questions qu'il traite, et les résout le plus souvent à contre-sens ; la forme, parce qu'il y a poussé à l'excès le plus insupportable le ton d'afféterie prétentieuse qui déparait déjà ses *Synonymes.* Il s'était imaginé que ces prétendus agréments du style lui procureraient plus de lecteurs, et quand on lui en faisait apercevoir la discordance avec son sujet, il répondait naïvement : « J'ai mis cela pour les femmes. » Vivant dans la retraite, et étranger au ton des gens du monde[1], il s'était fait et il mettait dans son livre un jargon entortillé qu'il prenait pour de la grâce et de la légèreté.

On ne voit pas trop jusqu'ici quels sont les services que l'abbé Girard a rendus à la science grammaticale, ni quels titres il peut avoir à la reconnaissance de la postérité. Il en a pourtant d'incontestables : le premier, c'est de s'être élevé avec énergie et dès l'abord contre l'imitation déplacée de la grammaire latine[2] ; le second, c'est d'avoir recommandé partout et pratiqué, quant à lui, cette indépendance de jugement[3] sans laquelle les sciences n'auraient jamais fait un pas. Il peut se tromper, sans doute, et se trompe en effet souvent : du moins n'a-t-il jamais cette superstition qui nous fait accepter une opinion pour bonne par cela seul qu'elle est ancienne. Il ne mérite pas moins d'éloges toutes les fois qu'il rappelle au bon sens, ou du moins à la justesse du raisonnement, ceux qui s'en écartent, quand il défend es principes généraux de la grammaire contre ceux qui veulent les renverser. Bref, s'il n'a pas cette grandeur de conception, cette vigueur d'intelligence qui fonde les théories générales et fait les grammairiens du premier

---

[1] D'Alembert, *Éloge de l'abbé Girard.*
[2] *Vrais principes*, préf., p. v ; et Disc. I, p. 36.
[3] *Vrais principes*, Disc. I, p. 34, 35.

ordre, on ne peut lui refuser cette critique courageuse qui reconnoît et poursuit le mauvais ou le déraisonnable, et prépare ainsi la place pour y recevoir enfin le bon et le vrai.

Olivet (Joseph Thoulier d'), né à Salins en 1682, mort en 1768, entra de bonne heure chez les jésuites, où il avait un oncle distingué par son savoir. Après y avoir essayé ses talents en divers genres, il quitta cette compagnie célèbre à l'âge de trente-trois ans. Il vint à Paris pour vivre dans le sein des lettres. L'étude de la langue française et celle de Cicéron, pour lequel son amour était devenu un véritable enthousiasme, occupèrent dès lors tous ses instants. Nous n'avons pas à parler ici des éditions qu'il donna ni des traductions qu'il fit du prince des orateurs romains. Les ouvrages de grammaire proprement dits qu'il a laissés sont en petit nombre et de peu d'étendue. Ce sont : 1° une *Prosodie françoise*; 2° des *Essais de grammaire*; 3° des *Remarques critiques sur Racine*. Ces trois ouvrages ne manquent pas de mérite; ils sont en général utiles, surtout quand on se borne à les consulter, parce qu'on y trouve des faits grammaticaux très-certains; mais d'Olivet échoue entièrement quand il veut donner la raison philosophique des choses, ou même analyser les difficultés, ou déterminer des nuances un peu délicates. C'est là un travail beaucoup trop élevé pour lui, et dans lequel il est à une distance infinie de Dumarsais. C'est donc à tort qu'on le regarde quelquefois comme un des habiles grammairiens de son siècle : c'était un érudit, et voilà tout. Ses travaux sont estimables, mais ils n'ont pas avancé la science.

Restaut, né en 1696 et mort en 1764, ne doit pas nous occuper; il a mis par demandes et par réponses à l'usage des écoliers, en un gros volume in-12, les principes de Régnier-Desmarais et du Père Buffier. Son ouvrage, fort estimé autrefois, n'ayant rien d'original, nous devons le passer sous silence.

Duclos, né en 1704, mort en 1775, et qui fut à son tour, comme Régnier-Desmarais, secrétaire perpétuel de l'Académie française, n'a fait d'ouvrage grammatical que ses *Remarques sur la grammaire générale de Port-Royal*. C'est en 1754 qu'elles parurent. Quoique tous les grammairiens qui l'avaient précédé eussent profité du travail de Lancelot, et en eussent même quelquefois combattu les principes, il était le premier qui le reprit avec l'intention formelle de l'examiner depuis le commencement jusqu'à la fin. Dans le même temps à peu près, l'abbé Fromant, chanoine de Notre-Dame et principal du collége de Verdun, faisait sur le même ouvrage un travail de révision du même genre, mais qu'il avait conçu bien différemment, et qui, beaucoup plus long que celui de Duclos, mais bien moins philosophique, est loin d'avoir la même valeur que celui de notre académicien. Les *Remarques* de Duclos sont donc devenues classiques; elles accompagnent toujours la *Grammaire de Port-Royal*, et montrent à celui qui compare les deux textes, combien les idées avaient avancé dans l'espace d'un siècle, combien la pensée était plus nette et exprimée avec plus de précision. Toutefois Duclos n'est pas, non plus, irréprochable. Il y a des choses qui sont parfaitement comprises aujourd'hui, et que lui-même ne comprenait qu'imparfaitement. C'est la condition commune des sciences : les derniers venus voient mieux et plus nettement ce qui a souvent échappé aux plus sagaces de leurs devanciers.

Harris, né en 1709, mort en 1781, a publié, sous le titre d'*Hermès*, des recherches philosophiques sur la grammaire universelle. Cet ouvrage, traduit par Thurot, et enrichi par le traducteur d'un discours préliminaire considérable et de notes importantes, jouit depuis longtemps d'une réputation supérieure peut-être à son mérite. L'auteur était fort érudit; il connaissait bien les grammairiens anciens, et recueillait avec soin, chez eux, les définitions et les règles qu'il croyait pouvoir s'appliquer à son plan. Mais, en général, il approfondit peu les questions difficiles de la grammaire, et se perd fort souvent dans des rêveries métaphysiques contre lesquelles le traducteur est obligé de nous prémunir [1].

Condillac, né en 1715, mort en 1780, a porté dans la grammaire cet esprit de clarté et d'analyse qu'il avait mis dans les matières purement philosophiques. Sa grammaire est fort remarquable, quoique assurément elle ne mérite pas tout à fait l'éloge que Thurot, dans le discours préliminaire de l'H......, en fait en ces termes : « La grammaire de Condillac est, sans contredit, l'ouvrage le plus parfait qui existe en ce genre dans aucune langue. Elle est divisée en deux parties. Dans la première, l'auteur, partant de la simple sensation, explique en peu de mots, et pourtant d'une manière extrêmement claire et même très-élémentaire, l'origine et la génération de nos idées et des opérations de notre âme. Il montre par quelles combinaisons se forme la proposition dont l'analyse est le sujet de la grammaire simple ou élémentaire. Il passe ensuite à l'analyse du discours, et, commençant par le langage d'action qui est le résultat nécessaire de notre organisation, il fait voir comment les hommes ont été conduits à imaginer des signes artificiels et non pas arbitraires. Une loi aussi simple qu'universelle, l'analogie, a dirigé, sans qu'ils s'en doutassent, les inventeurs des langues dans la création des signes artificiels. De ces considérations générales sur la formation des langues et sur leurs progrès, Condillac passe à celles qui ont pour objet l'art d'analyser nos pensées, et démontre que les langues elles-mêmes ne sont que des méthodes analytiques plus ou moins parfaites : idée heureuse et qui peut devenir fé-

---

[1] Voyez, dans la traduction de Thurot, les notes, p. 323 et 345.
[2] Pages c à cij.

conde en résultats importants. Enfin il développe les parties de la proposition considérées comme éléments grammaticaux du discours, et dans tous ces développements brille une philosophie profonde et lumineuse, et surtout cette analyse ingénieuse et sûre qu'aucun écrivain n'a possédée au même degré que Condillac. La seconde partie de sa grammaire renferme les applications des principes exposés dans la première : il s'y rapproche davantage des grammairiens qui l'avaient précédé, et particulièrement de Dumarsais, de Beauzée et de Duclos. » Cet éloge est assurément fort bien fait, et tel qu'on pouvait l'attendre d'un philosophe comme Thurot, l'un des plus savants partisans des doctrines de Condillac ; mais on voit dans cet éloge même que l'auteur a considéré la grammaire comme une science purement philosophique, comme réglant l'expression analytique de nos pensées. Elle est cela, sans doute ; mais elle est aussi autre chose, savoir, la science des langages tels qu'ils sont. Son objet n'est pas de dire seulement comment nos jugements doivent s'exprimer, mais comment ils s'expriment réellement. Celui qui ne verra dans la science que des principes abstraits, comme celui qui ne suivra que l'usage sans s'occuper des causes qu'il peut avoir dans la nature de notre entendement, n'apercevra que la moitié de son sujet. La véritable difficulté, c'est de faire marcher les deux choses ensemble, et de trouver le tour au moyen duquel une langue donnée est l'expression la plus régulière à la fois et la plus simple des opérations de notre esprit. Voilà pourquoi Condillac, qui, comme philosophe, est bien au-dessus de Dumarsais et de Beauzée, est au-dessous d'eux comme grammairien, parce que, laissant de côté les langues positives, il n'a, pour ainsi dire, voulu y étudier que notre entendement.

Beauzée (Nicolas), né à Verdun le 8 mai 1717, mort à Paris le 25 janvier 1789, fut un des grammairiens les plus célèbres du dix-huitième siècle. Il avait déjà donné au public la *Grammaire générale* ou *Exposition raisonnée des éléments nécessaires du langage*, en 2 vol. in-8°, lorsque la mort de Dumarsais, qui avait fourni les articles de grammaire pour l'*Encyclopédie*, engagea les encyclopédistes à recourir à Beauzée pour revoir et compléter les articles de son prédécesseur. Beauzée fit ce travail en conscience, laissant subsister les articles de Dumarsais, et y ajoutant ou y opposant ses idées quand l'occasion se présentait, n'hésitant pas à sacrifier sa manière de voir quand, après un mûr examen, elle ne lui paraissait pas aussi juste qu'il l'avait cru d'abord, signalant lui-même tout le premier les variations que l'on pouvait observer dans ses théories. Le lecteur trouve à cette disposition un grand avantage : il peut juger des progrès de la science et de ce qu'un savant postérieur ajoute à celui qui l'a précédé. Sans vouloir faire ici de Beauzée l'égal de Dumarsais, qui est peut-être le premier grammairien du monde, on peut dire qu'il lui est supérieur dans presque tous ses articles, en ce que partout où il le corrige, il le corrige bien, et donne des idées plus justes et plus précises. Si son style est souvent d'une abstraction fatigante, d'une métaphysique trop recherchée, on ne peut douter que ses vues ne soient presque toujours plus exactes, qu'enfin la science n'ait marché entre ses mains, et que ceux qui viennent aujourd'hui ne doivent prendre la grammaire au point où Beauzée l'a mise. L'instituteur Lemercier, qui a publié en 1806 une lettre bizarre « sur la possibilité de faire de la grammaire un *art-science* aussi certain dans ses principes et aussi rigoureux dans ses démonstrations que les *arts-sciences physico-mathématiques*, » devait apprécier particulièrement ce caractère du génie de Beauzée : aussi le proclame-t-il *le plus grand de tous les grammairiens tant anciens que modernes sans exception* (p. 316). Cet éloge est exagéré ; Beauzée n'a pas cette admirable clarté de Dumarsais dans l'exposition des idées nouvelles, ni cette portée philosophique de Port-Royal, ni l'inépuisable érudition de Vossius ; ce qu'il a, ce qu'il possède à un degré éminent, c'est l'étroite liaison des principes et de leurs conséquences, la déduction logique des définitions, en un mot tout ce qui distingue un métaphysicien subtil, un logicien rigoureux. C'est là ce qu'il a introduit dans la science ; c'est là le progrès qu'il lui a fait faire.

Beauzée nous montre, du reste, dans le tableau qu'il a placé à la fin de l'*Encyclopédie*, et dans celui qu'il a mis au mot *Grammaire*, comment il concevait cette science, et quelle étendue elle prenait dans son esprit : on en verra avec plaisir ici les principales divisions. — I. *Parole prononcée ou écrite*, ce qui comprend : (*a*) les éléments de la parole, les lettres, voyelles et consonnes ; (*b*) les combinaisons de ces éléments ou les syllabes ; (*c*) l'écriture ; (*d*) la lecture. — II. *Parties d'oraison*, savoir : (*a*) les mots déclinables, noms, pronoms, adjectifs, verbes ; (*b*) les indéclinables, prépositions, adverbes, conjonctions, interjections. — III. *Syntaxe*, où se trouvent : (*a*) les éléments de la syntaxe, ou les accidents de genres, nombres, cas, degrés de signification, personnes, temps, modes et voix des verbes ; (*b*) la connaissance de la proposition ; (*c*) les règles de la syntaxe. — IV. *Le langage figuré ou les figures de grammaire*, savoir : (*a*) les métaplasmes ; (*b*) les tropes ou figures par changement d'acception ; (*c*) les figures de construction ou de syntaxe ; (*d*) celles d'élocution, appelées ordinairement *figures de mots*. — V. *L'étymologie*. — VI. *L'application des principes aux langues :* (*a*) langues particulières ; (*b*) étude des langues ; (*c*) orthographe. — VII. *Remarques particulières sur la langue française*. — Assurément voilà le plan d'une science très-vaste, et telle que la pouvait embrasser un homme d'une grande portée d'esprit comme Beauzée. Il n'est donc pas étonnant que les encyclopédistes aient eu recours à lui pour continuer le travail de Dumarsais. Ils lui ont d'ailleurs donné une preuve de leur estime en le faisant entrer à l'Académie française à une époque où la piété était un titre d'exclusion. Beauzée, qui avait toujours rempli avec exactitude ses devoirs de chrétien, y fut reçu, comme le lui dit d'Alembert, parce qu'on n'avait trouvé personne qui eût dans sa partie un mérite égal au sien.

De Tracy, né en 1754, mort en 1836, a fait de la *Grammaire* la seconde partie de ses *Éléments d'idéologie*. Disciple et continuateur de Condillac, il a vu la grammaire comme l'avait vue son maître, c'est-à-dire que l'idéologie proprement dite étant pour lui la science de la formation de nos idées, la grammaire est celle de leur expression, la logique celle de leur déduction. On comprend qu'à ce point de vue, la grammaire est avant tout une étude abstraite et philosophique. Les langues prises en elles-mêmes n'y sont presque rien : aussi son premier chapitre a-t-il pour objet « la décomposition du discours dans quelque langage que ce soit ; » et le second, « la décomposition de la proposition, dans tous les langages, principalement dans le langage articulé, et spécialement dans la langue française. » Sa grammaire doit donc être étudiée avec soin par tous les grammairiens avancés ; mais elle n'est grammaire qu'en ce qui tient aux définitions et aux principes généraux : les applications y manquent, et quand on veut les faire, on est quelquefois forcé de s'écarter un peu des indications de l'auteur.

Ici se termine, si je ne me trompe, la série des grammairiens originaux et supérieurs, dont les ouvrages ont mérité et mériteront l'attention et même l'étude des vrais amis de la science. Quelques autres, comme l'abbé Sicard, Domergue, de Sacy, Lemare, ont mérité et obtenu de la réputation, mais sans avoir exercé une influence durable sur la science elle-même. L'abbé Sicard n'a guère été qu'un expositeur habile et qui se faisait entendre avec intérêt.

Domergue et Lemare ont été trop souvent des esprits bizarres, qui, poussant à l'extrême un principe contestable, sont arrivés, sans émettre aucune idée réellement neuve, à des méthodes impossibles, quelquefois même à des formes de style barbares. De Sacy, né en 1758, mort en 1838, a rédigé, sous le titre de *Principes de grammaire générale mis à la portée des enfants,* un petit volume estimable, où il expose, aussi clairement qu'on le peut désirer, les principes de quelques-uns de nos habiles grammairiens. Mais il n'y a rien de neuf dans son livre ; quelquefois sa terminologie est bizarre ou peu utile ; souvent aussi ses décisions pourraient être plus justes, plus conformes à la saine logique ; c'est ce qui fait que, malgré son mérite, l'ouvrage de de Sacy n'a qu'une autorité médiocre.

La liste de ceux qui ont fait avancer la science grammaticale est donc en réalité assez courte, et ce n'est pas un mal. Les génies créateurs, en quelque genre que ce soit, seront toujours rares; ils le sont dans la grammaire comme partout ailleurs. Mais comme ce sont les seuls qui élèvent en définitive un monument durable à l'étude et à la connaissance des langues, les seuls dont les réflexions ou les recherches nous apportent des vérités nouvelles, ce sont aussi les seuls à qui la postérité doive de la reconnaissance, puisque ce sont eux qui l'ont instruite.

Maintenant, on demandera peut-être un exemple de ce progrès des idées en ce qui tient à l'étude du langage, ou une preuve de la supériorité des modernes sur les anciens. Rien n'est plus facile que la réponse, il suffit d'examiner sur un seul point les changements successifs de la théorie. On reconnaitra que dans la grammaire comme dans toutes les sciences possibles, la marche de l'esprit humain est constante ; qu'on commence par des observations particulières de faits souvent peu importants ou mal définis ; qu'on y rattache successivement tous ceux que l'expérience fait connaître et qui ont de l'analogie avec les précédents ; qu'à mesure que ces faits se multiplient, on pénètre plus profondément dans leur essence, qu'on s'en fait une idée plus nette exprimée dans des formules à la fois plus générales, plus exactes et plus claires.

Vérifions ces assertions sur un des mots les plus importants et en même temps les plus difficiles à faire connaître, soit dans leur nature intime, soit dans leur famille, ou les mots d'espèce congénère : je veux parler de l'*article*. Les Grecs ont ainsi appelé leur mot ὁ, ἡ, τό, qui signifiait *le, la*, et se plaçait comme chez nous devant les noms. Quelle était sa fonction? On l'avait d'abord confondu avec d'autres mots, particulièrement avec la conjonction ; les anciens l'en séparèrent, et dirent, les uns que c'était une sorte de pronom, les autres qu'il était là pour indiquer le genre et le nombre du nom [1]. Denys de Thrace n'ajoutait rien de solide à cette définition ; Tryphon, sous le règne d'Auguste, remarquait que l'article rappelle une idée préconçue, et qu'il ne faut pas l'employer devant les noms dont le sens n'est pas précédemment déterminé [2]; puis, cent trente ans plus tard, Apollonius Dyscole, selon toute probabilité, disait : « L'article est une partie du discours qui se rattache aux mots déclinables, tantôt pour les précéder, tantôt pour les suivre, avec les propriétés accessoires du nom, pour marquer une notion préexistante, ce qui s'appelle *relation* [3]. »

Certes, cette définition est bien supérieure aux précédentes : on voit pourtant combien elle laisse encore à désirer. L'article s'applique aux mots indéclinables, par exemple, aux infinitifs des verbes, aussi bien qu'aux déclinables. Ensuite cette prétendue propriété de se placer tantôt devant,

---

[1] M. Egger, *Apollon. Dyscole*, c. 4, § 3, p. 116.
[2] M. Egger, *ibid.*, p. 117.
[3] M. Egger, *ibid.*, p. 118, 119.

tantôt après les noms, n'est fondée que sur la confusion inexplicable pour nous de l'article ὁ, ἡ, τό (*le, la, les*) avec l'adjectif conjonctif ὅς, ἥ, ὅ (*qui, lequel, laquelle*). Cette lourde faute ne fut cependant corrigée que douze cents ans plus tard, par Maxime Planude, qui, en nommant ὁ, ἡ, τό *l'article proprement dit*, déclara le premier que c'étaient bien deux mots différents par leur signification propre, et non pas seulement par la place qu'ils occupaient [1]. D'autres indices, et en particulier la longue discussion d'Apollonius, pour prouver contre Tryphon que l'interjection *ô*, en grec ὦ, placée devant les vocatifs, *ô mon père!* n'est pas le vocatif du même article ὁ, ἡ, τό [2], montrent combien ces grammairiens-là, malgré tout leur talent, étaient loin d'avoir sur la nature des mots des idées aussi nettes et aussi précises que les enfants qui, chez nous, ont étudié un livre élémentaire un peu raisonnable.

Quoi qu'il en soit, les doctrines grammaticales furent de nouveau examinées et débattues à partir du seizième siècle, et de la grande rénovation, ou si l'on aime mieux, de la manifestation qui se fit alors dans toutes les directions de l'intelligence : l'article fut étudié, mais dans un tout autre esprit que chez les anciens. Lancelot, dans sa *Grammaire générale*, admit deux articles ; mais au lieu de mettre avec *le, la, les*, cet adjectif *qui, lequel, laquelle*, dont la forme seule avait pu lui faire donner le même nom chez les Grecs, il lui adjoignit le mot *un, une*, dont l'emploi est en effet absolument identique ; dont le sens est surtout analogue, puisqu'il se met devant les mots la première fois qu'on s'en sert, et que *le, la, les* se met devant ceux qui ont déjà paru [3].

Le Père Buffier et l'abbé Girard avancèrent peu la théo-

---

[1] M. Egger, *Apollon. Dyscole*, c. 4, § 3, p. 119.
[2] M. Egger, *ibid.*, p. 126 à 132.
[3] *Cours supérieur de gramm.*, part. Ire, liv. II, 10, p. 78.

rie de l'article : toutefois les critiques de ce dernier sur les opinions de Buffier, et même ses propres observations sur cette espèce de mot, ne furent pas inutiles [1]. Mais ce fut surtout Dumarsais qui, considérant non pas tel ou tel mot comme s'il était unique en son espèce, mais bien la pensée humaine, et la manière dont elle déterminait les objets, remarqua qu'une classe entière de mots, tels que *le, la, les; ce, cette, ces; mon, ton, son*, etc., ne signifiant rien de physique, ni les objets eux-mêmes, ni leurs qualités, s'identifient avec les mots devant lesquels on les place, et les font prendre dans une acception particulière telle que, sans eux, l'objet serait considéré sous un autre point de vue [2]. Voilà donc la déclaration expresse que les adjectifs déterminatifs (comme on les nomme souvent aujourd'hui) expriment les différentes manières dont nous concevons les objets, et n'expriment pas autre chose. C'est la vérité : et celui qui l'a le premier reconnue a, on peut l'assurer, fondé la science sur une base solide [3].

---

[1] *Cours supérieur de gramm.*, part. Ire, liv. II, 10, p. 79.

[2] *Cours supérieur de gramm.*, p. 79 et 80.

[3] Les purs érudits souvent absorbés par leur étude de prédilection, comprennent incomplétement ces abstractions ou s'en rendent insuffisamment compte, et, par suite, ne les estiment pas à leur vraie valeur. M. Egger, dans sa savante étude sur Apollonius Dyscole, expose de son auteur les théories que nous venons de voir; après quoi il ajoute (p. 138) cette note : « Faute de tenir compte des doctrines d'Apollonius, M. B. Jullien exagère beaucoup, je crois, le mérite de nos grammairiens français. » Il doit être évident ici pour tous les lecteurs que la doctrine d'Apollonius sur l'article est un pur enfantillage; que ce grammairien a noté, encore avec beaucoup d'erreurs, quelques propriétés de ce mot, mais qu'il n'en a pas déterminé la nature ; qu'il ne l'a pas même très-nettement distingué de l'adjectif conjonctif ; que, surtout, il est loin de l'avoir classé, c'est-à-dire rapproché des autres mots qui représentent des opérations semblables dans notre entendement. C'est ce grand et admirable travail qui appartient à Dumarsais tout entier, et je ne vois pas en quoi les fantaisies d'Apollonius ont pu aider notre grammairien, en quoi elles peuvent diminuer son mérite. M. Egger eût été bien plus dans le vrai si, constatant les progrès très-réels de la science chez les Grecs, il n'eût pas oublié ceux que l'esprit humain avait faits pendant seize siècles.

Il résulte tout d'abord de cette considération que *le, la, les* n'est plus un mot unique en son espèce, jeté par hasard dans quelques langues, absent dans celles-là, et jouissan de propriétés inexplicables ; c'est un adjectif comme un autre, soumis à toutes les conditions générales des adjectifs, rapproché par son sens de quelques-uns qu'on appelle spécialement *déterminatifs*, déterminant comme eux une certaine vue de l'esprit, et nous permettant de mettre dans le langage la précision qui est dans notre pensée [1].

Beauzée, qui suivit Dumarsais, avec une hardiesse que n'avait pas eue ce grammairien, généralisa le nom d'*article*, c'est-à-dire qu'au lieu de l'appliquer au mot *le, la, les* tout seul, il en fit le nom de tous les adjectifs déterminatifs. Il fit surtout cette remarque profondément philosophique, que nous ne pouvons modifier les substantifs ou les mots pris substantivement que de deux manières, dans leur *compréhension* ou dans leur *étendue*; que les adjectifs qualificatifs ou proprement dits les modifient dans leur compréhension, puisqu'ils y ajoutent toujours l'idée d'une qualité qui n'y était pas ; que les adjectifs déterminatifs ou *articles* les modifient dans leur étendue, puisqu'ils en restreignent la signification selon notre point de vue actuel. Enfin il réunit dans un tableau synoptique tous les articles, les classa sous diverses dénominations qui indiquaient leur nature, leurs analogies, leurs différences, et ajouta ainsi, à la belle étude de Dumarsais, une connaissance plus nette, plus précise et plus approfondie [2].

Je ne veux pas assurer qu'il ait dit le dernier mot à ce sujet [3] : il est au moins bien évident qu'il y a dans la ma-

---

[1] *Cours supérieur de gramm.*, part. I, liv. II, 10, p. 80.

[2] *Cours supérieur de gramm.*, lieu cité.

[3] Voyez, dans le *Cours supérieur de grammaire*, la distinction et la liste des articles, partie I, liv. II, c. 11 ; et pour la définition exacte de *le, la, les*, la seconde partie ou haute grammaire, liv. II, c. 32, p. 90.

nière de procéder des modernes relativement à celle des anciens une supériorité qu'on peut dire imcomparable C'est une autre sphère d'idées, de raisonnement et de langage.

Il en serait de même quelque partie que nous voulussions étudier dans la grammaire théorique : divisions générales de la science; définitions des sons, des lettres, des mots; de leurs espèces; règles relatives à leur formation ou à leur emploi; notions exactes sur leur origine et leur vraie signification; tout cela est aujourd'hui infiniment mieux su que ne l'ont jamais su les Grecs ou les Romains : et c'est aux progrès philosophiques de la grammaire et de l'idéologie, par conséquent aux travaux de nos excellents grammairiens, qu'est due cette supériorité de nos doctrines, et le perfectionnement de l'esprit humain dans l'analyse des idées et de leur expression.

Grande raison pour nous faire donner à la grammaire, telle que nous la concevons aujourd'hui, sans pour cela mépriser les travaux des anciens, le soin et la considération dont elle est digne!

LA BIVOCALE *OI*[1].

On venait de lire à haute voix dans une réunion ces vers d'un poëte moderne :

> Eh bien, mets dans le sac un fagot de futaie.
> Dans l'ombre, il le prendra pour son homme. — C'est fort :
> Comment veux-tu qu'on prenne un fagot pour un mort?
> C'est immobile, sec, tout d'une pièce, roide;
> Cela n'est pas vivant. — Que cette pluie est froide [2].

Le licencié Camille de Voix-Neuve s'écria que ces vers ne pouvaient rimer : « Il n'y a plus, ajouta-t-il, que les baladins et les sauteurs de corde qui annoncent au son du tambourin qu'ils danseront sur la corde *rouade;* partout ailleurs on dit *raide* et *se raidir,* et on écrit par un *a, i,* comme *faible*[3].

— Êtes-vous bien sûr de cela? reprit le vieux marquis de Palaie; et la misérable orthographe de Voltaire a-t-elle encore altéré la prononciation et l'écriture de ce mot?

---

[1] Cette dissertation, écrite en 1839, a été insérée dans le *Journal de l'Institut historique,* en février 1848.

[2] M. Hugo, *Le roi s'amuse,* acte IV, sc. 5.

[3] Cette assertion est trop absolue. L'Académie admet les deux orthographes ; et en reconnaissant que la prononciation *raide* est seule admise dans la conversation, qu'elle l'est aussi dans l'éloquence, elle ne rejette pas absolument l'autre.

— Qu'appelez-vous l'orthographe de Voltaire? dit le tranquille Aléthin.

—C'est, répondit de Palaie, ce ridicule système qui met *a*, *i* à la place d'*o*, *i*, toutes les fois que la syllabe se prononce *è* et non pas *oua*[1].

— Mais, reprit Aléthin ; qu'y a-t-il là-dedans qui puisse justifier cette épithète de *misérable* employée par vous tout à l'heure? N'est-ce pas perfectionner l'écriture que de représenter par des signes divers les sons différents ? Et si cette orthographe eût été de tout temps en vigueur, seriez-vous aujourd'hui même embarrassé sur la prononciation du du mot *raide*, comme le dit de Voix-Neuve, ou *rouade*, comme vous le prononcez?

— Si cette orthographe, répliqua de Palaie, eût été employée de tout temps, je ne nie pas qu'elle eût eu quelques avantages. Mais, venue si tard, elle n'a fait que du mal : elle a détruit toutes les liaisons et déductions étymologiques ; elle a altéré la prononciation des mots, nous a fait substituer un son maigre à une diphthongue large et sonore. Appliquée aux éditions des anciens poëtes, elle détruit, même à l'œil, la possibilité de la rime. Enfin, c'est une des inventions de Voltaire, cet homme qui nous a fait tant de mal, et l'on devrait bien envelopper tous ses ouvrages dans une proscription commune.

— Vous êtes bien sévère, reprit Aléthin, pour un des plus grands génies qu'ait produits la France, et peut-être le monde. Mais comme il ne faut pas multiplier ici les questions, je laisserai de côté celle qui regarde l'homme, pour ne m'occuper que de l'invention, et je dirai seulement qu'il ne faut pas condamner l'écriture en question sur ce qu'elle nous vient de l'auteur de *la Henriade*, par la bonne raison que l'écriture dite de Voltaire n'est pas de Voltaire.

[1] Marmontel, à la fin de la préface qu'il a faite pour la *Henriade*, dit quelques mots sans valeur sur cette orthographe.

— N'est pas de Voltaire! s'écria impétueusement de Palaie. Et de qui donc est-elle, s'il vous plaît?

— De tout le monde, répondit Aléthin; c'est-à-dire que, comme tant d'autres choses, elle est le produit de la réflexion humaine incessamment appliquée au même objet; c'est un de ces progrès que le temps et l'étude devaient nécessairement amener.

— Prouvez-nous cela, interrompit de Voix-Neuve, et les partisans de la nouvelle orthographe vous devront une belle chandelle.

— Oui, prouvez-le, ajouta de Palaie; montrez que le son *è* doit s'écrire *a, i*. J'aimerais mieux encore un *e* simple avec l'accent grave, comme le proposait M. Marle[1]; après Dumarsais[2].

— La question, répondit Aléthin, n'est pas là précisément. Nous ne demandons pas si absolument les lettres *a, i* sont ce qu'il y a de mieux pour représenter le son *è*, mais si elles remplacent avantageusement l'ancien *o, i*. Du reste, je ne suis pas de ceux qui, comme M. Marle, dont vous parlez, font d'abord abstraction de l'usage et des relations étymologiques ou grammaticales, pour introduire quelque changement dans l'orthographe. C'est le moyen de ne pas réussir. Car, comme l'a parfaitement dit Johnson[3], on ne peut espérer de prévaloir sur les nations, et de les déterminer à changer leur pratique, en mettant tout à fait hors d'usage tous les vieux livres. D'ailleurs, quel avantage une nouvelle orthographe procurerait-elle qui pût compenser la confusion et l'incertitude d'une telle altération? La chute

---

[1] *Appel aux Français.* Paris, 1829, in-32.

[2] *Dissertation sur la prononciation et sur l'orthographe de la langue française*, t. III, p. 272 des *Œuvres complètes*. Dumarsais, du reste, ne propose pas du tout ce changement.

[3] *A Grammar of the english tongue*, au-devant de l'*Etymological dictionnary*.

complète du système de M. Marle a surabondamment prouvé combien le grammairien anglais avait raison. Mais autre chose est introduire des signes nouveaux et inconnus dans l'écriture, autre chose est tirer parti des signes déjà connus et employés de temps immémorial pour cette signification.

Or, l'emploi du digramme *a, i* pour représenter le son *é* date du commencement de notre langue. Cela est évident par les mots *paix, faire, plaire*, et tant d'autres tirés de mots latins où il y avait un *a*; cela ne l'est pas moins par l'emploi de ces mots à la fin des vers, pour rimer avec des *é* ouverts ou fermés, comme :

> Ce chevalier que naguère on vit *estre*
> Tant ennemy de l'Estat, de son *maistre*[1];

ou bien

> Si tes feux en ton cœur produisaient même *effet*,
> Crois-moi que ton bonheur seroit bientôt *parfait*[2].

Et cet usage est bien ancien, puisque l'on trouve de pareilles rimes dans nos premiers poëtes; par exemple.

> Pour ly de tous gabbé *seray*
> Et sire Hernoux aussi *clamé*[3];

et au XIIIe siècle,

> Cele robe de menu *vair*
> Que ne vestites dès *yver*[4].

— Mais, observa de Palaie, ce n'est pas de cela qu'il s'agit; parlez-nous, je vous prie, du changement d'*o,i* en *a,i* dont vous n'avez pas encore dit un mot.

— Suivez-moi, reprit Aléthin, et ne me précédez pas. J'ai dit et je viens de vous prouver que le digramme *a, i* ser-

---

[1] *Satire Ménippée*, à la fin de la *Farce des états de la ligue*.
[2] Corneille, *Mélite*, acte 1, sc. 2.
[3] Jean de Vannes, *Les Trois Maries*.
[4] Jean Le Gallois, *La Bourse pleine de sens*.

vait de temps immémorial en français à représenter le son de l'è ouvert. Si donc il est venu un temps où le son è a remplacé le son primitif d'*o,i*, on a naturellement substitué l'*a,i* à l'*o,i*. La ressemblance des caractères et la succession des sons y conduisaient également. Aussi, dès les temps les plus anciens, si l'on ne peut trouver les imparfaits et conditionnels écrits comme aujourd'hui par un *a*, du moins les deux digrammes *a, i* et *o, i* étaient-ils employés concurremment dans des mots évidemment identiques ; *avoine* par exemple et *avaine*, qu'on a écrit plus tard *aveine; abayant* et *aboyant, loi* et *lai*, comme on le voit dans ces vers :

> Si puis bien jurer sans *délai*
> Qu'il n'est escript en nulle *lai* [1].

Ainsi il n'y a rien de neuf dans la substitution de l'*a* à l'*o* que l'application d'une règle générale à tous les imparfaits, conditionnels et adjectifs en *ois*. Cette proposition d'un principe général paraît remonter à Bérain, avocat assez obscur au parlement de Rouen, qui la fit en 1675 [2]. Elle fut, en 1716, reprise et reproduite officiellement par l'abbé Girard [3]. Voltaire n'avait alors que vingt-deux ans ; il ne s'occupait guère de ces questions purement grammaticales ; et si plus tard il adopta exclusivement le digramme *a,i* pour exprimer le son *è*; s'il consacra à défendre cette orthographe quantité d'articles aussi piquants par la forme que précieux par le fond [4], il ne fut toujours que le propagateur de cette orthographe, et n'en fut pas l'auteur.

— Qu'il l'ait inventée ou qu'il l'ait seulement prônée et fait ensuite admettre à tout le monde, répliqua de Palaie,

---

[1] Roquefort, *Glossaire de la langue romane*, t. III, mot *Lai*.
[2] D'Olivet, *Remarques sur Racine*, n° 12.
[3] *Encyclopédie méthodique*, mot *Néographisme*, § II, n° 13.
[4] *Dictionnaire philosophique*, mots *Français* et *Orthographe ; Facéties, Supplément au discours aux Velches; Mélanges littéraires, Lettre à l'abbé D'Olivet*, 1767.

vous sentez que c'est à peu près la même chose. Au reste, je vous accorde volontiers que l'homme ne fait rien à l'affaire et qu'il vaut mieux traiter la question en elle-même. Attachez-vous donc, je vous prie, aux premières objections que je vous ai faites.

— Je ne demande pas mieux, dit Aléthin ; je serai plus à mon aise sur ce terrain, et la discussion aura surtout un but plus utile.

Vous craignez qu'appliquée aux ouvrages des anciens poëtes elle ne donne une fausse idée de leurs rimes et souvent même de leur prononciation. Mais il doit être entendu que le néographisme dont je fais ici l'éloge ne s'appliquera qu'aux compositions nouvelles, et qu'il ne rétroagira jamais sur les ouvrages composés dans un temps où l'on n'en sentait pas l'utilité.

Il serait aussi barbare de vouloir soumettre à l'orthographe actuelle, si ce n'est pour quelques lettres insignifiantes ou parasites, les ouvrages du temps de Louis XIV, qu'absurde de conserver éternellement les mêmes formes d'écriture, malgré les changements de prononciation. Car, comme l'a dit Johnson[1], la prononciation change et se modifie sans cesse ; c'est une ombre qui n'est pas deux instants de suite de la même longueur. Or ces changements, en s'accumulant de siècle en siècle, l'altèrent quelquefois si profondément que la nouvelle manière ne serait pas comprise de ceux qui ont parlé d'après l'ancienne.

C'est ce qui est arrivé pour le son d'*o,i* ; et nous devons le laisser tel qu'il était chez les auteurs du siècle de Louis XIV, sous peine de faire écrire à ces auteurs des mots qui auraient paru non-seulement à leurs yeux, mais encore à leurs oreilles, d'épouvantables barbarismes. Ainsi votre objection sur ce point tombe d'elle-même.

---

[1] *A Grammar of the english tongue.*

Pour celle qui regarde les étymologies, est-il bien vrai que l'orthographe de l'abbé Girard leur puisse causer quelque dommage? l'abbé Girard l'a craint, et c'est là sans doute ce qui le fit renoncer à sa première proposition[1]; mais il ne cite guère que le mot *notion* (et ses conjugués[2], *note, notable, noter, noble*), qui paraissent se rapporter à *connoître* et *connoissance*, plutôt qu'à *connaître et connaissance*. Quant aux mots où la diphthongue *o, i* était tout à fait indifférente à l'étymologie, comme nos imparfaits et conditionnels, nos infinitifs, nos noms de peuples ou adjectifs en *ois;* quant à ceux enfin dont les dérivés ont changé en même temps et de la même manière que le primitif, ils sont tout à fait hors de la question, et je ne crois pas, en vérité, qu'on pût citer une douzaine de mots dont l'étymologie fût intéressée à conserver *o,i*.

Il reste maintenant une dernière objection à laquelle je me hâte d'arriver. L'orthographe de Voltaire a fait, dites-vous, substituer le son maigre de l'*è* à une diphthongue large et sonore[3].

D'abord il n'est pas vrai que l'orthographe en question ait produit ce résultat : cette orthographe est l'effet et non la cause d'un changement de prononciation ; c'est parce qu'on a prononcé *j'allès, je chantès,* qu'on a écrit ces mots par un *a,i;* sans quoi on eût conservé l'*o,i*, comme le demandait Voltaire.

On peut même dire que la nouvelle orthographe aura pour effet de maintenir la diphthongue large que vous admirez avec raison dans *gloire* et *victoire*, puisqu'aujourd'hui il n'y a plus de doute sur le son de ce digramme, qu'il faut toujours énoncer *oua;* tandis que, dans le siècle

---

[1] *Vrais principes de la langue française*, t. II, p. 344.
[2] *Ibid.*, p. 352.
[3] Nodier, *Examen critique des dictionnaires français*, p. 284.

dernier, les grammairiens n'étaient pas d'accord sur la prononciation de certains mots [1]; et dans quelques autres, comme *Charolois*, l'usage changeait sensiblement, et substituait avec plus ou moins de lenteur le son de l'*é* à l'ancien son : si bien que Voltaire, si sévère, comme on le sait, non pas sur la richesse oculaire, mais sur l'exactitude réelle de la rime, voyant Mlle de Charolois peinte en habit de Cordelier, n'aurait pu lui adresser en 1780 ce joli impromptu qu'il avait fait pour elle une cinquantaine d'années auparavant :

> Frère Ange de *Charolois*,
> Dis-nous par quelle aventure
> Le cordon de saint *François*
> Sert à Vénus de ceinture.

Et déjà l'orthographe que vous attaquez nous a rendu le son *oua* dans des mots d'où il avait disparu. Ainsi tout le monde est aujourd'hui d'accord sur le son large des mots *étroit*, *je sois* du verbe *être*, *croire* et ses formes conjuguées, *je crois*, *tu crois*, etc. Mais à la fin du dernier siècle et auparavant, la prononciation maigre de l'*è* l'emportait souvent. Plusieurs prononçaient *endrèt*, *étrèt*, *étrète* [2]; Brébeuf lui-même écrivait :

> La terre dans son cœur a des bornes *étrètes*.

On regardait comme de bon ton, au moins dans le style de la conversation, de dire *que je sès, tu sès, il set, nous sèyons*, etc., au lieu de *je souas, tu souas, nous souaïons*, qui étaient réservés pour le style noble [3]. Boursault paraît avoir admis la première prononciation quand il fait dire à son médecin :

---

[1] Girard, *Vrais principes*, etc., t. II, p. 344.
[2] Féraud, *Dictionnaire critique de la langue française*, mot *Étroit*.
[3] Féraud, lieu cité.

Mais lorsqu'en bon état j'ai mis une personne,
Je ne puis empêcher que le Ciel n'en ordonne.
Quand il lui plaît qu'on meure, il faut que cela *soit* (*set*) :
J'en ai vu de mes yeux la preuve sur dix-*sept* [1].

Il en est de même de Montfleury, quand Élise dit dans *la Dame médecin* [2] :

Je me tromperais fort s'il n'y *réussissait :*
C'est un petit compère aussi dru qu'il en *soit* (*set*).

Le verbe *croire* se prononçait des deux manières, avec une différence analogue [3] ; si bien qu'un habile homme, interrogé comment il fallait prononcer ce mot, répondit : « Je *crais* qu'il faut prononcer je *crouas*. »

Aujourd'hui, il n'y a plus de dissentiment ; tout le monde écrit et prononce *crouare ;* et l'on sait la leçon qui fut faite à une vieille actrice, laquelle, malgré de nombreux avis, persistait à dire :

Eh quoi ! mon fils arrive ? O ciel ! le puis-je *craire ?*

L'acteur en scène lui répondit :

Il arrive, Madame, et tout couvert de *glaire.*

Mais, sans nous arrêter à cette influence de l'écriture sur la prononciation, reprenons, s'il vous plaît, la question d'un peu plus haut, et dites-moi ce que vous penseriez si je prononçais, comme il suit, ces vers de Rousseau :

Mais la déesse de *mémouère,*
Favorable aux noms éclatants
Soulève l'équitable *histouère*
Contre l'iniquité du temps ?

— Je vous renverrais, dit de Palaie, en Picardie, où cette

---

[1] *Le Mercure galant*, acte IV, sc. 2.
[2] Acte III, sc. 1.
[3] Féraud, *Dictionnaire critique*, mot *Croire*.

abominable prononciation, la *louè*, le *rouè*, ma *fouè*, s'est introduite, je ne sais comment.

— Dites qu'elle s'y est conservée, reprit Aléthin; car c'est là véritablement l'ancienne prononciation française.

— Que dites-vous? s'écrièrent à la fois Camille et de Palaie. Quoi! c'était le son *ouè* que les anciens exprimaient par cette double voyelle *o, i?*

— Et ainsi, continua le premier, quand Boileau récitait ses vers, il disait :

> Qui méprise Cotin n'estime pas son *rouè*,
> Et n'a selon Cotin, ni Dieu, ni *fouè*, ni *louè*?

— Et Médée, ajouta l'autre, répondait à la fameuse question :

> Dans un si grand revers, que vous reste-t-il? — *Mouè*,
> *Mouè*, dis-je, et c'est assez [1].

— Et dans Racine, reprit de Palaie en riant, Titus disait amoureusement à Paulin :

> Depuis cinq ans entiers tous les jours je la *vouès*,
> Et *crouès* toujours la *vouèr* pour la première *fouès* [2].

— Et Auguste, interrompit de Voix-Neuve en riant plus fort, Auguste prononçait majestueusement dans *Cinna* :

> Je le suis, je veux l'être. O siècles, ô *mémouère*,
> Conservez à jamais ma dernière *victouère* [3].

Et dans *Bérénice* encore, dit en éclatant de Palaie, cette princesse disait à Antiochus :

> Et si de ses amis j'en *douès crouère* la *vouès*,
> Si j'en *crouès* ses serments redoublés mille *fouès* [4] ?

---

[1] Corneille, *Médée*, acte I, sc. 6.
[2] *Bérénice*, acte II, sc. 2.
[3] Acte V, sc. 3.
[4] Acte I, sc. 4.

— Oui, répondit Aléthin, c'était ainsi qu'ils prononçaient.

— Ah! ma *fouè*, riposta Camille, le *crouèie* qui pourra *crouère* que ce *souet* là la *louè* de la langue *françouèse*; c'est trop fort pour *mouè*; je n'en *crouès* rien. »

Et tous deux, charmés de cette dernière saillie, et cédant à cet accès de gaîté, ou plutôt s'excitant l'un l'autre à ces éclats immodérés, se laissèrent tomber sur un canapé, où pendant longtemps encore on crut qu'on ne pourrait tirer d'eux ni leur faire entendre une parole raisonnable.

Cependant Aléthin toujours calme et sérieux leur disait : « Riez bien, mes amis, riez bien; mais vos ris passeront et la vérité ne passera pas. Elle vous pénétrera malgré vous, et, quand vous l'aurez une fois aperçue, vous ne concevrez plus que vous ayez été assez aveugles pour la méconnaître, assez ennemis de vous-mêmes pour lui fermer, autant qu'il était en vous, toutes les issues de votre entendement.

— Au fait, dit de Palaie que son âge semblait devoir rendre plus raisonnable, nous ririons ainsi jusqu'à demain que la question ne s'éclaircirait guère. Calmons-nous, si nous le pouvons, et examinons la chose de sang-froid. Vous dites, Aléthin, que l'*o,i* se prononçait autrefois *ouè*, à peu près comme dans *fouet, rouet, couette, mouette,* ou dans cette exclamation de Gorgibus, après le départ des seigneurs Lagrange et Ducroisy : « *Ouais!* il semble qu'ils sortent mal satisfaits d'ici[1]. »

— C'est là ce que je soutiens, répondit Aléthin.

— Cependant, reprit le marquis, il est connu de tout le monde que plusieurs mots rimaient jadis qui ne riment plus aujourd'hui; que Boileau, par exemple, a écrit :

---

[1] Molière, *Les Précieuses ridicules*, sc. 2.

> Qu'un jour ce dieu bizarre,
> Voulant pousser à bout tous les rimeurs *françois*
> Inventa du sonnet les rigoureuses *lois*[1];

que, dans les *Plaideurs*, Racine fait dire en réponse à ce vers :

> Tenez, voilà le cas qu'on fait de votre *exploit* :
> — Comment! c'est un exploit que ma fille *lisoit*[2];

que, Boileau enfin ayant dit en parlant de Chapelain :

> Qu'il s'en prenne à sa muse allemande en *françois*;
> Mais laissons Chapelain pour la dernière *fois*[3].

Voltaire a remarqué à ce propos que la muse de Boileau était bien un peu allemande elle-même, pour se contenter d'une telle rime. Mais ce reproche n'était exact que du temps de Voltaire; car tout le monde avoue que, sous Louis XIV, *françois* et *lois*, *exploit* et *lisoit* s'écrivaient et se prononçaient de même.

— Je vous l'accorde volontiers, reprit Aléthin; je ne nie pas la consonnance des mots; je nie seulement le son que vous leur attribuez. Je soutiens qu'on disait alors *louès*, *explouet*, etc.

— Mais, interrompit Camille, cela n'est pas possible; nous lisons partout que ces mots se prononçaient comme ils s'écrivaient; c'est-à-dire en donnant à la double voyelle *o,i* le son qu'elle doit avoir. Eh bien, quel est ce son? M. Nodier nous le dit : « Cette diphthongue si commune dans nos verbes se prononçait autrefois comme dans ce mot *autrefois*, qui vient de tomber de ma plume[4]. » C'est donc *françouas* et *lisouat* que l'on disait, et ainsi les vers rimaient

---

[1] *Art poétique*, chant II, v. 81.
[2] Acte II, sc. 3.
[3] Satire IX, v. 241.
[4] *Examen critique des dictionnaires*, p. 284.

parfaitement. Nul doute que ce ne soit la véritable valeur de ce digramme.

— Sa valeur actuelle, fit observer Aléthin, non pas sa valeur du temps de Louis XIV, ce qui est véritablement en question. Et voyez comme nous portons toujours dans nos recherches les idées que nos habitudes plus ou moins invétérées nous font regarder comme incontestables. Jamais vous n'avez vu dans un ouvrage de quelque autorité que l'*o,i* se prononçât *oua* sous Louis XIV. Vous transportez donc de votre chef à cent cinquante ans en arrière votre manière actuelle, sans vous apercevoir que c'est résoudre la question par la question ; car, enfin, les mots précités rimeraient fort bien encore en les prononçant *ouè,* ou même *è* simplement.

— Cela est vrai, dit Camille; mais si je fais ce cercle vicieux, ne faites pas, vous, une pétition de principe, en supposant prouvé ce que nous contestons. Si vous voulez qu'*o,i* se soit prononcé *ouè,* prouvez-le nous, je vous prie, mais par des preuves sans réplique.

— Par des preuves sans réplique, répéta Aléthin; et, qui plus est, par des preuves de plusieurs sortes : preuves d'autorité, preuves d'étymologie, preuves d'harmonie, preuves de logique, rien n'y manquera.

— Voyons, dit de Palaie, nous vous écoutons.

— Je commence, dit Aléthin, par les preuves d'autorité : ce sont les plus courtes et les plus péremptoires. Plusieurs grammairiens français se sont occupés, à diverses époques, de fixer la prononciation des diphthongues en les représentant par les voix élémentaires qui les composent. Je ne vous en citerai que six, qui se sont fait tous une réputation : Girard, d'Olivet, Dumarsais, Duclos, Beauzée et l'abbé Féraud.

Les quatre premiers, qui sont aussi les plus anciens, représentent la prononciation de l'*o,i* par *oè, ouè;* d'Olivet[1] et Duclos[2] donnent cette prononciation comme absolue. Dumarsais remarque qu'il y a deux sons, celui de *oè*, ou l'*è* est très-ouvert et se rapproche de l'*a*, comme dans *foi, froid, coiffe;* et celui de *oâ*, comme dans *mois, pois, noix*[3]. Quant à l'abbé Girard, il reconnaît deux sons, mais non pas ceux qu'admet Dumarsais : « *o, i*, dit-il, présente dans certaines occasions le son ouvert de la voyelle *è : François, Hollandois, il dormoit;* dans d'autres occasions, elle présente un son plein et comme double, terminé par celui de l'*è* ouvert, après avoir commencé par celui de la diphthongue *ou : Bavarois, Crétois, loi, roi, oiseux, je bois, il reçoit*[4]. Beauzée n'admettait plus la prononciation *oè, ouè*[5], et Féraud, dans son dictionnaire publié en 1788, la condamnait comme n'étant plus usitée que dans quelques provinces[6].

Ainsi nous pouvons presque dire avec une précision géométrique à quelle époque le son *oua* a définitivement remplacé le son *ouè*, qu'indiquait la bivocale *o, i*. C'est vers le temps où Beauzée succéda à Dumarsais dans la rédaction des articles de grammaire dans l'*Encyclopédie*, c'est-à-dire vers 1756. Mais si nous remontons plus haut, les dictionnaires ou les traités s'accordent à donner *oè, ouè*[7]. Bien plus, ces lettres se retrouvent dans l'écriture courante, chez quelques vieux auteurs. Ainsi l'hôtel de ville s'appela longtemps le *parlouer aux bourgeois*; Rémi Belleau écrivait : *ton mirouer*[8]; Joinville écrivait de même *dortouer*[9]; et dans Rabelais

---

[1] D'Olivet, *Prosodie française*, aux homonymes *Fois* et *Fouet*.
[2] *Grammaire générale*, partie 1, c. 3.
[3] *Encyclopédie méthodique*, mot *Diphthongue*.
[4] *Vrais principes*, t. II, p. 346.
[5] *Encyclopédie méthodique*, mot *Néographisme*, § II, n° 13.
[6] *Dictionnaire critique*, mot *Oi*.
[7] Régnier-Desmarais, *Traité des lettres* aux diphthongues; Cf. Restaut. *Principes généraux*, etc., c. 1, art. 3.
[8] Cité par Saint-Victor dans sa traduction d'Anacréon.
[9] *Histoire de saint Louis*, 1826, in-12, p. 46.

on trouve à tout moment ces désinences : « On fit de votre gorge un *entonnouer ;* il se fit un cheval d'un fust de *pressouer ;* peut-estre que derrière y ha issue au *montouer*[1]. »

Henri Estienne, dans ses *Dialogues du nouveau langage français italianisé*, se plaint, d'une part, que l'on substitue le son *è* au son *oi* (*ouè*) dans les imparfaits et conditionnels ; et, de l'autre, qu'on s'accoutume à dire *troas moas* pour *trois mois* (*trouès mouès*) ; il demande s'il faudra dire aussi la *guare* pour la *guerre,* frère *Piarre,* pour frère *Pierre*[2].

Mais la véritable nature du son que nous examinons n'est nulle part mieux déterminée que chez Meigret, écrivain peu connu d'ailleurs, qui voulait, au XVIᵉ siècle, comme M. Marle de nos jours, une réforme radicale dans notre orthographe. Vous comprenez avec quel soin il dut étudier la prononciation ; aussi en parle-t-il comme un homme qui en connaît bien tous les détails. Il rejette l'emploi de la double voyelle *oi* ou *oy*, « laquelle je voy, dit-il, indifféremment escrite pour *oe*, comme *moy, toy, soy, il estoit, aimoit....* » Il lui reproche de représenter deux sons très-distincts, « ce que nous verrons évidemment, ajoute-t-il, si nous voulons considérer cette diphthongue *o,i* ès vocables ès quelz elle est prononcée ; et trouverons qu'il y a grande différence des ungs ès autres ; car en *moyen, royal, loyal*, nous oyons évidemment en la prolation la diphthongue commencer par *o* et finir par *i* (*mo-ien, ro-ial, lo-ial*) ; au contraire, en *moy, toy, soy*, nous oyons la fin de la diphthongue non-seulement en *o*, mais en *è ouvert*, qui est moyen entre *a* et *e clos*[3].... Nous escrirons donc *loè, roè,* et *loyal, royal ;* par

---

[1] *Gargantua*, c. 12.

[2] Allou, *Essais sur l'universalité de la langue française*, note D, p. 374 ; D'Olivet, *Remarques sur Racine*, nᵒˢ 10 et 11.

[3] É fermé.

ce moyen la diphthongue *oè* sera tournée en *oy* en ces autres dérivatifs[1]. »

Ce changement de l'ancien son *oi* (*ouè*) et sa division en deux autres, savoir : le son *è* et le son *oua*, ont donc commencé dans le XVIe siècle, et n'ont été définitivement accomplis qu'à la fin du XVIIIe. Cette proposition ne saurait, je pense, m'être à présent sérieusement contestée.

— Je ne la contesterai pas, dit Camille ; mais vous nous avez promis des preuves fondées sur l'étymologie : je les attends avec impatience.

— Je vais vous satisfaire, reprit Aléthin. Vous remarquerez que presque tous les mots français où la bivocale *o,i* fait partie du mot et n'en est pas une terminaison dérivative ou déclinative sont tirés de mots latins où se trouve la lettre *e* : *roi* de *rex*; *loi* de *lex*; *coi* de *quietus*; *moi, toi, soi,* de *me, te, se*; *quoi* de *quæ*; *paroi* de *paries*; *fois* de *vices*; *faible*, ou plutôt *foible*, de *flebilis*; *foin* de *fenum*; *avoir, savoir, voir, recevoir,* d'*habere, sapere, videre, recipere*; *étoile* de *stella*; *voile* de *velum*; *toile* de *tela*; on disait autrefois *toèle*.

> Et s'ele a trop lordes mamelles,
> Prenne cuevre-chief ou *toèles*[2].

De là l'on ne peut conclure, sans doute, que le son de l'*e* latin se soit conservé pur dans le mot français ; mais il est au moins fort probable que ce son n'a pas tout à coup disparu, lorsque les mots ont passé de la langue mère dans sa dérivée.

Nos terminaisons en *ois* pour noms de peuples et autres viennent, comme *mois* de *mensis*, de terminaisons latines où se trouve l'*e* : *bourgeois* de *burgensis*; *lyonnoise, nar-*

---

[1] Meigret, l'*Escriture françoise*, imprimée en 1645.
[2] *Roman de la rose*, cité par Roquefort ; *Glossaire*, etc., t. III, mot *Lord*.

bonnoise, tarragonoise, de *Lugdunensis, Narbonensis, Tarraconensis :* et la prononciation originelle de notre diphthongue est d'autant plus évidente que l'*n* des mots latins paraît s'être toujours prononcée fort peu, ou même ne s'être pas prononcée du tout, puisque les Grecs retranchaient cette lettre dans les mots latins de cette terminaison, et disaient *Hortesius, Lugdunesis, Tarconesis,* pour *Hortensius, Lugdunensis,* etc.[1].

Nos nombreux substantifs et adjectifs en *oir* et *oire* viennent presque tous du latin *orius, oria, orium,* dont on a supprimé la terminaison déclinative *us, a, um,* et fait passer l'*i* devant l'*r*; or, on sait qu'en latin l'*o,i* était toujours remplacé par la diphthongue *œ*, comme le déclare expressément Térentien[2]; et les éléments de cette syllabe nous servent précisément aujourd'hui à peindre l'ancien son de l'*o,i*. N'est-ce pas là, je vous le demande, un argument étymologique péremptoire en faveur de la prononciation *oer, ouer?*

Nous trouvons enfin que les premiers auteurs et poëtes français écrivaient avec l'*e* originaire certains mots qui depuis ont définitivement reçu l'*o,i* : *dreite* pour *droite*; il *deit sa pénitenche*[3], pour il *doit* : on en a des exemples répétés dans ces vers de Marie de France :

> Ki sa fille *vodreit aveir,*
> Une chose séeut de *veir,*
> Sortit *esteit* et destiné
> De sur le munt fors la cité,
> Entre ses bras la *portereit*
> Si que ne se *reposereit*[4].

---

[1] Lancelot, *Nouvelle méthode pour apprendre la langue latine,* p. 640.
[2] *De syllabis,* v. 44.
[3] Roquefort, *Glossaire,* etc., t. III, mot *Jovent;* Ampère, *Histoire de la formation de la langue française,* c. 16.
[4] Le *Lai des deux amants,* v. 32.

Ainsi, que le son primitif de la bivocale *o,i* ait contenu en lui-même le son de l'*e*, cela ne me paraît pas douteux. Les exemples s'offriraient d'ailleurs en foule, si vous conserviez quelque incertitude à cet égard.

— Il ne nous en reste plus, répondit de Palaie; et maintenant nous n'attendrons que les preuves d'harmonie, comme vous les nommez, qui viendront sans doute corroborer votre théorie.

— Je les ai nommées ainsi, reprit Aléthin; j'aurais mieux fait peut-être de les appeler preuves de *consonnance*; car on peut voir que le son de *o,i* a été presque de tout temps employé à la rime pour consonner avec l'*é* ou l'*a,i*; ce qui ne me semble laisser aucun doute sur le son de cette diphthongue.

L'auteur anonyme, qui, au XIIe siècle, a traduit en vers français les distiques de Denys Caton, ajoute à la fin une sorte d'épilogue en vers, où il s'excuse modestement d'avoir fait peut-être quelques fautes, et réclame le redressement, la correction des savants de son temps.

> Mès, si jeo ai mespris,
> Ou autre chose mis
> Ke il n'i doit *avoir*,
> Li sage ki l'orrunt
> Amender le purrunt
> E je les en *requier*[1].

Ne voyez-vous pas qu'*avoir* se prononçait alors *avouer*, puisqu'il rimait avec *je requiers*? Trois siècles plus tard, sous François Ier, Lazare du Baïf écrivait dans sa tragédie d'*Hécube* :

> Mais pour encore accroistre ma *tristesse*,
> Hélas! ma fille, en ceste dure *angoisse*[2].

---

[1] Leroux de Lincy, *Les Proverbes français*, t. II, p. 375.
[2] *Vieux poëtes français*, édit. Crapelet, t. III, p. 148.

Eustorge de Beaulieu, poëte de la même époque, mettait aussi dans une ballade :

> Fust-on si bon que saint *Antoine*
> Et aussi doux qu'une brebis,
> Sans estre en ordre, on perd sa *peine*,
> Chacun porte honneur aux habits[1].

Gilles d'Aurigny, autre poëte du même temps, dit dans son poëme du *Tuteur d'amour* :

> Et par dedans fermée à trois grands huis,
> Bandés de fer, dont l'entrée estoit *faite*,
> Expressément difficile et *étroite*[2].

Tous ces exemples, vous le remarquerez, sont antérieurs à la seconde moitié du XVIᵉ siècle, et, par conséquent, aux temps où les Italiens, appelés en France par Catherine de Médicis, corrompirent la prononciation française, en cherchant à la rapprocher de celle de leur pays. Cette observation est essentielle, car elle prouve que l'altération introduite dans le langage par les infâmes mignons de Henri III, comme dit un auteur célèbre[3], fut toute autre qu'il ne le croit, et qu'on ne se l'imagine ordinairement.

Mais sans nous arrêter à ces temps reculés, et pour passer tout de suite au siècle de Louis XIV, qui nous intéresse bien plus vivement que celui des derniers Valois, je dis que les exemples de ces consonnances d'*o,i* avec *é* ou *a,i* ne sont pas rares chez les poëtes contemporains de Corneille, particulièrement chez ceux qui n'attachaient pas une importance exagérée à la richesse oculaire de la rime.

Corneille lui-même dit dans sa *Mélite* :

> ....Tu seras forcé toi-même à *reconnoître*
> Que, si je suis un fou, j'ai bien raison de l'*être*[4].

[1] Même collection, t. III, p. 16.
[2] Même collection, t. III, p. 196.
[3] Nodier, *Examen critique*, etc. p. 285.
[4] Acte I, sc. 1.

Ces vers, évidemment, n'eussent pas été supportables si l'*o,i* avait eu de ce temps la prononciation que nous lui assignons aujourd'hui.

Molière dit de même dans *le Dépit amoureux* :

> Par comparaison donc, mon maître, s'il vous *plaît*,
> Comme on voit que la mer quand l'orage s'*accroît* [1];

et ailleurs dans la même pièce :

> D'où vient fort à propos cette parole *expresse*
> D'un philosophe : Parle, afin qu'on te *connoisse* [2];

et encore dans l'*Étourdi* :

> Demeurez ; vous pourrez voir tout de la *fenêtre*.
> Eh bien, qu'avais-je dit ? Le voyez-vous *paroître* [3] ?

et dans *Tartufe* :

> D'abord j'appréhendai que cette ardeur *secrète*
> Ne fût du noir esprit une surprise *adroite* [4].

et enfin, car il faut s'arrêter, Dancourt, dans le branle qu'on chante à la fin de ses *Curieux de Compiègne*, fait rimer *mais* et l'interjection *ouais* avec *bourgeois*.

> *Mais*
> D'une manière grivoise
> Je régalons le *bourgeois*.
>
> *Ouais!*
> La selle eût été bien dure
> Pour des darrières *bourgeois*.

Je citerais sans peine des milliers de ces exemples. Ainsi, quand on a conclu de l'assemblage des mots aujourd'hui prononcés en *oua* et en *è* qu'ils se prononçaient alors en

[1] Acte IV, sc. 2.
[2] Acte III, sc. 8.
[3] Acte III, sc. 10.
[4] Acte III, sc. 3.

oua tous les deux, on a forcé la conséquence. La conclusion eût été légitime si l'on se fût borné à dire qu'alors les deux mots étaient consonnants; mais vouloir déterminer le son de l'un, à l'exclusion de celui de l'autre, par la rime où ils se trouvaient tous deux au même titre, c'était une faute évidente contre ce principe de logique :

Quantum præmissæ referat conclusio solum.

Il fallait donc trouver des exemples où le son *o,i* rimât avec une voyelle simple ou avec un digramme tel que *a,i*, dont le son ne fût pas contesté. Ces exemples, comme ceux que nous venons de citer, auraient décidé la question. Or, si l'on en trouve tant où le son *è* se fait clairement ouïr, on n'en trouve pas un seul où la rime pose sur le son *a*.

— J'avoue, dit alors de Voix-Neuve, qu'il me paraît difficile de nier la puissance de ces raisons et de contester une opinion appuyée sur tant de preuves. Continuez cependant, et donnez-nous ces raisons de logique dont vous nous avez parlé.

— Volontiers, reprit Aléthin; elles nous mèneront, je l'espère, à la même conclusion. Nous ne doutons pas que l'*o,i* ancien, quelle que fût antérieurement sa prononciation, n'ait en dernier lieu exprimé deux sons très-différents, le son *oua*, de *roi, toi, loi*, et le son *è* de *français*, il *parlait*, que nous écrivons aujourd'hui par *a,i*.

Si nous supposons que l'un de ces deux sons ait été le primitif, on se demandera comment l'autre a pu s'en former; et il sera difficile de répondre à cette question; car, quelle analogie y a-t-il entre *loua* et *lè*, *touat* et *tèt*, *chouas* et *chès?* Rien ne se ressemble, ni les lettres, ni le son, et il nous est assurément impossible de passer de l'un à l'autre sans intermédiaire [1].

[1] Ampère, *Histoire de la formation de la langue française*, c. 16.

Au contraire, si *ouè* est l'ancien son, par deux altérations toutes naturelles et faites en sens inverse, on arrive aux deux prononciations actuelles.

Ainsi, élargissez un peu la dominante de cette diphthongue ; au lieu de l'*è* ouvert prononcez un *a* faible, lettre d'une nature analogue : vous tombez dans notre diphthongue *oua : loua, roua, foua,* de *louè, rouè, fouè,* qu'on prononçait jadis.

Mangez maintenant la sous-dominante *ou* de ces mêmes mots *françouès, je disouès, il chantouèt;* il vous reste l'*è* ouvert pur : *francès, je disès, il chantèt,* que nous écrivons aujourd'hui *français, disais, chantait.*

Et davantage, notez, je vous prie, que c'est toujours d'une modification seulement que se plaignent les écrivains partisans de l'ancienne prononciation, comme Henri Estienne et Guillaume des Autels [1], et non pas d'un changement qui n'aurait pas même permis de reconnaître les mots.

Celui-ci en particulier exprime nettement de quelle nature était le changement qu'il blâmait. « Certes, dit-il, je ne dissimulerai point ma fantaisie [2]; onques ne me plut l'excuse d'un langage corrompu pour dire que l'on parle ainsi à la court ; car, je say quelles mignardises en sont plus souvent cause que celle tant recommandée douceur, par laquelle je confesse que légitimement on peut impétrer un vice de la coutume. D'où sont venus ces mots, il *diset,* il *feset,* et la rime que l'on appelle *équivoque* de *Cérès* avec *serois?* Pourquoi n'a-on laissé le mot régulier et usité de *royne* pour dire *reine?* Pourquoi sera-ce que quelque dame, voulant bien contrefaire la courtisane à l'entrée de cest yver, dira qu'il fait *fret?* serrant tant les lèvres que l'on sentira bien, au petit bruit ou strépit de la voix, qu'elle

---

[1] *Réplique aux furieuses défenses de Meigret*, Lyon, 1551.
[2] Mon opinion.

sort par force et contrainte, comme le vent passant par quelque petite fendasse [1] ? »

N'est-il pas clair que l'auteur ne reproche ici aux merveilleux de cette époque qu'un adoucissement excessif de la prononciation, un amollissement ridicule du langage, une corruption analogue à celle que le directoire vit s'introduire chez nous, lorsque, n'osant prononcer les *r*, nos incroyables disaient *ma paole* pour *ma parole*, du *da noi* pour du *drap noir ?* Mais il n'est pas question d'un changement total dans le son, tel qu'eût été celui de *frouat* en *fret*.

Je conclus donc : l'ancienne prononciation *oué* contenait en germe les deux manières de prononcer reçues aujourd'hui ; mais, l'une de ces deux manières étant prise comme primordiale, il serait impossible d'en déduire logiquement l'autre, ou d'établir une filiation probable de ces deux sons.

— Voilà qui est bien, dit de Palaie ; je n'avais pas moi-même étudié la question dans tous ces détails, et je m'en rapportais sans scrupule au dire de tant d'autres. Je reconnais volontiers que je m'étais trompé ; je vois aussi pourquoi vous m'avez demandé au commencement ce que j'appelais l'orthographe de Voltaire ; je conçois bien que je m'étais fait une fausse idée de l'influence de ce philosophe sur cette question.

— En effet, ajouta Aléthin, on se le représente souvent comme ayant apporté dans l'écriture un signe tout nouveau, le digramme *a,i*. Vous voyez qu'il n'en est rien ; que ce digramme avait été employé de temps immémorial avec le son de l'*é* ouvert, et souvent dans des mots entièrement identiques à ceux où se trouvait l'*o,i*. Voltaire n'a fait qu'en régulariser l'emploi ; il vivait dans un temps où l'ancien son *oué* disparaissait de la bonne compagnie et de la capitale, et donnait en mourant naissance à deux sons complé-

---

[1] Ouvrage cité, p. 20.

tement différents l'un de l'autre. Alors il appuya de son immense influence l'ancienne proposition de l'abbé Girard, de conserver le digramme *o,i* pour le son dérivé le plus semblable à l'ancien son, et d'appliquer au deuxième dérivé la réunion de lettres usitées, la plus incontestablement analogue au digramme générateur.

Il y a donc eu, on peut le dire, dans le changement appuyé et établi par Voltaire, un immense service rendu à la langue et à l'orthographe françaises ; et en outre, le plus louable respect pour les analogies de racines et d'usage, sans lesquelles les langues les plus riches seraient, vous en convenez, indignes de notre étude et de notre amour.

— Et maintenant, dit de Voix-Neuve, vous pensez sans doute que l'Académie a bien fait d'adopter définitivement l'orthographe dite de Voltaire ?

— Oui, sans doute, répondit Aléthin.

— Et moi aussi, reprit le licencié ; mais alors, comme je l'avais dit, les deux vers cités précédemment ne riment pas. C'est cette observation qui a ouvert notre discussion ; je suis bien aise qu'elle se représente à la fin pour la clore convenablement.

L'HARMONIE MATÉRIELLE
DU FRANÇAIS[1].

Qu'entend-on précisément quand on parle de l'*harmonie d'une langue*, que l'on considère cette qualité absolument et en soi, ou par rapport aux autres idiomes? C'est une question que peu de personnes songent à s'adresser et qui pourtant ne serait pas toujours superflue; car, quand on l'examine de près, on voit que le mot *harmonie* appliqué au langage, nous apporte une idée extrêmement composée, dans laquelle nous faisons entrer non-seulement le son des syllabes, leur succession, leur accentuation, ce qui semble en effet devoir y être compris; mais le timbre de la voix de celui qui parle, mais l'animation de ses discours, mais le sens des paroles ou la beauté des expressions.

Je n'ai pas besoin de dire qu'ici, comme partout ailleurs, celui-là seul jugera bien qui, isolant le phénomène et le dépouillant de toutes les circonstances accidentelles ou accessoires, saura le réduire à ses conditions essentielles; celui-là sera dans le vrai qui, distinguant et comptant, pour ainsi dire, les divers éléments qui nous paraissent consti-

---

[1] Cette dissertation modifiée et surtout abrégée, ainsi que plusieurs autres par suite de la publication du *Cours supérieur de grammaire* en 1849, remonte aux années 1844 et 1845.

tuer l'harmonie du langage, saura les apprécier en eux-mêmes, fera la somme exacte de leurs valeurs et prononcera définitivement, en rejetant loin de lui les préjugés d'enfance, les préférences de collége et tant de fausses opinions admises sans examen et soutenues par habitude.

C'est une analyse de cette sorte que je veux appliquer à l'harmonie *matérielle* de la langue française. J'emploie cette épithète afin qu'il soit bien compris que je ne m'occupe pas du tout du parti qu'en ont tiré nos grands écrivains ou nos poëtes, dans des morceaux regardés à juste titre comme des modèles d'éloquence ou de poésie. La grandeur de la pensée, la beauté de l'expression, qui jouent là un si grand rôle, nous font une illusion bien naturelle; nous regardons volontiers alors comme dû à une qualité propre au langage, l'ensemble des sensations que ces morceaux excitent en nous, et l'harmonie matérielle nous échappe au milieu de cet effet général dont nous ne distinguons pas les parties. Il faut donc se rappeler que l'harmonie d'une langue en elle-même est indépendante et du rhythme que nous font sentir les orateurs dans leurs périodes, et à plus forte raison de celui que les poëtes mettent dans leurs vers; qu'elle n'a rien de commun surtout avec le fond ou la forme de la pensée; qu'en un mot, elle se réduit à un compte de syllabes et à l'examen des sons qu'elles nous font entendre.

— Est-ce bien la peine, demandera-t-on, d'étudier une langue d'un point de vue si étroit? — Oui assurément, si cet examen n'a pas encore été fait; si surtout c'est la première connaissance à avoir, pour parler avec intelligence de l'harmonie absolue ou comparative de l'italien, du français, de l'allemand. D'ailleurs, il n'y a pas dans les sciences de *point de vue étroit*, quand il s'agit des faits. Les choses sont ou ne sont pas; et il est toujours bon d'en savoir exactement la vérité, qu'elles soient grandes ou petites.

Etudions donc cette harmonie sur le français, et remarquons d'abord qu'elle est en soi peu de chose. Quel que soit le langage examiné, pourvu que les nasales ne soient pas trop abondantes, que trois consonnes de suite ne s'y montrent pas trop fréquemment, que les mots qui terminent les phrases soient d'une longueur moyenne; on a tiré du discours, pour le plaisir seul de l'oreille, tout ce qu'il était possible d'en espérer. Ce qu'on appelle son *harmonie* ne mérite donc ce nom qu'avec les restrictions convenables, c'est-à-dire en déclarant qu'elle est toujours infiniment au-dessous de l'harmonie musicale; qu'elle est la plupart du temps négative, et consiste plus à éviter la monotonie et les sons sourds ou rocailleux qu'à chercher les plus agréables; que le sens du discours surtout y est indispensable, si bien que, sans lui, le langage le plus harmonieux n'offrirait à l'oreille, comme le fait une langue inconnue, qu'une résonnance monotone, un tintement odieux, un bourdonnement insupportable.

Cela compris, d'où peut dépendre la qualité que nous cherchons, sinon du son absolu des lettres, de leur durée, et de l'accentuation qui fortifie quelques syllabes et les fait ainsi distinguer des autres? C'est donc à ces parties seulement qu'il faut nous attacher : et encore convient-il de remarquer que la durée des sons et l'accent touchent surtout à l'harmonie poétique ou oratoire, et n'exercent qu'une influence en quelque façon insensible sur l'harmonie de la langue considérée en général. C'est donc par ces deux qualités, la quantité prosodique et l'accentuation, que je vais commencer cet examen, afin de m'en débarrasser d'abord : on reconnaîtra facilement qu'il n'y a qu'un mot à en dire, parce qu'elles dépendent soit de la manière de prononcer de chacun, soit des mots que l'on fait entrer dans les phrases, soit de la façon dont on les coupe; et qu'ainsi c'est le discours composé ou les vers qui s'y intéressent et non le langage dans sa constitution essentielle.

La *quantité* est proprement l'évaluation du temps que l'on met à prononcer chaque syllabe. Cette quantité a-t-elle été en effet réglée, comme on nous le dit, dans les langues anciennes? Cela paraît bien difficile à croire; ce qu'il y a de certain c'est qu'on ne trouve dans aucune langue moderne cette proportion qui, si elle a existé, devait selon notre jugement actuel, être insupportable à l'oreille [1]. Chez nous, toutes les syllabes sont brèves dans la prononciation, excepté un petit nombre de pénultièmes suivies d'une syllabe muette, et dans des cas déterminés par les grammairiens [2] : de là une rapidité de langage si agréable et si convenable à la conversation, que nous ne pouvons entendre sans dégoût et sans ennui une voix traînante ou qui allonge hors de propos soit les finales, soit les syllabes intérieures ou initiales des mots.

L'*accent* n'est autre chose que cette plus grande intensité de la voix sur une certaine syllabe à l'exclusion des autres [3]. Je dis *intensité* et non pas *élévation*, parce que ce dernier terme ferait croire qu'il est ici question de tons plus ou moins aigus, ce qui n'est pas. Il s'agit de cette modification du son représentée dans la notation musicale par la barre de mesure sur la note qui la suit. Cette note forme le temps fort de chaque mesure; de même, la syllabe accentuée d'un mot est celle sur laquelle on appuie plus que sur les autres : chez nous, c'est toujours la dernière syllabe sonore; c'est *tu* dans *vertu;* c'est *té* dans *beauté;* c'est *rê* dans *carême*.

Quand les mots, au lieu d'être isolés comme dans ces exemples, sont réunis en phrases, nous supprimons l'accentuation sur presque tous les petits mots, pour la porter sur

---

[1] *Etudes sur quelques points des sciences dans l'antiquité*, n° VI, de la quantité prosodique.

[2] *Cours supérieur de grammaire*, t. I, liv. I, c. 8.

[3] *Ibid.*

les dernières syllabes sonores des sections de phrases [1].
Nous prononçons donc cette ligne de madame de Sévigné [2] :
Mandez-moi où vous en êtes, comme si elle se composait
seulement de ces deux mots : *mandezmoi oùvousenêtes*.

Les mots dont les accents disparaissent ainsi devant d'autres, sont des espèces d'*enclitiques*, et se trouvent chez nous en plus grande quantité que chez les étrangers : ce qui a donné lieu à ceux-ci de dire que la langue française n'avait pas d'accent. C'est là une erreur manifeste. Ce qui est vrai, c'est que notre accentuation est en général moins vive que celle des Allemands, des Espagnols, des Italiens. De là peut-être, un peu moins d'animation apparente dans notre langage ; mais, d'un autre côté, notre système, en marquant bien les diverses sections de la phrase, c'est-à-dire la ponctuation, a, quant à l'expression de la pensée, l'immense avantage de la rendre à la fois plus rapide et plus claire, et par là même supérieure à toutes les autres, pour ce qui tient à la conversation, à l'exposition des idées les plus subtiles, et, dans la poésie même, à la plénitude du sens ou à l'horreur des chevilles.

Quoi qu'il en soit, il est visible que l'accent et la quantité ont une influence plus directe sur l'harmonie du discours composé que sur celle de la langue prise en elle-même : ils peuvent d'ailleurs changer au gré de l'orateur, du poëte dramatique ou de ses acteurs ; il ne faut donc les compter qu'avec beaucoup de réserve parmi les qualités harmoniques d'une langue, et, dans ce cas, remarquer encore qu'ils n'ont pas comme le son des lettres, une valeur absolue, mais que chaque homme préfère en général la quantité prosodique et l'accentuation dont il a l'habitude.

---

[1] Voyez, pour cette théorie, dans le *Cours supérieur de grammaire*, part. I, liv. I, la première partie du c. 8.
[2] Lettre du 3 juin 1668.

Cette considération nous permet de réduire l'étude de l'harmonie matérielle d'une langue, pour sa presque-totalité, à l'examen du son absolu des lettres, et de leur rapport au nombre total des sons employés; c'est de là que dépend, comme nous allons le voir, la dureté ou la douceur, la *sourdeur* ou la sonorité, et enfin la variété d'une langue, toutes qualités qui lui sont essentielles et si nettement déterminables, qu'il n'est pas possible de se tromper dans leur appréciation.

Les sons distincts que l'homme peut produire et employer dans le langage ne sont pas extrêmement nombreux : en supposant une vingtaine de voix et autant d'articulations, on a tout ce que le gosier peut produire, tout ce que la bouche peut articuler, tout ce que l'oreille peut saisir sans confusion[1]. Il y a des alphabets qui portent plus de lettres et énumèrent plus de sons que je n'en marque ici, mais il n'est pas bien sûr que ces sons soient distincts : dans tous les cas, le nombre se rapproche beaucoup, il est même presque toujours au-dessous de celui que j'indique.

Toutes choses égales d'ailleurs, la prononciation d'une langue sera d'autant plus belle que les sons en seront émis plus franchement, c'est-à-dire nettement, sans embarras, sans confusion : c'est le cas de la langue française, où l'on sait toujours exactement quel est le son énoncé. On peut se tromper, sans doute; en donner un pour un autre; mais jamais ni l'orateur ni l'auditeur ne seront embarrassés pour déterminer et reproduire le son entendu. C'est le contraire en anglais, où le bel usage exige fort souvent qu'une voyelle se trouve sur la limite qui la sépare d'une voyelle voisine, si bien qu'il est impssible de déterminer si c'est un *a* ou un *o*, un *o* ou un *u*, un *e* ou un *i*, qu'on doit faire entendre dans un mot donné. Or, si la mode a pu intro-

---

[1] *Cours supérieur de grammaire*, t. 1, liv. 1, c. 2 à 6.

duire chez tout un peuple et y faire rechercher une telle manière de parler, sans contester sa puissance ni la valeur du bel usage, on ne doute pas que la chose ne soit mauvaise en soi : car enfin les langues sont faites pour être entendues, et bien entendues; et il y a, sous ce rapport, plus de beauté absolue dans la langue qui prononce nettement que dans celle qui dissimule une partie de ses syllabes.

Par une raison de même nature, les articulations nettes et franches valent mieux, toutes choses égales d'ailleurs, que les consonnes pâteuses, grasses ou mouillées. A ce point de vue, toutes les articulations françaises, excepté peut-être le mouillé *ill* et la palatale nasale *gn*, sont irréprochables. Il n'y en a pas une dont le son ne soit aussi clair et distinct qu'il est facile à produire. Il n'en est pas de même de l'*r* anglaise, qui est à peine une articulation tant elle est molle et inachevée. Les deux sons du *th*, qui sont d'ailleurs fort beaux, sont des lettres grasses et pâteuses, dont la répétition excessive deviendrait désagréable, mais qui, employées modérément, forment un des ornements de la langue anglaise.

Les aspirations sont généralement dures et pénibles à l'oreille. Elles consistent presque toujours dans une émission d'air vocal assez forte pour altérer sensiblement le son d'une articulation : tel est le *j* des Espagnols, où l'on entend moins le son de la lettre que le *grattement* du gosier, si l'on peut ainsi parler. Les langues, à mesure qu'elles se perfectionnent, suppriment ou adoucissent les aspirations. En ce point, l'italien, le français et l'anglais sont fort avancés, car ils n'ont pas d'aspiration proprement dite. Notre *h* aspirée n'est qu'un hiatus : nos lettres chuintantes *j* et *ch* ne sont que des sifflantes dont la touche est parfaitement déterminée; le *dj* et le *tch* italiens sont les mêmes articulations précédées d'une dentale.

C'est encore un avantage pour une langue d'avoir un grand nombre de syllabes claires et ouvertes [1], et, au contraire, peu de nasales [2]. Le son de celles-ci étant plus sourd, leur fréquent retour forme une cacophonie que l'oreille repousse avec raison. Ces mots *on confond ton ponton* ou *en entendant l'enfant chantant* montrent combien les sons nasaux accumulés peuvent devenir maussades, et nous permettent de conclure que ce qu'on appelle la *sonorité* dans les langues, et par opposition leur *sourdeur* [3], dépend essentiellement des voyelles qui y entrent et de leur quantité relative.

La *douceur* et la *dureté* des langues viennent spécialement des consonnes. C'est par erreur qu'on dit quelquefois que les voix nasales sont dures : elles sont sourdes comme nous venons de le voir : chacune d'elles en particulier est assurément fort douce, et aucune des syllabes où elles entrent n'est difficile à prononcer. Il n'en est pas de même des articulations. L'aspiration est toujours dure, les palatales [4] sont moins douces que les labiales et les dentales; deux consonnes de suite sont très-facilement acceptées par l'oreille; mais trois sont dures, à moins qu'il ne s'y trouve une liquide *l*

---

[1] Les voyelles ouvertes sont *a* comme dans *rabat*, *è* comme dans *près*, *o* comme dans *bol*, *eu* comme dans *jeune*. Voyez le *Cours supérieur de grammaire*, t. I, liv. I, c. 3.

[2] Les voix nasales sont *an*, *ein*, *on*, *un*. Ibid.

[3] Le substantif abstrait *surdité* existe bien en français; mais il ne répond à *sourd* que quand cet adjectif est pris dans le sens actif, et qualifie celui qui n'entend pas. La *surdité d'un vieillard*, sa *surdité augmente tous les jours*. Pourrait-on l'employer aussi quand l'adjectif est pris dans le sens passif, c'est-à-dire s'applique à ce qui n'est pas entendu? et par ce qu'on dit qu'un instrument est *sourd*, qu'une salle est *sourde*, dirait-on la *surdité d'un instrument* ou *d'une salle*? je ne le crois pas; c'est ce qui m'a fait hasarder le terme technique de *sourdeur* pour exprimer la malsonance d'un objet, ou la qualité des sons étouffés et mal entendus. Au reste ce mot ne doit pas reparaître.

[4] Les *palatales* sont les consonnes qui se forment vers la région du palais : ce sont *gue*, *ke*, *je*, *che* et *gne*.

ou *r* ¹ ; et quatre sont à peine prononçables, à moins qu'il ne s'y trouve encore une de ces deux lettres, *abstrait, extraire* (*ekstraire*), etc.

Ces observations sont si faciles à faire et si évidentes, que personne n'en contestera la justesse; cependant il faut ajouter que la beauté absolue des syllabes ne suffit pas pour déterminer celle de la langue. La variété est une qualité trop précieuse pour qu'on doive la négliger. Or si l'on peut dire que les syllabes orales sont absolument plus agréables que les nasales, une langue tout à fait sans nasales sera-t-elle aussi plus belle qu'une autre où ces sons pourraient s'entendre à leur tour? Je ne le crois pas ; car enfin ils contribuent à la variété du discours; et pourvu qu'ils ne dépassent pas une certaine proportion, y forment un agrément plutôt qu'un défaut.

D'après ces principes, on peut, je ne dis pas comparer les langues entre elles; car dans le jugement définitif, personne ne serait peut-être suffisamment impartial; mais au moins faire le compte exact des qualités et des défauts de chacune, et voir par là dans quelle estime on doit la tenir par rapport à la seule prononciation.

J'ai fait sur quelques pages de français un examen de ce genre. J'ai relevé successivement les voix et les articulations qui s'y trouvaient, et j'ai placé en regard de chacune le chiffre qui s'y rapportait : j'ai obtenu les résultats suivants :

1°. *Voix* ou *voyelles*. Les morceaux analysés sont : I. *Révolutions romaines* de Vertot, le premier paragraphe. II. *Henriade*, les vingt premiers vers; III. *Art poétique*, ch. ɪv, les vingt-quatre premiers vers; IV. *Grandeur et décadence des Romains*, le premier alinéa.

---

¹ Les *liquides* sont ainsi nommées, à cause de la facilité avec laquelle elles semblent couler. En effet, les consonnes doubles où elles entrent sont aussi douces que les consonnes simples.

Voix.	I.	II.	III.	IV.	Totaux.
a	25	52	43	46	166
â	2	2	6	4	14
an	14	11	21	20	66
è	22	41	29	54	146
é	17	29	31	20	97
ein	5	6	15	11	37
o	4	9	15	14	42
ô	2	7	5	11	25
on	8	11	11	13	43
e[1]	16	20	32	32	100
eû	2	2	2	1	7
un	3	0	8	0	11
i	29	23	36	38	126
u	11	12	11	16	50
ou	6	7	9	19	41
e[2]	16	18	26	44	104

La colonne des totaux nous montre déjà que les voix qui se représentent le plus souvent sont l'*a* ouvert, puis l'*é* ouvert, puis l'*i*, c'est-à-dire les sons les plus clairs du clavier vocal.

En réunissant toutes ces voix sous des groupes naturels[3], on voit que la touche de l'*a*, sur les 1075 syllabes relevées ici, en a donné 246; c'est presque un quart; la touche de l'*é*, 280, c'est plus du quart. Les voix fixes *i*, *u*, *ou* y sont ensemble pour un cinquième; les *e* muets qui ne sont pas des voix réelles et qui, par conséquent, n'influent pas sur la sonorité de la langue, mais en augmentent beaucoup la douceur, parce qu'ils séparent des consonnes qui sans eux seraient doubles ou triples, entrent pour un dixième dans le compte que nous venons de faire.

[1] Cet *e* n'est pas l'*e* muet proprement dit, c'est l'*e* des monosyllabes *je*, *te*, *ce*: c'est le même son que *eu* dans *peur*, *seul*, *jeune*.

[2] C'est ici l'*e* muet véritable, c'est celui qui termine les polysyllabes, comme *faible*, *peine*; il n'a pas de son du tout et ne représente réellement qu'un souffle.

[3] Ces groupes naturels sont établis dans le *Cours supérieur de grammaire*, t. 1, liv. I, c. 3. Je les rappelle ici. Voix ouvertes : *à*, *è*, *ò*, *e*; voix closes : *â*, *é*, *ô*, *eû*; voix nasales : *an*, *ein*, *on*, *un*; voix constantes ou fixes : *i*, *u*, *ou*, *e* muet. Touche de l'*a*, *à*, *â*, *an*; touche de l'*e*, *è*, *é*, *ein*; touche de l'*o*, *o*, *ô*, *on*; touche de l'*eu*, *e*, *eû*, *un*.

On peut grouper les sons autrement. Les voix mobiles[1] font près des trois quarts de la totalité des sons. Il y en a 750 en tout, sur quoi, 454 voix ouvertes, 143 closes ou fermées, et 157 nasales. Les nasales que l'on affecte tant de reprocher à la langue française, ne forment donc qu'un cinquième des voix mobiles, et à peine un septième de la totalité de nos voyelles.

Le premier paragraphe de l'*Oraison funèbre de la reine d'Angleterre* analysé de la même manière depuis et y compris le mot *monseigneur* jusqu'à *exemples*, contient 253 syllabes qui se répartissent à bien peu près de même. La touche de l'*a* donne 54 syllabes : c'est un peu moins du quart, qui serait 63. La touche de l'*e* en fournit 65 : c'est plus du quart. Les voix fixes *i, u, ou* donnent ensemble 50 syllabes : c'est un cinquième. Il y a 25 *e* muets : c'est un dixième de la totalité. Les sons qui reparaissent le plus souvent sont comme tout à l'heure, *a* ouvert (34), *è* (40), *e* (35), *i* (36) et l'*e* muet (25).

En groupant les voix mobiles ensemble, on en trouve 178; les trois quarts seraient 189. Ces voix mobiles se divisent ensuite de cette manière : 121 ouvertes, 23 fermées et 34 nasales. Celles-ci sont donc encore un cinquième des voix mobiles, ou moins d'un septième de l'ensemble : les voix ouvertes sont beaucoup plus nombreuses.

Voilà donc le compte exact de la sonorité de notre idiome. Il y a sans doute des langues où cette qualité est portée à un plus haut degré. Il suffit qu'on y compte proportionnellement moins de nasales et plus de voix ouvertes, surtout des *a*, des *è*, des *o*. C'est le cas de l'italien et de l'espagnol. Mais cette sonorité supérieure ne sera certainement obtenue

---

[1] Les voix *mobiles* ou *variables* sont *a, e, o, eu*, dont nous venons de marquer les touches : elles portent ce nom, parce qu'elles passent du son ouvert, au son fermé et au nasal, tandis que *i, u, ou* ne reçoivent pas ces modifications.

qu'aux dépens de la variété, par rapport à laquelle je ne crois pas qu'aucune langue puisse l'emporter sur le français.

2°. *Articulations* ou *consonnes*. Nous avons vu que la douceur et la dureté des langues s'appréciait par le relevé des articulations : examinons sous ce rapport quatre morceaux de vers ou de prose. I. *Le Chêne et le Roseau* de La Fontaine; II. La Bruyère, le caractère de Théodecte[1]; III. J.-J. Rousseau, *Émile*, les deux premiers alinéa; J.-B. Rousseau, l'épigramme *Est-on héros?* etc. Je place dans un premier tableau les articulations simples, dont quelques-unes sont fort peu usitées. J'ajouterai dans un second tableau les articulations doubles, qui le sont encore bien moins[2].

Articulations.	I.	II.	III.	IV.	Totaux.
b	8	4	4	2	18
p	14	17	8	7	46
v	27	9	7	6	48
f	12	8	12	1	33
m	14	11	25	7	57
d	32	30	24	3	89
t	29	41	31	7	108
z	22	14	9	4	49
s	27	40	30	15	112
n	15	25	25	6	71
g[3]	0	3	2	0	5
k	21	21	10	1	53
j	12	8	5	4	29
ch	2	6	6	1	15
gn	0	1	0	2	3
l	39	63	57	6	165
ill	3	3	0	1	7
r	38	30	24	19	111
y[4]	6	7	4	0	17

[1] *De la société*, etc.

[2] Quant à l'ordre et à la vraie valeur de ces articulations, voyez le *Cours supérieur de grammaire*, t. I, liv. I, c. 6.

[3] *G* représente ici le son dur de *garde*, *guérir*, *guider*, *gober*, et non le son sifflant de *gémir*, *girandole*, qui est exprimé par *j*. Il s'agit ici non de notre orthographe, mais de nos articulations.

[4] L'*y*, placé ici, n'est pas la voyelle *i* ou *y*. C'est la liaison qu'on entend

Il y a donc en tout 202 labiales[1], 329 dentales[2], 105 palatales[3] seulement, et 283 liquides[4]. Les lettres les plus faciles, les plus coulantes dans la prononciation sont ici dans une proportion énorme, relativement aux autres. Les palatales, dont la touche est sans contredit plus dure, ne forment pas un douzième de la totalité.

En les rangeant dans un autre ordre, on trouve qu'il y a 238 lettres faibles, 267 fortes[5] et 131 nasales[6]; il est, je crois, impossible d'imaginer une combinaison de lettres qui concilie mieux la douceur, la netteté et la variété de la prononciation.

On voit d'ailleurs que les articulations les plus employées sont *l* (165), *s* (112), *r* (111), *t* (108), *d* (89), *n* (74), et puis les labiales. Celles qui le sont le moins sont *gn* (5), *g* (5), et *ill* (7), c'est-à-dire les lettres qui sortent le moins nettement de l'organe vocal.

Quant aux consonnes doubles, qui n'ont encore rien de dur, quoiqu'elles ne soient pas aussi douces ni aussi flatteuses que les consonnes simples, on va voir qu'en effet elles sont en bien moindre proportion. J'indique seulement

---

d'un *i* avec la voyelle qui le suit, et qui forme diphthongue avec lui, comme dans *lien, mien*. Dans la rigueur des termes, il faudrait compter de la même manière l'*u* de *lui*, le *ou* de *loi*, *roi* (prononcez *loua, roua*). Je ne l'ai pas fait pour ne pas multiplier les divisions. Ces sons d'ailleurs sont fort rares et n'auraient pas modifié sensiblement nos résultats.

[1] Les *labiales* sont formées par les lèvres savoir : *b, p, v, f, m*.

[2] Les *dentales*, formées par la langue et les dents, sont : *d, t, z, s, n*.

[3] Les *palatales*, formées par la langue et le palais, sont : *g, k, j, ch, gn*.

[4] J'ai déjà défini les liquides. Ce sont surtout *l* et *r* qui sont formées par le mouvement de la langue.

[5] Les lettres faibles sont *b, d, g, v, z, j*; les fortes sont *p, t, k, f, s, ch*. Voyez le *Cours supérieur de grammaire*, t. I, liv. I, c. 6. Les consonnes fortes sont les plus nettes, et en même temps les plus employées.

[6] Les consonnes nasales sont *m, n* et *gn*. Il ne faut pas les confondre avec les voix nasales, qui rendent la langue sourde lorsqu'elles sont trop fréquentes. Les consonnes nasales sont très-nettes et très-douces, excepté peut-être le *gn*, d'ailleurs fort rare chez nous.

les totaux pour chacune d'elles. *bm* 1, *bl* 14, *br* 4, *pl* 13, *pr* 6, *vr* 1, *st* 2, *sr* 6, *dr* 6, *tr* 17, *sp*, 3, *st* 4, *sk* 2, *gz* 1, *gr* 3, *kt* 3, *ks* 1, *kl* 1, *kr* 1, *lp* 1, *rb* 2, *rv* 1, *rm* 3, *rd* 1, *rt* 6, *rs* 4, *rn* 1, *rg* 1, *rj* 1, *rl* 1.

Il y a donc en tout, sur plus de 1,100 articulations analysées dans ces quatre morceaux, 111 consonnes doubles, c'est-à-dire un dixième; et sur ces 111 consonnes, 70 ou près des deux tiers sont formées d'une labiale ou d'une dentale suivie d'une liquide : la prononciation en est donc la plus douce et la plus approchante des consonnes simples qu'on puisse désirer.

Quant aux consonnes triples, à peine faut-il les mentionner. On trouve *rbr* dans le mot *arbre*, *scl* dans *esclave*, et *str* dans *monstre*; c'est-à-dire qu'il y a cinq consonnes triples (la première se présentant trois fois), sur 1100 articulations : ce n'est pas un deux-centième : on peut juger par là combien grande est la douceur du français.

Étudions comparativement le premier paragraphe de l'*Oraison funèbre de la reine d'Angleterre* dont nous connaissons déjà les voix, nous obtiendrons des résultats analogues. Sur 251 articulations tant simples que composées, et en comptant même parmi celles-ci celles qui sont formées de la dernière consonne d'un mot et de la première du mot suivant, on trouve 212 articulations, 37 doubles, 1 seule triple *str* dans *instruit*, et une autre qui le devient par la réunion des deux mots *leur propre*, où l'on trouve *rpr*. Les diverses touches conservent sensiblement les rapports déjà observés. Il y a 41 labiales, 86 dentales, 22 palatales, 60 liquides. L'articulation la plus répétée est ici, comme tout à l'heure, *l* (37), puis *s* (35), puis *r* (23); celles qui le sont le moins sont, de même, les palatales *g*, *gn*, et le mouillé fort *ill*.

Voilà donc le relevé exact de nos articulations sur un certain nombre de pages prises à peu près au hasard dans nos bons écrivains. Joint au relevé de nos voix, il nous fait apprécier notre langue dans son harmonie matérielle au triple point de vue de la sonorité, de la douceur et de la variété. On ne doutait pas que le français fût doux; mais combien n'a-t-on pas répété qu'il était sourd, et que les voix nasales y étouffaient les autres? En supposant que cela soit vrai de quelques phrases, ce n'est pas d'après elles, c'est d'après l'analyse exacte de passages suffisamment longs et pris au hasard qu'il faut établir son jugement à cet égard : et l'expérience faite avec soin dans ces conditions a dû nous convaincre que la langue française est non-seulement la plus douce, mais aussi une des plus sonores, et particulièrement une des plus heureusement variées que les hommes puissent posséder.

LES GAGES TOUCHÉS[1].

Nous m'avez demandé lors de mon départ de Paris un rapport circonstancié sur tout ce que j'aurais vu dans mon petit voyage à Chartres. Vous aviez conçu de moi une bonne opinion que je ne me suis pas trouvé capable de justifier. J'allais à Chartres pour mes affaires. Là, comme ailleurs, je n'étais pas fâché de m'amuser un peu quand mes travaux étaient finis. Je ne me souciais guère d'étudier tristement les mœurs et coutumes du pays que je voyais, comme ce voyageur antique que vous me proposiez pour modèle,

Qui mores hominum multorum vidit et urbes [2].

Je vous l'avoue sans détour ; où vous aviez cru rencontrer un observateur curieux et attentif, il ne s'est trouvé qu'un Roger-Bontemps saisissant au passage toutes les occasions de plaisir ; où vous espériez voir un Ulysse, il n'y a vraiment eu qu'un Sybarite et un poursuivant de Pénélope s'occupant surtout à ne rien faire :

Sponsi Penelopæ, nebulones, Alcinoique
In cute curanda plus æquo operata juventem [3].

---

[1] Cette lettre, qui a pour objet les paronymes dans la langue française, a été lue à la séance générale de la Société des méthodes d'enseignement, le 24 novembre 1840, et insérée dans le douzième numéro de l'*Enseignement*, in-8°, 1840, chez Roret.

[2] Horat., *Ars poet.*, v. 142.

[3] Horat., *Epist.*, I, 2, v. 27.

Bref, je n'aurais rien à vous dire, si mon ami Dollemont, qui m'avait offert une généreuse hospitalité, ne m'avait introduit dans une maison où je vis rassemblés bon nombre d'enfants des deux sexes, de l'âge de huit à treize ou quatorze ans. Leurs parents étaient dans le même salon qu'eux, et l'on y avait établi un jeu de *gages touchés*, où tout le monde, pères, mères et enfants, paraissaient donner la plus grande attention.

Je remarquai bientôt que tous les gages étaient donnés par les papas, et qu'ils consistaient en petits morceaux de carton semblables, pour la forme et la grandeur, à nos cartes de visites. « Voilà, dis-je à Dollemont, un excellent moyen pour reconnaître celui qui s'est une fois trompé, s'il a mis, comme je le suppose, son nom sur la carte : il n'y a pas moyen de nier son identité.

Voyez cette écriture :
Vous n'appellerez pas de votre signature [1].

— Ce n'est pas ce que vous pensez, me répondit-il ; ces cartes portent bien en effet des noms, mais ce ne sont pas ceux des hommes qui les ont écrits ; ce sont des mots choisis par eux, à l'occasion desquels, ils doivent parler et faire, à tour de rôle, une petite leçon à la compagnie.

— Comment, une petite leçon ? Sommes-nous au collége, pour nous trouver en classe aussi à l'improviste ?

— Voyez toute cette jeunesse, me répliqua-t-il : ce sont des élèves de nos meilleures pensions ; ils se réunissent ici les dimanches de sortie, et il n'est pas étonnant que les pères fassent tourner au profit de leurs enfants le jeu auquel ils veulent bien participer.

— Et comment font-ils pour cela ? demandai-je.

— Le voici : ils conviennent, avant de se séparer, du su-

---

[1] Racine, *les Plaideurs*, acte III, sc. 4.

jet qu'ils doivent traiter à la réunion suivante. Chacun, pendant ce temps, choisit entre les mots dépendants de ce sujet celui sur lequel il croit pouvoir dire quelque chose de neuf ou d'intéressant : il l'écrit sur un carton et l'apporte avec lui. Le jeu une fois en train, tous ceux qui ont quelque chose à dire se font prendre en faute; ils déposent leur gage, et, quand on le tire, on leur demande une *histoire*, car c'est le mot dont les enfants se servent pour désigner toute exposition qui les intéresse. Alors ils donnent à propos de ce mot les détails souvent utiles et presque toujours curieux qu'ils ont préparés.

— Et quel sujet doit-on traiter aujourd'hui?

— Les *paronymes*, c'est-à-dire ces mots qui se ressemblent par le son, sans avoir aucune analogie par leur signification [1].

— Et, repris-je, les enfants ne se doutent-ils pas que leurs parents les trichent en se faisant toujours prendre leurs gages? et cette découverte ne détruit-elle pas l'intérêt qu'ils portent au jeu?

— Vous ne connaissez pas les enfants : ils jouent de si bonne foi et s'appliquent d'un si grand courage à leur partie, ils y attachent surtout un tel intérêt, qu'ils ne supposent pas chez un autre l'envie de perdre au jeu. D'ailleurs, ces réunions ne sont pas extrêmement nombreuses. C'est pendant les trois mois d'hiver qu'elles ont lieu : il y en a une tous les quinze jours : c'est donc environ six parties que l'on fait dans l'année. Il en faudrait un bien plus grand

---

[1] Ce sujet est un des plus importants qu'on puisse traiter. Au point de vue purement grammatical, et quant à l'orthographe ou à la bonne prononciation des mots, c'est un exercice enfantin, fort utile sans doute, mais qui ne devrait pas nous arrêter. Il touche par un autre point à la philosophie du langage, et mérite par là l'attention extrême de tous les grammairiens et des philosophes; c'est une des causes les plus fécondes, et malheureusement les plus inévitables, de l'appauvrissement continu des langues et de leur détérioration irrémédiable. C'est sur ce point que j'appelle d'une manière toute spéciale l'attention des lecteurs.

nombre, ma foi, pour que les enfants s'aperçussent du tour qu'on leur joue. »

Notre conversation finit là, car le jeu était terminé. Le sac aux gages avait été remis entre les mains de la petite Émilie, qu'on appelait *Milie* par une abréviation familière aux enfants. C'était la plus jeune de toute la compagnie. Sa mère la fit monter sur un tabouret, et là, plus fière qu'un sénateur romain, elle plongea sa menotte dans l'urne des destins, en disant : « J'ordonne au premier gage touché de nous dire une histoire sur.... *Ridicule* et *Réticule.* »

M. Véron s'approcha, reprit son gage, et dit : « Il faut, mes enfants, vous habituer à parler bien correctement, et à ne pas confondre les mots qui se ressemblent par le son et qui peuvent avoir des sens très-différents. C'est ainsi que l'on parle mal et que l'on corrompt la langue. Je vous citerai pour exemple les deux mots que j'ai écrits sur ce papier. On nomme *réticule* des fils en forme de réseau, par conséquent un filet ou un ouvrage en filet, et, par une extension bien naturelle, les sacs ordinairement en filet que les dames portent quelquefois au bras, où elles mettent leur mouchoir, leurs clefs, leur bourse. Mais comme ce mot tiré du latin n'est pas habituellement employé dans la langue française, ceux qui l'ont entendu ont cru qu'on disait *ridicule*[1], c'est-à-dire ce qui peut ou doit exciter le rire ou la moquerie; et ils ont appliqué ce mot, bien ridicule alors lui-même, à ces sacs, souvent très-gracieux et presque toujours fort élégants, qu'il eût fallu nommer *réticules.* »

M. Véron s'assit : la petite Milie répéta son refrain avec une gravité imperturbable : « J'ordonne au premier gage touché de nous dire une histoire sur.... *Échecs* et *Jonchets.* »

---

[1] Voyez dans *l'Alambic littéraire*, de Grimod de la Reynière, l'analyse du petit ouvrage intitulé *le Boudoir de Pauline*, où il est question de cette mode. Voyez aussi les *Souvenirs de la marquise de Créquy*, t. VII, c. 11.

Ce fut le tour de M. Taillebois, qui s'avança pour retirer son gage et dit : « Je n'ai qu'une courte observation à faire, ces mots n'étant presque jamais confondus par ceux qui ont reçu quelque éducation. Les *échecs* sont les pièces du jeu qui se joue sur l'échiquier ; les *jonchets* sont de petites tiges d'os ou d'ivoire auxquelles on attribue diverses valeurs et qu'il faut enlever sans remuer les autres. Leur nom vient de *jonc*; il en est le diminutif, parce que c'est avec de petits joncs qu'on y aura joué d'abord, ou plutôt parce que ces pièces sont allongées et menues comme les petites pointes des joncs. Vous voyez donc qu'il ne faut pas, comme quelques personnes, les appeler des *onchets* ou des *honchets*[1]; ces mots sont des barbarismes. Il ne faut pas surtout les nommer des *échecs* : le mot *échec* vient du persan *schah*[2], qui signifie *roi*, parce qu'il y a dans chaque jeu une pièce appelée le *roi* d'où dépend la partie. Bien différent des *jonchets*, qui sont un jeu d'enfants, le jeu d'*échecs* exige des combinaisons très-profondes ; aussi connait-on beaucoup de savants, de magistrats, de guerriers célèbres et de rois même, qui en faisaient leur principal délassement. C'est pour cela, sans doute, qu'un marchand, chez qui j'achetais un jour un jeu d'*échecs*, et qui ne pouvait pas se rendre un compte exact de la signification de ce mot, avait cru faire preuve d'érudition et d'intelligence en écrivant de sa main sur la boîte ces mots : *Jeu des chefs*[3]. »

[1] Ces deux mots se sont formés du véritable par une corruption dont il est bien facile de se rendre compte. *Jonchets* est un mot d'une prononciation un peu dure, à cause des deux chuintantes *j* et *ch*. Les bouches paresseuses ont affaibli le son du *j* et prononcé *des zonchets*, qu'on a écrit *des onchets*, ou *des honchets* par une *h* muette. Quelques-uns ont trouvé merveilleux d'aspirer l'*h* et de faire ainsi trois barbarismes au lieu de deux.

[2] Roquefort, *Dict. étymol.*, mot *Échec*.

[3] L'aventure est arrivée à un de mes amis ; elle est curieuse, et montre comment l'ignorance nous mène toujours à mal, soit qu'on ait une confiance aveugle dans ce qu'on entend dire, soit qu'on veuille s'éclairer soi-même et qu'on manque pour cela des lumières nécessaires.

M. Taillebois s'assit. La petite Milie recommença son appel sur les mots *spic* et *aspic, fasolet* et *flageolet*. M. Dégery prit la parole : « On tire, dit-il, de la plante nommée *lavandula spica* une huile tellement inflammable, qu'on s'en sert pour allumer promptement les lampions dans les fêtes publiques. Il suffit d'en imbiber les mèches pour que la flamme s'y attache au seul contact de l'allumoir. Cette huile doit donc s'appeler *huile de spic;* mais comme le mot *spic* est peu connu des gens du monde, et qu'au contraire l'*aspic* est le nom assez connu d'un reptile dont la morsure est très-dangereuse. On dit souvent *huile d'aspic;* et c'est un mot bien ridicule, car l'aspic ne donne et ne peut donner aucune sorte d'huile. On fait une faute pareille lorsqu'on appelle *flageolet,* comme le font nos marchandes, et celles de Paris, les premiers haricots écossés qui paraissent sur le marché. Le *flageolet* est un petit instrument à vent. N'est-il pas absurde, je dirai même indécent, d'appliquer à un légume ce nom, dont la seule raison possible serait les tempêtes qu'il excite souvent dans les mauvais estomacs, et dont on ne parle pas en bonne compagnie. Mais il y a une faute grossière dans ce mot. Voici d'où elle vient. Les Latins ont nommé *phaseolus* (et nous en avons tiré *faseol* ou *fasol*) le légume que nous appelons plus souvent *haricot*. Ce mot *faseol* était encore usité sous Henri II, puisque Rabelais écrit : « L'exemple y est manifeste en pois, febves, *faseols*, noix, alberges, etc.[1]. » Nous avons même conservé le féminin *faséole,* employé en botanique dans un sens un peu différent. Quoi qu'il en soit; le mot *fasol* avait formé le diminutif *fasolet,* petit haricot, mot aussi joli qu'il est significatif. Mais nos marchandes n'en ayant pas compris le sens, ont trouvé dans la langue commune et lui ont substitué un mot qui s'en rapprochait par le son ; et depuis les dames, même le plus haut

---

[1] *Pantagruel*, III, 8.

placées, imitant cette substitution impertinente, nous demandent gracieusement au mois d'août si nous voulons des *flageolets*[1] ! »

Ce fut alors le tour de M. Ducré. Les mots *sonnet* et *sonnez* étaient le sujet de son *histoire*. « Le *sonnet* par un *è* ouvert, dit-il, est une petite pièce de poésie ; le *sonnez* par un *é* fermé, est le double-six au jeu de trictrac. Ce mot donne un exemple de la manière dont les mauvaises prononciations s'introduisent et se propagent. Il se prononçait autrefois comme tous les mots de cette finale, *assez*, *nez*, vous *chantez*. Son origine l'indique bien : quoique deux six fassent aussi souvent perdre que gagner, comme c'est là le point le plus élevé qu'on puisse amener au trictrac, certains joueurs prirent l'habitude, quand ils avaient deux six, de s'écrier : « Double-six, *sonnez* la trompette. » Les auteurs écrivant sur le jeu de trictrac adoptèrent ce quolibet qui se propagea, et plus tard on se contenta, en amenant le double-six, de dire *sonnez*. On finit par faire de cet impératif le nom de ce coup de dez[2]. Aussi voyons-nous qu'il se prononçait avec un *é* fermé par ces vers de Boileau[3] :

> Tu voyais tous tes biens au sort abandonnés
> Devenir le butin d'un pic ou d'un *sonnez*.

Le trictrac n'étant plus aujourd'hui aussi commun qu'il l'était dans la bonne compagnie, le mot *sonnez* a été moins prononcé ; et comme tout le monde connaît les *sonnets* ou en a entendu parler, on a bientôt confondu les deux mots ; et la prononciation ouverte de la dernière syllabe a fini par

---

[1] Je ne crois pas exagérer en disant que la confusion de ces mots est une honte pour une nation ; et j'ai peine à concevoir la complaisance de l'Académie à recevoir des mots tels que *huile d'aspic* et quelques autres aussi déplorables.

[2] Legoarand, *Nouv. orthologie franç.*, au mot Sonnez.

[3] *Satire X*, v. 219.

prévaloir. Elle n'est pas bonne assurément, mais elle est commune. C'est à ce point qu'Arnault, dans sa fable des *Dés*, n'a pas craint de mettre :

> Ces dés qui chassés d'un cornet
> Pour être agités dans un autre
> Par un carme ou par un *sonnet*
> Règlent ma fortune et la vôtre [1] ;

et Delille a fait une faute semblable dans ses *Trois règnes*, quand il représente les joueurs après le dîner :

> Enfin, au coin du feu, nos aimables convives
> Vont achever du soir les heures fugitives :
> Autour d'eux sont placés les damiers, les cornets.
> L'un se plaint d'un échec et l'autre d'un *sonnez*.

Il n'a pas sans doute détruit l'orthographe du mot, et en mettant *cornets* au pluriel, il rend la rime suffisante pour les yeux ; mais, comme celle d'Arnault, elle ne peut suffire à l'oreille qu'à la condition de prononcer *sonnez* comme *sonnet*. C'est une confusion aussi intolérable que si l'on disait un *lait* pour un *lé* ; un *dais* pour un *dé*, et ainsi de suite [2]. »

M. Ducré fut remplacé par le bon M. Basset, ce respectable vieillard qui prenait souvent la peine d'expliquer aux enfants les idées morales cachées sous la forme triviale de nos proverbes [3]. Il était à Chartres ce jour-là, et trouvant une occasion de dire quelque chose d'utile à l'enfance, il n'avait pas voulu la perdre, et s'était volontiers mis en faute pour donner un gage à la petite Milie, et se dégager avec

---

[1] Arnault, *Fables*, liv. III, 12.

[2] *Cours supérieur de gramm.*, t. I, liv. I, c. 9. — Voyez la *Nouv. orthologie franç.*, de M. Legoarant, où sont réunis beaucoup d'homonymes ou paronymes, et notre petit dictionnaire du *Langage vicieux corrigé*, in-12, 1853.

[3] *Explication morale des proverbes populaires français*, par M. Basset, in-18, Paris, 1826.

une histoire. « Mes enfants, dit-il, les erreurs dont vous parlent vos parents sont toujours à éviter, parce qu'elles rendent ridicules ceux qui les commettent ; mais il faut surtout tâcher que l'orgueil, la fierté, la bonne opinion de soi-même ne s'y joignent pas ; car alors on n'est plus seulement ridicule, on devient odieux et insupportable. Cela se voit surtout dans les gens qui veulent reprendre les uns ou les autres, et qui le font sans rime ni raison. Je vous en donnerai deux ou trois exemples. Des comédiens avaient annoncé à Besançon la tragédie de *Rhadamiste* de Crébillon, avec le nom de l'auteur, comme cela se fait ordinairement. Dans cette pièce, Rhadamiste, que l'on croit mort depuis longtemps, se présente à son père Pharasmane, roi d'Ibérie, comme envoyé par Corbulon, qui était à cette époque un général romain. Pharasmane irrité de la défense qui lui est faite au nom de l'empereur Néron de marcher vers l'Araxe, répond à son fils, qu'il ne reconnaît pas :

> Quoique d'un vain discours je brave la menace,
> Je l'avouerai, je suis surpris de votre audace.
> De quel droit osez-vous, soldat de *Corbulon*,
> M'apporter dans ma cour les ordres de Néron [1] ?

Un des spectateurs entendant ces paroles et le nom de Corbulon, cria tout haut. « C'est *Crébillon* qu'il faut dire : j'ai lu l'affiche. Ces comédiens de province sont d'une ignorance qui défigure tous les noms [2]. » Vous voyez, mes enfants, que le véritable ignorant ici, c'était lui qui prenait le nom de l'auteur d'une pièce pour celui d'un personnage.

On sait que dans la tragédie d'*Esther*, Aman désespéré d'avoir conduit Mardochée par la ville, d'avoir annoncé à tout le monde la faveur dont ce Juif était l'objet, et ce qu'il avait fait pour la mériter, s'écrie :

---

[1] Crébillon, *Rhadamiste*, acte II, sc. 2.
[2] Clément et Delaporte, *Anecdotes dramatiques*, mot *Rhadamiste*.

> O douleur ! ô supplice affreux à la pensée !
> O honte qui jamais ne peut être effacée !
> Un exécrable Juif, l'opprobre des humains,
> S'est donc vu de la pourpre habillé par mes mains !
> C'est peu qu'il ait sur moi remporté la victoire :
> Malheureux ! j'ai servi de *héraut* à sa gloire [1].

A l'une des représentations d'*Esther*, un spectateur ignorant siffla parce que l'acteur avait prononcé *héraut-tà sa gloire* et non *héros-zà sa gloire*, comme notre homme croyait qu'on devait dire. Mais il fut hué avec raison ; car le *héraut* par un *t* est celui qui, dans les tournois comme dans les jeux publics des anciens, ou dans les guerres, annonçait au peuple l'issue du combat ou les propositions des rois, et ainsi Aman était véritablement le *héraut* de la gloire de Mardochée. *Héros* par une *s* serait ici un contre-sens.

Cette anecdote est connue. En voici une qui l'est moins, et où vous verrez encore l'ignorance orgueilleuse et suffisante s'ériger en réformatrice, et vouloir changer ce qui est bien. Un Parisien était allé à Lyon. Il se promenait auprès d'une rivière dont il demanda le nom. C'est la *Saône*, lui répondit-on. — « La *Saône*, reprit-il en levant les « épaules, locution provinciale : nous l'appelons la *Seine*, « à Paris [2]. » N'est-il pas monstrueux, mes petits amis,

---

[1] Racine, *Esther*, acte III, sc. 1.

[2] A ces exemples combien n'en pourrait-on pas ajouter d'autres tout aussi inexcusables ! Combien aussi n'y a-t-il pas de phrases paronymes qui sont ainsi confondues à tort. — Voyez dans le *Langage vicieux corrigé*, *Marée en carême* et *Mars en carême* ; *Languille de Melun* et *les Anguilles de Melun* ; etc. Je trouve dans une notice sur Scudéry (in-8°, 1840, p. 250), une confusion plus singulière encore, celles de *bâtir à chaux et à sable*, et de *bâtir sur le sable*. *Bâtir sur le sable*, c'est bâtir sur un terrain mouvant, c'est-à-dire sans aucune solidité. *Bâtir à chaux et à sable*, c'est bâtir avec le meilleur mortier, c'est-à-dire de la manière la plus solide. C'est cette dernière expression que je trouve prise dans le sens de l'autre. Voici le texte : « Un édifice dure, quel qu'en soit le plan, s'il est construit avec le granit ou le marbre. S'il est bâti à sable et à chaux, il s'écroule à la première tempête. Les mauvais écrivains bâtissent au sable et à la chaux, les bons emploient le granit et le marbre. » Il est visible

qu'un homme qui ne sait pas que la Seine et la Saône sont deux rivières très-différentes, veuille reprendre et corriger les gens qui parlent de ce qu'ils savent? »

M. Des Bouquins succéda à M. Basset. Son gage portait *Casilin*. Ce mot qui n'est pas français excita d'abord la surprise. Il la fit bientôt cesser : « On vous a parlé, dit-il, de mots à peu près pareils qui avaient produit des équivoques plus ou moins ridicules. Je vous citerai deux exemples où ces mots ont été causes de grands malheurs, et vous pourrez conclure du grand au petit qu'il faut donner beaucoup d'attention à la prononciation exacte des mots d'une langue. Plutarque, auteur grec très-célèbre, raconte que dans la Campanie, Annibal, voulant éviter les regards de Fabius, ordonna à ses guides de le conduire à Casinat. Ceux-ci, ayant mal entendu, à cause de sa prononciation barbare, le menèrent à Casilin, dans cette gorge d'où il ne put s'échapper qu'en attachant, pendant la nuit, des fagots enflammés aux cornes de deux milles bœufs, qu'il poussa sur les troupes romaines. Quant à ses guides, il les fit mettre en croix et périr dans les tourments. C'était leur faire payer bien cher une méprise dont il était la première cause [1].

L'autre exemple nous touche de plus près. Il est rapporté par Millot [2]. Pendant la minorité de Louis XIV, le prince de Condé s'étant brouillé avec la cour la quitta brusquement et se retira à *Augerville*. On lui dépêcha un cour-

---

qu'il y a ici bien des fautes de logique; le marbre et le granit s'opposent non pas au mortier qui les relie, mais aux moellons, à la brique, aux plâtras; le mortier s'oppose au plâtre, qui a moins de durée, et au torchis. Le sable, comme fondement, s'oppose au roc; alors les oppositions sont aussi claires que naturelles. Mais en laissant même cela de côté, n'est-il pas bien fâcheux qu'on puisse se tromper sur le sens de phrases aussi éloignées l'une de l'autre que *bâtir sur le sable* et *bâtir à chaux et à sable*.

[1] Plutarch., *Fabius*, § 6.
[2] *Histoire de France*, sous la date de 1651.

rier chargé de propositions qui devaient l'engager à revenir; mais on prononça ou le courrier entendit *Angerville*. Il alla donc où le prince de Condé n'était pas et ne put exécuter sa commission. Pendant ce temps, le prince avait pris des engagements avec les ennemis de la France, et l'on sait combien ses talents militaires devinrent alors funestes à notre pays. Mais on ne remarquera jamais assez combien cette malheureuse confusion de deux syllabes a fait verser de sang français, et combien souvent les plus grands malheurs tiennent à des causes pour ainsi dire imperceptibles.

— Nous voilà jetés dans les réflexions philosophiques ou attristantes, dit M. Véron, dont on avait tiré un second gage; j'essayerai de vous en faire sortir par quelques considérations plus gaies : je parlerai des étymologistes qui cherchent presque toujours et avec beaucoup de raison l'origine des mots composés ou allongés dans d'autres mots plus courts et ressemblant aux premiers par leurs lettres et leur son. Quoique leur principe soit bon en général, il faut pourtant avouer qu'il les a souvent induits en des erreurs singulières. Voiture s'est moqué d'eux en nous disant que le nom des *cordonniers* leur vient de ce qu'ils nous *donnent des cors*. La première idée d'un enfant qui cherche d'où vient le nom de son *pantalon*, c'est qu'il lui *pend* jusqu'aux *talons*, à la différence des culottes courtes, qui n'allaient qu'au jarret. Mais l'orthographe lui apprend bientôt que ce nom vient du *Pantalon* de la comédie italienne, personnage qui paraissait ainsi habillé sur le théâtre.

L'ancien mot *planté*, écrit mal à propos par un *a*, est encore un exemple des erreurs où nous fait tomber malgré nous la ressemblance des sons. Je me souviens que quand je lisais ce refrain que nos historiens nous disent avoir été chanté jadis dans les églises, à l'occasion de la fête des ânes :

Hé ! sire âne, ça chantez

> Belle bouche rechignez ;
> Vous aurez du foin assez
> Et de l'avoine à *planté*[1] ;

préoccupé de l'analogie de *planté* avec *plante*, *planter* et *plant*, je ne comprenais pas du tout ce mot. Je trouvais dans un autre endroit, en parlant d'un curé qui voit des mûres dans un buisson :

> En un buisson avait gardé[2]
> De mûres y vit grand *planté*[3].

Comment, me disais-je, y a-t-il *grand planté* de mûres dans un seul buisson? Qu'est-ce que cela signifie? Ce ne fut que longtemps après que je compris le véritable sens de ce mot et sa véritable orthographe. Il faudrait dire et écrire *pleinté* par un *ei*, comme *plein* d'où il est tiré, par la même analogie que *bonté* de *bon*, *beauté* de *beau*, de *nouveau*, *nouveauté*. C'est un nom féminin comme tant d'autres venus des correspondants latins en *tas*, *tatis*. Vous aurez de l'avoine à *pleinté*, c'est-à-dire à pleine mesure; de mûres vit *grand pleinté*, c'est-à-dire que le buisson était grandement plein de ces fruits : et cette orthographe se trouve en effet dans quelques vieux auteurs, par exemple dans Villehardouin, qui dit dans son Histoire de la conquête de Constantinople :

Li Venissien se commenchièrent à croiser à moult grant fuison et moult grant *plenté*[4].

— Puisque vous nous mettez sur les étymologies et sur

---

[1] Voltaire, *Essai sur les mœurs*, c. 82; *Dict. des orig.*, mot *Fête des ânes*.

[2] Regardé.

[3] *Vieux poëtes français*, t. 1, p. 294.

[4] Barbazan, *Ordène de chevalerie*, etc., p. 81 ; cf. Roquefort, *Glossaire de la langue romane*, mots *Plenté* et *Planté*, où l'on voit que celui-ci a quelquefois été pris pour l'autre.

la confusion que l'altération des mots peut produire, dit M. Primitif, dont la petite Milie avait tiré le gage, je vous en citerai une curieuse qui regarde le mot *écuyer*. L'Académie donne à ce nom trois sens très-différents : 1° un gentilhomme qui suivait et accompagnait un chevalier, qui portait son écu ; 2° celui qui a la charge, l'intendance de l'écurie d'un prince, d'un grand seigneur; celui qui enseigne à monter à cheval ou qui y monte très-bien ; 3° l'*écuyer tranchant*, officier qui coupe les viandes à la table des rois et des princes; *écuyer de bouche, de cuisine,* le maître cuisinier d'un prince ou d'un grand seigneur. Est-il possible que dans une langue bien faite un même mot ait trois significations aussi éloignées, et n'y aurait-il pas là un exemple de ces confusions de paronymes dont nous parlons ? C'est ce que nous montre Barbazan dans le petit glossaire qu'il a mis à la suite de l'*Ordène de chevalerie*[1] : « Il y a, dit-il, trois sortes d'écuyer: le *scutifer,* qui portait les armes de son maître; l'écuyer pour les écuries, *ab equo* ; l'écuyer tranchant, *ab escâ*. » Ainsi les trois mots latins qui répondent à nos trois *écuyer* sont *scutarius*, *equitiarius*, *escarius*. Examinons s'il n'aurait pas dû y avoir une légère différence dans la prononciation de nos mots. Le premier, le *porte-écu* ou *porte-bouclier,* tiré de *scutarius,* selon les règles ordinaires de la dérivation latine, nous aurait donné *scutaire* ou *scutier*. Effaçons l'*s* en la remplaçant par un *é*, comme cela est si commun chez nous, il vient *écutier*. Supposons que le *t* se soit mangé par le laps du temps, nous aurons *écu-ier*, et non pas *écui-ier*, comme on le prononce. Le second *écuyer*, venu d'*equarius* ou d'*equitiarius*, aurait été d'abord *équitier ;* et, en mangeant le *t*, *équi-ier* ou *écui-ier* comme on prononce aujourd'hui *écuyer*. Le troisième, venu d'*escarius*, serait naturellement *eskier*, puis *ékier* ou *équier* en deux syllabes. Ainsi, en sui-

[1] Publié en 1759.

vant l'étymologie, et représentant par l'écriture les différences de prononciation que cette science nous indique avoir dû exister à l'origine, nous arrivons à trois formes aussi distinctes que le sont les idées qu'elles expriment, au lieu de ce mot unique qui doit être une source d'embarras pour ceux qui l'entendent, et un triste témoignage de l'appauvrissement successif de notre langue par cette confusion des mots les plus éloignés [1].

— Je pourrais donner bien des exemples de cette confusion fâcheuse, dit M. Lalyre dont on avait tiré le carton, mais je m'entends mieux à mettre en œuvre les mots français qu'à faire sur eux des dissertations. Je vais vous reciter deux petites pièces de vers, à l'occasion de mots semblables que j'avais écrits sur mon gage. La première est intitulée l'*Échelle des grandeurs*. La voici :

>   Toinette, toi qui fais mon bonheur et ma peine,
>   Pour qui je brûle ici d'un amour sans égal,
>   Je voudrais être roi pour te couronner reine.
>   Las ! je ne suis que *maréchal*.
>   — Eh bien, Pierrot, quoique mon espérance
>   Pût s'élever plus haut, disposée à t'aimer,
>   Je ne rougirai pas de m'entendre nommer
>   Femme d'un *maréchal de France*.
>   — D'un maréchal de France ? Oh ! Toinon, doucement :
>   Ce n'est pas une baliverne
>   Qu'un bâton de commandement.
>   Chaque soldat, dit-on, le porte en sa giberne [2].
>   Mais il faut l'en tirer : et moi jusqu'à présent....
>   Voyons.... dans mes regards ne pourrais-tu pas lire ?
>   — J'entends, Pierrot, ce que tu veux me dire :
>   Tu n'es que *maréchal de camp*.
>   J'attendais mieux : toutefois c'est un grade
>   Qu'il ne faut pas non plus tout à fait dédaigner.

---

[1] C'est là le point sur lequel j'appelle, comme je l'ai dit, l'attention des grammairiens, et surtout de l'Académie française. La tendance à confondre les paronymes, d'abord dans la prononciation, ensuite dans l'écriture, est une des plus funestes aux langues.

[2] C'est un mot attribué à Louis XVIII.

LES GAGES TOUCHÉS.

    Aux graines d'épinard on se peut résigner,
        Et contenter d'une brigade.
— Toinon, tu vas trop haut et trop vite : je dis
Que je suis maréchal, et c'est très-véritable,
Mais l'habit brodé d'or et le chapeau.... que diable !
Ne me comprends-tu pas ? — Je comprends trop, mon fils :
      Pauvre *maréchal des logis,*
C'est là ce que tu veux, je crois, me faire entendre :
Nous voilà bien tombés. - Toinette, il faut descendre
Encore un peu. — Comment ? Enfin, sans plus attendre,
Monsieur le maréchal, quel est donc votre rang ?
    — Mais je suis *maréchal ferrant* [1].

Voilà ma première pièce ; je vois qu'elle vous fait rire et que vous avez tous bien compris l'application du même mot *maréchal* à quatre positions bien différentes dans le monde. Passons à la seconde, qui est un peu plus difficile par l'emploi de plusieurs homonymes. C'est le *Repas en équivoques :*

    Parti dès le plus grand matin,
Et déjà du soleil l'heure étant avancée,
Sans avoir attrapé même un pauvre lapin,
Damon rentrait penaud et la tête baissée,
    Mourant de soif, de fatigue et de faim.
      Il avise dans son chemin,
    Sur un pliant, devant une colline,
      Un futur rival du Poussin
    A l'air ouvert, à la joyeuse mine,
      Qui, le portecrayon en main,
Traçait sur le papier un rapide dessin.
« Eh ! l'ami, dit Damon, qu'est-ce donc qu'on dessine ?
    — Vous voyez, je copie un *pin* (*pain*).
    — Un *pain !* vous me la donnez belle.
    Un pain ! ma foi je vous réponds
    Que sans pinceaux et sans crayons
      Je *croquerais* bien le modèle.

---

[1] *Maréchal* est encore un de ces mots qui doivent remonter à deux ou trois origines diverses. Si le *maréchal* était le commandant des *marches* ou *frontières,* croira-t-on, comme le dit Roquefort (*Dict. étymol.,* mot Marche), que le *maréchal ferrant* ait été ainsi nommé, parce qu'il aidait les chevaux à *marcher ?* Pourquoi alors un cordonnier n'était-il pas un *maréchal chaussant,* et ainsi de suite ?

— Le *croquer*, c'est bien dit : mais quoi ! le pain tout sec,
   Quand après une longue chasse
   On n'a pas dans sa calebasse
Un doigt de vin pour s'humecter le bec ;
C'est dur, qu'en pensez-vous ? Répondez-moi sans feinte.
— Vous avez bien raison ; dussé-je être indiscret,
   Je sens comme vous qu'il faudrait
   Que votre colline fût *peinte* (*pinte*).
— J'y pensais, reprend l'autre, et vous avez bon goût :
Toutefois vous pourriez encore être à la gêne.
Qu'elle fût *pinte* est bon, mais il faudrait surtout....
— Quoi donc ? — Parbleu ! qu'elle fût *plaine* (*pleine*). »

M. Lalyre s'assit alors : la petite Milie répéta toujours avec le même aplomb : « J'ordonne au premier gage touché.... » Et après avoir cherché dans le sac : « Ah ! il n'y en a plus, dit-elle en rougissant. »

— « Eh bien ! lui dit sa mère, s'il n'y en a plus, le jeu est fini : remets le sac et nous irons nous coucher.

— Ce sera bien fait, dis-je à Dollemont : car il me semble que si les dissertations de M. Véron ou de M. Primitif ont un peu endormi l'assistance, les calembours rimés de M. Lalyre ne l'ont pas trop réveillé.

— Que veux-tu ? me répondit-il : tout le monde n'est pas amusant ici-bas. Je ne sais trop si tu le seras toi-même, quand tu raconteras à ton correspondant ce que tu as vu ou entendu ce soir.

— Au petit bonheur, répliquai-je ; s'il n'est pas content de mon récit, il pourra toujours le jeter au feu : je n'y mets pas de prétention. »

LA
PARTIE DE DOMINOS[1].

Quatre personnes entraient un jour au café de Foy : c'étaient les deux Marceau, Jules et Henri, et les deux Charpentier, Charles et Eugène. Habitants de la même ville, et venus à Paris à la même époque, ils s'étaient rencontrés au Palais-Royal, avaient dîné chez le même restaurateur, et étaient convenus de passer ensemble la soirée au spectacle.

Comme ils étaient sortis de table de très-bonne heure : « Qui nous empêcherait, dit Jules Marceau, d'aller prendre notre café chez Foy ou à la Rotonde ? nous pourrions y jouer en même temps notre spectacle aux dominos.

— C'est bien vu, répondit Eugène Charpentier ; mais comment nous arrangerons-nous ? Il faut nécessairement que deux frères soient ensemble contre deux frères, et vous êtes plus forts que nous, messieurs les grammairiens. »

Ce dernier mot faisait allusion à la profession des frères Marceau ; car l'un et l'autre donnaient dans leur ville des

---

[1] Cette pièce, qui a pour objet l'orthographe française, et les réformes qu'on y peut introduire, a été écrite en 1839 et revue en 1850, après l'impression du *Cours supérieur de grammaire*, où j'ai exposé avec détails la question de la réforme orthographique, mais en écartant toutes les idées qui m'étaient personnelles, et qui ne se trouvent qu'ici.

leçons de langue et de grammaire française. Ayant d'ailleurs étudié avec soin tous nos classiques et les ouvrages relatifs à leur état, ils pouvaient, sur presque tous les points difficiles, donner des solutions satisfaisantes ; aussi leur appliquait-on souvent dans leur endroit, et ils recevaient avec plaisir la qualification par laquelle Eugène avait terminé sa phrase.

« Nous vous céderons des points, répondit Henri ; il y a toujours moyen d'égaler nos forces.

— Alors, reprit Charles, il n'y a plus d'opposition. »

En disant ces mots, ils entrèrent au café de Foy, et Charles, en passant, lança à son frère un coup d'œil significatif comme pour lui faire entendre qu'il était à peu près sûr de l'évenement, que pour ce soir les deux plus forts feraient pour les plus faibles les frais du spectacle Quel que fût toutefois son moyen, il n'en fit pas usage d'abord. Les parties, grâce à l'avantage que les frères Marceau avaient fait à leurs adversaires, étaient arrivées à peu près ensemble à 75 ou 80 points. Mais comme il n'en fallait plus qu'une vingtaine pour gagner le tout, Charles crut qu'il était temps de se précautionner contre la fortune. « Ce qui me plaît dans le jeu de domino, dit-il négligemment, tandis que Henri brouillait les dés, c'est qu'au moins il n'y a pas dans son nom de lettre inutile : *d, o, do; m, i, mi; n, o, no;* les réformateurs de notre orthographe[1], pour enragés qu'ils soient, n'y trouveront pas à mordre. Ce n'est pas, au reste, pour condamner M. Marle[2], que je parle ainsi.

---

[1] Je dis *orthographe*, comme tout le monde ; mais il est certain que le vrai mot doit être *orthographie*. (*Cours supérieur de gramm.*, Ire part., liv. I, c. 18.

[2] M. Marle a été le principal rédacteur de l'*Appel aux Français*, petit volume publié en 1829, où l'on préconisait un système d'orthographe entièrement conforme à la prononciation. — Voyez notre *Cours supérieur de gramm.*, t. I, liv. I, c. 19.

— Comment! s'écria Henri, vous vous excusez de condamner une aussi détestable doctrine !

— Je ne suis pas grammairien comme vous, moi : et si je blâme, je veux au moins savoir pourquoi. C'est à vous de me le dire. En attendant, à tout seigneur tout honneur. Je pose le double-six.

— Mais les propositions de M. Marle et de la société de l'*Appel aux Français* sont ce qu'il y a de plus triste et de plus honteux pour notre siècle; et il n'est pas permis à un homme de bon sens d'y faire la moindre allusion sans témoigner en même temps de son mépris. Six et quatre.

— Même jeu, dit Eugène en posant le double-quatre; et comprenant l'intention de son frère, il ajouta : Son mépris, c'est bientôt dit : encore faut-il le justifier.

— Rien n'est plus facile, reprit Henri : il suffit de voir les modèles que donne l'*Appel aux Français*, pour reconnaître que ce principe « autant de signes dans l'alphabet que de « sons et d'articulations dans la langue, et application con- « stante du même signe au même son [1] », n'est ni aussi facile ni aussi sûr que les auteurs l'ont cru, puisqu'eux-mêmes suivent, dans la transcription des textes de nos poëtes ou de nos écrivains, des règles sur lesquelles personne, je le crois, ne serait d'accord avec eux. J'ouvre les trois.

— On le dit, reprit Charles, et je ne suis pas éloigné de le croire. Mais cette erreur est-elle suffisante pour attirer le mépris sur eux? Trois partout.

— Je boude, dit Jules. Pour la question que vous faites ici, elle est, ce me semble, toute résolue par la monotonie, la stérilité de toutes ces propositions d'orthographe radicale, et par le profond oubli où elles tombent toujours au bout de peu de temps.

— Ce n'est pas là, dit Eugène, en ouvrant les cinq, une

---

[1] *Appel aux Français*, p. 5 et 6.

raison sans réplique : si la chose était bonne en soi, l'oubli qu'en ferait la postérité compterait contre elle et non contre l'invention.

— Mais elle n'est pas bonne, reprit Henri. Avant de donner la prononciation comme règle suprême de l'écriture, assurez-vous au moins que la prononciation est elle-même réglée. Si vous la trouvez, au contraire, partout variable, comme elle l'est en effet, n'avouerez-vous pas qu'il est insensé, et par conséquent honteux de la donner comme modèle à suivre? Trois et deux.

— Trois partout, dit Charles, en se hâtant de fermer le deux ouvert par Henri Marceau; et j'espère bien que mon voisin va faire comme tout à l'heure une petite pause sur ce dé-là.

— Sans doute, je boude, repartit Jules. Aussi c'est ta faute, Henri; tu me vois arrêté par le trois, et au lieu de me dégager d'un côté, tu me bouches le cinq.

— Que veux-tu, mon ami, répondit Henri, on attaquait l'orthographe française en ce qu'elle a de raisonnable; et le combat *pro aris et focis* m'a fait oublier un instant l'intérêt de quelques points gagnés ou perdus.

— Je ne t'en fais pas un reproche, répliqua Jules, je partage sur ce sujet tes convictions et ton zèle; mais encore faut-il suivre un peu le jeu de son partenaire.

— Assurément, reprit Charles, qui riait dans sa barbe et n'avait pas envie de laisser tomber une discussion sur laquelle il comptait pour s'assurer la victoire. Il ne s'agit pas ici de sonner les cloches et de suivre en même temps la procession. Le domino est assez facile pour qu'on puisse, en le jouant, s'occuper de questions utiles ou agréables :

> Tel autrefois César en même temps
> Dictait à quatre en styles différents,

et je voudrais bien voir porter contre le système de M. Marle des raisons plus fortes et moins connues que celles que vous venez de proposer. Je maintiens le jeu en mettant le double-trois.

— J'ouvre les blancs, dit Henri, en posant le blanc-trois. Si vous voulez des considérations nouvelles sur ce point, attendez l'ouvrage que nous allons publier, mon frère et moi. Nous supposons un jeune aveugle fort intelligent, mais ignorant de toutes nos grammaires et de notre écriture, et qui apprend la langue française par simple audition. Que croyez-vous qu'il pense d'abord de notre *e* muet, qui n'a pas de son propre, qu'on entend plutôt qu'on ne l'oit devant les consonnes, et qui disparaît entièrement devant les voyelles ? Comment notre aveugle écrira-t-il le mot *cage*, s'il ne l'a entendu que dans ces locutions *cage à serin, cage à poulet ?* Comment écrira-t-il cet *e* à la fin de tous nos mots ? Comment le supposera-t-il dans l'intérieur ? Écrira-t-il *empereur* ou *empreur ?* Et celui-ci admis une fois, l'écrira-t-il de même dans les vers, où l'*e* muet doit être entendu ?

— Je conviens, dit Charles, en posant le blanc-quatre, que ce sont là de bonnes raisons contre tout système d'orthographe dépendant immédiatement de la prononciation, et je voudrais que vous en eussiez d'autres en ce genre.

— Nous en avons certainement, reprit Jules. Le grand nombre de nos consonnes muettes à la fin des mots et qui, sans compter même leur importance étymologique, se prononcent devant les voyelles, offre dans le système de l'écriture conforme à la prononciation une difficulté d'autant plus insurmontable, qu'ici c'est vraiment l'écriture qui est l'origine du langage, et non le langage qui est la cause de l'écriture. Soient, par exemple, ces deux vers de l'opéra de *la Caravane* :

> Après un long voyage
> Que le repos est doux !

Comme nous prononçons toujours *aprè* et *repô*, quand ces mots sont isolés ou devant des consonnes, il faudra nécessairement, pour peindre le son de ces vers, ajouter non pas une *s*, mais un *z* : et le placer non pas à la fin de ces mots, mais bien devant ceux dont il modifie les voix initiales; c'est-à-dire qu'on écrira *aprè zun* et *repô zet* : or ces mots *zet* et *zun*, dans quel dictionnaire les trouverez-vous? Bien plus, si vous avez devant ces voyelles d'autres consonnes, comme par exemple

>Avant un long voyage
>De l'argent est utile.

ce ne serait plus *zun* et *zet*, mais *tun* et *tet* qu'il faudrait chercher, et ainsi de suite pour toutes les consonnes finales quiescentes. Les réformateurs radicaux de notre orthographe ne paraissent pas avoir soupçonné cette difficulté dans l'application de leur théorie. Vous avouerez pourtant qu'elle vaut la peine qu'on y pense. Cinq et quatre.

— C'est incontestable, dit Eugène; je n'avais moi-même jamais fait attention à cela, et je crois que vous ferez bien d'insister sur cette raison. J'ouvre les as.

— Même jeu, dit à son tour Henri, en plaçant l'ambesas : et, poursuivant la pensée de son frère : ce sera mieux encore, dit-il, si nous considérons, au lieu des lettres radicales, les consonnes caractéristiques des nombres, des genres, des personnes. Presque toutes, en effet, sont muettes devant les consonnes, et sonnent sur les voyelles qui les suivent, au moins dans le style élevé; de sorte que l'aveugle dont nous parlions tout à l'heure croirait d'abord tous nos substantifs invariables du singulier au pluriel, excepté les noms en *al*, qu'il supposerait se terminer en *ô* : *animal, animô* : puis, en combinant ces noms avec les articles, les adjectifs ou les verbes, il arriverait à cette analyse singulière où ce serait toujours la voyelle initiale du mot suivant qui se trouverait modifiée par les divers accidents d'un mot donné. Les phrases suivantes se décomposeraient donc ainsi : Un homme accourt, *u no macour;* des hommes accourent, *dè zome zacour;* ils viennent à moi, *il viène ta moi;* une femme a chanté, *une fa ma chanté;* deux femmes ont chanté, *deu fame zont chanté.*

— Oui, continua Jules, vous voyez par là que, chez nous, c'est réellement l'écriture qui est le principe de la prononciation correcte dans la bonne compagnie; et cela seul vous montre combien sont réellement ignorants du français ceux qui posent le principe contraire, qui croient bonnement que les langues en sont encore au point où elles étaient avant l'invention de l'alphabet. C'est vraiment leur faire trop d'honneur que de discuter sérieusement leurs propositions. Mais ce qu'il y a de curieux, c'est qu'eux-mêmes ne savent pas du tout où leur principe les mène; que, tout en niant l'action de l'écriture, non-seulement ils ôtent ou remettent des lettres que l'écriture seule nous fait prononcer dans quelques circonstances, mais qu'encore ils séparent les uns des autres des mots ou groupes de sons qui n'ont d'existence individuelle qu'en vertu de nos habitudes d'écrire. Pour l'oreille, les articles ne se séparent jamais de leur substantif, ni les compléments placés avant le verbe, du verbe qui les régit, ni le pronom du verbe dont il est le sujet, ni la préposition de son complément. Il est donc ridicule, dans ce système, de faire deux ou plusieurs mots de *je dors, nous aimons, jusqu'à lui, qu'est-ce à dire;* il faut écrire en un seul *jedor, nouzémon, juskalui, kèsadir,* etc.

Tout le monde connaît l'extrême mobilité de notre accent, et, qu'en se portant toujours sur la dernière syllabe sonore des sections de nos phrases, il coupe celles-ci en un certain nombre de petites prolations dont notre oreille est uniquement frappée, et dans lesquelles elle ne distingue aucunement ces divisions artificielles que nous appelons des *mots*, que la plume seule nous fait sur le papier détacher les uns des autres. Cette horrible écriture sanscrite, où tous les sons d'un discours sont écrits exactement à la suite sans aucun intervalle, est donc le type de perfection que nous offrait en fin de compte l'*Appel aux Français*, quoique les auteurs n'aient pas osé le dire, ou que plutôt ils ne l'aient pas compris : et, en admettant, si vous le voulez, l'accentuation finale des sections de phrase comme des points naturels de séparation dans le langage et l'écriture, les premiers vers de l'*Art poétique*, par exemple, devraient être représentés ainsi :

Sètanvin qôparnà suntèmèrè rôteur
Pan sedelardèver zatin drelaôteur ;

et non pas comme l'auraient donné nos réformateurs [1] :

S'et an vin q'ô parnasse un tèmèrère ôteur
Panse de l'ar dè vers ateindre la hôteur.

En le divisant ainsi, ils ont certes rendu plus facile la lecture et l'intelligence de leur transcription, mais ils ont par cela même menti à leur principe, puisqu'ils ont introduit des divisions, exigées par le dictionnaire, que la voix ni l'oreille ne reconnaissent aucunement.

— Vous pouvez avoir raison, interrompit Charles qui, pendant cette tirade, avait rêvé à tout autre chose que ce qui en faisait l'objet ; mais, pour le moment, voyons, je vous prie, combien il nous reste de dés. Combien en avez-vous, Jules ?

— J'en ai quatre.

— Et vous, Henri ?

— J'en ai deux.

---

[1] *Appel aux Français*, p. 13 à 48.

— Cela fait donc six entre vous deux, messieurs. Et toi, Eugène?

— Il ne m'en reste que deux.

— Cela étant, si je ferme le jeu, nous n'en aurons que trois en main contre six : il n'y a pas à balancer, trois partout [1]. Si vous voulez abattre, nous compterons. »

Les dominos une fois étalés, ceux des frères Marceau étaient plus lourds de beaucoup qu'ils ne l'auraient voulu ; ils complétaient et au delà ce qu'il fallait aux frères Charpentier pour gagner la partie. Aussi, dès le premier coup-d'œil, Jules s'écria d'un ton risiblement pathétique :

« Honte ! opprobre ! malheur ! anathème ! vengeance [2] !

Nous avons perdu !

— Grand Dieu ! répondit Charles du même ton,

Que de termes divers !
En voilà pour orner au moins quarante vers [3].

Et de qui, je vous prie, cette poésie exclamative? Vous appartient-elle?

— Non pas, non pas. Si je faisais des vers, je ne prodiguerais pas ainsi les trésors de mon indignation. C'est une monnaie de trop bas aloi, et qui, comme les assignats, perd toute sa valeur dès qu'il en circule un peu trop. Le vers est de M. Hugo.

— A la bonne heure. Allons maintenant prendre l'air en attendant le spectacle. Mais, avant de quitter le champ

---

[1] Voici la partie figurée par les dés, avec les numéros des tours de pose placés à gauche entre parenthèses. Les nombres (6) et (10), absents, indiquent que le joueur a boudé : (9) 3 | 2; (8) 2 | 5; (7) 5 | 3; (5) 3 | 6; (1) 6 | 6; (2) 6 | 4; (3) 4 | 4; (4) 4 | 3; (11) 3 | 3; (12) 3 | 0; (13) 0 | 4; (14) 4 | 5; (15) 5 | 1; (16) 1 | 1; (17) 1 | 3. — **Tours de Charles** : 1, 5, 9, 13, 17; de Jules : 2, 6, 10, 14; d'Eugène : 3, 7, 11, 15; d'Henri : 4, 8, 12, 16.

[2] M. V. Hugo, *Odes et Ballades*, les *Deux îles*.

[3] La Fontaine, *Ragotin*, acte IV, sc. 6.

de bataille, recevez un conseil d'ami. Quand vous jouerez aux dominos, rappelez-vous le proverbe latin *age quod agis*, et ne vous laissez pas entraîner au moment décisif sur le terrain d'une discussion où vos adversaires vous regarderont volontiers vous escrimer de votre mieux l'un et l'autre, mais ne se mêleront pas de la bagarre.

— Quelle trahison! s'écrièrent Jules et Henri. Ainsi les questions de grammaire que vous nous avez faites n'avaient pour but que de distraire notre attention?

— J'en conviens, répondit Charles, et la ruse était de bonne guerre. La première condition quand on joue, c'est d'être à sa partie. Nous étions à la nôtre et n'avons pas à le regretter. Du reste, cette plaisanterie n'empêche pas que la question soulevée ne soit beaucoup plus intéressante que toutes les parties de dominos possibles. Nous ne tenions pas à vous écouter, quand vous exposiez et condamniez la prétendue doctrine des réformateurs de notre orthographe, parce que là vous prêchiez des convertis. Mais nous n'ignorons pas que vous avez vous-mêmes un système sur la manière dont il conviendrait d'écrire le français; et si, toute rancune cessante, vous vouliez nous en faire connaître les principes, vous auriez des auditeurs plus attentifs et de meilleure foi qu'ils ne l'étaient tout à l'heure.

— J'y consens, dit Henri : aussi bien nous avons quelque temps devant nous; et le meilleur moyen de l'abréger, c'est de l'employer à une conversation qui nous intéresse. Selon nous, la réforme de l'orthographe, pour être raisonnable, doit comprendre deux mouvements; l'un de *retour* ou de *recul*, l'autre d'*allée* ou de *progrès*.

Le mouvement de *retour* s'applique surtout à la racine des mots; il consisterait à rappeler un grand nombre des lettres radicales supprimées à la fin du dix-septième ou au commencement du dix-huitième siècle, au moins quand elles auraient une grande importance étymologique.

— Croyez-vous ce retour possible? demanda Eugène; et y aurait-il vraiment un grand avantage à écrire *teste* pour *tête*, *paste* pour *pâte*, *rosti* pour *rôti?*

— Vous verrez tout à l'heure que ce que je dis ne s'applique pas à ces exemples. Quant à la possibilité du changement, elle est déjà prouvée par l'expérience. N'a-t-on pas retranché à diverses époques, et dernièrement encore pendant plusieurs années, le *t* au pluriel des polysyllabes en *ant* et *ent?* On l'a pourtant repris, ainsi que le *p* dans le dans le mot *temps*, qu'on avait écrit *tems*. Par là on a rétabli les liens étymologiques entre ce mot et ses nombreux dérivés ou composés *temporel, temporaire, contemporain, tempérer, température, tempête, temporiser*, etc. Or dites-moi, en conscience, n'est-ce pas par cette liaison sensible entre des idées de même ordre que les langues sont vraiment belles? Si tous les mots étaient jetés au hasard sans aucune signification du radical ni des terminaisons, ou, ce qui reviendrait au même, si les radicaux étaient tellement corrompus qu'on ne pût les reconnaître, les langues ne seraient-elles pas essentiellement pauvres? vagues dans leur signification? difficiles à apprendre? l'esprit philosophique de la nation n'y perdrait-il pas infiniment? étudiez avec soin toutes ces conséquences, et vous verrez s'il n'y a pas toujours un inconvénient grave à perdre une lettre caractéristique dans un mot dont la famille est nombreuse.

— Je ne conteste pas l'utilité que cette lettre pourrait avoir eue à l'origine; je me demande seulement si cette utilité mérite le changement qu'il faudrait faire aujourd'hui pour y revenir; si ce changement serait possible; si enfin la prononciation qu'il amènerait plus tard ne serait pas un autre inconvénient pire peut-être que la suppression faite aujourd'hui.

— Je répondrai d'abord aux deux dernières questions. Le changement de prononciation pourrait fort bien ne pas avoir lieu. Que de mots sont prononcés depuis deux cents ans autrement qu'ils ne s'écrivent ou contrairement à la règle de notre écriture. Prononcez-vous *monozyllabe* parce que l's se trouve entre deux voyelles? ou *trancition, içrael*, parce qu'elle est précédée ou suivie d'une consonne? L'écriture peut donc varier sans que la prononciation varie en même temps. Ainsi l'objection n'est pas absolue. D'un autre côté, quand la prononciation est une fois changée, qui peut s'apercevoir de ce changement, ou le regretter? On a dit autrefois *ajectif, averbe*[1], pour *adjectif, adverbe; bisson* pour *buisson, saume* pour *psaume, veni* pour *venir*[2], *granmaire*[3] pour *grammaire, ste femme*[4] pour *cette femme*. Croyez-vous que la langue ait perdu quelque chose à modifier ainsi le son de ces mots. Quand on viendrait un peu plus tard à prononcer *escrire* ou *descrire* au lieu d'*écrire* et *décrire*, il n'y aurait pas plus de mal qu'à dire aujourd'hui *espouar (espoir)*, quand on dit *espouèr*, ou *il pleû (il pleut)* au lieu de *il pleute*[5]. Voilà pour votre dernière question.

Pour la précédente, le changement proposé est-il possible? Nous y avons déjà répondu par le mot *temps* et les pluriels des noms en *ant* ou *ent*. Mais il suffit de considérer nos dictionnaires actuels comparativement à ceux qui représentent la langue française dans son état ancien. On a écrit et prononcé *abel* pour *habile; accédiacre* pour *archidiacre; achaison, accoison* et *aquoison* pour *occasion*, etc.[6]; et toutes ces formes contraires à l'étymologie ont fait place à une orthographe plus raisonnable. Beaucoup de mots plus modernes

---

[1] Meigret. — Voyez ci-dessus, p. 666.

[2] Régnier-Desmarais, *Traité de gramm. franç.*, des lettres, au p, à l'r, et aux diphthongues; Restaut, *Principes de langue franç.*, c. 17.

[3] Dangeau, *Essais de gramm.*, passim.

[4] Restaut, *Principes de langue franç.*, c. 17.

[5] Régnier-Desmarais, *Traité des lettres*, de la prononciation du t.

[6] Roquefort, *Glossaire de la langue romane*.

s'écrivent même aujourd'hui autrement qu'on ne les écrivait jadis, et d'une manière plus satisfaisante aux yeux des vrais grammairiens. Il n'y a donc pas d'obstacle invincible à ce qu'une mauvaise écriture soit remplacée par une meilleure. C'est une habitude à changer ; et, comme toujours, c'est fort difficile : mais on peut en venir à bout, et il ne faut pas s'effrayer tellement de la difficulté qu'on n'ose même pas entreprendre le travail nécessaire pour la surmonter.

— Soit, dit Eugène : nous admettons comme possible votre projet de réforme orthographique. Quel est votre but ? quels sont vos moyens ?

— Notre but, c'est d'établir enfin une orthographe normale : nous entendons par là celle qui, laissant subsister les lettres radicales parce que seules elles expriment et maintiennent la parenté des mots, et les lettres figuratives qui caractérisent les formes syntaxiques, représenterait exactement et sans confusion la prononciation correcte d'une langue.

— Mais n'est-ce pas là, dit Charles, une pure chimère ? Ces deux parties que vous voulez concilier, l'écriture et la prononciation, ne sont-elles pas en contradiction absolue ? n'y ont-elles pas toujours été ?

— Mais non pas du tout, répondit Jules. A toutes les époques, au contraire, les grammairiens habiles ont fait leurs efforts pour les accorder ; les casse-cous seuls ont proposé des systèmes radicaux qui n'avaient aucune chance d'être acceptés. Quant aux propositions raisonnables, on en a profité en partie avec plus ou moins de rapidité. Ainsi le travail que nous faisons s'est fait en divers temps, selon les nécessités qu'amenait l'usage ; seulement on a tendu à retrancher les lettres muettes, et nous croyons qu'il faudrait les rétablir quand elles appartiennent à la racine des mots.

— Montrez-nous la grande utilité de cette distinction ?

— La voici. Le *scribere* des Latins forme, en français, les nombreux composés *circonscrire, conscrit, inscrire, prescrire, proscrire, souscrire, suscrire, transcrire*, et les dérivés de tous ceux-là, *circonscription, conscription, prescription, prescriptible, proscription, proscripteur, souscription, souscripteur, inscription, transcription*, etc. Ne reconnaissez-vous pas immédiatement entre ces mots une idée commune exprimée par le radical identique *scri*, modifiée en cent façons par les préfixes ou les terminaisons ajoutés à ce radical?

— J'en conviens. Je serais même fâché, je ne le nie pas, que cette analogie dans les idées ne se retrouvât pas dans les termes.

— Mais alors vous détestez comme nous la disparition de la plus nécessaire de ces lettres dans le plus important de tous ces mots, dans *écrire*, qui devrait être *escrire*, et dans ses composés les plus prochains, *décrire* et *récrire*, ou ses dérivés immédiats *écriteau, écritoire, écriture, écrivain, écrivassier, écrivasserie*. Je vous le demande, la présence d'une *s* muette ne serait-elle pas préférable à cette cacographie qui rend, pour ainsi dire, étrangers l'un à l'autre le chef de la famille et toute sa postérité? Et l'omission n'en semble-t-elle pas plus horrible et plus barbare encore quand on voit reparaître cette *s* dans les dérivés *scribe, rescript, description, descripteur, descriptif*? N'est-ce pas là, en effet, une anomalie qu'on peut nommer extravagante?

— Nous l'avouons volontiers, dirent Charles et Eugène. serait certainement à désirer que nos lettres n'eussent pas disparu ou qu'elles eussent été réadmises, au moins toutes les fois qu'il y aurait à cette restitution un intérêt suffisant; mais la grande difficulté, c'est de les faire reprendre. Ensuite le rétablissement des lettres s'appliquera-t-il dans tous les cas et à tous les mots?

— Non : en insistant sur le nom de lettres radicales, nous avons montré que celles des terminaisons ne nous inquiétaient guère. Qu'on ait écrit autrefois *tempeste*, *champestre*, etc. Nous ne proposerons pas d'y rétablir l'*s*, d'abord parce que ces mots n'ont pas de dérivés où l'*s* reparaisse, et que s'ils en avaient, la dérivation serait suffisamment indiquée par le commencement du mot; ensuite parce que, voulant toujours rapprocher l'écriture de la prononciation ou, plus exactement, la prononciation de l'écriture, ce rétablissement pourrait avoir des inconvénients matériels ; par exemple, il pourrait empêcher de rimer des mots comme *maître* et *salpêtre*, dans l'un desquels l'*s* devrait revenir, tandis qu'elle n'a jamais dû entrer dans l'autre.

Mais laissons cette difficulté. Nous parlerons tout à l'heure des terminaisons. En ce moment, nous examinons la partie radicale des mots. Tout le monde comprend qu'il audrait écrire *respondre*, puisqu'il vient du primitif *spondere* et que l'on dit *responsable* et *correspondre*; *destruire*, puisque l'on dit *construire*, *instruire* et *destruction*, *destructeur*; et encore *souspçon*, *souspçonner*, puisque ces mots viennent de *suspicio* et se rattachent à *suspect*. Remarquez bien qu'il ne s'agit ici que d'admettre une **s** muette, et que cette consonne l'a été et l'est encore fort souvent dans nos mots français. La prononciation n'en serait donc aucunement altérée.

Si elle devait l'être, nous serions beaucoup moins hardis. Ainsi l'*u* du primitif *puter*, venu de *putare*, a été depuis longtemps retranché dans *compte*, *compter*, *compteur*, pour *compute*, *computer*, *computeur*. C'est un inconvénient, sans doute, surtout lorsqu'on pense que ce verbe *compter* forme les composés importants *décompter*, *escompter*, *se mécompter*, *recompter*, et même, autrefois, *forcompter*, qui sont tous privés de l'*u*, tandis que cette voyelle se retrouve dans les mots *amputer*, *comput*, *députer*, *disputer*, *imputer*, *réputer*, *supputer* et leurs nombreux dérivés. Mais, comme le rétablissement de l'*u* changerait tout à fait la prononciation du mot, ou plutôt mettrait un autre mot à la place du terme usité, il n'y a pas de raison suffisante pour désirer le retour de *compter* à *computer*, et nous ne le proposons en aucune façon. Nous posons même en règle générale que ces restitutions doivent être faites avec la plus grande circonspection, et dans le cas seulement où la lettre, retranchée mal à propos, a une importance réelle dans toute la famille. Or, ce n'est pas ordinairement le cas pour une voyelle, à moins qu'elle ne soit initiale.

— Y a-t-il, demanda Eugène, d'autres consonnes que l'*s* qui aient été retranchées à tort?

— Certainement; pour n'en citer qu'un exemple ici, le mot *coulpe*, venu du *culpa* latin, et signifiant *faute* ou *crime*, est à peu près inusité aujourd'hui; aussi l'écrit-on comme on doit l'écrire avec une *l* qui en avait été retirée pendant longtemps [1] : ce mot entrait dans une bien jolie expression pour signifier l'acte de contrition d'un pécheur qui se frappe la poitrine en même temps qu'il dit *mea culpa*. On appelait cela *battre sa coulpe;* et M. Creuzé de Lesser a profité de cette expression si gracieusement naïve, quand il a peint la mort de Tristan, qui se croit abandonné de sa maîtresse :

> Lors *bat sa coulpe*, à Dieu se recommande,
> Son cœur défaille et son âme s'en va [2].

A *coulpe* se rattachent immédiatement plusieurs mots comme *culpabilité*, *disculper*, *disculpation*, *inculper*, *inculpable*, *inculpation*. N'est-il pas ridicule que le plus usité de toute cette famille, le mot *coupable* manque précisément de cette *l* qui se retrouve dans tout le reste, et qui peut seule le faire distinguer des dérivés de *coupe* et de ceux de *coup*

---

[1] Roquefort, *Dict. étymol.*, mot Coupe.
[2] *La Table ronde*, chant XIX, p. 120, édit. de 1839.

ou *couper?* Car enfin, toutes les analogies nous crient qu'un criminel est un *coulpable*, et qu'une chose *coupable* est celle qui doit ou peut être coupée.

— Nous avouons volontiers, dit Charles, que la présence d'une lettre muette, rappelant ici l'étymologie, aurait un véritable avantage et ne serait sujette à aucun inconvénient.

— Vous pouvez, dit Henri, trouver la confirmation de cette remarque dans l'examen du mot *connaître*. Ce mot, formé du latin *noscere* ou de son composé *cognoscere*, s'est écrit *connoître* et s'est prononcé *connouêtre;* puis, dès le temps de Louis XIV, *connêtre*, comme aujourd'hui. L'orthographe de Voltaire ayant prévalu à la fin du siècle dernier, et surtout au commencement de celui-ci, on a écrit *connaître* par un *aî*. C'est là une très-mauvaise écriture, car elle semble rattacher *connaître* au verbe *naître*, avec lequel il n'a rien de commun. Si, au lieu de l'*aî*, tout à fait déplacé dans cette circonstance, on avait employé l'*œ*, qui représentait absolument le même son, de cette manière, *connœtre*, je *connœs*, *reconnœtre*, *méconnœtre*, etc., non-seulement on aurait évité cette confusion avec *naître* et *renaître*, mais les lettres radicales *no* conservées dans ces mots y auraient rattaché leurs nombreux dérivés *noble, noblement, noblesse, note, noter, notable, nommer, nomination*, etc.; et, de plus, auraient amené le participe et le prétérit *connu, je connus*, dont la voyelle *u*, comme dans *croître, paroître, croire, boire* et tous les verbes en *oir*, indique une relation naturelle avec l'*o* et non pas avec l'*a*.

— L'observation est très-juste, dirent les frères Charpentier, et nous nous en souviendrons. Il est certain qu'ici la présence de l'*o* serait fort utile et qu'on aurait bien fait de ne pas le remplacer par l'*a*.

— On a remarqué, continua Jules, que l'*a* était aussi mal placé dans *contraindre*, qui appartient à la même famille qu'*astreindre, étreindre* et *restreindre*, lesquels s'écrivent tous par des *e*; mais, par compensation, l'*a* devrait se trouver dans *enfreindre*, mal à propos écrit par un *e*[1], puisqu'il vient du latin *frangere* et que l'*a* reparaît dans tous ses dérivés ou composés *fraction*, *effraction*, *diffraction*, *infraction*, *réfraction*, *réfracter*, et encore *frange*, *fracas*, *fracasser*, etc. Vous voyez par là combien quelquefois une lettre changée avec méthode peut être avantageuse.

Mais il y a mieux; avec ces restitutions sagement faites, nous arrivons à représenter exactement la prononciation, dont, au contraire, l'orthographe reçue nous éloigne souvent. Le son *eu*, écrit par un *e*, lorsque le radical appellerait un *œ*, en donne un exemple aussi frappant que curieux : dans *accueil*, *orgueil* et leurs dérivés, l'*u* est une lettre servile qui donne au *c* et au *g* le son dur au lieu du son sifflant qu'ils auraient naturellement devant l'*e*. Le son indiqué par notre écriture serait donc représenté d'une manière tout à fait équivalente par les consonnes *k* ou *gh*, de cette façon : *akeil*, *akeillir*, *orgheil*, *orgheilleux*. Il suffit de voir les mots écrits ainsi, pour reconnaître que le son qu'ils expriment n'est pas du tout celui de notre prononciation. Pour peindre celle-ci, il faut placer un *u* après l'*e*, ce qui donnera *akeuil*, *akeuillir*, *orgheuil*, *orgheuilleux*; et, si l'on veut reprendre le *c* et le *g*, on aura les mots *accueil*, *accueillir*, *orgueil*, *orgueilleux*, comme écrivait l'abbé Girard. C'est donc pour éviter ces deux *u* exigés, l'un par la prononciation, l'autre par le système orthographique, que, le premier étant nécessaire, on supprime le second qui ne l'est pas moins, et que l'on peint ainsi une prononciation tout à fait fautive. Ne serait-il pas infiniment plus simple et plus régulier, puisqu'il faut une lettre servile après le *c* et le *g*, de prendre celle qui indique l'étymologie. *Cueillir* vient

---

[1] On l'écrivait autrefois par un *a*. — Voyez l'*Odyssée* de madame Dacier, t. II, p. 11 et 14 de l'édit. de 1741.

de *colligere; orgueil* vient de l'italien *orgoglio;* mettons donc à la place de l'*e* simple un *œ* suivi d'un *u*, et nous aurons, comme le demandent à la fois le son et l'étymologie, *cœuillir, accœuil, orgœuil, orgœuilleux,* etc., qui ne laisseront aucune obscurité ni quant au son ni quant à la famille des mots.

— En suivant cette idée, dit Eugène, ne mettrez-vous pas des *œ* dans presque tous nos noms en *eur* et nos adjectifs en *eux, docteur, professeur,* amenant *doctorat* et *professoral,* et *rugueux, curieux, rugosité* et *curiosité;* écrirez-vous *doctœur, professœur, rugœux, curiœux?*

— Nous n'y verrions pour nous aucun inconvénient, répondit Jules; mais cela produirait un changement considérable qu'il est facile d'éviter par une règle générale. Comme ces syllabes ne sont que des terminaisons, nous pouvons les écrire comme bon nous semble. Posons donc en fait que les dérivés des terminaisons en *eur* et en *eux* prennent un *o*; vous voyez qu'ainsi nous évitons une modification assez grave et qui ne semble pas nécessaire. Il ne restera plus qu'à examiner s'il ne conviendrait pas de la faire pour les terminaisons particulières en *gueux, rugœux, fougœux,* où l'on éviterait ainsi l'emploi singulier et peu agréable de ces deux *u*. Mais ne nous arrêtons pas à ce point : quelle que puisse être son importance, elle sera toujours très-circonscrite, et d'ailleurs dépendra des règles adoptées pour ces terminaisons, lesquelles appartiennent essentiellement à la réglementation du langage.

— Nous n'insistons pas, dirent les frères Charpentier. Nous reconnaissons qu'en effet, réduite à une juste mesure, la restitution des lettres radicales aurait de grands avantages, et nous approuvons de cœur ce mouvement de retour vers le passé, où vous faites consister la première partie de votre réforme systématique. Maintenant il est probable que votre mouvement d'*allée* ou de *progrès* s'applique aux lettres non radicales et surtout aux terminaisons?

— Oui, d'abord, dit Henri, et subséquemment aux signes orthographiques placés dans tout le corps des mots. Pour ce qui tient aux lettres en général, nous pensons qu'il n'y a aucun inconvénient, quand une consonne a été doublée en dépit de l'étymologie, et ne se prononce pas, à retrancher une de ces deux lettres, comme le demandait Dumarsais, à écrire *honeur* d'*honos*, *doner* de *donare*, *home* de *homo*, *consone* de *consona*, et non pas *honneur*, *donner*, *homme*, *consonne*. Nous croyons même qu'on peut aller un peu plus loin, et, comme Dangeau et Duclos, retrancher une des consonnes doublées, quand elle ne se prononce pas, quelle que soit l'étymologie; écrire, par exemple, *ocasion*, *comun*, *coriger*, *éle*, malgré les mots latins *occasio*, *communis*, *corrigere*, *illa*. Ce changement n'a rien qui doive effrayer; car l'étymologie est suffisamment indiquée par une seule consonne, d'autant plus que presque toujours, au moins dans les composés, la première n'est pas une lettre radicale, mais une terminaison modifiée elle-même par l'euphonie[1].

— Nous n'objecterons rien à cette proposition, tout en faisant nos réserves sur les conséquences peut-être exagérées qu'elle aurait plus tard.

— En ce qui tient aux terminaisons, continua Henri, notre doctrine est bien simple : c'est qu'elles constituent proprement la partie syntaxique des langues, au moins des langues indo-européennes, et qu'en conséquence elles sont et doivent être réglées par les grammairiens, sans autre considération que celle de leur utilité présente[2].

Ce principe admis sans difficulté dans toute notre conjugaison, nous voudrions le voir appliquer résolûment partout : nous ne concevons pas dans quelques-uns de nos plu-

[1] *Cours supérieur de gramm.*, part. I, liv. I, c. 19.

[2] Voyez pour preuves la septième *Dissertation* sur l'orthographe de quelques verbes.

riels, par exemple, la substitution de l'*x* ou du *z* à l'*s* qui en est le signe normal. Pourquoi ne pas écrire *chevaus, feus, caillous?* On n'a pas plutôt écrit un *x*, qu'on est obligé d'ajouter qu'il n'a pas d'autre fonction que l'*s*, qu'il se prononce exactement comme elle, et a partout sa valeur. Alors mettez une *s*, et écrivez de même *heureus, jalous*, etc. Le féminin de ces adjectifs s'en formera beaucoup plus naturellement, et l'étude des mots profitera elle-même de la régularité des signes.

Cette règle s'étendra naturellement aux adjectifs en *ant* et *ent*, comme *constant* et *prudent*, où nous avons conservé à tort l'orthographe latine. Ce sont rationnellement des participes : pourquoi ne pas les soumettre à la règle générale. On dit que chez nous ce sont de purs adjectifs, parce qu'ils ne dépendent d'aucun verbe; c'est là un motif de classification, ce n'est pas un principe d'orthographe, et il faudrait écrire tous ces mots régulièrement par *ant*. Cela devient surtout nécessaire quand on considère la prononciation actuelle des adverbes. Autrefois, en effet, l'orthographe *prudent, ardent*, pouvait se soutenir, parce que l'adverbe se prononçait *pruden-mant, arden-mant*, comme *constan-mant, instan-mant*. Vous avez peut-être remarqué cette prononciation nasale et pénible chez quelques vieillards, particulièrement chez ceux qui avaient vécu dans la province. Aujourd'hui on a presque partout dénazalé la pénultième : on dit *consta-mant, insta-mant, arda-mant, pruda-mant*, et l'on prononce de même avec un *a* ouvert, et non pas avec l'*é* qu'indiquerait l'écriture, les adverbes de tous ces adjectifs. Que conclure de là, je vous prie? Rien autre chose, sinon que nous mettons dans nos finales écrites une distinction que la langue n'admet pas du tout. Pour elle, la terminaison adjective est ici *ant, ante;* et la terminaison adverbiale est *amant*. Écrivez cela maintenant comme vous le voudrez; tout ce que vous mettrez autre que les lettres naturelles que je viens d'écrire, sera autant de difficultés gratuites ajoutées par vous, pour le seul plaisir d'en mettre et de créer des exceptions.

— Nous comprenons votre principe, et nous voyons qu'ainsi vous ne proposez pas de changer la lettre *e* dans les monosyllabes, puisqu'elle y est radicale. Vous continuerez donc d'écrire *dent* et *gent* par un *e*, soit au singulier soit au pluriel, comme *tendre, fendre, prendre*, etc. : et en cela nous croyons que vous ferez sagement. Mais la dernière syllabe des adverbes ou des substantifs en *ment*, l'écrirez-vous par un *e* ou par un *a?*

— On peut, répondit Jules, admettre et justifier l'une ou l'autre orthographe. Mettez-vous un *e*, vous en faites la règle générale pour la scription de cette terminaison. Vous pouvez aussi poser en règle l'emploi de l'*a* : nous n'aurions aucune objection contre cette dernière manière, quoique notre terminaison *ment* vienne du *mentum* latin, et peut-être, pour les adverbes, de l'ablatif *mente*. Car, quelle que soit l'étymologie, ce n'est pour nous qu'une désinence substantive ou adverbiale dont la représentation graphique dépend entièrement de nous; et comme le son *an* est proprement l'*a* nasal, il vaut beaucoup mieux, quand rien de sérieux ne s'y oppose, maintenir cette écriture lorsque la prononciation l'indique. Mais, encore une fois, c'est une règle générale à établir, et nous ne voyons aucun inconvénient à ce que l'on conserve l'*e*.

— Nous sommes bien aises, interjeta Eugène, que vous répondiez de cette manière; bien que nous ne voyions pas de bonne raison à opposer à l'orthographe *mant*, il reste toujours l'habitude à vaincre; et comme ces mots en *ment* sont fort nombreux, ce seraient de terribles chances contre l'adoption de votre système.

— Ces mots, répondit Jules, sont très-nombreux en effet, mais ne sont pas de ceux qui se présentent le plus souvent

D'ailleurs, nous appelons sur ce point, comme je l'ai dit, la décision d'un corps savant tel que l'Académie française, tout prêts à accepter la règle générale qu'elle aurait une fois jugée la meilleure.

— Continuez donc, dit Charles, l'exposé de votre théorie ; nous connaissons maintenant vos principes, et nous les croyons bons. Il vous reste à nous faire connaître vos moyens matériels.

— Ces moyens sont de deux espèces ; les signes orthographiques, et les lettres, tant anciennes que nouvelles.

— Comment des lettres nouvelles ! Vous aussi ! Je croyais que Domergue avait été vivement blâmé par vous-même, pour avoir eu recours à ce moyen extrême [1].

— Oh ! rassurez-vous, dit Henri. Nos lettres nouvelles ne le seront pour personne. Voici tout simplement en quoi consiste la modification proposée. Plusieurs de nos lettres, soit voyelles, soit consonnes, indiquent, quand elles sont jointes, un son particulier qui n'est pas le même qu'elles marquent à l'état isolé. Ainsi *ch* représente la chuintante de *cheval*; *ph* représente souvent le son de l'*f* : *ai* fait *è*, *au* fait *ô*, *eu* donne un son unique dans *deux* et deux sons dans *Créuse*, *ou* forme le son qu'on entend dans *chou*, et ainsi de suite. Nous croyons qu'il y aurait un véritable avantage à fondre des caractères d'imprimerie où les lettres seraient liées quand elles indiqueraient un seul son ; elles resteraient détachées quand le son primitif ne serait pas changé [2]. On écrirait *Achaïe, chœur, chrétien*, avec un *c* et une *h* séparés ; on écrirait *cheval, char*, avec un *ch* joint. Pour l'œil, ce seraient deux lettres comme à l'ordinaire ;

---

[1] *Cours supérieur de gramm.*, part. I, liv. I, c. 19.

[2] Je ne pose ici que le principe général avec les exemples les plus frappants. Dans un traité complet, il faudrait examiner avec soin tous les cas qui peuvent se présenter. Je dois éviter cet excès.

pour la raison, ce serait une seule lettre à trois ou quatre jambages : et cette lettre représenterait uniquement le son particulier que nous lui attribuons aujourd'hui d'une manière ambiguë. Vous voyez déjà quelles seraient, dans cette condition, nos lettres nouvelles : *ch* distinct de *c,h* ; *gn* de *digne* ou *agneau* distinct de *g,n*, dans *igné, gnôme* ; *ss* liées partout où cette lettre est doublée pour conserver le son fort, comme dans *assez, crosse* ; *s,s* séparées partout où l'on fait sentir la double consonne comme dans *Assyrie* ; *ll* mouillée de *paille, bille*, en un seul caractère, distincte de *l* simple dans *utile* et de *ll*, sonnant comme deux *l*, dans *Sylla, illusion* ; *ph*, pour le son de l'*f* dans *Joseph, physique*, et *p,h* dans certains mots allemands ou anglais où le son propre du *p* est suivi d'une sorte d'aspiration ; *qu* en une seule figure, dans tous les mots où ce digramme a le son du *k*, *qui, que, quoi*, tandis qu'on séparerait l'*u* quand cette voyelle se prononce : *équestre, équitation* ; et qu'on mettrait un *ou* quand il se prononcerait *ou*, comme dans *éqouateur, éqouation*. Cette notation est si naturelle et si simple, que nous sommes étonnés que l'idée n'en soit venue à personne. Elle est, d'ailleurs, si facile, qu'elle ne demanderait aucune étude nouvelle à ceux qui savent lire, et qu'elle diminuerait certainement beaucoup les difficultés de la lecture pour les enfants et les étrangers.

— En effet, dit Charles, ce serait, presque sans convention nouvelle, une distinction très-claire entre des signes aujourd'hui équivoques. On ne peut rien souhaiter de mieux. Mais n'étendrez-vous pas ce système aux voyelles?

— Nous le pourrions, répondit Jules : c'est-à-dire que des lettres liées indiqueraient très-bien les voyelles doubles ou triples qui représentent un son simple, comme *ai, au, eau, ei, eu, ou*. Mais notre écriture est en ce point si régulière et le tréma si commode, en cas d'exception, et si complétement suffisant, qu'il n'y a besoin ici ni d'établir une règle nouvelle ni de figurer des caractères particuliers. Mais ce même moyen s'appliquerait avec avantage aux voyelles nasales, où l'écriture indique immédiatement la prononciation. Ainsi *fin* pourrait s'écrire par un *in* lié, puisque c'est un son nasal pur et simple; mais dans un adjectif féminin, comme *fine,* où nous faisons sentir l'*n* et où l'*i* reste oral; dans l'intérieur de nos mots, comme *inhabile, inné,* où l'*n* se détache de l'*i,* nous séparerions les deux lettres. De même pour *Adam* et *Abraha-m,* pour *bien* et *Jérusalé-m.*

— J'avoue, dit Charles, que voilà un moyen très-simple et heureusement imaginé; il est tel même, que tout le monde pourrait, dès ce moment, en faire usage dans ce qu'il écrit, sans que personne eût la moindre faute d'orthographe à lui reprocher. Je sais bien que cela ne se fera jamais dans le manuscrit, parce que la rapidité de l'écriture exige entre toutes les lettres des liaisons que vous voudriez restreindre à un certain emploi : je remarque seulement que cela pourrait se faire, et que personne ne saurait le trouver mauvais.

— Vous avez raison, dit Henri, et encore remarquez que des règles générales nous dispenseront la plupart du temps de l'emploi de ce moyen. Ainsi il n'y a aucun doute en français sur le son des finales *an, in, on, un,* non plus que sur les mêmes groupes de lettres suivis dans l'intérieur des mots d'une autre consonne. Il sera donc inutile de figurer dans ce cas des lettres liées. Les deux sons de *e,n* sont, dans les mêmes circonstances, assez bien déterminés comme nous le savons. Ainsi dans la plupart des cas nous écrirons comme tout le monde. Quelquefois cependant, quand il s'agit, par exemple, de ces homogrammes hétérophones qui sont l'opprobre de notre écriture, comme *expédient,* substantif, et ils *expédient;* il *pressent,* de *pressentir,* et ils *pressent,* de *presser,* il est facile, selon notre système, d'éviter toute confusion; car dans les dérivés et composés de *sentir*, l'*e* étant nasal, se représente par un *en* lié : le *t* qui le suit est la consonne radicale ou caractéristique de la personne, qui ne change pas le son de *en*. Au contraire dans le pluriel ils *presse-nt*, la caractéristique de la troisième personne est *nt*, qui se représente par un digramme lié. Il n'y a devant que l'*e* muet, dont il ne modifie pas le son. Ce serait la même chose pour un *expédien-t*, et *ils expédie-nt*, si l'on conservait l'*e* dans le premier. Mais nous avons déjà dit qu'il valait mieux y mettre un *a*, un *expédiant*.

— Quoi! vous rejetteriez donc la différence graphique établie entre les participes présents et les adjectifs ou substantifs qui y ressemblent par le son?

— Nous la rejetons avec d'autant moins de scrupule, que cette différence est un pur caprice des grammairiens, qui n'a aucune raison d'être, et qu'on ne respecte que par suite d'une habitude ancienne, mais mal fondée. Vous écrivez, par exemple, *un homme présidant une assemblée* par un *a*, et *le président de l'assemblée* par un *e*; *un homme résidant dans une ville* par un *a*, et les *résidents* par un *e*. Pourriez-vous trouver une raison sérieuse de cette distinction?

— Il n'y en a pas d'autre, à ma connaissance, dit Charles, sinon que le substantif a été tiré directement du latin, tandis que le participe a été soumis à la forme générale en *ant* de notre conjugaison; et plus tard on a maintenu la différence d'écriture pour exprimer la différence des mots.

— Cette différence, dit Jules, doit ressortir du sens et de l'emploi dans la phrase, non de la manière d'écrire. Quant à l'origine que vous assignez à l'usage, elle est vraie; mais doit-elle le maintenir? On ne le pourrait proposer que s'il y avait à ce sujet une règle générale. Or il est bien évident que celle-ci n'existe pas, puisque vous n'écrivez pas un *homme correspondant* et *mon correspondent*, ni des *enfants descendant un escalier*, et nos *descendents*, ni une *femme assistant au sermon* et les *assistentes*, etc. C'est donc ici un pur caprice d'orthographe, caprice d'autant plus déraisonnable que ce sont toujours les mêmes mots pris, selon les habitudes de notre langue, dans le sens adjectif, puis dans le sens substantif par l'addition d'un article, sans que jamais, sinon dans ce cas, on change les lettres qui y entrent.

— Nous ne disputerons pas sur ce point, dit Eugène ; après tout, les mots dont vous parlez ici ne sont pas en bien grand nombre, et n'auront jamais une forte importance, et ce n'est pas à cause d'eux que l'on pourrait vous chicaner. Mais parlez-nous un peu de vos signes orthographiques.

— Ces signes, reprit Jules, sont pour nous ce qu'ils sont pour tout le monde, à l'exception d'un ou de deux ; nous croyons seulement devoir en régulariser l'emploi avec une telle rigueur qu'il n'y ait jamais ni doute ni confusion possible.

— Le principe est bon ; mais dans la pratique n'entraînera-t-il pas bien des difficultés.

— Nous ne le croyons pas, dit Henri : des signes orthographiques ne font pas, à proprement parler, partie de la langue. Ce sont des moyens de reconnaissance ou de distinction que chacun reste à peu près maître d'employer selon son jugement particulier. Croyez-vous que, dans le monde, on blâme beaucoup un écrivain, parce qu'il fera ses accents aigus droits ou inclinés de gauche à droite, ou parce qu'il ne mettra pas exactement les points sur les *i?* En vérité ce serait une rigueur bien pointilleuse. Au reste, vous verrez que nous sommes le plus souvent d'accord avec la coutume. Les signes que nous acceptons sont *l'accentif*, les *signes de quantité*, les *traits à droite et à gauche*, le *chevron*, l'*apostrophe*, le *tréma*, la *cédille*, le *trait d'union*.

L'accentif est un trait perpendiculaire placé sur la voyelle de la syllabe accentuée ; la longue est une petite ligne horizontale placée sur la voyelle longue ; la brève est un petit demi-cercle placé sur la voyelle brève. Ces signes sont connus depuis longtemps. Je n'ai pas besoin de dire qu'on ne les emploie jamais en français, si ce n'est dans quelques ouvrages spéciaux et pour des mots donnés comme exemples. Ils n'entrent donc aucunement dans l'écriture usuelle, et je n'en parle que pour les cas où on a besoin de marquer ces accidents de la prononciation. Je fais en outre observer qu'il est bon que l'accent réel soit indiqué par le trait vertical, et non, comme nous sommes obligés aujourd'hui de le faire, par le trait que nous nommons *accent aigu*, lequel signifie tout autre chose [1].

Les *traits à droite* et *à gauche* sont ce que nous nommons aujourd'hui *accent grave* et *accent aigu*. On sait par quelle suite de malentendus on a donné à ces traits le nom d'*accent*, lorsqu'ils ne se rapportent en aucune façon à l'accentuation du discours [2]. Nous les appelons beaucoup plus exactement des *traits :* et nous les destinons uniquement à marquer le son ouvert ou le son fermé des voyelles. Le *trait à droite*, notre *accent grave* actuel indique toujours le son ouvert, *plàt, près, ròbe ;* et, comme nos voyelles sont ouvertes dans la presque totalité de nos mots, on peut, en général, se dispenser d'écrire ce trait, excepté sur l'*e* qui, sans cela, resterait muet.

Ce trait à droite sert encore à établir une distinction bien importante entre nos voyelles nasales. On sait que le digramme *en* représente les deux sons *an* et *in*. Ce dernier doit être représenté par les deux lettres liées *èn*, car c'est vraiment le son *è* qui, en devenant nasal, produit *in* ou *ain*. L'autre peut s'écrire par *en* sans accentuer l'*e*, non pas que par sa nature l'*e* puisse produire l'*a* nasal, mais

---

[1] *Études sur quelques points des sciences*, p. 261, 262, 281 et suiv.
[2] *Cours supérieur de gramm.*, part. I, liv. I, c. 16.

parce que l'*e* muet a si souvent remplacé l'*a* dans les mots français, qu'on peut sans inconvénient lui en laisser le rôle ici.

Le *trait à gauche*, notre accent aigu, exprime le son fermé *bás, blé, zéró, feú* : on pourra sans doute, par quelque règle générale, s'en épargner la scription dans plusieurs cas. Ainsi *o*, *eu*, à la fin des mots, sont toujours fermés; ils le sont encore devant l's, *rose, heureuse;* le trait y serait donc superflu. Mais ce sont là des règles qu'il faudra établir quand on déterminera l'orthographe usuelle : nous nous contentons d'indiquer le principe.

Le *chevron*, notre accent circonflexe ordinaire, représente essentiellement la suppression ou la contraction d'une ou de plusieurs lettres. Pour ne pas accumuler les signes sur un même caractère, on peut convenir qu'il donnera le son fermé à toutes les voyelles, *pâte, côte, jeûne*, excepté à l'*e*, auquel il donne le son ouvert, *tête, tempête,* en allongeant la syllabe, quand celle-ci est pénultième accentuée.

La *cédille* n'est primitivement qu'une petite *s;* mise sous le *c*, elle indique que cette lettre a le son sifflant devant l'*a*, l'*o* et l'*u* : il serait avantageux de conserver ce signe devant l'*e*, l'*i* et l'*y*, puisque le *c* y reste sifflant, et d'écrire *çitoyen, Çyrus,* tandis que *Mac-Ivor* et *arc-en-ciel* s'écriraient par des *c* simples.

Beauzée a proposé d'étendre l'usage de la cédille aux lettres qui prennent quelquefois le son sifflant [1] comme le *t* dans *minuṭie, porṭion;* nous pensons qu'il y aurait tout avantage à le faire; et, en outre, qu'on ferait bien de regarder comme une cédille appliquée au *g* la petite boucle qui s'ajoute à sa partie supérieure; c'est-à-dire qu'on retrancherait cette boucle toutes les fois que le *g* devrait conserver le son dur : on écrirait *garçon, gosier* sans cette petite

---

[1] *Encyclop. méthod.*, mot *Néographisme*, § II, n° 16.

boucle, et *gésir*, *girouette* en la conservant. Les deux sons se distingueraient alors par la forme de la consonne, et, plus tard, peut-être, arriverait-on à supprimer les lettres serviles *u* ou *h*.

— Ce seraient, en attendant, des signes superflus, dit Eugène, puisque vous exprimeriez par là des habitudes déjà indiquées par la règle générale.

— Nous ne le nions pas, dirent les frères Marceau ; mais, dans les conditions tout à fait particulières que nous a faites l'orthographe usuelle, et dans le désir que nous avons de n'employer pour le courant que des signes déjà connus, nous croyons qu'il y a moins d'inconvénient à marquer quelques signes de trop qu'à les marquer en moins. D'ailleurs il peut être utile d'avoir à choisir entre plusieurs moyens celui qui entraînera le moins de changements.

— Soit. Il ne vous reste plus à parler que du *tréma*, de l'*apostrophe* et du *trait d'union;* vous avez peu de chose, sans doute, à nous en dire.

— Très-peu de chose en effet, répondit Henri : le tréma nous sert, comme à tout le monde, à séparer deux voyelles qui ordinairement forment un son unique, *Zaïre*, *Saül*. Il est facile de voir qu'on pourrait, en cas de besoin, en étendre l'usage aux consonnes. Nous avons précédemment distingué les deux sons du *gn*, en liant ou en séparant les lettres. Nous aurions pu, par le tréma ajouté sur l'*n*, indiquer la séparation de cette lettre, ou le son distinct du *g* et de l'*n* comme nous les prononçons dans les mots latins. Le même signe aurait pu nous servir pour déterminer les lettres qui se prononcent ou ne se prononcent pas dans l'intérieur et surtout à la fin des mots, comme dans *Périclès* et *succès*, *Amyntas* et *amas*, *faï* et *plat*. La liaison ou la séparation des lettres y suffirait sans doute amplement ; mais si notre règle générale est que ces consonnes sont muettes à la fin de nos mots, ne vaut-il pas mieux marquer par un signe connu celles qui s'écartent de la règle, que de composer tout exprès, en vue d'exceptions très-rares, des caractères doubles fort nombreux ?

— Sans contredit : et nous comprenons que le nombre des moyens peut n'être pas indifférent.

— Nous allons en trouver un nouveau dans l'apostrophe. Cette figure nous sert d'abord, selon l'usage établi, à indiquer une lettre retranchée : l'*argent*, l'*honneur*, l'*épée*, etc. ; mais, en étendant un peu cet usage, en marquant ainsi, outre le retranchement effectué, celui qui pourrait l'être, quoiqu'il ne le soit pas actuellement, nous obtenons une distinction fort commode de l'*h* muette et de l'*h* aspirée. Nous mettons l'apostrophe devant la première, '*homme*, '*honneur*; nous ne mettons rien devant la seconde, *hareng*, *homard*. Beauzée avait proposé de mettre une cédille sous l'*h* aspirée[1]. C'est là un moyen tout à fait arbitraire et sans analogie, tandis que l'apostrophe indique naturellement l'*h* muette, puisque ce signe ne peut jamais paraître devant celle qui ne l'est pas.

— L'observation est juste : et cet emploi de l'apostrophe est ingénieux autant qu'utile.

— L'apostrophe peut servir encore, comme je vous le disais, à marquer que le son d'une consonne se détache de la voyelle précédente. Tous les jours, en effet, nous employons ce signe pour figurer ce langage négligé où l'on retranche, contre la grammaire, les syllabes muettes ; ce proverbe

Les bons *compt'* font les bons amis,

est prononcé, la plupart du temps, comme un vers de huit syllabes, parce qu'on saute le temps exigé par l'*e* muet. L'apostrophe indique, toutefois, qu'il faut prononcer le *t*. Il

---

[1] *Encyclop. méthod.*, mot *Néographisme*, § II, n° 15.

est clair qu'on pourrait de même écrire *Adam* et *Abraham'*, *succès* et *Périclès'*, *admis* et *Sémiramis'*, etc. Ce serait un moyen nouveau d'indiquer si les lettres sont muettes ou sonores.

— N'y aurait-il pas un inconvénient grave à marquer par le signe d'une lettre retranchée ce qui ne suppose en réalité aucune suppression de lettre?

— Si l'on craignait quelque confusion à cet égard, on pourrait retourner l'apostrophe, c'est-à-dire en tracer la figure de gauche à droite. Dans tous les cas, ce n'est pour nous qu'un moyen de surplus, et dont les précédents nous dispenseront probablement de nous servir. Le *trait d'union* est un petit trait placé entre deux ou plusieurs mots si bien joints entre eux dans l'usage ordinaire, qu'ils semblent n'en plus faire qu'un, comme *juste-au-corps*, *pare-à-pluie*. Notre principe à ce sujet est que, tant qu'un mot ainsi composé n'a pas, dans le langage, pris absolument et sans conteste le rang de mot simple, il faut conserver les traits d'union, puisqu'ils représentent seuls dans l'écriture la distinction des idées qui étaient primitivement dans l'esprit, et qui doit toujours y demeurer si l'on veut se bien comprendre soi-même [1]. Nous écrivons donc *pare-à-pluie*, *pare-à-vent*, *porte-crayon*, *tire-botte*, *haute-lice*, etc., avec des traits d'union, bien que la légèreté de nos contemporains tende à les supprimer presque partout.

Jusqu'ici nous ne faisons qu'étendre et généraliser l'emploi de ce signe; mais nous pensons qu'il y a des cas où l'on ferait bien de l'appliquer par exception à la règle habituelle, pour faire disparaître une contradiction fâcheuse. Nous voulons parler de certains mots, non pas juxtaposés, mais com-

---

[1] *Cours supérieur de gramm.*, part. I, liv. I, c. 16. — Girauld-Duvivier a proposé un trait d'union un peu différent pour les mots coupés en deux à la fin des lignes imprimées. Je mentionne ici cette proposition sans la louer ni la blâmer.

posés des préfixes grecs ou latins. Ces préfixes n'étant pas, en général, des mots français, le trait d'union y serait déplacé : aussi personne ne pense à écrire *dé-poser, com-poser, im-poser,* en séparant les éléments. Toutefois il y a des cas où les règles de la lecture amènent une prononciation vicieuse; par exemple, dans *présupposer, desus, desous, monosyllabe, dysenterie,* etc., l's se trouvant entre deux voyelles devrait se prononcer *z*. Comment éviter cet inconvénient? Doubler l's, c'est évidemment écrire des barbarismes, quelquefois même sans indiquer le son exact des mots. Ne serait-il pas plus simple et plus rationnel de mettre un petit trait après le préfixe : d'écrire *pré-supposer, de-sus, de-sous, mono-syllabe, dys-enterie,* etc.

— Il est vrai, dit Eugène, que ce moyen éviterait beaucoup d'inconvénients et de difficultés; mais, en somme, il nous semble que vous proposez là des réformes bien nombreuses; n'arriverez-vous pas à renverser de fond en comble notre orthographe actuelle? Et ne craignez-vous pas que vos principes appliqués à la rigueur par des ignorants n'aboutissent précisément à ce que vous regardez vous-même comme un très-grand malheur.

— Pour ce dernier point, répondit Jules, nous vous rassurerons complétement en déclarant que le *Dictionnaire de l'Académie* doit toujours faire autorité pour tous les Français. Ainsi le désordre n'est pas plus à craindre dans notre idée que dans l'état actuel; nous désirons seulement que l'Académie, au lieu de se soumettre au caprice de l'usage, le dirige en suivant les règles générales qui lui ont été ou qui lui seront indiquées par les grammairiens, et qu'elle n'adoptera d'ailleurs qu'après les avoir mûrement discutées.

Quant à l'autre point, si l'application de ces règles n'amènera pas dans notre orthographe des changements énormes, il n'y a qu'une manière d'y répondre; c'est de vous montrer un morceau de prose ou de vers écrit dans ce système :

vous verrez par vous-même si l'écriture vous paraît défigurée, et s'il y a rien là qui ressemble à ce renversement que vous craignez. Eh bien! j'ai justement ici l'épreuve d'un passage de Bossuet imprimé selon nos règles, il n'y manque que les lettres liées qui ne sont pas encore fondues. Or comme ces liaisons ne changent en rien l'apparence de notre écriture, n'altèrent aucunement notre orthographe, il vous est facile, par l'examen de cette pièce, de vous faire une idée exacte de notre système, et vous nous direz si l'on pouvait à moins de frais ou de changements mettre plus de suite et d'unité dans notre manière d'écrire le français. »

Il tire en même temps de sa poche un papier sur lequel les frères Charpentier lurent le passage suivant, écrit comme ci-dessous.

Voyez çe cheval ardant et impétueus, pendant que son écuyer le conduit et le domte : que de mouvements irrèguliers! Ç'est un èfet de son ardeur, et son ardeur vient de sa forçe, mais d'une forçe mal règlée. Il se compose, il devient plus obéissant sous le frèn, sous la main qui le manie a droite et a gauche, le pousse, le retient come èle veut. A la fin il est domté, il ne fait que çe qu'on lui demande. Il sait aler le pas, il sait courir, non plus avec cète activité qui l'épuisait, par laquèle son obéissance était encore désobéissante. Son ardeur s'est changée en forçe, ou plutôt puisque cète forçe était en quelque façon dans cète ardeur, èle s'est règlée. Remarquez, èle n'est pas destruite, èle se règle. Il ne faut plus d'éperon, presque plus de bride : car la bride ne fait plus l'èfet de domter l'animal fougœus. Par un petit mouvement qui n'est que l'indication de la volonté de l'écuyer, èle l'avertit plutôt qu'èle ne le forçe, et le paisible animal ne fait plus, pour ainsi dire, qu'écouter. Son action est tèlement unie à cèle de celui qui le mène, qu'il ne s'ensuit plus qu'une seule et même action.

« Il est vrai, dirent Charles et Eugène après avoir considéré avec attention ce modèle, que les changements graphiques sont infiniment moins nombreux que nous ne l'aurions cru : que la prononciation est exactement peinte, que toutes les étymologies sont conservées, ainsi que les lettres synaxiques. Nous n'avons donc aucune raison solide à vous opposer, sinon que l'habitude est toujours contre vous. Maintenant vous déclarez vous-même ne vouloir en venir à bout qu'avec l'aide et après l'approbation du seul corps qui ait titre en France pour régler l'orthographe de notre langue. Nous ne pouvons qu'unir nos vœux aux vôtres pour que l'Académie prenne vos idées en sérieuse considération et y donne la suite qu'elle jugera utile.

— Nous n'en demandons pas plus, répondirent les frères Marceau. Puissent tous ceux qui s'occupent avec intelligence de notre langue, porter sur notre système un jugement aussi favorable! et maintenant entrons au Théâtre-Français; car voilà bientôt le moment où l'on va lever le rideau. »

RELATIFS
ET
CONJONCTIFS INVARIABLES[1].

Parmi les mots de notre langue les plus difficiles à classer, il faut assurément compter ceux qu'on a nommés provisoirement, et eu égard à leur emploi, ou à leur forme toujours la même, *relatifs* ou *conjonctifs invariables*, savoir *le, en, y, dont, où, quoi, quand* et *que* lui-même dans quelques circonstances. Les plus habiles grammairiens se sont occupés de ces mots, et nul n'a obtenu pour son opinion l'assentiment des autres. Quelques-uns y ont vu des particules, d'autres des noms; ceux-ci des pronoms, ceux-là des adverbes. Certes il est bien désirable qu'on mette un terme à ce long dissentiment, en nous apprenant ce que ces mots sont en réalité. C'est précisément ce que je me propose d'essayer ici, et je donne ma solution en deux lignes, si la démonstration exige un plus long développement. Je dis : « *En, y, le* sont des cas du nom abstrait *ce*; *où, dont, que, quoi, quand* sont des cas de l'adjectif conjonctif *qui*. »

[1] Cette dissertation, dont le principe se trouvait dans mon *Abrégé de grammaire française*, publié à Dieppe en 1832 (p. 29), a été complétée dans les années suivantes.

— Prouvez-nous cela, dira-t-on, et montrez-nous avant tout, puisque vous parlez de cas, d'une part, qu'il y a des cas en français, de l'autre que *ce* et *qui* forment une déclinaison. — La demande est juste, et j'y réponds tout d'abord.

En premier lieu, qu'il y ait en français des noms qui ont des cas, cela n'est pas douteux, puisque nous avons des mots comme *on* et *quiconque* qui sont toujours sujets de phrase, et d'autres comme *autrui, escient, égard,* qui ne le sont jamais[1]; d'ailleurs, il a été solidement établi, il est reconnu partout[2] que nos pronoms forment une déclinaison nettement caractérisée dont les cas sont les suivants.

Cas.	Singulier.	Pluriel.
Nominatif ou *subjectif.*	Je, tu, il, elle.	Nous, vous, ils, elles.
Accusatif ou *objectif.*	Me, te, le, la, se.	Nous, vous, les, se.
Datif ou *attributif.*	Me, te, lui, se.	Nous, vous, leur, se.
Complétif.	Moi, toi, lui, elle, soi.	Nous, vous, eux, elles, soi.

Si nous passons maintenant au nom abstrait *ce*, et à l'adjectif conjonctif *qui*, nous trouvons qu'ils ont l'un et l'autre les mêmes cas que nos pronoms, et un de plus, savoir l'*ablatif* ou *génitif*. La déclinaison de ces deux mots s'établit donc ainsi qu'il suit :

Cas.	Singulier masculin.	Singulier et pluriel. Masculin et féminin.
Nominatif ou *subjectif.*	Ce.	Qui.
Accusatif ou *objectif.*	Le.	Que.
Datif ou *attributif.*	Y.	Où.
Ablatif ou *génitif.*	En.	Dont.
Complétif.	Ce.	Qui, quoi, où, quand.

[1] *Cours supérieur de grammaire*, t. I, liv. II, c. 18. — On pourrait dire même que si nos substantifs n'ont pas de formes variables pour les différents cas, particulièrement pour le sujet et le complément, notre langue a cependant le sentiment de la différence qui doit exister entre eux. Ce vers de Corneille (*Mélite*, acte IV, sc. 1) :

Une fille qui voit et que voit *la jeunesse*,

est assurément irrégulier et mal sonnant à notre oreille ; et d'où cela vient-il sinon de ce que *la jeunesse*, qui est le sujet du second *voit*, est en même temps complément du premier ?

[2] *Cours supérieur de grammaire*, ib., c. 17.

Je donnerai tout à l'heure des exemples. Je fais observer avant tout que j'écarte ici les questions abstraites qui pourraient être soulevées facilement. Ainsi *le*, nom abstrait n'est-il pas originairement le même que l'article *le*, et le pronom *le ?* — Par rapport à l'étymologie, cela n'est pas douteux. Mais la grammaire ne classe pas toujours les mots d'après leur origine. Il est quelquefois plus avantageux de les ranger d'après leur emploi constant. Or *le* article et *le* pronom, *ce* pris comme adjectif dans *ce livre*, et *ce* pris comme substantif dans *qu'est-ce ? ce que je fais ?* ont des sens et des fonctions si différentes qu'il faut, en fait, les regarder comme des mots distincts, quitte à reconnaître, quand on étudiera l'étymologie, qu'ils viennent de la même source.

Cela posé, il doit être bien compris que je considère les mots *ce, qui* et leurs diverses formes du seul point de vue de l'usage. Je les prends avec la signification qu'ils ont dans les phrases ordinaires de notre langue, sans m'occuper de leur nature abstraite ou de leur origine.

Le *nominatif* ou *subjectif* indique évidemment le sujet d'une proposition :

Ce sera bon.
C'est convenu.

Le mot *ce* s'allonge par les particules *ci* et *la* dans les composés *ceci, cela*, qui ont quelquefois un sens plus précis que les simples, et plus souvent encore sont employés par euphonie, par exemple à la fin des phrases, quand *ce* syllabe muette ne pourrait pas s'y placer.

D'où vient *cela ?*
Que vaut *ceci ?*
Cela n'est-il pas cruel de n'avoir pas encore reçu vos lettres[1] ?

On ne pourrait pas dire *d'où vient ce ? que vaut ce ?*

[1] Madame de Sévigné, 23 mars 1671.

Tout le monde sait d'ailleurs que ce mot exprime pour nous l'idée de chose de la manière la plus générale, qu'il se rapporte non-seulement à des noms exprimés ou sous-entendus, mais à tout ce que nous pouvons concevoir, quelle qu'en soit la nature grammaticale, adjectif, verbe, indéclinable, proposition entière, partie de proposition, ou même ensemble de phrases. Exemples :

Je ne connais personne qui (en contant) attache plus que vous. Ce ne serait pas une sorte de chose à souhaiter uniquement [1].

J'ai résolu d'y jeuner.... d'y marcher.... de m'ennuyer.... Mais ce que je ferai beaucoup mieux que tout cela [2]....

Il est visible que ce dans le premier exemple se rapporte à cette idée totale que personne n'attachait plus que madame de Grignan ; dans le second, il se rapporte à quelque chose qui n'est pas encore exprimé, et qui se trouvera à la fin de la phrase. Enfin cela se rapporte à une réunion de propositions énoncées séparément : y jeuner.... y marcher.... s'ennuyer, etc. Il faut d'autant plus faire attention à cette grande généralité du sens du nom ce, qu'on la retrouvera dans toute sa déclinaison.

Qui au cas nominatif n'offre aucune difficulté.

L'homme qui est venu.
Grandeur qui confond l'imagination et qui étonne l'esprit même [3].

Ces exemples prouvent que qui au nominatif s'applique aux personnes et aux choses, ce que nous verrons n'avoir pas lieu au complétif.

L'accusatif ou objectif, savoir, le et que, exprime le complément direct des verbes.

Je le crois,

c'est-à-dire je crois cela.

---

[1] Madame de Sévigné, 27 mars 1671.
[2] Madame de Sévigné, 24 mars 1671.
[3] Fénelon, Lettres sur la religion.

Je trouvai qu'elle ne m'écoutait plus et que ses beaux yeux trottaient par la chambre. Je *le* vis promptement [1],

c'est-à-dire *je vis cela*, savoir qu'elle ne m'écoutait plus, etc.

L'homme *que* vous appelez,

c'est-à-dire *vous appelez lequel homme*.

Si ces deux mots étaient toujours employés ainsi, une fois établi que *ce*, pris dans la signification substantive, est un véritable substantif; qu'il se décline, et fait *le* à l'accusatif; et que, de même, *qui* article conjonctif change de forme, suivant les divers rapports qu'on veut exprimer, et devient *que* au même cas, il n'y aurait aucune difficulté; ce serait, dans la langue française, une sorte d'importation latine aussi facile à expliquer qu'à comprendre.

Mais la question est plus complexe. Ces mots entrent dans des phrases où la qualification de *complément direct* ne peut plus s'appliquer. Par exemple :

Cet enfant est-il sage ? — Il *l'*est ou *le* sera.
Est-il instruit ? — Il *le* devient.

    Barbare *que* vous êtes [2].

Je ne suis pas le scélérat *que* je parais.

Certes *le* et *que* ne sont pas ici les accusatifs latins *hoc* et *quem* ou *quod*, mais plutôt les attributs des propositions où ils entrent.

Il faut donc reconnaître que notre cas *objectif*, si l'on veut accepter ce nom, a une signification plus étendue et, néanmoins, un usage plus restreint que l'accusatif latin. La première condition, en effet, pour qu'on s'en serve, c'est qu'il se trouve devant un verbe. Hors de là, il n'existe pas. Mais, à cette place particulière, il exprime, comme l'accusatif latin, le complément direct d'un verbe, et, de plus que

[1] Madame de Sévigné, 1er avril 1671.
[2] Racine, *Iphigénie*, acte IV, sc. 6.

lui, quelquefois, l'attribut de la proposition, quand il est avec le verbe *être*; quelquefois un supplément de qualification, quand il accompagne un de ces verbes *devenir, sembler, paraître,* qui ne sont pas transitifs directs et prennent cependant un complément immédiat.

Dans les interrogations, *qui* et *que* s'emploient avec un sens spécial. *Qui* sujet ou complément direct ne s'applique qu'aux personnes.

Qui vient ici?
Qui appelez-vous ?

Que, toujours complément, ne se rapporte qu'à une chose.

Que voulez-vous ?
Qu'oserai-je prétendre en ce peu de rapport[1] ?

Si l'interrogation tombe sur la chose elle-même et qu'elle soit sujet, il faut allonger l'expression et prendre la forme *qu'est-ce qui* : car on ne pourrait admettre ni *qui*, réservé aux personnes; ni *que*, toujours complément; ni même *quoi*, sinon dans un cas particulier que nous indiquerons tout à l'heure.

Le *datif* ou *attributif* exprime, en général, le rapport marqué par *à; y* est pour *à ce, à ceci, à cela, à ces choses,* etc ; *où* pour *à qui, à quoi, auquel, à laquelle,* etc.

J'*y* penserai ;

c'est-à-dire *je penserai à cela,*

Allez-vous à Paris ? — Oui, j'*y* vais,

c'est-à-dire *je vais à cela* (à Paris).

La maison *où* il demeure.
Le piége *où* il s'est laissé prendre. (Acad.)
C'est mon plus grand bonheur et le seul *où* j'aspire[2],

c'est-à-dire le seul *auquel* ou *à quoi j'aspire.*

[1] Corneille, *Mélite*, acte I, sc. 4.
[2] *Ibid.*

Comme ces mots *y* et *où* sont évidemment tirés des mots latins *ibi* et *ubi*, lesquels sont donnés presque toujours comme des adverbes de lieu, Beauzée a pensé que c'étaient aussi des adverbes en français [1]. Cette conclusion est visiblement excessive. Je ne crois pas même les prémisses bien solides. S'il fallait discuter ici la vraie nature de *ibi* et *ubi*, je dirais que le premier, *ibi*, anciennement *ibei*, est un datif ou un ablatif de *is, ea, id*, analogue à *tibi* et à *sibi*, indiqué, d'ailleurs, par l'ancien pluriel *ibus*, et qui ne s'employait chez les Latins que comme nom de lieu, par ellipse de *loco*; et que le second, *ubi*, est exactement le même cas d'un adjectif hypothétique *us, a, um* ou *ud*, indiqué par le grec ὅς, ἥ, ὅ, signifiant *qui, quæ, quod*, dont il ne reste que cette forme *ubi*, l'adverbe conjonctif ou la conjonction *ut*, et les dérivés ou composés *uter, uterque, neuter, unde, usquam, uspiam*, etc.

Mais, sans m'arrêter à cet examen, je me contente de rappeler que la nature des mots dans chaque langue doit être déterminée par leur emploi, et non par celui des racines qu'ils peuvent avoir dans la langue mère. Or il est bien certain que *y* et *où*, quelle que soit leur origine, ont reçu chez nous des applications qui ne permettent plus d'en juger par le latin seul.

D'abord s'ils n'ont pas cessé de se rapporter à des noms de lieu, si peut-être même c'est encore leur emploi le plus fréquent; assurément, du moins, ce n'est pas le seul. Ils s'appliquent aussi bien que le nom général *ce* et l'adjectif conjonctif *qui*, auxquels ils appartiennent, à tous les objets, physiques ou métaphysiques, individuels ou collectifs, animés ou inanimés, exprimés par des mots isolés, par des portions de phrases, ou des propositions entières.

Voici des exemples :

---

[1] *Encyclopédie méthodique* (gr. et litt.), mot *Pronom*, § II, n° 3.

Cette veuve s'était retirée auprès de son frère et *y* avait vécu d'une façon approuvée de tout le monde [1].

Chacun se dit ami : mais fou qui s'*y* repose [2].

Rien n'attrape tant que quand on écrit pour divertir ses amis et qu'il arrive qu'ils n'*y* prennent pas garde [3].

Vous voulez vivre à votre manière : vous *y* vivrez [4].

J'aime à penser avec elle ; je voudrais *y* souper [5].

L'un m'éternue au nez, l'autre m'*y* bâille [6].

Tous ces exemples d'un excellent français, quoi qu'en disent quelques grammairiens dans leurs règles étroites et arbitraires, montrent que les divers emplois du mot *y* se rapportent exactement à ceux du mot *ce*.

Ceux qui blâment l'application de ce mot aux personnes dans toutes les circonstances, ne remarquent pas qu'il y a là une opération de l'esprit semblable, quoique contraire à la personnification. Nous personnifions un être inanimé quand nous lui adressons la parole.

Cieux écoutez ma voix, *terre* prête l'oreille [7].

Nous *réi-fions,* si l'on peut ainsi parler, les êtres animés, c'est-à-dire que nous les prenons comme des choses quand, par notre sentiment actuel, nous considérons en eux plutôt l'être matériel que l'être intelligent. C'est ainsi qu'on dit tous les jours, en parlant d'un enfant, d'un domestique :

C'est propre, *c'est* rangé ;
C'est tranquille, *c'est* studieux, etc.;
Cela ne fera jamais que ce que je voudrai [8].

---

[1] Scarron, *Roman comique*, c. 22.
[2] La Fontaine, *Fables*, liv. IV, 17.
[3] Madame de Sévigné, 23 mars 1671.
[4] Baron, *la Coquette et la fausse prude*, acte I, sc. 6.
[5] Voltaire, *Lettre à D'Alembert*, 20 avril 1761.
[6] Beaumarchais, *le Barbier de Séville*, acte II, sc. 7.
[7] Racine, *Athalie*, acte III, sc. 7.
[8] Dancourt, *les Curieux de Compiègne*, sc 18.

Il n'est pas plus étonnant qu'on emploie *y* dans quelques circonstances en parlant des personnes, comme dans :

Pensez à moi. — J'*y* penserai.
Allez à votre ami. — J'*y* vais.

Les phrases citées tout à l'heure, quoique moins habituelles que celles-ci, s'expliquent de même. Dans la phrase de Scarron comme dans celle de Voltaire, à l'idée de la personne se joint immédiatement celle du lieu qu'elle occupe; elle devient donc pour l'esprit une espèce de chose ; le mot *y* s'y applique très-justement, et donne même à l'expression une tournure piquante et rapide qu'auraient tout à fait détruite les locutions *auprès de lui, auprès d'elle* ou *avec elle*.

Le mot *où* entre dans des constructions toutes pareilles et avec des sens analogues.

Mais laissons-là la médecine *où* vous ne croyez point [1].
C'est une grimace nécessaire *où* je veux me contraindre [2].
C'est une chose *où* je ne puis consentir [3].

Et l'hymen d'Henriette est le bien *où* j'aspire [4].

Sous la figure *où* le respect l'engage
On veut bien se résoudre à souffrir son hommage [5].

Les méchants desseins des molinistes *où* je n'ai point d'intérêt [6].

Heureux qui satisfait de son humble fortune,
Libre du joug superbe *où* je suis attaché,
Vit dans l'état obscur *où* les dieux l'ont caché [7].

La mauvaise humeur *où* l'on dit que vous prenez plaisir à vous entretenir vous-même [8].

---

[1] Molière, *le Festin de pierre*, acte III, sc. 1.
[2] Molière, *le Festin de pierre*, acte V, sc. 2.
[3] Molière, *Georges Dandin*, acte III, sc. 14.
[4] Molière, *les Femmes savantes*, acte I, sc. 4.
[5] Molière, *les Femmes savantes*, acte I, sc. 4.
[6] Pascal, *les Provinciales*, n° 1.
[7] Racine, *Iphigénie*, acte 1, sc. 1.
[8] Dancourt, *le Charivari*, sc. 10.

Il faut que l'âme essuie la peine *où* elle a été condamnée [1].

>Ayez, je vous prie, agréable
>De venir honorer la table
>*Où* vous a Sosie invités [2].

On en convient : le courtisan s'applique
A gagner celle *où* ses vœux s'adressaient [3].

>Le véritable Amphitryon
>Est l'Amphitryon *où* l'on dîne [4].

Ces deux derniers exemples montrent, en dépit de règles trop souvent répétées, que l'attributif *où* peut très-bien se rapporter à un nom de personne, et toujours avec ce sens de tendance, rapprochement, voisinage qui lui appartient et le caractérise.

Il est intéressant de remarquer que la même chose pouvait avoir lieu en latin. On trouve dans Cicéron [5] *ubi* se rapportant de même à un nom de personne.

Ut eas per illum ipsum inspiceres *ubi* erant depositæ.

L'*ablatif* ou *génitif* exprimant en général le rapport donné par la préposition *de,* c'est-à-dire le point de départ, l'éloignement, la sortie, est *en* dans le nom général *ce,* et *dont* dans le conjonctif *qui.*

J'*en* parle,
Je m'*en* souviens,
J'*en* sors,

c'est-à-dire *je parle de cela, je me souviens de cela, je sors de cela* (de ce lieu, de cette chambre, de cette prison, etc.).

D'où vient cette grande langueur ? Découvre m'*en* la cause [6].
Mais voici votre homme; la figure *en* est admirable [7].

---

[1] D'Argens, *Lettres cabalistiques*, n° 36.
[2] Molière, *Amphitryon*, acte III, sc. 5.
[3] La Fontaine, *Belphégor*.
[4] Molière, *Amphitryon*, acte III, sc. 5.
[5] *In Verrem de signis*, c. 12, n° 29.
[6] Molière, *l'Amour médecin*, acte I, sc. 2.
[7] Molière, *le Bourgeois gentilhomme*, acte V, sc. 2.

L'homme *dont* je me plains,

c'est-à-dire *duquel je me plains.*

Les livres *dont* vous avez besoin,

c'est-à-dire *desquels vous avez besoin.*

Dieu, *dont* nous admirons la providence. (Acad.)
Voilà ce *dont* il s'agit. (Acad.)
Il n'est rien *dont* on soit plus certain. (Acad.)

Ce sont là les emplois les plus fréquents de ces mots, emplois si simples et si réguliers qu'il n'y a rien à y remarquer. Mais les mêmes mots entrent aussi dans des phrases d'une analyse plus éloignée, comme les suivantes, où *en*, aussi bien que *ce, le* et *y*, se rapporte à des propositions entières.

Madame de Guise a fait un faux pas à Versailles; elle n'*en* a rien dit [1];

c'est-à-dire *elle n'a rien dit de ce* (qu'elle avait fait un faux pas à Versailles).

Si vous m'aviez caché cette aventure, je vous *en* aurais su très-mauvais gré [2];

pour *je vous aurais su très-mauvais gré de ce* (que vous m'auriez caché cette aventure).

Faut-il vous reconduire? Ne m'*en* empêchez donc pas [3].
Le déplaisir de ne vous avoir pas assez écoutée : il me semble pourtant que je n'*en* perdais guère les moments; mais enfin je n'*en* suis pas contente [4].

Je n'ai jamais pensé que vous ne fussiez pas très-bien avec M. de Grignan. Je ne crois pas avoir témoigné que j'*en* doutasse; tout au plus je souhaiterais *en* entendre un mot de lui ou de vous [5].

---

[1] Madame de Sévigné, 20 mars 1671.
[2] Madame de Sévigné, 23 mars 1671.
[3] Madame de Sévigné, 8 avril 1671.
[4] Madame de Sévigné, 18 mars 1671.
[5] Madame de Sévigné, 27 mars 1671.

C'est à leurs doctes mains, si l'on veut les *en* croire,
Que Phébus a commis tout le soin de ta gloire [1].

On vous reconnaîtra : je veux croire qu'on *en* ait l'esprit [2].

Depuis trois semaines qu'elle est dans ce village, je n'ai pas osé y venir. — Je t'*en* offre autant [3].

On peut remarquer que *en* s'applique plus souvent aux personnes que *y*; la raison en est bien simple, c'est que les pronoms ont l'attributif *lui*, *leur*, qui remplace naturellement *y* quand il s'agit d'hommes ou de femmes.

Il le veut; je *lui* obéirai.
Ce sont ses ordres; j'*y* obéirai.

Les pronoms n'ayant pas d'ablatif, *en* à ce cas ne peut être remplacé par rien, et l'on dit également d'un homme et d'une chose,

J'*en* parle;
Je m'*en* souviens;
Il faut s'*en* séparer.

Toutefois, dans le sens du génitif, *de moi, de toi, de lui, d'elle, de soi* sont remplacés par les adjectifs possessifs *mon, ton, son*[4], et quand il s'agit de personnes, il vaut mieux les employer que *en*; tandis que pour les choses c'est *en* qu'on préfère.

Cet homme, j'ai pris *son* chapeau,

[1] Boileau, *Discours au roi*.
[2] Voltaire, *Lettre à D'Alembert*, 7 mai 1761.
[3] Dancourt, *le Charivari*, sc. 5.
[4] La langue anglaise nous donne un exemple remarquable de l'existence et de l'emploi du génitif dans les pronoms personnels. Cette langue n'a pas, à proprement parler, nos adjectifs possessifs *mon, ton, son*, ni *mien, tien, sien*. Les mots qui y répondent *my, thy, his, her*, et *mine, thine, his, hers*, sont proprement les génitifs de *I, thou, he, she*; et de là vient qu'ils s'accordent toujours avec la personne possédante et non avec l'objet possédé. Avec les premiers, on met toujours le nom de cet objet; avec les derniers, on le sous-entend, comme avec nos adjectifs *le mien, le tien, le sien*. *Its* est de même le génitif du pronom neutre *it*; il répond donc exactement à notre mot *en*, quoiqu'il se construise autrement que lui.

et non pas j'*en* ai pris le chapeau ; et au contraire,

Cette bouteille, j'*en* ai ôté le bouchon,

plutôt que j'ai ôté *son* bouchon.

Tel est chez nous ce mot *en* mis pour *de ce, de ceci, de cela*. Quant à *dont*, tout ce qu'on peut dire de général sur lui, c'est qu'il n'est jamais pris interrogativement, et qu'alors on le remplace par *de qui, de quoi, d'où* et *de quand*, suivant qu'il s'agit d'une personne, d'une chose, d'un lieu, ou d'un temps, comme nous l'expliquerons tout à l'heure. Les autres difficultés qu'on peut faire sur ce mot ne sont que des difficultés de syntaxe sur lesquelles on lira avec fruit Féraud et Laveaux. On pourrait même s'étonner que ce mot ayant tant de rapports, de sens et d'emploi avec *où* n'ait pas autant embarrassé les grammairiens. On verra mieux plus tard quelle est la cause de cette différence.

Le cinquième cas, nommé *complétif* parce qu'il sert de complément à toutes les prépositions, est *ce* pour le nom abstrait ; pour l'adjectif conjonctif il prend ces quatre formes, *qui, quoi, où, quand*.

Il n'y a rien à dire du nom *ce* ; on peut le placer soit après les verbes, soit après les prépositions.

J'aime *ce* qui me plaît.
A *ce* que je vois.
De *ce* que j'entends, il résulte....
Par *ce* que je sais, etc.

Quant à l'adjectif conjonctif, c'est tout différent : on voit d'abord que les quatre formes *qui, quoi, où, quand*, outre le sens général du conjonctif auquel elles appartiennent, apportent l'idée d'une différence de nature dans les objets. *Qui* indique toujours des personnes, *quoi* des choses, *où* un lieu, *quand* un temps, de sorte que dans une classification rigoureuse des mots, ces quatre termes participant du substantif par l'idée qu'ils nous donnent de l'essence de la chose, et de l'adjectif parce qu'ils peuvent s'appliquer comme tels à un antécédent, offriraient une difficulté réelle. Mais nous avons déclaré que nous écartions ces questions d'essences : passons donc aux exemples :

Je n'ai que vous à *qui* je puisse me plaindre [1].

Rare et fameux esprit. . . .
Pour *qui* tient Apollon tous ses trésors ouverts [2].

Quoi que puisse à mes sens offrir la nouveauté [3].

Ce sont choses *à quoi* vous ne prenez pas garde. (Acad.)
Il n'y a rien *sur quoi* on ait tant disputé. (Acad.)

Il les paye bien, et c'est *de quoi* nos arts ont plus besoin que de toute autre chose [4].

Une poupée *avec quoi* on se joue [5].

Il n'y a pas *de quoi* me remercier. (Acad.)

Il a manqué à son ami, à son bienfaiteur, *en quoi* il est doublement coupable. (Acad.)

Je le voudrais aussi ; et c'est *à quoi* nous travaillons tous deux [6].

Les endroits *par où* nous passons. (Acad.)
Le mauvais pas *d'où* il s'est tiré. (Acad.)
C'est un procès *d'où* dépend toute sa fortune. (Acad.)

Ce récit, *par où* vous voyez qu'il ne s'agit d'aucun des points suivants [7].

C'est qu'un homme qui s'est passé durant sa vie d'une assez simple demeure, en veuille avoir une si magnifique *pour quand* il n'en a plus que faire [8].

N'est-ce pas le 8 avril *de quand* est datée cette lettre ?
Est-ce définitivement le mois prochain *à quand* vous me remettez ?

Il y a ici plusieurs particularités à remarquer.

---

[1] Fénelon, *Télémaque*, liv. XV.
[2] Boileau, *Satire* II, à Molière.
[3] Corneille, *Mélite*, acte II, sc. 4.
[4] Molière, *le Bourgeois gentilhomme*, acte I, sc. 1.
[5] Regnard, *Attendez-moi sous l'orme*, sc. 13.
[6] Molière, *le Bourgeois gentilhomme*, acte I, sc. 1.
[7] Pascal, *les Provinciales*, n° 1.
[8] Molière, *le Festin de pierre*, acte III, sc. 7.

1°. *Qui* dans l'*homme qui parle* et l'*homme à qui je parle*, bien qu'écrit et prononcé d'une manière exactement pareille, n'est pourtant pas le même mot ; non-seulement il est à deux cas différents, au nominatif et au complétif, mais il n'a pas la même signification : son étendue est beaucoup plus grande au premier cas qu'au second, puisque, dans ce dernier, il ne s'applique qu'aux personnes, tandis que, dans le premier, il se rapporte à tous les objets quels qu'ils soient.

2°. Il faut dire exactement la même chose de *où* attributif et de *où* complétif. Nous avons vu qu'à ce dernier cas il emporte toujours avec lui une idée de localité, tandis que, au cas attributif, il peut se rapporter non-seulement à toutes les choses imaginables, mais même aux personnes. Les règles que les grammairiens ont faites, un peu précipitamment peut-être, contre ce dernier emploi, paraissent venir, en grande partie, de la confusion des deux cas, et de la croyance où ils ont été que c'était le même mot.

3°. Le mot *dont* s'est ressenti, et certainement bien à tort, de cette confusion. Féraud, par exemple, prétend, après d'autres grammairiens, que *dont* ne doit se dire que des choses, et qu'en parlant des personnes il faut employer *de qui*. Il blâme en conséquence ce vers de Malherbe :

> Pour *moi dont* la faiblesse à l'orage succombe.

Il blâmerait par la même raison celui-ci de Boileau :

> Jeune et vaillant *héros dont* la haute sagesse....

Nous n'avons pas à discuter cette prétendue règle. L'exemple de nos bons auteurs et l'autorité de l'Académie prouvent que jamais il n'y en eut de plus mal fondée. Mais la cause de cette erreur est évidemment d'abord dans l'étymologie, parce qu'on a écrit *d'ond* (de *unde*), et qu'on l'a appliqué comme *d'où*, soit aux lieux, soit aux choses avec le sens de lieu; elle est ensuite dans l'idée que *de qui* servant uniquement pour les personnes, il devait y avoir un mot qui servait uniquement pour les choses.

Cette dernière opinion était juste, mais on en tirait une conséquence fausse; c'est *de quoi* et non pas *dont* qui s'oppose à *de qui*; *qui*, en effet, dans cette forme, est au cas complétif, tandis que *dont* est réellement à l'ablatif ou au génitif, et y a toute la généralité que *où* conserve à l'attributif. Il vaut donc *de qui, de quoi, duquel, de laquelle, desquels, desquelles*, et non pas seulement *de laquelle chose*.

4°. Quand l'adjectif conjonctif est pris seul et sans antécédents, comme cela a lieu surtout dans la forme interrogative, on emploie autant que possible les formes du complétif, avec et même sans préposition, afin de mettre plus de précision dans le langage.

De qui est cet ouvrage?
Pour qui cette lettre?
A quoi pensez-vous?
De quoi se plaint-il?
D'où vient-il?
Par où a-t-il passé?
De quand est cette lettre?
Pour quand me donnez-vous rendez-vous?

c'est-à-dire : *quelle personne* est venue? *quelle personne* demandez-vous? vous pensez à *quelle chose*? il se plaint de *quelle chose*? il vient de *quel lieu*? cette lettre est de *quel temps*? pour *quel temps* me donnez-vous rendez-vous?

Quand il n'y a pas de préposition exprimée, la règle de l'emploi de ces mots exige quelque observation de plus.

Qui s'emploie comme sujet et comme complément direct.

Qui est venu?
Qui demandez-vous?

c'est-à-dire *quelle personne est venue? quelle personne de-*

mandez-vous? Cette seconde phrase, où la construction complète et simplement affirmative exigerait *que*, (la personne *que* vous demandez) s'explique soit par l'inversion : *vous demandez qui?* soit par l'ellipse : *qui* (est celui que) *vous demandez ?*

Quoi ne s'emploie ni comme sujet, ni comme complément direct d'un verbe placé devant lui. Dans ce dernier cas on le remplace par *que*.

Que demandez-vous ?
Que désire-t-il ?

Ces deux phrases s'expliquent facilement par l'ellipse et l'inversion si communes dans nos interrogations : Quelle est la chose *que* vous demandez? *qu'*il désire?

Quoi complément direct d'un verbe peut se mettre après lui, mais seulement dans des circonstances particulières :
1° quand on veut expliquer précisément le sens de la tournure ordinaire, comme :

Que voulez-vous? c'est-à-dire *vous voulez quoi?*

2° quand celui qui nous parle s'égarant sur une multitude d'objets divers, on le ramène par une formule d'impatience bien sensible au seul point qui semble nous importer :

Mais enfin vous demandez *quoi?*

Cette tournure est évidemment bien plus serrée et plus impérative que la forme ordinaire *que demandez-vous ?*

Ici se représente naturellement l'observation déjà faite que l'objectif *que* devant un verbe peut aussi bien que *le* n'être pas complément direct, mais seulement attribut de la proposition. Ainsi ces phrases

Qu'est-ce ?
Que deviendrai-je ?

sont pour *ceci est quoi? je* deviendrai *quoi?* et *quoi* est évidemment attribut dans la première et supplément d'attribut, si l'on peut ainsi parler, dans la seconde. C'est un exemple nouveau du rôle que l'euphonie a toujours joué dans notre langue. Il en est de *que* et *quoi* comme de *me, te, se* et *moi, toi, soi*. Certainement l'idée apportée par le pronom est la même dans *tu m'aimes* et *aime-moi*. Mais à cette dernière place, il porte l'accent, ce qu'il ne faisait pas à l'autre. C'en est assez pour que la langue française ait admis deux formes distinctes, l'une muette, l'autre sonore : et ainsi nos cas ne sont pas, comme ceux des Grecs et des Romains, susceptibles d'une définition simple et réciproque ; ils offrent toujours une idée complexe dans laquelle entre, outre le rapport indiqué, celle du son et de l'harmonie du langage.

Quoi, bien qu'il ne puisse pas être le sujet de la phrase, en joue cependant le rôle dans certaines locutions où il est suivi de la préposition *de* et d'un adjectif, à la condition que le verbe ne sera pas exprimé.

Quoi de difficile là dedans ?
Quoi de plus beau que la vertu ?
Quoi de plus heureux que ce qui vous arrive ?

Cette variété dans les formes des mots les plus communément employés, nous a permis de mettre dans beaucoup de nos phrases une rapidité et une précision merveilleuses. Écoutez Marot, dans son *Enfer* :

Par *quoi* surpris ma guide je consulte
En lui disant : Dis-moi, s'il t'en souvient,
D'où et *de qui* et *par quoi* ce bruit vient ?

D'Alembert dit de même :

Je ne sais ni *où*, ni *quand*, ni comment je dois le donner [1] ;

et le quatrième acte de la *Métromanie* commence plaisamment par une suite d'interrogations monosyllabiques empruntées à la déclinaison du *qui* conjonctif. Lisette, qui a

---

[1] *Lettre à Voltaire*, du 22 nov. 1765.

pris les habits de Lucile pour jouer la comédie, tire après elle Mondor d'un air inquiet, et celui-ci lui dit :

A quoi bon dans le parc ainsi tourner sans cesse ?
Pirouetter ? courir ? voltiger ? — Mondor ! — *Qu'est*-ce ?
Tu ne voyais pas... — *Quoi ?* — Qu'on nous épiait ? — *Quand ?*
Le voilà bien sot. — *Qui ?* — Le trait certe est piquant ?
— *Quel ? — Quel ? qu'est-ce ? quoi ? quand ? qui ?* l'amant de Lucile [1],
Que son mauvais démon ne peut laisser tranquille.

Le fameux vers technique où l'on a réuni toutes les questions que l'on peut faire sur les circonstances d'un crime :

Quis ? quid ? ubi ? quibus auxiliis ? cur ? quomodo ? quando ?

peut se traduire presque entièrement avec les seules formes de notre adjectif conjonctif dans le décasyllabe suivant :

Qui ? quoi ? quand ? où ? par qui ? pourquoi ? comment ?

Cette déclinaison est donc assez complexe pour embarrasser quelquefois les personnes dont l'éducation a été négligée. Elles substituent alors à la forme correcte de notre langue une décomposition très-logique, sans doute, mais barbare, qui consiste à désunir, pour les exprimer séparément, les deux idées qui entrent dans notre adjectif conjonctif.

Cet adjectif, en effet, se rapporte toujours à un nom dont il rappelle la signification ; et, de plus, il joint ensemble la phrase antécédente et la sienne propre par une idée de liaison que représente fort bien la conjonction *que*.

Aussi quelques langues qui, comme l'hébreu [2], n'ont pas l'adjectif conjonctif, remplacent ce mot par la conjonction *que*, suivie, selon le cas, des pronoms (*moi, toi, lui, elle*) ; des articles indicatifs ou démonstratifs (*les, le, ce, cette*) ; ou de quelques noms généraux (*ce, ceci, cela*, etc.).

Ce que ces langues font ainsi par nécessité, les person-

---

[1] Piron, *la Métromanie*, acte IV, sc. 1.
[2] Sainte Bible : *Josué*, c. 21, ✝ 9 ; *Rois*, liv. III, c. 18, ✝ 10.

nes dont je parle le font par ignorance des ressources de la nôtre; et c'est ainsi que se produisent ces locutions fautives, sans doute, mais parfaitement logiques, et que nous nous souvenons tous d'avoir entendues :

C'est moi *que je* le dis.
C'est toi *que tu* en souffriras.
C'est une maison *que* vous *y* serez bientôt.
C'est un cheval *que* vous *en* serez content.
C'est un homme *que* vous *lui* rendrez un grand service.
C'est un moyen *que par lui* vous réussirez.

Que je, que tu, c'est-à-dire *qui; que.... y,* c'est-à-dire *où; que.... en,* c'est-à-dire *dont; que.... lui,* c'est-à-dire *à qui; que par lui,* c'est-à-dire *par lequel* ou *par quoi.*

Or, ce qu'il y a de plus intéressant pour nous dans cette décomposition, c'est moins l'ignorance de ceux qui la font que la preuve de l'exacte correspondance des cas, dans nos pronoms, notre nom *ce* et notre article conjonctif, puisque, en isolant la conjonction dans celui-ci, le reste se réduit toujours aux formes déterminées dans les autres.

De là résulte, en effet, cette vérité que les mots examinés ici sont de véritables cas, c'est-à-dire, qu'ayant en eux-mêmes le sens du nom *ce* ou de l'adjectif conjonctif *qui,* ils y joignent celui de certains rapports syntaxiques, exprimés par leurs terminaisons : ce qui est le caractère distinctif et exclusif des cas, chez nous, pour les pronoms ; chez les anciens, pour les noms de toute espèce.

Malheureusement ce caractère, qui est le principal, n'est pas le seul. Il se complique 1° des changements de formes, amenées parce que la syllabe est ou n'est pas accentuée ; 2° de la ressemblance de quelques cas différents ; 3° de la différente étendue de signification ou de l'usage plus restreint de certaines formes semblables ; 4° de l'idée de la nature de l'objet qui, au cas complétif particulièrement, se mêle à celle de la qualité. De tout cela, il est provenu des emplois, fort irréguliers en apparence, et une théorie assez embarrassée pour que les grammairiens, même les plus sagaces, n'aient pas pu s'en tirer heureusement; et ainsi s'expliquent ces opinions non-seulement diverses, mais contraires, qu'ils ont émises sur la nature intime de ces mots [1].

On reconnaîtra que la théorie qui résulte de l'examen précédent est à la fois bien plus naturelle et bien plus simple; qu'elle ne nous oblige à aucune concession ni hypothèse extraordinaires; qu'elle rend compte de toutes les formes, de tous les emplois de ces mots, par les règles connues de la grammaire générale; qu'elle explique même les difficultés qui ont pu embarrasser jusqu'ici les analystes; enfin qu'elle établit de nouveaux rapports entre la langue française et la langue latine, d'où la nôtre est tirée.

---

[1] *Cours supérieur de grammaire*, part. I, liv. II, c. 18, aux mots *dont, en, où, y,* dans la liste des mots défectifs. Voyez aussi au c. 28 la discussion sur la nature de l'adverbe.

DE L'ORTHOGRAPHE
DE
QUELQUES VERBES EN *ER*[1].

Un travail long et minutieux que je viens de faire sur les verbes français[2] m'a suggéré, relativement à leur orthographe, quelques réflexions que je crois pouvoir être utiles, et que je n'hésite pas à soumettre au public, en particulier aux membres de l'Académie française, chargés de la révision du dictionnaire.

L'Académie admet un peu plus de quatre milles verbes, dont trois mille quatre cents ont l'infinitif terminé en *er*, ou appartiennent, comme on le dit, à la première conjugaison. C'est de ceux-là seulement que je veux m'occuper. Ils passent pour très-réguliers, et le sont en effet, si l'on considère la suite des terminaisons verbales; mais un grand nombre d'entre eux éprouvent dans leur radical des changements remarquables, soumis néanmoins à des règles particulières,

---

[1] Ce morceau a été inséré dans la *Revue de l'instruction publique*, n° du 3 mars 1853.

[2] Il s'agit du *Petit manuel de la conjugaison des verbes français*, complément indispensable de la théorie exposée dans les éléments de Lhomond, pour lequel j'avais dû noter et examiner tous les verbes contenus dans le *Dictionnaire de l'Académie*.

qui, si l'on n'avait déterminé d'après la coutume latine le nombre de nos conjugaisons, auraient dû faire distinguer cinq classes au moins parmi nos verbes en *er*.

Voici ces cinq divisions : 1° les verbes qui suivent *aimer*, c'est-à-dire qui se conjuguent sans aucun changement dans le radical, sans aucune variation dans les terminaisons : ce sont heureusement les plus nombreux ; 2° Les verbes en *cer* et en *ger*, où le *c* prend une cédille, et le *g* un *e* muet après lui devant l'*a* et l'*o* ; 3° les verbes en *yer*, où l'*y* se change en *i* devant l'*e* muet ; 4° les verbes qui ont pour pénultième un *é* marqué de l'accent aigu et suivi d'une consonne, comme *céder*, *répéter* ; 5° ceux qui ont pour pénultième un *e* muet, comme *mener*, *jeter*.

Les changements qu'éprouvent ces différents verbes dans leur conjugaison sont soumis à des règles susceptibles d'une expression bien définie, et pourtant quelques-uns d'eux laissent, ainsi qu'on le verra, une grande incertitude sur leur orthographe, et demanderaient que l'usage éclairé par la discussion, ou plutôt l'Académie française, usant d'un droit qui lui appartient incontestablement, décidât la question sans retour.

Comme il s'agit ici d'un changement dans nos habitudes et notre manière d'écrire, on pourrait croire que ma proposition tend à un renversement des règles de notre orthographe, ou porte atteinte à l'étymologie. Je dois tout d'abord rassurer le lecteur. L'étymologie est pour moi la seule garantie de la pureté des langues ; je suis d'avis de maintenir jusqu'à absolue impossibilité les lettres étymologiques ; j'irais même jusqu'à les remettre dans la plupart des mots qui les ont perdues mal à propos[1], bien loin de vouloir sacrifier celles qui nous restent. Mais je crois qu'à cet égard, il faut distinguer dans les mots, le radical et la terminaison. Ce

---

[1] Ci-dessus, p. 116, 119 et suiv.

sont les lettres du radical qui ont de l'importance et qu'il faut conserver. Quant aux terminaisons, elles sont la propriété de chaque langue en particulier, elles lui appartiennent absolument, et n'ont aucune influence sur les autres mots de la langue, comme elles n'ont aucune connexion avec les langues étrangères.

Aussi voyons-nous qu'elles ont été changées selon le besoin, et que jamais on n'a hésité à se faire pour elles une règle générale indépendante de l'étymologie.

Par exemple, si l's est devenue caractéristique du pluriel dans nos substantifs, l'était-elle toujours soit en latin, soit dans notre ancienne langue? On sait bien que non. Tous les mots de la première et de la seconde déclinaison, *rosœ, domini,* et tous les noms neutres, quels qu'ils fussent, *templa, corpora,* n'avaient pas l's au pluriel, et, au contraire, la plus grande partie des noms, ceux de la seconde, de la troisième, de la quatrième et de la cinquième déclinaison l'avaient au singulier, d'où cependant nous l'avons fait disparaître le plus souvent.

Bien plus, dans notre ancienne langue, l's était caractéristique du singulier pour le cas direct, et du pluriel pour le cas oblique. On a changé tout cela, sans aucun scrupule, quand on a créé, pour distinguer les deux nombres, une règle plus générale et qui s'appliquait partout.

Dans nos verbes, toutes nos personnes plurielles (excepté celles du prétérit) se terminent en *ons, ez, ent*. Croit-on que *ons* représente bien exactement les terminaisons *amus, emus, imus,* d'où il est dérivé? Que *ez* réponde bien à *atis, etis, itis*? Serait-il raisonnable de se plaindre qu'on n'ait pas conservé dans la contraction que nous ont donnée ces désinences personnelles, la trace de la voyelle différente qui se montrait en latin?

Et si nous passons aux participes présents, tous ne sont-ils pas terminés en *ant*? Cette terminaison ne convient pourtant par l'étymologie qu'à la première conjugaison latine, *amans, ambulans*. Quant aux autres, où la voyelle était un *e, monens, legens, audiens,* le scrupule étymologique voulait qu'elle fût conservée ; on y a renoncé toutefois, et avec raison, pour établir une désinence commune.

Ainsi, chaque langue est évidemment maîtresse de ses terminaisons, comme elle l'est de ses signes orthographiques. Ni par l'un ni par l'autre de ces moyens elle ne porte atteinte à la saine doctrine étymologique, et il est aussi puéril d'opposer le respect de l'antiquité à celui qui veut régler les désinences des mots, qu'il le serait de repousser un tréma, une cédille, un accent, sous prétexte qu'ils ne sont pas dans la langue mère ou dans les dérivés immédiats.

Cela dit, et une fois compris qu'il ne s'agit ici que des terminaisons des verbes, il n'y a pas lieu d'accuser de hardiesse ou de témérité la proposition de modifier en quelque chose notre manière d'écrire, si ce changement tend à faire disparaître un grand nombre d'exceptions, et à régler définitivement ce qui est resté indécis.

Examinons à ce point de vue les classes de verbes que nous venons d'énumérer.

Il n'y a rien à dire sur les verbes en *cer* et en *ger*. Le changement qu'ils éprouvent dans leur radical est le plus simple et le mieux motivé qu'on puisse trouver, puisque d'après nos habitudes d'orthographe ces deux consonnes ont le son dur devant l'*a* et l'*o* ; pour leur conserver devant ces voyelles le son sifflant qu'ils ont devant l'*e* de l'infinitif, on a dû recourir aux signes ordinaires de ce sifflement, à la cédille sous le *c*, à l'*e* muet après le *g* : *traçant*, nous *traçons*, *partageant*, nous *partageons*.

On peut seulement s'étonner que cette règle étant faite pour le maintien du son sifflant, il n'y ait rien de semblable pour la conservation du son dur. Dans les verbes en *quer* et *guer*, il semblerait qu'il suffît d'un *c* et d'un *g* devant l'*a* et l'*o*, *attaquer*, *attacant*, nous *attacons*, *voguer*, *vogant*, nous *vogons;* et point du tout : on conserve les doubles lettres *qu*, *gu*, alors même qu'elles ne sont plus nécessaires, *attaquant*, nous *attaquons*, *voguant*, nous *voguons*. Il en résulte une plus grande régularité dans la conjugaison des verbes, mais une irrégularité réelle eu égard à notre système d'orthographe, qui ne devrait pas remplacer sans nécessité les lettres simples par des lettres doubles.

Les verbes en *yer* donnent lieu à une remarque plus fine et qui repose sur une observation plus délicate de la bonne prononciation du français. Rappelons d'abord qu'il y a dans toutes les langues deux prononciations distinctes, la prononciation élevée, qui est celle des vers, de la scène, de la tribune ou de la chaire, et celle de la simple conversation ou du peuple. Cette dernière étant toujours fort négligée, n'étant surtout guidée par aucune règle, ne doit être considérée que comme un écart du bon langage : elle a sans doute son mérite et ses agréments, mais il ne faut la prendre ni pour un type, ni pour un modèle; au contraire, on doit toujours tendre à la rapprocher du langage qu'on peut nommer *classique*, lequel a vraiment des règles, et peut, par conséquent, se maintenir dans un état régulier, tandis que le langage de la conversation s'en écartant constamment, et admettant des irrégularités nombreuses dans la prononciation et dans la syntaxe, dégénérerait promptement en un hideux jargon, s'il n'avait toujours un modèle plus pur et plus certain, dont on ne le laisse s'écarter que jusqu'à un certain point.

Par exemple, l'*e* muet après une voyelle ne se prononce pas dans la conversation : on dit la *patri*, la *vi*, la *joi*, tandis que dans les vers et dans la belle éloquence, l'*e* muet, quand il n'est pas élidé, doit se faire entendre; il allonge un peu la voyelle finale, et se résout en un souffle à peine perceptible.

C'est pour cela que ces finales dans les vers forment des rimes féminines, et qu'on lit dans *Andromaque*[1] :

> Puisqu'une fois le jour vous souffrez que je voie
> Le seul bien qui me reste et d'Hector et de Troie,
> J'allais, seigneur, pleurer un moment avec lui.

Il est visible que si *voie* et *Troie* se prononçaient comme dans la conversation *voi* et *troi*, les vers, bien que terminés par des *e* muets, seraient en réalité masculins, et qu'on manquerait ici à une partie essentielle de l'harmonie de notre versification.

Voici maintenant la corruption double et contradictoire que le langage populaire tend à apporter dans la prononciation de nos verbes en *yer*.

Presque tous ces verbes ont pour pénultième à l'infinitif le son *a* ou le son *è*, le premier dans les verbes en *oyer*, *ployer* (prononcez *ploua-yer*), le second dans les verbes en *ayer* ou *éyer*, *payer* (prononcez *pè-yer*).

Il n'y a aucun doute quand la syllabe finale est sonore; a liaison entre le radical et la terminaison se fait par la semi-voyelle *y*, nous *ployons*, nous *payons*, je *ployais*, je *payais* (prononcez nous *ploua-yons*, nous *pè-yons*, je *ploua-yais*, je *pè-yais*).

Mais quand c'est l'*e* muet qui termine le verbe, la prononciation vulgaire tend à supprimer toute liaison après le son *a*, et à la forcer après le son *è*. On prononce je *ploie*, j'*envoie*, je *nettoie*, comme s'il y avait je *ploi*, j'*envoi*, je *nettoi*, et au contraire, je *paie*, j'*effraie*, comme s'il y avait je *pè-ye*, j'*effrè-ye*. Il y a excès des deux parts, et l'Académie, loin de tolérer et d'approuver en quelque sorte

[1] Acte I, sc. 4.

cet abus, par ce qu'elle dit au mot *payer*, devrait maintenir la règle que l'*y* se change en *i* devant l'*e* muet : qu'ainsi il faut écrire et prononcer j'*emploie*, j'*effraie*, je *paie*, en allongeant un peu le son final, et non pas en faisant entendre cette syllabe forte *ye*, qui ne doit pas se détacher de la précédente.

Racine a donc fort bien dit dans *Phèdre*[1] :

> Il veut les rappeler et sa voix les *effraie*;
> Ils courent : tout son corps n'est bientôt qu'une *plaie*.

Et Molière, dans le *Dépit amoureux*[2] :

> Et que c'est une *baie*
> Qui sert sans doute aux feux dont l'ingrate te *paie*.

Il est clair que ces rimes ne seraient pas du tout exactes avec la prononciation forte qu'on donne aujourd'hui aux finales des verbes *effraie* et *paie*, et qu'on ne donne pas, comme on ne doit pas la donner, aux substantifs.

Bien plus, on a reproché avec raison à Molière d'avoir mis dans le *Misanthrope*[3] :

> Elle est à bien prier exacte au dernier point;
> Mais elle bat ses gens et ne les *paie* point.

En effet, selon l'ancienne et bonne prononciation, l'*e* muet ne faisant guère qu'allonger la syllabe, *paie* rentre dans la règle commune, et ne peut figurer dans un vers si l'*e* n'est élidé. Au contraire, selon la prononciation abusive de nos jours, l'*y* entre l'*a* et l'*e* représente une véritable articulation, aussi bien dans je *paye* (je *pè-ye*) que dans *payer* ou nous *payons*. Il n'y a plus aucune raison pour ne pas admettre devant des consonnes ce mot et tous ceux que l'A-

---

[1] Acte V, sc. 6.
[2] Acte I, sc. 5.
[3] Acte III, sc. 5.

cadémie dit se conjuguer comme lui; c'est-à-dire qu'il faut changer les règles de notre versification.

Ce qu'il y a de vrai, c'est qu'autrefois on ne faisait pas dans l'orthographe la distinction que nous faisons aujourd'hui entre l'*i* et l'*y*; et que dans la prononciation négligée, par l'imitation assez naturelle, mais incorrecte de ce qui a lieu devant les syllabes sonores, on articule fortement la syllabe muette. On dit je *pai-ye*, j'*effrai-ye*, comme au subjonctif d'*avoir*, on dit que j'*ai-ye*, que tu *ai-yes*, qu'ils *ai-yent*. Ce sont là des prononciations fautives qu'on tolère volontiers, qu'il ne faut pas encourager, ni surtout donner pour modèle; et c'est pourquoi on fera toujours bien de suivre la règle générale, et de changer dans tous les verbes en *yer* l'*y* en *i* devant l'*e* muet[1].

Après ces verbes, examinons ceux qui ont un *e* fermé pour pénultième. Ils le changent en *e* ouvert devant les syllabes muettes, *céder*, je *cède*, *répéter*, je *répète*, etc. La règle orthographique est sans exception. Mais y avait-il lieu de faire une règle? et ne supposait-on pas une distinction fantastique? ou mon oreille me trompe fort, ou il n'y a là qu'une habitude sans motif et qui ne s'est introduite que par suite d'une erreur.

Reprenons les choses de plus haut : en français nous ne distinguons réellement, quant au son, si nous omettons l'*e* nasal de *bien*, *chien*, que deux *e* (l'*é* fermé qui termine *bonté* et l'*e* ouvert de *succès*). On a parlé d'un troisième *e*, comme celui de *tête*, *tempête*; c'est le même que celui de *succès*, seulement il est allongé. Le son n'a pas changé du tout, mais seulement la tenue.

De nos deux *e*, le plus commun, sans comparaison, c'est l'*e* ouvert. Nous n'admettons l'*e* fermé réel qu'à la fin des mots *thé*, *été*, *répété*. Si l'on y fait attention, on verra que

---

[1] Laveaux, *Dictionn. des difficultés de la langue franç.*, mot *Payer*.

dans *été* (saison) et dans *répété* le son du dernier *e* est seul vraiment fermé ; les précédents sont ouverts, quoique marqués de l'accent aigu ; et il en est de même dans presque tous nos mots, où nous glissons sur les premières syllabes pour appuyer sur la dernière. Comme la prononciation des voyelles ouvertes est plus légère que celle des voyelles fermées, nous ne portons en général ce son fermé que sur la finale, et cela a lieu surtout pour l'*é*, qui revient si souvent dans notre écriture.

Cette observation n'est pas nouvelle : elle a été faite expressément par d'Alembert à la fin d'une note sur l'éloge de d'Olivet[1] ; avant d'Alembert, Delaunay, auteur d'une *Méthode pour apprendre à lire*, imprimée en 1741, marquait de l'accent grave tous les *e* sonores au commencement ou dans l'intérieur des mots, *èpelé, fréquent, mèthode, rèpéter, èléments* : l'*é* accentué de droite à gauche n'apparaît chez lui qu'à la fin du mot, comme dans *dègré*.

Enfin Dangeau, avant l'un et l'autre, avait dès 1696, et dans les premières années du XVIIIe siècle, écrit, selon une orthographe qui lui était propre, des *Essais de grammaire* où les *e* initiaux ou médiaux étaient accentués de gauche à droite, comme on peut le voir dans le volume publié en 1849 sur l'édition originale[2].

Cela étant, il semble que l'exception dont il s'agit ici, ou cette règle particulière qui s'applique aux verbes dont la pénultième est un *é* marqué de l'accent aigu, n'aurait plus aucune raison d'être si nous accentuions ces *e* comme nous les prononçons. L'accent grave régnerait partout, devant les syllabes sonores comme devant les muettes, *cèder, cèdant*, je *cède*, nous *cèdons*, etc.

Cela nous paraîtrait sans doute extraordinaire dans les

---

[1] Note *y*, t. VI, p. 240, de son *Histoire des membres de l'Académie*.
[2] Librairie de L. Hachette et Cie. Prix, 1 fr. 50 c.

premiers temps; mais si l'on pense qu'au xviie siècle, et à plus forte raison auparavant, on ne marquait jamais les *e* sonores dans l'intérieur des mots, qu'on écrivait *different*, *premiere*, *maniere*, *celebre*[1], *preposition*, *specifier*[2], on comprendra qu'il y a eu beaucoup d'arbitraire dans la manière d'accentuer ces voyelles lorsque l'usage des accents est devenu commun, c'est-à-dire au commencement du xviiie siècle; et qu'alors on s'est guidé beaucoup moins sur la prononciation réelle que sur le hasard, sur des considérations étrangères à la prononciation, ou enfin sur le caprice des ouvriers typographes. Et ainsi, l'emploi de ces accents aigus, introduits en grande partie par l'exemple de Dangeau, et postérieurs au temps où ce grammairien, célèbre par la finesse de son oreille, marquait les *e* intérieurs comme ouverts, ne prouve réellement pas que ces *e* aient jamais été fermés. On pourrait donc, sans nuire le moins du monde à l'étymologie, sans même perdre aucune trace d'une prononciation qui n'a jamais été réelle, marquer ces *e* pénultièmes de l'accent grave, *cèder*, *lèser*, etc., et par là tous ces verbes, rentrant dans la règle générale, et se conjuguant sans aucun changement de leur radical, permettraient de supprimer la règle exceptionnelle qu'on est obligé de faire pour eux.

Les verbes où la pénultième est un *e* muet, comme *lever*, *jeter*, *mener*, *peser*, *semer*, etc., sont plus nombreux, et ont même théoriquement une bien plus grande importance que les précédents. La règle de prononciation à leur égard est absolue. L'*e* muet devient ouvert devant les syllabes muettes, je *jette*, je *sème*, je *mène*, je *pèse*, etc. Cette règle est fondée sur ce que nous ne pouvons pas prononcer de suite deux *e* réellement muets, et qu'à la fin des mots

[1] Voyez la méthode de Cl. Irson, 1662, p. 1 et 2.
[2] Abrégé de la nouvelle méthode (de Port-Royal), 1696, p. 15 et 16.

surtout, il faut que l'un des deux soit prononcé franchement ouvert, puisqu'il y forme la syllabe forte.

Mais, si la règle est aussi constante que certaine, en ce qui tient à la prononciation, il y a, au contraire, pour l'orthographe de ces verbes beaucoup d'indécision. Cela tient à notre façon de marquer le son de l'*é* ouvert tantôt par l'accent grave, comme dans je *mène*, j'*achète;* tantôt par le doublement de la consonne, comme dans j'*appelle,* je *jette*.

De ces deux moyens, le plus rationnel est incontestablement l'accentuation de l'*é*, puisque c'est là la marque essentielle chez nous du son ouvert; l'autre n'est qu'une application détournée de nos habitudes d'épellation ; il signifie si peu que l'*é* doit être prononcé ouvert, que bien des gens prononcent muet le premier *e* dans *sceller,* et que dans beaucoup de mots comme *dessus*, *dessous*, *ressaut*, *ressauter*, *ressentir*, etc., l'*e* reste muet malgré la double consonne.

D'un autre côté, il est clair que l'étymologie n'est aucunement intéressée à ce que l'on conserve les lettres doubles : d'abord parce que ce ne sont pas des lettres radicales, mais des terminaisons; ensuite parce qu'une seule consonne indique aussi bien l'étymologie que la même consonne doublée; enfin, parce que cette consonne unique à l'infinitif et devant les finales sonores *appeler, appelant,* nous *appelons,* y suffit certainement; comment n'y suffirait-elle plus devant les *e* muets? J'*appèle*, ils *appèlent*.

Ajoutons que l'Académie elle-même, quoiqu'elle paraisse suivre en quelques points l'étymologie latine comme dans j'*appelle,* d'*appello,* la néglige fort souvent, puisqu'elle écrit *peler,* je *pèle,* malgré la racine latine *pellis*; et que la plupart du temps les désinences dont il s'agit ici ne rappellent aucune étymologie précise, puisque *cacheter* se rattache aussi bien à *cachet* qu'à *cachette,* et *feuilleter* à *feuillet* qu'à *feuillette*.

Ne serait-ce donc pas alors une règle excellente que celle qui nous ferait écrire tous ces verbes avec l'*e* marqué de l'accent grave devant les syllabes muettes, sans jamais doubler la consonne finale : j'*appèle*, je *jète*, comme je *pèse*, je *pèle*, j'*achète* ?

Le dictionnaire de l'Académie gagnerait à cela d'éviter des contradictions manifestes et fâcheuses, qui le déparent trop souvent. Pourquoi, par exemple, *souffleter* qui se rattache à *soufflet* fait-il je *soufflette*, tandis que *colleter* ou *décolleter*, qui dépend de *collet*, donne je *décollète* ? Pourquoi *renouveler*, qui vient de *nouveau*, *ruisseler*, qui vient de *ruisseau*, doublent-ils l'*l*, il *renouvelle*, il *ruisselle*, tandis que *bourreler*, qui vient de *bourreau*, *marteler*, qui vient de *marteau*, ne la doublent pas et accentuent l'*è*, il *bourrèle*, il *martèle* ? Ces exemples prouvent bien que l'étymologie n'est pour rien dans l'orthographe de ces verbes ; qu'il n'y a qu'un caprice de l'usage qu'on ne saurait être astreint à respecter, et qu'il vaudrait bien mieux avoir cette règle générale que nous demandons, qui ne détruirait aucune habitude fondée en raison.

Un autre avantage que tout le monde y trouverait, ce serait de savoir enfin à quoi s'en tenir sur l'orthographe d'une multitude de verbes que l'Académie n'indique pas du tout, et pour lesquels il est impossible de se guider par aucune analogie, puisqu'il n'y en a pas qui soit incontestable.

On sera bien surpris, sans doute, si je dis qu'il y a dans le dictionnaire de l'Académie une cinquantaine de verbes en *eter* ou *eler* qu'il est impossible de conjuguer avec certitude d'après les indications qu'il donne. C'est pourtant la vérité. Les premiers de ces verbes sont *aiguilleter*, *banqueter*, *bonneter*, *bosseler*, *botteler*, *bretteler*, *breveter*, *canneler*, *caqueter*, etc. Or, faut-il écrire je *banquète* ou je *banquette* ? je *bossèle* ou je *bosselle* ? je *brevète* ou je *brevette* ?

je *caquète* ou je *caquette?* etc. L'Académie n'en dit rien du tout.

Il est bien vrai que plusieurs de ces verbes sont surtout usités à l'infinitif présent, au participe ou aux temps composés, et que là, comme la dernière syllabe est sonore et la pénultième muette, il ne peut y avoir de doute. Mais cela ne suffit pas : il faut pouvoir conjuguer le verbe entier si l'occasion le requiert, et alors, comment fera-t-on pour rendre ouvert l'*e* pénultième? l'accentuera-t-on? doublera-t-on la consonne? Nous avons vu que l'Académie donne des exemples de l'un et de l'autre moyen dans les temps qu'elle cite. On ne peut donc rien conclure pour les verbes où elle ne cite pas de temps à terminaison muette.

En résumé, notre manière tantôt d'écrire, tantôt de prononcer, a amené dans les verbes en *er* quatre exceptions considérables, et qui, s'appliquant à un grand nombre de verbes, augmentent, sans motif et en pure perte, les difficultés de notre conjugaison.

Pour les verbes en *cer* et en *ger*, on ne peut rien faire de mieux que ce que l'on fait; la règle, d'ailleurs, est si générale qu'elle n'offre aucune difficulté.

Pour les verbes en *yer*, il y a aussi une règle générale qui, si elle n'est pas absolue aujourd'hui, le sera sans doute bientôt; et alors il n'y aura plus d'embarras.

Pour les verbes où l'*e* pénultième est fermé, la règle est générale aussi; seulement elle paraît superflue : car, si cet *e* est réellement ouvert comme l'ont dit les observateurs les plus attentifs, et comme je le crois, on change, dans les temps terminés par l'*e* muet, un accent qui a été mis à tort à l'infinitif : il vaudrait mieux alors mettre tout de suite l'accent grave et le conserver partout, puisque le son qu'il représente subsiste toujours.

Quant aux verbes où la pénultième est muette à l'infinitif, il est évident que, s'il n'y a aucun doute sur la conjugaison orale, il y a sur la conjugaison écrite une difficulté insurmontable, puisque les solutions données par l'Académie dans les exemples où elle se décide sont contradictoires. Comme d'ailleurs, l'étymologie ni la langue ne sont intéressées en rien dans le choix de ces finales, il serait bien à souhaiter qu'on admît dorénavant un seul signe, l'accent de gauche à droite, comme la marque du son ouvert dans l'é pénultième de nos verbes.

DU PRÉTÉRIT
EN FRANÇAIS[1].

L'idée que se font ordinairement du prétérit les grammairiens et les littérateurs ou les critiques, c'est que cette forme verbale ne peut indiquer qu'un temps entièrement écoulé, par exemple le jour précédent séparé par la nuit du jour où nous sommes.

Cette opinion est fort ancienne. Je trouve dans les *Sentiments de l'Académie sur le Cid,* à propos de ces deux vers que prononce le comte de Gormas[2],

> Je l'avoue entre nous, quand je lui fis l'affront,
> J'eus le sang un peu chaud et le bras un peu prompt,

la remarque suivante : « Il n'a pu dire *je lui fis,* car l'action vient d'être faite. Il fallait dire : *quand je lui ai fait,* puisqu'il ne s'était point passé de nuit entre deux[3]. »

---

[1] Cette dissertation, dont l'idée première se trouve dans l'*Abrégé de grammaire* (Dieppe, 1832), p. 31, a été composée en 1848.

[2] Corneille, *le Cid,* acte II, sc. 1.

[3] T. II, p. 517 du *Théâtre de P. Corneille,* six vol. in-12, chez Nyon, 1747. Cette idée s'est modifiée plus tard, comme on peut le voir par la discussion de Regnier-Desmarais sur la vraie nature du prétérit (*Gramm. franc., tr. des verbes*), et par celle de Beauzée sur le même sujet (*Encyclop. méthod.,* mot *Temps,* t. III, p. 498). Mais tous supposent que ce

Cette critique de l'Académie fausse et injuste, comme nous le verrons tout à l'heure, fit changer à Corneille deux excellents vers pour ceux-ci qui sont pitoyables :

> Je l'avoue entre nous, mon sang un peu trop chaud
> S'est trop ému d'un mot et l'a porté trop haut.

Sur quoi Voltaire remarque, avec cette sagacité qui le distingue, qu'un *sang trop chaud* qui *le porte trop haut* est bien pire qu'une faute contre la grammaire [1]. Il a donc reproduit avec raison l'ancienne leçon dans son édition de notre vieux tragique, et a été suivi en cela par les autres éditeurs. Toutefois il approuve la remarque de l'Académie, et, quelques pages plus loin, à propos de ces vers prononcés par Rodrigue,

> Nous partîmes cinq cents ; mais par un prompt renfort
> Nous nous vîmes trois mille en arrivant au port [2],

il ajoute : « L'Académie n'a point repris cet endroit [3], qui consiste à substituer un aoriste au simple passé. *Je vis, je fis, j'allai, je partis*, ne peut se dire d'une chose faite le jour où l'on parle. Plût à Dieu que cette licence fût permise en poésie : car *nous nous sommes vus cinq cents, nous sommes partis*, est bien languissant. »

Voltaire demande ici comme une faveur ce qui appartient comme un droit, non-seulement aux poëtes, mais aux écrivains en prose. Il n'y a aucune licence dans la phrase de Corneille, qui est rigoureusement française. Il y a erreur dans la critique de l'Académie, erreur dans l'opinion de Vol-

---

temps répond essentiellement à un certain période nécessairement terminé, que ce période soit un jour, une semaine, un mois, une année, un siècle, etc. Or c'est l'idée même de période qui s'est toujours maintenue, que je crois essentiellement fausse, et que je vais combattre.

[1] Dans son *Commentaire sur Corneille*.
[2] *Le Cid*, acte IV, sc. 3.
[3] Il faudrait : « N'a point repris *en cet endroit la faute* qui consiste, etc. »

taire, et entraînement bien naturel, sans doute, mais fâcheux, dans l'assentiment que les grammairiens postérieurs ont, en dépit de leur conscience peut-être, donné à cette décision.

D'abord tout le monde sent que les vers cités par Voltaire sont très-beaux; qu'ils satisfont parfaitement l'oreille et le langage; qu'il faut, pour y trouver quelque chose à reprendre, remonter jusqu'à une règle factice et les en rapprocher minutieusement; à peu près comme un apprenti sculpteur, pour juger de l'Apollon ou de la Vénus antiques, prendrait une ficelle et en mesurerait exactement tous les membres. Dans les arts, cette manière de juger n'est pas bonne : non pas que je veuille interdire cet examen scrupuleux qui peut perfectionner l'analyse et rendre la critique plus clairvoyante; je veux dire seulement que c'est le sentiment qui doit nous guider d'abord, et que, si l'on ne s'aperçoit pas, en regardant l'Apollon, qu'une des deux jambes est plus longue que l'autre, la vérification, au moyen d'un pied ou d'un ruban, aura beau mettre cette vérité en évidence, le défaut n'en sera pas moins imperceptible au point de vue de l'art, et l'artiste n'aura pas à s'inquiéter beaucoup du reproche qui lui en sera fait.

Que serait-ce si, au lieu d'employer un moyen de vérification certain, comme la longueur invariable d'un fil, on avait recours à une mesure changeante, comme le simple écartement des mains, ou imaginaire, comme la prétendue règle de grammaire dont on s'appuie ici? N'est-il pas vrai que la critique n'aurait alors aucune valeur? que l'œuvre du sculpteur ou du poëte resterait pure de toute atteinte, et devrait être jugée par le sentiment tout seul?

Eh bien! c'est ce qui doit avoir lieu ici. La première chose à faire est d'examiner cette règle, qu'on nous donne avec confiance comme un criterium infaillible. Nous verrons que cette confiance n'est pas fondée, que la règle n'est pas vraie du tout, qu'elle ne peut qu'induire en erreur ceux qui s'en servent.

A priori, l'on peut dire qu'il est ridicule et absurde d'exiger l'intervalle d'une nuit, pour employer légitimement une forme d'un verbe. Que peut faire à l'idée du temps la clarté ou l'obscurité du ciel? et comment douze heures de nuit absoudront-elles un prétérit que douze heures de jour ne justifieraient pas? Il y a ici évidemment une confusion d'idées qu'il ne doit pas être impossible de démêler en interrogeant la nature et la logique. L'une et l'autre nous crient que si le prétérit ne peut servir pour exprimer un temps qui n'est pas entièrement écoulé, ce temps doit être déterminé comme durant encore, soit dans la pensée de celui qui parle, soit dans son expression, et non pas du tout parce que la terre aura décrit sur son axe un certain nombre de degrés, et cela dans une certaine position par rapport au soleil.

A posteriori, l'usage est entièrement contraire à l'assertion de l'Académie. Si je dis, en parlant d'un de mes amis quitté le matin même, que je suis allé lui faire mes adieux : si j'ajoute :

La voiture était prête ; je n'*eus* que le temps de l'embrasser, et il *partit ;*

quel homme, sachant le français, pourrait trouver une faute dans ces phrases?

M. A. Lemaire va plus loin[1] : il pense qu'un homme, rendant compte de l'emploi de sa journée, pourrait fort bien dire :

Je me *levai* à six heures; je *partis* à sept; j'*arrivai* à midi; je me *remis* en route à deux heures et me voilà.

Et, en effet, les auteurs les plus corrects ont employé le

---

[1] *Grammaire des grammaires*, dixième édition, p. 657.

prétérit simple dans des tournures et avec des sens absolument semblables. Exemples :

>Comme il *sonna* la charge, il *sonne* la victoire[1].
>Qui ne *sait* se borner ne *sut* jamais écrire[2].
>Le flot qui l'*apporta* recule épouvanté[3].
>Le ciel qui m'*accabla* du poids de sa disgrâce
>Ne m'a point préparée à ce comble d'audace[4].

Y a-t-il rien là dedans qui se rapporte à la prétendue règle du jour fini et de la nuit écoulée? Loin de là, ces exemples y sont formellement contraires, comme ceux de La Fontaine et de Racine; ou bien, comme ceux de Boileau et de Voltaire, ils expriment des passés tout à fait indéfinis, ou qui ne sont déterminés et limités que par la pensée de celui qui parle.

Corneille lui-même, dans la narration de Rodrigue[5] sur le combat qu'il vient de livrer aux Maures, emploie plusieurs prétérits, pour représenter des faits qui datent de quatre ou cinq heures, quelques-uns du moment même; et personne, ni l'Académie, ni Voltaire, ni les grammairiens subséquents, ne les lui a reprochés.

>Une troupe d'amis chez mon père assemblée
>*Sollicita* mon âme encor toute troublée;
>Mais, sire, pardonnez à ma témérité
>Si j'*osai* l'employer sans votre autorité....

Puis vient le passage déjà cité, ***nous partîmes cinq cents;*** ensuite ce vers célèbre :

>Le flux les *apporta,* le reflux les remporte;

---

[1] La Fontaine, *Fables,* liv. II, 9.
[2] Boileau, *Art poétique,* chant I, v. 63.
[3] Racine, *Phèdre,* acte V, sc. 6.
[4] Voltaire, *Mérope,* acte I, sc. 3.
[5] *Le Cid,* acte IV, sc. 3.

enfin ces vers remarquables sur la prise des rois maures :

> Ils demandent le chef, je me nomme, ils se rendent :
> Je vous les *envoyai* tous deux en même temps,
> Et le combat *cessa* faute de combattants.

On pourrait jusqu'à un certain point dire que les premiers de ces exemples sont antérieurs au jour présent, ou au minuit qui a précédé. Mais pour le dernier ce n'est pas possible. C'est pendant la nuit même que Rodrigue a quitté la ville ; il annonce que ses soldats sont restés fort longtemps en silence : Le reste, dit-il,

> Se couche contre terre et sans faire aucun bruit
> Passe une bonne part d'une si belle nuit.

Ce n'est qu'après cela qu'ils voient débarquer les Maures. Puis vient le combat qui a duré trois heures, d'après ce qu'a dit Elvire dans la première scène du même acte ; et quel que parût être l'avantage ou la perte des combattants, ce n'est qu'au lever du soleil qu'on a pu s'en bien rendre compte.

> Je ne l'ai pu savoir jusques au point du jour ;
> Mais enfin sa clarté montre notre avantage.

La prise des deux rois, et par conséquent la remise qui en est faite aux officiers pour les conduire à don Fernand sont postérieurs à ce moment ; et pourtant qui oserait blâmer ces prétérits *je les envoyai, le combat cessa?* Qui ne sent que ni l'oreille, ni le sentiment ne sont blessés? et qu'il était impossible de mieux dire.

La règle du *jour écoulé* ou de *l'intervalle d'une nuit* est donc une règle absolument fausse, comme le seront, du reste, toutes celles où l'on voudra matérialiser, c'est-à-dire rapporter à un phénomène physique déterminé, le juste emploi des formes qui ne doivent peindre que les mouvements de notre esprit.

Cherchons la véritable règle relative à l'emploi du prétérit; nous la trouverons dans la définition même de ce temps, qui indique essentiellement un passé relativement au moment où l'on parle, et un futur, ou plutôt une *postériorité*, une *subséquence* relativement à une chose passée exprimée ou sous-entendue dans le discours.

Si donc cette chose est donnée comme présente et durant encore, vous ne pouvez pas y appliquer le prétérit simple, qui, par une antilogie impénétrable, donnerait comme absolument passé ce qui est postérieur au moment présent. Vous ne direz donc pas :

Je *fis* ce voyage cette année;
Je *partis* cette semaine ;
J'*arrivai* aujourd'hui ;

parce que l'année, la semaine, le jour d'hui sont donnés dans ces expressions comme n'étant pas terminés, et que les prétérits indiqueraient que le fait qu'ils expriment comme passé leur est subséquent.

Vous ne direz pas non plus :

Je le *fis* ce matin,

quoique vous soyez au soir; pas plus que

Je le *fis* au commencement de cette nuit,

quand bien même vous seriez à la moitié ou à la fin du jour suivant, parce que les mots *ce, cette,* employés ici par ellipse, expriment ces parties de la durée commune si elles étaient encore devant nos yeux.

Mais vous direz très-bien, en rapportant ces mots *ce, cet, cette* à des temps plus éloignés ou désignés dans le discours :

L'année 1832 est célèbre par l'invasion du choléra. Je *fus cette année* assez heureux pour ne perdre aucun de mes amis.

Quelle semaine de beau temps nous avons eue au commencement d'avril. Je *passai cette semaine* à la campagne, chez M....

Cette pauvre femme que vous me recommandiez, je la *vis ce matin* même où je reçus votre lettre.

Quant à l'élégie dont vous me parlez, je la *composai* au commencement ou dans le courant de *cette nuit* terrible qui....

Par la même raison, vous direz très-bien, en parlant d'un fait qui vient de se passer, mais que vous rapportez à d'autres événements complétement finis :

Dix heures sonnaient : on *tira* le canon et le vaisseau *mit* à la voile.

Ce matin même nous allions partir pour la chasse quand on nous *annonça* votre arrivée, et nous *restâmes* pour être avec vous.

Pascal commence ainsi sa seconde *Provinciale* :

Comme je fermais la lettre que je vous ai écrite, je *fus* visité par M. N....

Il s'agit ici du temps probablement assez éloigné où la première *Provinciale* a été écrite; mais rien ne l'annonce dans l'expression, et il n'est personne qui, en lisant ces mots, ne puisse croire que la visite est du jour même. La pensée de Pascal est pourtant très-nette, et l'emploi de ce prétérit *je fus visité* parfaitement légitime. D'où cela vient-il? de ce que les faits énoncés se peignent à notre esprit comme succédant à d'autres qui sont bien finis, et qu'alors le prétérit conservant son sens passé, la postériorité qu'il implique n'est aucunement contredite dans l'expression par ce qui l'accompagne.

Par là s'expliquent et se justifient les phrases données par M. A. Lemaire : bien que tous les prétérits employés appartiennent au jour même où l'on parle, ils n'y sont pas rapportés, mais bien à des heures dont il ne reste rien; cela suffit pour que l'emploi de ce temps soit parfaitement légitime.

Il résulte de là que le prétérit est le temps historique par excellence. Quand on raconte quelque chose et qu'on le fait sans figure, c'est-à-dire sans changer les passés en présents pour augmenter la rapidité du style, les événements se succédant les uns aux autres, veulent à ce temps presque tous leurs verbes.

Voyez la magnifique allocution où Agrippine rappelle à Néron ce qu'elle a fait pour lui[1], tous les verbes exprimant la suite de ses actes sont au prétérit : les imparfaits et les conditionnels qui s'y mêlent expriment des idées explicatives ou accessoires, ou entrent dans des phrases incidentes :

> Les droits de mes aïeux, que Rome a consacrés,
> Étaient même sous moi d'inutiles degrés.
> Quand de Britannicus la mère condamnée
> *Laissa* de Claudius disputer l'hyménée,
> Parmi tant de beautés qui *briguèrent* son choix,
> Qui de ses affranchis *mendièrent* les voix,
> Je *souhaitai* son lit dans la seule pensée
> De vous laisser au trône où je serais placée.
> Je *fléchis* son orgueil, j'*allai* trouver Pallas ;
> Son maître, chaque jour caressé dans mes bras,
> *Prit* insensiblement dans les yeux de sa nièce
> L'amour où je voulais amener sa tendresse.
> Mais ce lien du sang qui nous joignait tous deux
> Écartait Claudius d'un lit incestueux :
> Il n'osait épouser la fille de son frère.
> Le sénat *fut* séduit : une loi moins sévère
> *Mit* Claude dans mon lit et Rome à mes genoux.
> C'était beaucoup pour moi : ce n'était rien pour vous;
> Je vous *fis* sur mes pas entrer dans sa famille,
> Je vous *nommai* son gendre et vous *donnai* sa fille, etc.

Il résulte encore de là que le premier verbe d'une narration n'est pas ordinairement au prétérit, par la raison qu'on dit toujours ce qui *était* avant ce qui *fut* plus tard. Cependant si, par quelque raison, on supprime les détails antécédents, on mettra très-bien le prétérit comme indiquant un fait subséquent à d'autres sous-entendus.

Le *De viris illustribus* d'Aurelius Victor commence ainsi :

---

[1] Racine, *Britannicus*, acte IV, sc. 2.

Proca, rex Albanorum, Amulium et Numitorem filios habuit,
ce que nous traduisons en français par :

Proca, roi des Albains, *eut* pour fils Amulius et Numitor.

Il est visible qu'on sous-entend ici tous les événements qui ont précédé, et qu'on entre en matière comme s'ils étaient énoncés.

A plus forte raison, si tout ce qui précède est ignoré, le prétérit peut commencer une narration, il représente parfaitement ce qui succède au néant et aux ténèbres du chaos. Quand la *Genèse* dit : *In principio creavit Deus cœlum et terram*, ou en français :

Au commencement, Dieu *créa* le ciel et la terre,

bien qu'elle indique ici le premier moment de l'existence des êtres, comme dans l'idée d'une existence commençante entre nécessairement celle d'une succession quelconque, et qu'ici en particulier nous voulons dire que le monde succède au néant, le prétérit *créa* est beaucoup mieux placé que le parfait *a créé*, précisément parce que son sens de postériorité exprime qu'on sort de l'éternité vide et silencieuse pour entrer dans le temps et les faits.

Changeons, au contraire, non pas la donnée biblique, mais les termes du rapport ; au lieu de prendre le néant pour point de départ, prenons la création, et parlons du néant qui l'a précédée, pourrons-nous dire :

Avant la création, il n'y *eut* rien ?

Non sans doute ; nous dirons *il n'y avait rien*, comme Ovide, exprimant une idée analogue au commencement de ses *Métamorphoses*, dit :

Ante mare et terras et quod tegit omnia cœlum
Unus *erat* toto naturæ vultus in orbe.

En effet, notre prétérit ne se rapporte bien qu'à ce qui lui est antérieur ; si la forme de la phrase exclut toute idée d'antécédence, le prétérit blesse notre oreille, il faut l'imparfait ou le plus-que-parfait.

Cette belle strophe de Racine nous en donne un exemple frappant :

> O sagesse ! ta parole
> *Fit* éclore l'univers :
> *Posa* sur un double pôle
> La terre au milieu des airs.
> Tu *dis* et les cieux *parurent*,
> Et tous les astres *coururent*
> Dans leur ordre se placer.
> Avant les siècles tu *règnes :*
> Eh ! qui suis-je que tu daignes
> Jusqu'à moi te rabaisser ?

Il y a dans les six premiers vers cinq prétérits, qui expriment les premiers actes de la création : oui ; mais ces faits sont postérieurs à la parole de Dieu, et celle-ci même suppose hors de lui le néant universel. Au huitième vers se trouve le présent *tu règnes*. Il y est évidemment par figure, puisqu'il y est déterminé par *avant les siècles*. Quel temps alors remplace-t-il? Est-ce le prétérit *tu régnas ?* non certes ; c'est l'imparfait, le parfait ou le plus-que-parfait, comme on le verrait dans ces phrases :

> Avant les siècles tu régnais et tu règnes encore.
> Avant les siècles tu as régné, tu règnes pendant leurs cours, tu régneras après eux.
> Avant les siècles tu avais régné, tu régneras toujours.

Qu'on ne croie pas que le rejet du prétérit vienne de ce que Dieu se présente à nous comme régnant encore aujourd'hui ; car le prétérit *parurent* s'applique très-bien aux cieux, qui n'ont pas cessé de paraître ; la vraie contradiction est entre *régnas* et *avant les siècles :* le prétérit ne se doit pas déterminer par quelque chose qui le suit. On ne dira pas bien :

> Ce parti, il *le prit* avant votre visite ;
> Il *fit* cette démarche sans attendre mes ordres ;

mais bien plutôt :

Ce parti, il l'*avait pris* ou il *l'a pris* avant votre visite ;
Il *a fait* ou *avait fait* cette démarche sans attendre mes ordres.

Quelquefois seulement, mais par exception, et dans des phrases toutes spéciales, le passé absolu ou prétérit simple s'emploie très-bien ; soit par l'imitation du latin, soit par le voisinage immédiat du présent et du futur, comme dans ces exemples :

Un seul Dieu est, *fut* et sera.
Un seul demeure, un seul *fut* et sera.

Mais je ne sais s'il y aurait même un autre verbe que le verbe *être* qui permît cet emploi. Dans tous les cas, la phrase est trop particulière pour être donnée comme fondement d'une règle ou même d'une exception générale.

En un mot, il n'y a pas pour le langage ordinaire de phrase à prétérit où l'on ne pût, si l'on voulait exprimer la circonstance antécédente, mettre l'imparfait de l'indicatif, le prétérit indiquant alors et toujours ce qui succède, par exemple :

(Il n'y *avait* rien).... Dieu *créa* le ciel et la terre,

ou comme disait l'ancien Anaxagore, et comme l'a répété Ovide :

(Tout *existait* pêle-mêle).... l'esprit *vint* et *mit* tout en ordre.

Réciproquement, il n'y a pas de phrase où l'emploi du prétérit ne soit légitime, si la circonstance exprimée ou sous-entendue à laquelle on le rapporte peut être considérée comme terminée, si, par conséquent, le fait représenté par ce prétérit, bien que passé, est postérieur à cette circonstance ; par exemple :

Nous *étions sortis* ; la pluie nous *surprit* et nous *rentrâmes*.
Cet enfant *ayant couru* imprudemment, *tomba* dans un fossé.

Cela compris, qu'a fait Corneille dans les vers repris par l'Académie ou par Voltaire? il a supprimé la circonstance antécédente, ce qui est parfaitement convenable dans toute composition, et surtout dans le dialogue poétique; et il a continué avec une admirable rapidité, comme s'il eût dit, sans rien sous-entendre :

> (L'insulte de don Diègue *appelait* ma vengeance.)
> Je l'avoue entre nous, quand je lui *fis* l'affront,
> J'*eus* le sang un peu chaud et le bras un peu prompt;

et ailleurs dans le récit de Rodrigue :

> (Nous *étions* peu nombreux; mais le danger *pressait :*)
> Nous *partîmes* cinq cents, mais par un prompt renfort
> Nous nous *vîmes* trois mille en arrivant au port.

Je ne crois pas qu'on puisse rien trouver dans aucun poëte qui soit ni plus logique, ni plus correct, ni surtout plus rapide et plus éloquent que ces vers[1]. L'éloquence et la rapidité étaient avouées sans doute; mais la correction avait été contestée par des juges compétents. Il était bon de montrer par la discussion analytique de la valeur du prétérit, que la condamnation quelle qu'elle fût, ne reposait sur rien de solide, et qu'un préjugé, pour répandu qu'il soit, ne doit pas nous aveugler et nous faire rejeter de véritables beautés.

---

[1] Je ne dirais pas la même chose de ce vers de Voltaire (*Nanine*, acte II, sc. 13).

> En s'épousant ils crurent qu'ils s'*aimèrent*.

L'emploi de ce prétérit me paraît ici un contre-sens; il fallait le conditionnel : *ils crurent qu'ils s'aimeraient*.

DE
L'OPTATIF FRANÇAIS[1].

La forme verbale terminée chez nous en *asse*, *isse*, *usse*, *insse*, et nommée vulgairement *imparfait du subjonctif*, est-elle réellement un temps de ce mode? N'est-elle pas plutôt un mode particulier auquel conviendrait parfaitement le nom d'*optatif*, qu'on lui donne en grec, et que quelques-uns ont appliqué au temps latin en *arem*, *erem*, *irem* qui lui correspond? C'est ce que je veux examiner.

Je pars, bien entendu, de la définition ordinaire des temps et des modes; je suppose que les premiers diffèrent entre eux par le temps qu'ils expriment, tandis que la différence des modes porte surtout sur la manière dont ils signifient l'idée du verbe; je veux savoir, en conséquence, si la différence de *je sois* à *je fusse* est analogue à celle de *je suis* à *j'étais*, ou à celle de *je serai* à *je serais*. Celle-ci est essentiellement modale, l'autre est évidemment temporelle. Il ne doit pas être difficile, avec un peu d'attention, de déterminer la nature des deux mots que nous étudions.

---

[1] Cette dissertation, dont le principe se trouve très-nettement établi dans une longue note de mon *Abrégé de grammaire française*, imprimé à Dieppe en 1832 (p. 85, note 2), a été écrite en 1839.

Ou je m'abuse fort, ou les deux formes *je sois* et *je fusse* n'indiquent aucune modification dans l'idée du temps. Est-il d'abord bien certain que *je sois, je vienne, je coure* soient des présents dans le subjonctif? N'ont-ils pas plutôt et toujours un sens futur ? Ce serait une question qui deviendrait importante, si l'on pouvait être induit à penser que *je fusse, je vinsse, je courusse,* sont des imparfaits. Mais quoi que l'on fasse, on ne trouvera rien dans ces formes qui rappelle le moins du monde le double rapport indiqué par l'imparfait de l'indicatif; je veux dire un temps à la fois passé, relativement à l'acte de la parole, et présent, pour une autre époque déterminée dans le discours [1]. Déjà donc, c'est par un abus de langage très-fâcheux qu'on applique à ce temps son nom vulgaire, puisque le résultat immédiat de cette dénomination est de faire supposer entre deux formes du même nom une analogie de signification qui n'existe pas.

Mais il y a mieux encore : en considérant le temps en *asse, isse, usse, insse,* par rapport à ce qu'on nomme le présent du subjonctif, on reconnaît qu'il n'y a entre eux pour l'époque qu'ils marquent aucune différence. Ces deux phrases :

Je désire que vous *soyez* demain chez moi à midi ;
Je désirerais que vous *fussiez* demain chez moi à midi ;

sont assurément équivalentes quant à la signification du temps, puisqu'elles expriment la même action pour le même jour et la même heure. Il est donc tout à fait impossible d'attribuer à l'une de ces formes le sens du présent, et à l'autre celui du passé. Autrement dit, ce n'est pas par l'idée du moment signifié qu'elles diffèrent ; c'est par une autre circonstance que l'analyse doit nous découvrir.

Quelques-uns disent, pour justifier ce nom d'*imparfait*,

---

[1] *Cours supérieur de grammaire,* part. I, liv. II, c. 20.

que cette forme s'accouple le plus souvent avec des temps passés, tandis que le présent du subjonctif *je sois, je fasse* répond, dans la phrase subordonnée, au présent ou au futur de la principale. Nous verrons que cette règle n'est pas vraie dans le sens absolu qu'on lui donne ici : mais, quand elle le serait, qu'est-ce que cette subordination peut faire au temps exprimé par un mot? Le temps n'est pas une modification qui vienne d'ailleurs; il est interne et compris dans le mot lui-même lequel doit répondre directement à notre pensée. Je dirai ainsi :

Je veux que vous *fassiez* cela aujourd'hui;
Je veux que vous l'*ayez fait* demain ;

fassiez, *ayez fait* sont assurément deux temps différents, comme le présent et le parfait; aussi *je veux*, qui les régit, n'a-t-il aucune influence sur eux : ils dépendent l'un et l'autre, non d'une règle de syntaxe, mais de ma pensée seule, qui rapporte l'un à *aujourd'hui* et l'autre à *demain*.

La raison que l'on donne ici tourne donc contre ce que l'on veut établir. Que le verbe principal soit au présent, au passé ou au futur, le verbe de la phrase secondaire ne peut tirer son temps du premier; il n'en dépend que comme subordonné, par la construction de la phrase; or, la subordination est essentiellement modale, puisque le mode n'est lui-même autre chose que la manière de signifier dans les verbes : de sorte que, quand bien même l'emploi de cette forme en *asse, isse, usse, insse* dépendrait du temps du verbe précédent, ce ne serait pas son propre temps qui serait modifié, ce serait seulement son mode.

Il est facile, au reste, de démontrer l'erreur matérielle de ceux qui croient que l'emploi de cette forme vient des passés qui la précèdent ou la régissent. On n'a qu'à choisir des phrases où elle se trouve seule et sans verbe antécédent qui la gouverne, on verra que ce qui la caractérise et la distingue réellement du subjonctif présent, c'est un sens indécis ou indéterminé, qui la fait ressembler au conditionnel et permet quelquefois de l'y substituer.

Ronsard, parlant des fleurs, a dit, avec un sentiment exquis du bon langage français :

> Qui ne les *eût* à ce vespre *cueillies*,
> *Chutes* à terre elles *fussent* demain [1].

« Si on ne les avait cueillies ce soir même, elles seraient, dès demain, tombées à terre. » Certes *elles fussent chutes* est, quant au temps, non pas un imparfait, mais un futur, puisqu'il s'agit du jour suivant. Quant à la signification, pourrait-on mettre *chutes elles soient?* Non, sans doute, car *soient* n'a rien d'hypothétique; tandis que *fussent* se prête parfaitement à cette absence de certitude ou d'affirmation, et c'est si bien son caractère, qu'ici même on peut le remplacer par le conditionnel, comme je l'ai fait dans l'interprétation des vers de Ronsard.

Suivons cette idée, et voyons, sur divers exemples, si ce ne serait pas par là que différeraient essentiellement les deux temps que nous examinons. Nous trouverons que la signification du subjonctif est toujours plus affirmative, plus certaine; que celle de l'optatif est plus vague, plus obscure, plus hypothétique; bref, que c'est une différence de signification qui sépare ces deux formes.

Bossuet dit à ceux qui ont connu le prince de Condé :

> Ainsi *puisse*-t-il vous être un cher entretien !

et Molière, dans l'*Avare* [2], fait dire à Harpagon :

> Plût au ciel que je les *eusse*, les dix mille écus !

Tous les deux forment un souhait; tous les deux deman-

---

[1] *Vieux poëtes français*, t. IV, p. 155.
[2] Acte I, sc. 5.

dent une chose qu'ils désirent; pour tous les deux, ce souhait, qu'il s'accomplisse ou non, est également futur. Mais le premier fait sa demande comme comptant bien qu'elle se réalisera (*subjonctif*); l'autre l'exprime de manière à détourner la pensée que pourraient avoir ses enfants qu'il possède réellement ces dix mille écus, et à montrer même cette supposition comme impossible ou absurde (*optatif*).

Il y a dans l'*Agamemnon* d'Eschyle un dialogue entre le chœur et la prophétesse Cassandre, qui annonce à la fois la mort du roi et la sienne propre. Le chœur la compare à Philomèle qui gémit sur Itys et remplit sa vie d'amertume; et Cassandre répond au chœur par ce couplet : « Trop heureux le destin de Philomèle ! Les dieux lui ont donné des ailes, ses jours sont doux et sans douleur : une hache aiguisée tranchera les miens[1]. »

Essayons de rendre en français par le verbe *pouvoir* à la forme exclamative, le sens du premier vers grec où le verbe n'est pas exprimé. Mettrons-nous :

Puissé-je avoir le destin de Philomèle !

Non certes : car il semblerait que Cassandre l'attend ou le désire comme possible; et en sa qualité de prophétesse elle sait bien que cela ne peut pas être. Elle dira donc, par une forme peu usitée :

Pussé-je avoir le destin de Philomèle !

c'est-à-dire *plût aux dieux que je l'eusse* et non pas *plaise aux dieux que je l'aie*.

Par la même raison, Figaro dans *la Folle journée*[2] rappelant ses anciennes tribulations s'écrie :

Me *fussé-je mis* une pierre au cou !

[1] *Agamemnon*, v. 1145, édit. Didot. Traduction de Laporte-Dutheil.
[2] Acte V, sc. 3.

non pas seulement pour exprimer un passé : car me *sois-je mis* l'exprimerait tout aussi bien ; mais parce que l'impossibilité de revenir sur ce qui a été, de faire que les événements accomplis n'aient pas eu lieu ou aient été remplacés par d'autres le forcent de prendre la forme hypothétique.

Cette différence de sens deviendra manifeste à la troisième personne ; si nous imaginons qu'un homme fort mécontent d'un autre dont il n'a pas eu de nouvelles depuis quelque temps, répond à un ami qui lui demande ce qu'est devenu celui qui excite sa colère :

Je n'en sais rien. Se *soit-il mis* une pierre au cou, je *serai* débarrassé de bien des soucis.

Ici en effet la chose lui apparaît comme possible : et le subjonctif parfait *se soit-il mis* est bien placé.

Changeons un peu la situation : supposons que le même homme ait la certitude que celui dont il se plaint, absent pendant quelque temps, vit encore, et lui causera probablement des chagrins : emploiera-t-il la même forme ? Non, il dira par une tournure semblable, mais avec une signification sensiblement différente :

Se *fût-il mis* une pierre au cou, je *serais* débarrassé de bien des soucis.

C'est ainsi que Molière a mis dans le *Misanthrope*[1] :

La peste de ta chute, empoisonneur, au diable !
En *eusses-tu fait* une à te casser le nez !

et Regnard dans *Démocrite*[2] :

Bon ! tout autre que moi ne l'*eût* pas *ménagée*.

Pourquoi ces optatifs ? c'est qu'Alceste sait bien que Philinte

[1] Acte I, sc. 2.
[2] Act. IV, sc. 7.

n'a pas fait cette chute, et Strabon qu'il n'a pas jeté sa femme dans la rivière. Ils ne peuvent donc exprimer l'un et l'autre leur pensée que comme celle d'un désir qui n'a pas eu et qui n'aura pas son effet.

Au contraire, dans les imprécations en général, dans les vœux où il s'agit de l'avenir on ne met pas d'optatif, parce que la passion présente nous peint tous les maux annoncés comme devant ou pouvant s'effectuer.

> *Puissent* tous ses voisins ensemble conjurés
> Saper ses fondements encor mal assurés.
> Et si ce n'est assez de toute l'Italie,
> Que l'Orient contre elle à l'Occident s'*allie*,
> Que cent peuples unis des bouts de l'univers
> *Passent* pour la détruire et les monts et les mers.
> Qu'elle même sur soi *renverse* ses murailles
> Et de ses propres mains *déchire* ses entrailles.
> Que le courroux du ciel allumé par mes vœux
> *Fasse* pleuvoir sur elle un déluge de feux :
> *Puissé*-je de mes yeux y voir tomber la foudre [1] !

Et Horace irrité de ces malédictions, s'écrie par une forme de langage presque semblable, après avoir tué sa sœur :

> .... Ainsi *reçoive* un châtiment soudain
> Quiconque ose pleurer un ennemi romain [2].

La théorie donnée ici est si vraie, qu'il suffit de modifier la pensée, et de rendre, si l'on peut parler ainsi, l'imprécation hypothétique pour changer les subjonctifs en optatifs, comme je vais le faire, en ajoutant un seul vers aux derniers de Corneille :

> Qu'elle même sur soi *renversât* ses murailles
> Et de ses propres mains *déchirât* ses entrailles.
> Que le courroux du ciel allumé par mes vœux
> *Fît* sur elle pleuvoir un déluge de feux :
> Que je *pusse* moi-même y voir tomber la foudre,
> [C'est ce qu'à souhaiter je *ne puis me résoudre.*]

[1] Corneille, *Horace*, acte IV, sc. 5.
[2] *Ibid.*

Les optatifs accumulés dans les cinq premiers vers nous laissent, tout le monde le sent bien, dans une indécision et un vague tels que le sens nous échappe absolument. Nous pouvons dire en toute rigueur que nous ne comprenons pas cette tirade jusqu'à ce que le sixième vers vienne, avec sa négation, nous montrer que toutes les phrases précédentes ne sont, chez celui qui parle, que des hypothèses qu'il a l'intention de rejeter plus tard.

Ainsi s'établit la différence toute modale des deux formes que nous examinons. Ainsi s'explique l'espèce de gradation qui se fait naturellement de l'optatif au subjonctif, et de celui-ci à l'impératif. Il suffit presque toujours que la passion nous fasse retrancher la conjonction *que*, et toute autre formule tranquille ou de transition pour que le sens impératif se manifeste :

> Me *prépare* le ciel de nouveaux châtiments
> Si jamais un tel crime entre dans mon courage [1] !
> *Tombe* sur moi le ciel pourvu que je me venge [2] !
> *Sachent* tous mes valets que ma bonté se lasse [3].
> .... *Sois-je* du ciel écrasé si je mens [4] !
> Ah ! *périsse* à jamais la discorde barbare !...
> *Périsse* la colère et ses erreurs affreuses !
> *Périsse* la vengeance et ses douceurs trompeuses [5] !

Quelques personnes opposent à ces exemples, et aux conséquences que j'en tire, cette considération, vraie d'ailleurs, que quand nous voulons expliquer ces locutions, nous remettons devant nos subjonctifs ou nos optatifs le verbe principal et la conjonction qui les régissent ; qu'ainsi ces mots

---

[1] Corneille, *Mélite*, acte I, sc. 3.
[2] Corneille, *Rodogune*, acte V, sc. 2.
[3] Scarron, *D. Japhet d'Arménie*, acte II, sc. 2.
[4] Molière, *Le Misanthrope*, acte I, sc. 2.
[5] La Harpe, *Traduction d'Homère*.

isolés ne prouvent pas plus dans ces phrases elliptiques que dans les phrases complètes, et que l'on peut alors ramener l'objection précédemment citée et combattue. — C'est là un pur sophisme et un abus manifeste de l'analyse logique ou de l'analyse grammaticale. Celles-ci rendent compte de la construction ou du bon emploi des formes, sans contredit, et peuvent prouver la correction du langage. Elles ne peuvent rien sur la signification primitive des mots. C'est parce que je *sois* et je *fusse* ont chacun leur sens, qu'on a formé les phrases différentes citées tout à l'heure, dont l'analyse montrera ensuite la parfaite convenance : ce n'est pas cette analyse qui peut créer ces sens ni influer sur eux en aucune manière.

Il me paraît donc solidement établi que la véritable différence entre les deux formes qu'on appelle *présent* et *imparfait* du subjonctif, est relative non pas à l'époque indiquée dans le discours, mais à la manière de signifier, c'est-à-dire que ce sont non pas deux temps, mais deux modes divers, soit qu'on les regarde comme absolument séparés, soit qu'on aime mieux les prendre pour les parties d'un mode oblique qui s'opposerait à l'indicatif ou mode direct.

Quoi qu'il en soit, il est visible que notre conjugaison admet ainsi, outre cette distinction générale des modes, en personnels et impersonnels; et parmi les modes personnels, du mode direct et du mode oblique, celle d'une nuance que toutes les langues n'ont pas, et qui consiste en ce qu'il y a à côté d'une expression positive ou certaine de la pensée, une expression incertaine ou hypothétique.

Cette double signification est manifeste dans ce que j'ai nommé le subjonctif et l'optatif : elle ne l'est pas moins, ce me semble, dans le futur et le conditionnel; je *serai*, je *serais*, je *ferai*, je *ferais*. Elle se trouve encore, quoique avec un moindre degré d'évidence, dans le présent et l'imparfait de l'indicatif, je *suis* et j'*étais*, je *dis* et je *disais*. Ce dernier temps, bien que positif dans l'énoncé du jugement ou de l'action, emprunte de son époque passée et de son caractère essentiellement transitoire quelque chose d'incertain ou de vague que n'a pas le présent.

La distinction de ces formes positives ou hypothétiques est surtout nécessaire dans notre syntaxe. Lorsque deux verbes se régissent, on associe généralement dans la phrase principale et dans la secondaire des temps de même caractère ; c'est-à-dire qu'ils sont tous positifs ou tous hypothétiques.

Je *chanterai* si vous *voulez* que je *chante.*
Je *chanterais* si vous *vouliez* que je *chantasse.*

On suit ordinairement la même règle pour les temps composés, c'est-à-dire qu'on regarde comme positifs ceux où l'auxiliaire est à un temps positif et comme hypothétique, ceux où il est à un temps incertain.

Quand vous *aurez commandé* qu'on le *fasse.*
Auriez-vous *commandé* qu'on le *fît?*
Est-il vrai qu'on *ait emmené* votre frère ?
Était-il vrai qu'on l'*eût forcé* de partir ?

Toutefois, les passés étant toujours un peu incertains par eux-mêmes, puisqu'ils n'affirment pas que ce qu'ils expriment dure encore, après le prétérit défini, et, après le parfait, on met fort souvent l'optatif.

Je vous *ai toujours aimé* quoique je vous *admirasse*[1].
J'*ai dit* qu'on se *mît* à table.
J'*ai voulu* que tout *fût* prêt.

Il y a cependant des exceptions assez nombreuses qui sont presque toujours fondées sur le sens particulier de l'optatif ou du subjonctif, et qui s'expliquent, en effet, par le sentiment plus ou moins certain exprimé dans la phrase.

[1] Voltaire, *Lettre à Maupertuis*, 22 juin 1740.

Voici des exemples de l'emploi du subjonctif, où l'on reconnaîtra immédiatement une énergie d'affirmation qui ne serait pas dans la tournure ordinaire.

Corneille a mis dans *Pompée*[1] ces vers, où Voltaire croit[2], certainement à tort, qu'il y a une petite faute de style :

.... Je leur dois des vœux de ce qu'ils *ont permis*
Que je *rencontre* ici mes plus grands ennemis
Et *tombe* entre leurs mains plutôt qu'aux mains d'un prince
Qui doit à mon époux son cœur et sa province.

Racine de même dans *Britannicus*[3] :

Au nom de l'empereur j'allais vous informer
D'un ordre qui d'abord a pu vous alarmer,
Mais qui n'est que l'effet d'une sage conduite
Dont César *a voulu* que vous *soyez* instruite.

Fénelon écrit, dans son dialogue de *Denys, Pythias et Damon* :

Pythias *a mérité* que tu le *laisses* vivre.

Dufresny peint, dans une chanson, un buveur qui rentre chez lui, et s'écrie, en voyant sa femme double :

Je n'avais qu'une femme, et j'étais malheureux :
Par quel forfait épouvantable
Ai-je donc *mérité* que vous m'en *donniez* deux ?

Lemercier fait prononcer à Agamemnon, rentrant à Mycènes après le siége de Troie, ces vers touchants[4] :

Recevez, amis chers, et vous, augustes lieux,
Ces pleurs qu'un saint respect fait couler de mes yeux;
Tribut de mes respects et de ma tendre joie,
Les dieux seuls *ont permis* qu'enfin je vous *revoie*.

[1] Acte III, sc. 4.
[2] *Commentaire sur Corneille.*
[3] Acte I, sc. 2.
[4] *Agamemnon*, acte II, sc. 7.

De Tracy a mis dans le supplément à la première section des *Éléments d'idéologie* :

Il *a fallu* que je *reporte* l'attention du lecteur sur l'analyse du jugement.

M. Cousin a dit de même, dans son *Cours d'histoire de la philosophie* [1] :

Il *a fallu* que vous *ayez* d'abord l'idée de corps, pour que cette idée vous étant donnée, l'idée d'espace vous *apparût* [2].

Si on y fait bien attention, on voit qu'ici le sens est tellement affirmatif, que l'emploi de l'optatif serait moins heureux ; quelquefois même, comme dans les exemples de Fénelon et de Dufresny, il serait absolument impossible.

Par une raison semblable, nos auteurs ont quelquefois substitué le temps hypothétique au temps positif, contrairement à la règle ordinaire.

Molière a mis dans *l'École des maris* [3] :

De peur qu'elle *revînt,* fermons à clef la porte ;

dans *le Bourgeois gentilhomme* [4].

Par ma foi, il *y a* plus de quarante ans que je dis de la prose sans que j'en *susse* rien ;

dans *le Misanthrope* [5] :

N'*a-t-il* point quelque ami qui *pût* sur ses manières
D'un charitable avis lui prêter les lumières ?

Ces deux derniers exemples sont remarquables : l'un,

---

[1] Année 1829, leçon 17.

[2] J'aimerais mieux *vous apparaisse*. Ce subjonctif serait plus d'accord avec la pensée générale et le subjonctif précédent.

[3] Acte III, sc. 2.

[4] Acte II, sc. 6.

[5] Acte II, sc 5.

parce que le subjonctif *sans que j'en sache rien* serait tout à fait inadmissible; l'autre, par la nuance du sentiment qu'il exprime : Clitandre regarde, en effet, une telle franchise chez un ami comme extrêmement douteuse ou éloignée. Donner un avis pareil, est un acte de liberté dont son extrême politesse l'empêcherait de se charger, et il lui paraît bien difficile qu'un autre s'en charge.

Racine, par un mouvement pareil, fait dire à Andromaque, dans la pièce de ce nom [1] :

Hélas ! on ne craint pas qu'il venge un jour son père,
On *craint* qu'il *n'essuyât* les larmes de sa mère.

Il n'essuyât est plus indéterminé, plus vague, que *il n'essuie :* Andromaque affirme qu'on ne craint pas *qu'il venge*, parce qu'en effet, il y a dans sa situation présente impossibilité absolue, comme il y a pour elle un intérêt puissant à nier cette crainte. Quant à essuyer les larmes d'une mère, la pensée qu'on veut l'empêcher ne saurait être aussi positive, et le temps incertain exprime cette différence.

Madame de Sévigné écrit à sa fille [2] :

Madame de Marbeuf est arrivée. Elle est tout à fait bonne femme ; mais ne *croyez* pas que je ne m'en *passasse* fort bien.

Cet optatif signifie que, si quelque raison que ce fût éloignait madame de Marbeuf, madame de Sévigné s'en *passerait*. Imaginons, au contraire, qu'elle ait dit à sa fille :

Cette dame est venue soi-disant pour être avec moi; mais elle est toujours dehors.... Ne croyez pas que je ne m'en *passe* fort bien ;

ici le subjonctif est obligé, parce qu'il s'agit d'un fait positif certain et qui n'a rien de conjectural.

Fénelon, dans un de ses *Dialogues*, fait dire à Gryllus,

[1] Acte I, sc. 4.
[2] 15 novembre 1684.

changé en cochon par Circé, et à qui Ulysse propose vainement de reprendre la forme humaine :

> Arrêtez ; je ne *suis* pas encore tellement cochon que je *renonçasse* à être homme, si vous me *montriez* dans l'homme une immortalité véritable.

Renonçasse et non pas *renonce;* ce dernier temps ne serait bon que si Gryllus croyait à cette immortalité. Alors il dirait : *Ne croyez pas que je renonce..., si vous me montrez....* Mais cette immortalité n'est, selon lui, qu'un leurre qu'Ulysse fait briller à ses yeux, pour le tromper : et il exprime son incrédulité par les deux temps hypothétiques *renonçasse* et *montriez*.

Voltaire a dit, par un sentiment analogue [1] :

> C'*est* un des plus grand plaisirs que le roi de Prusse *pût* me faire.

Puisse aurait indiqué qu'il comptait sur ce plaisir, qu'il en était assuré ; *pût* laisse l'événement dans l'hypothèse, et montre seulement le plaisir qu'y aurait l'écrivain, dans le cas tout à fait indécis où ce qu'on lui a dit se réaliserait.

Il y a enfin une phrase de Fontenelle, dans la préface de ses *Mondes,* qui mérite d'être citée ici, parce que les deux temps du même verbe sont employés dans deux propositions secondaires semblablement construites, avec une exquise distinction des valeurs. La voici :

> Il se *peut* bien *faire* qu'en cherchant un milieu où la philosophie *convînt* à tout le monde, j'en *aie trouvé* un où elle ne *convienne* à personne.

Pourquoi *convînt* dans le premier cas ? C'est qu'ici Fontenelle cherche, et sa modestie réelle ou simulée lui fait exprimer qu'il craint de ne pas trouver. Pourquoi *convienne* dans le second ? Parce que Fontenelle a trouvé, et la

---

[1] *Correspondance générale,* 8 mai 1744.

même modestie lui fait exprimer comme positive la pensée qu'il n'aura pas de succès.

Telle est, en français, la véritable distinction des deux formes de langage dont il s'agit. On peut assurément trouver dans d'autres langues, et nous avons dans la nôtre, des nuances plus fortes, plus tranchées, plus nécessaires : on n'en saurait trouver de plus fines et de plus délicates. Il est remarquable que le langage le plus commun exprime ainsi, sans aucune gêne, ce que l'analyse ne peut déterminer qu'avec de longs efforts. Toujours nous montre-t-elle que la différence dont il s'agit est une différence de mode à mode et non de temps à temps; et qu'ainsi c'est à tort qu'on distingue dans les grammaires françaises le subjonctif *présent* et l'*imparfait*. La véritable distinction est celle de **subjonctif positif** et **subjonctif hypothétique,** ou plus brièvement et mieux, de **subjonctif** et **optatif**.

DE LA CAPACITÉ
DE SIGNIFICATION
DANS LES LANGUES[1].

Rien de plus commun chez ceux qui enseignent ou étudient les langues que d'en vanter la beauté. Mais, si on leur demande ce qu'ils entendent par ce terme, on trouve, la plupart du temps, qu'ils s'en font une idée très-vague, qu'ils ne savent ni l'expliquer ni le définir, c'est-à-dire qu'au fond, ils ne se comprennent pas parfaitement eux-mêmes.

Cela vient de ce qu'ils regardent la beauté comme une qualité simple et absolue, tandis que là, comme ailleurs, elle est relative et complexe : relative à nous, à nos organes, à nos besoins, à nos habitudes; complexe, parce qu'elle ne dépend pas d'une seule condition, mais de plusieurs. La beauté du visage, par exemple, ne consiste ni exclusivement ni séparément dans la proportion des parties, ou dans la régularité des traits, ou dans le teint, ou dans l'expression de la physionomie, mais dans l'ensemble et l'harmonie de toutes ces qualités; et, de même, la beauté des langues

---

[1] Cette dissertation a été rédigée en février 1854.

ne vient uniquement, ni de la sonorité des voyelles, ni de la netteté des articulations, ni du nombre des mots, ni de la liberté ou de la clarté des constructions, etc., mais de la reunion de tous ces accidents, dans la mesure la plus avantageuse.

Ainsi, quand Burnouf commence par ces mots la préface de la première édition de sa grammaire : « Nous ne ferons pas ici l'éloge de la langue grecque; tout le monde convient que c'est la plus belle que les hommes aient jamais parlée; » on désirerait, avec raison, apprendre en quel sens elle lui semble l'emporter tellement sur les autres. Subsidiairement, on pourrait lui demander à quelle époque il prend le grec pour en porter un jugement si favorable.

D'une part, en effet, la langue grecque a certains avantages, que l'on peut énumérer, par lesquels elle mérite réellement notre admiration : mais certains autres peuvent lui manquer et la faire descendre, en quelques points, au-dessous d'idiomes qui lui seraient inférieurs par le nombre des mots ou la facilité des tournures. D'un autre côté, elle est loin d'être restée la même pendant toute sa durée. L'idiome d'Homère et des poëtes de son époque diffère considérablement de celui du siècle de Périclès. Celui-ci est à son tour fort éloigné de celui de l'âge romain ou de la décadence.

On ne peut donc pas prononcer ainsi, d'une manière absolue et générale, qu'une langue est plus belle que toutes les autres. Il faut avoir fait le compte exact des qualités et des défauts qu'on y trouve, se décider séparément sur chacun de ces points, et résumer, si on le veut, tous ces jugements partiels en un jugement général, dont alors seulement on connaîtra, à la fois, les bases et la portée.

Je veux aujourd'hui m'attacher à une seule qualité du langage, qualité qui, bien que fort importante, ne me semble avoir jamais attiré l'attention des grammairiens : c'est celle que je nomme la *capacité de signification*.

L'objet principal des langues étant d'exprimer nos pensées, c'est sans doute pour elles un avantage marqué de contenir un plus grand nombre d'idées sous une moindre quantité de sons. Supposons, en effet, que, toutes choses restant égales d'ailleurs, l'idiome A exprime, avec cent syllabes, ce que l'idiome B n'exprimera qu'avec deux cents; et que cette proportion se maintienne toujours et partout; n'est-il pas clair, qu'à prendre dans leur ensemble la conversation et les livres, le premier aura, dans le même temps, exprimé deux fois autant d'idées que le second? C'est là une supériorité manifeste à laquelle on aurait tort sans doute de subordonner toutes les autres qualités, mais qu'il est d'autant plus injuste de passer entièrement sous silence qu'elle est, dans une certaine limite, l'indice le plus assuré des progrès ou de la civilisation avancée d'un peuple.

Car, quelque idée qu'on se fasse de ce qui constitue essentiellement la civilisation, on ne peut douter que le plus grand nombre des idées partout répandues, ne soit un de ses éléments. Les sauvages ont très-peu d'idées; les peuples, à mesure qu'ils deviennent plus instruits, qu'ils ont entre eux plus de relations, qu'ils font plus de métiers, cultivent plus d'arts, connaissent enfin plus de choses, augmentent nécessairement avec leurs notions les mots qui les expriment. C'est même là la cause principale, dans des âges à peu près contemporains, de la différente richesse des langues grecque et hébraïque. Un peuple pasteur comme les Juifs avait peu de connaissances; une nation à la fois guerrière, commerçante, artiste, ergoteuse comme les Grecs devait, au contraire, étendre tous les jours son vocabulaire, et c'est ce que la comparaison matérielle des dictionnaires des deux langues nous montre immédiatement de la manière la plus péremptoire.

Or cette grande quantité d'idées, les comparaisons incessantes que l'on en fait, les jugements qu'on porte à leur occasion, réagissent d'une manière remarquable sur la constitution du discours. Elles tendent à l'abréger sans cesse ; d'une part, parce que le temps ne suffit plus à l'expression de la pensée devenue plus riche et mieux nourrie ; de l'autre, parce que l'on comprend qu'il y a plus de solidité, de grandeur et de beauté véritable dans un langage qui n'admet que des sons significatifs, que dans celui qui, se chargeant d'une foule de syllabes parasites, consent ainsi à résonner à vide, à remuer l'air pour le son seulement, sans en faire sortir aucun sens.

Ainsi s'opère, petit à petit, une sorte de condensation de la diction primitive ; ainsi s'augmente, par un travail insensible mais continu, cette capacité de signification qui nous occupe ici, et qui distingue à un si haut degré le français entre toutes les langues modernes.

Quels sont les moyens généraux par lesquels s'opère cette grave modification du langage? Il y en a plusieurs : le rejet des mots insignifiants ; la réduction à une seule de plusieurs expressions qui disent la même chose ; la négligence et, finalement, l'oubli des formes inutiles ; enfin, dans presque tous les mots, la contraction du radical et le resserrement des terminaisons.

1°. Les mots insignifiants sont particulièrement ceux qu'on appelle *explétifs*, c'est-à-dire qui ne sont là que pour le remplissage ; ou, si on aime mieux une expression qui ne soit pas figurée, dont le sens est insaisissable à ce point qu'on ne peut les définir exactement.

Ces mots, qui n'existent pas proprement chez nous, et qui sont fort rares en latin, sont, au contraire, assez nombreux en grec, et, ce qui est remarquable, ils le sont surtout dans la première langue, dans celle d'Homère et d'Hésiode. Ils disparaissent de plus en plus, à mesure que la langue avance ou se façonne davantage aux affaires et aux mille mouvements d'une vie agitée.

Il est difficile, sans doute, de compter les mots purement explétifs dans une narration poétique. Cependant, si l'on ouvre le second chant de l'*Iliade*, on trouve, dès le premier vers, μέν, ῥά, τέ, καί ; entre lesquels le seul καί a son sens obligé. La particule δέ se présente aussi constamment dans les vers suivants, sans autre signification que celle de la liaison courante que le simple discours met entre les phrases qui se suivent, et qui, par conséquent, n'a pas besoin d'être exprimée. Cette superfluité n'est nulle part mieux caractérisée ni plus évidente que dans les cinq vers, 16 à 20, du même livre, où ce mot se trouve six fois, et d'une façon si peu utile, que la traduction latine ou le supprime, ou le rend tour à tour, sans aucune raison déterminante, par *autem*, par *que* et par *vero*.

Lamotte, dans ses *Réflexions sur la critique*, s'est moqué avec esprit de « ces charmantes particules grecques qui ne signifient rien, mais qui ne laissent pas, à ce qu'on dit, de soutenir et d'orner les vers d'Homère [1]. » — Sans partager tout à fait la sévérité de cette opinion, sans contester que ces petits mots aient pu donner à la construction une certaine souplesse qui ne manque pas de grâce, il faut pourtant avouer qu'au point de vue de la convenance et de l'utilité, c'est une superfétation difficile à justifier, qui n'a d'analogue chez nous que ce jeu par lequel les écoliers ajoutent à la fin de quelques mots des syllabes sans valeur, telles que *mar* et *miche*, pour dérouter ceux qui les écoutent. Une telle habitude a pu faire un bon effet dans une langue ancienne, y être même une condition particulière d'élégance dans le parler d'alors : il serait certainement déraisonnable aujourd'hui d'admirer cette prolixité enfantine, de souhaiter qu'elle eût été conservée chez nous, ou d'en désirer le retour.

[1] Œuvres complètes, t. III, p, 23.

2°. On peut rapporter aux explétifs et traiter absolument comme tels ces expressions qui, réunies, ne signifient pas plus qu'une seule. Tels sont, d'une part, les synonymes parfaits, par nature ou par position; tels sont aussi les noms patronymiques ou les épithètes habituellement accolées au nom propre; par exemple, les mots καρηκομόωντες, ἱπποκορυστής, Ἀτρείδης, Ἀπόλλων et tant d'autres ont une signification qui leur est propre; mais quand Homère applique toujours aux Grecs l'épithète de *chevelu*, καρηκομόωντες Ἀχαιοί[1], à Agamemnon celle d'Atride Ἀγαμέμνονος Ἀτρεΐδαο[2]; à Phébus celle d'Apollon, Φοῖϐος Ἀπόλλων[3]; qu'ainsi les mots réunis n'apportent qu'une seule idée, comme chez nous *Louis XIII fils d'Henri IV, Philippe II dit Auguste;* on ne peut pas nier que cet allongement perpétuel et insignifiant des phrases, s'il est favorable à la poësie, ou plutôt au laisser-aller d'une composition rapide et à la paresse du poëte, ne soit cependant un défaut réel dans la langue qui l'autorise.

Cela est si vrai, qu'on ne retrouve la même lâcheté de style, du moins au même degré, ni dans les épiques d'une époque plus récente, ni dans les tragiques. Parcourez les *Argonautiques* d'Apollonius de Rhodes, les *Posthomériques* de Quintus de Smyrne; et bien que l'un et l'autre affectent d'imiter la phrase et les locutions d'Homère, cependant il y a sur ce point une différence frappante entre eux et leur modèle.

Quant aux tragiques, il n'y a pour le dialogue ni pour les récits aucune comparaison à faire; et si même on examine leurs chœurs, où ils cherchent plus qu'ailleurs à se rapprocher de la forme ancienne, on reconnaît qu'ils ne se livrent

---

[1] *Ilias*, II, v. 323, 472, etc.
[2] *Ilias*, I, v. 102, 203, 355, etc.
[3] *Ilias*, I, v. 44, 64, 73, etc.

nulle part à cette surabondance de paroles que le génie grec affectionnait évidemment au temps de sa première efflorescence.

Homère, Hésiode et les Homérides ont donc seuls usé aussi largement de cette ressource prosodique : les poëtes postérieurs n'en ont plus voulu, c'est-à-dire, quelque opinion qu'on s'en fasse aujourd'hui, qu'ils n'ont pas approuvé ce moyen, puisqu'ils se sont imposé un système de versification plus serré, partant plus difficile ou moins expéditif.

Nous savons que la langue latine, dès sa première époque, n'admit pas ces formes fastidieuses, ces redoublements importuns du même mot, ces accouplements de termes équivalents. On n'en trouve d'exemples ni dans les fragments d'Ennius, ni dans ceux de Lucile, ni dans Catulle, ni dans Lucrèce. Virgile a quelques mots, comme *pius Æneas, fortis Cloanthus;* et déjà on les lui reproche avec raison : mais ils sont rares chez lui et confirment notre assertion plutôt qu'ils ne l'affaiblissent. On peut donc dire qu'en somme cette verbosité oiseuse condamnée par les Grecs aussitôt après le premier âge de leur littérature, ne se trouve pas dans la langue latine, et à bien plus forte raison est sévèrement bannie du français.

Il en est de même de ces expressions composées où l'on dit en deux ou trois mots ce que le premier exprime complétement tout seul. Nous trouvons (je cite toujours le même passage, le commencement du second livre de l'*Iliade*) que Jupiter *méditait dans son esprit* μερμήριζε κατὰ φρένα[1] : que tel parti lui parut *le meilleur selon son intention,* κατὰ θυμὸν ἀρίστη[2] : qu'ayant appelé un songe, il prononça *ces paroles volantes :* ἔπεα πτερόεντα προσηύδα[3], etc. Quel peut

---

[1] *Ilias*, II, v. 3.
[2] *Ilias*, II, v. 5.
[3] *Ilias*, II, v. 7.

être pour la pensée l'avantage de ces prolongements syllabiques ? Il est bien sûr que, quand on médite, c'est dans son esprit; que quand on juge un parti meilleur qu'un autre, c'est selon son intention ou selon son cœur; que quand on parle, les mots volent, c'est-à-dire sont transportés par l'air de l'un à l'autre interlocuteur. Nous ne gagnons rien du tout à ce qu'on insiste sur ces circonstances ; et si un art enfantin comme celui du temps d'Homère les laissait subsister, un art plus avancé a dû les exclure et les a exclues en effet.

Chez les Latins il est resté quelques traces de cette ancienne coutume : certaines épithètes comme *undæ liquidæ, maria humida* de Virgile nous paraissent aujourd'hui indignes de la poésie; et nous les mettons résolûment au nombre de ces fautes désignées sous le nom de *chevilles;* mais elles sont relativement rares, et si l'on en trouve déjà fort peu dans les poëtes du temps de Périclès, il y en a moins encore dans les bons poëtes latins; elles sont surtout difficiles à rencontrer chez les nôtres, malgré la grande difficulté de notre rime [1].

3°. Les formes inutiles, particulièrement celles qui se rapportent à la syntaxe, ont aussi été rejetées des langues à mesure que celles-ci se sont perfectionnées. Le grec admet trois nombres, le singulier, le pluriel et le duel. Or que signifie celui-ci ? Deux n'est-il pas le commencement de la pluralité ? certainement : les Grecs se servaient donc très-rarement du duel, et le remplaçaient le plus souvent par le pluriel. On a bien fait d'y renoncer.

Les verbes grecs avaient trois voix : entre lesquelles la passive et la moyenne contenaient un grand nombre de formes communes, par conséquent équivoques; et ce qu'il y

---

[1] Voyez sur ce sujet, dans le *Traité de versification latine* de M. Quicherat (c. 11, § 2), un article plein de goût et d'érudition.

a de pis, le sens de la voix moyenne était si indécis, que jusqu'ici les auteurs ni les grammairiens n'en ont pu donner une définition exacte ou générale[1]. Évidemment c'était là une surabondance de formes à laquelle il eût été insensé de de s'attacher. Aussi le grec moderne a-t-il depuis longtemps rejeté ce moyen que le latin de son côté n'a jamais admis.

On pourrait suivre cet examen sur diverses circonstances caractéristiques des langues classiques, sur les verbes déponents, sur les degrés de signification, sur les cas euxmêmes dans les noms et les adjectifs, et en résumant ce long travail, on reconnaîtrait qu'à considérer le nombre des formes dans la déclinaison et la conjugaison des trois langues, il semble que le grec était opulent, le latin aisé, le français pauvre. Mais si l'on fait entrer en compte la netteté du sens exprimé, l'opulence grecque cache une pauvreté réelle; la langue latine avec moins de formes exprime mieux ce qu'elle veut dire; le français surtout, quoiqu'il ait considérablement réduit sa dérivation, est beaucoup plus complet que les deux autres.

4°. Les mots dans les langues primitives sont généralement fort longs. Ils s'abrègent le plus souvent par les syncopes opérées dans le radical, par le rejet des augments et des redoublements, par la contraction des terminaisons. On sait à quel point la langue grecque laissait foisonner ses finales. Dans les adjectifs, les degrés de signification en τερος ou έστερος, en τατος ou έστατος leur donnaient quelquefois cinq ou six syllabes; δίκαιος, δικαιότερος, δικαιότατος: σώφρων, σωφρονέστερος, σωφρονέστατος : πορφύρεος, πορφυρεώτερος, etc. Les Romains avaient un comparatif un peu plus court; mais le superlatif ne le cédait guère à celui des

---

[1] Voyez la remarque faite à ce sujet par M. Alexandre, dans la préface de son Dictionnaire grec-français.

Grecs : *sanctus, sanctior, sanctissimus; prudens, prudentior, prudentissimus*, etc. La conjugaison grecque allongeait surtout les mots d'une manière extraordinaire. Par exemple un verbe de trois syllabes, comme φιλέω, *j'aime*, qui était au présent d'une longueur très-convenable, prenait devant lui à l'imparfait, sous le nom d'augment, un ε qui ne signifiait rien et l'allongeait d'une syllabe, ἐφίλεον. Le parfait devenait par sa terminaison φίληκα, et comme il fallait ajouter devant lui un redoublement, on avait πεφίληκα, c'est-à-dire quatre syllabes pour le même sens que le latin *amavi*, ou le français *j'ai aimé*, qui n'en ont que trois. Le plus-que-parfait se formait du parfait et prenait de plus un augment, ἐπεφιλήκειν, de sorte qu'il y avait cinq syllabes pour le même sens que *amaveram* ou *j'avais aimé* rendent en quatre.

Ce n'est pas tout : les désinences étaient quelquefois d'une longueur démesurée. Rien de plus commun en grec et en latin que des terminaisons de trois syllabes; quelques-unes même en ont quatre, comme dans λυ-θησόμεθα, λυ-θησόμενος, *am-abamini, am-averamus*.

C'est par des contractions et des syncopes qu'on a le plus souvent corrigé cet allongement excessif des mots : πορφυροῦς pour πορφύρεος; φιλῶ, ἐφιλοῦν pour φιλέω, ἐφίλεον; chez les Latins *amasti* pour *amavisti; amaram, amaro, amassem* pour *amaveram, amavero, amavissem*, montrent comment on a toujours tendu à obtenir une expression plus rapide, ou mieux adaptée à la quantité d'idées que le progrès de la civilisation forçait de rendre sans augmenter dans le même rapport le temps consacré à la production des sons.

Chez nous c'est mieux encore : non-seulement nous avons contracté considérablement dans leur radical les mots tirés du latin, comme *oncle* venu d'*avunculus*, *août* venu d'*Augustus*, *coutume* venu de *consuetudinem*, *souci* de *sollicitudo*, etc.; nous avons encore rejeté les augments et redoublements, et réduit nos terminaisons à deux syllabes dont la dernière est même fort souvent muette. Les désinences adjectives *able, ible,* en donnent un exemple. Dans les verbes, celles-ci : *erai, irai, âmes, âtes, èrent, assions, assiez, assent,* et toutes les analogues ne sont pas moins frappantes. Aussi quand on réfléchit que ces contractions ou réductions de syllabes sont la loi essentielle et toujours agissante de la formation de notre langue, on ne peut douter que le résultat définitif n'ait dû être l'augmentation considérable chez elle de la capacité de signification.

Il est d'ailleurs visible que toutes les différences indiquées ici sont de celles qu'on doit nommer *grammaticales,* parce qu'elles appartiennent aux langues considérées en elles-mêmes, et non aux auteurs qui auraient pu y mettre leur cachet particulier. Tel écrivain est concis, tel autre est prolixe ; tel orateur est nerveux, tel brille par une molle abondance ; ce sont là des qualités individuelles et *littéraires,* c'est-à-dire qui appartiennent à l'étude des divers styles, et je n'ai pas dû en parler ici. Celles dont je m'occupe sont plus générales, elles touchent à l'ensemble même des langues, et en conséquence se rapportent directement à mon sujet.

Quel a donc été le résultat définitif de tous ces changements en ce qui tient à la capacité de signification ? Y a-t-il quelque moyen de constater cette qualité dans diverses langues et de l'y apprécier comparativement ? Certes, il suffit de faire le compte des syllabes employées pour l'expression d'un même nombre d'idées : le résultat se produira de lui-même.

Pour cela, deux marches s'offrent à nous. L'une fait employer un moyen tout matériel qui consiste à traduire littéralement et platement les mots d'une langue dans une autre, sans s'occuper de l'élégance ni même de la légitimité des expressions, et en observant seulement la correction grammaticale ou syntaxique : on compte ensuite les syllabes résultantes, et l'on voit la différence.

La seconde méthode est plus satisfaisante pour l'esprit : elle consiste à relever et à compter, dans de la prose ou des vers traitant de sujets analogues, les termes vraiment significatifs; j'entends par là ceux qui peuvent se séparer naturellement les uns des autres, et qui sont susceptibles d'une définition précise [1]. On estime ensuite en moyenne la longueur des mots, et l'on en conclut ce qu'un nombre donné de syllabes peut exprimer d'idées.

Appliquons d'abord la première méthode, et, pour cela, prenons quelques phrases grecques, latines ou françaises, et traduisons-les mot à mot dans les deux autres langues : nous verrons immédiatement où est l'expression la plus rapide ou la plus lente. Je rappelle que c'est d'une traduction toute plate qu'il s'agit ici : car l'élégance, dans chaque langue, pourrait faire admettre ou rejeter certains mots ou certaines tournures, et influer ainsi sur le nombre des syllabes de telle phrase spéciale, sans qu'on en pût rien conclure pour la langue elle-même.

Ἦ οὐχ ὁρᾷς ὅτι τῶν ἐν ὀργῇ διαπρασσομένων ἁπάντων ὁ λογισμὸς ἀποδημεῖ, φεύγων τὸν θυμὸν, ὡς πικρὸν τύραννον [2]. — 38 syllabes.

Nonne vides quod in omnibus per iram factis ratio abit, fugiens iram, ut saevum tyrannum? — 30 syllabes.

Ne vois-tu pas qu'en tout ce qu'on fait en colère, la raison se sauve fuyant l'ire comme un tyran cruel ? — 29 syllabes.

Ματαιότης ματαιοτήτων, καὶ πάντα ματαιότης [3]. — 16 syllabes.

Vanitas vanitatum et omnia vanitas. — 14 syllabes.

Vanité des vanités, et tout est vanité. — 13 syllabes.

---

[1] Cette dernière condition montre qu'en français les temps composés de nos verbes, *ai aimé, avais aimé*, ne comptent que pour un mot de trois ou de quatre syllabes.

[2] M. Quicherat, *Premiers exercices de traduction grecque*, p. 37.

[3] *Ecclesiast.*, I, 2.

Ανθρωπός εἰμι· ἀνθρωπίνου μηδὲν ἐμοῦ ἀλλότριον νομίζω. — 20 syllabes.

Homo sum; humani nihil a me alienum puto[1]. — 16 syllabes.

Je suis homme et ne crois rien d'humain étranger à moi.—14 syllabes.

Ces exemples montrent suffisamment que l'expression de la même pensée, dans des termes équivalents et selon une tournure semblable, demande, en général, moins de syllabes en français qu'en latin, et moins en latin qu'en grec.

On pourrait, avec des exemples choisis exprès, arriver à des différences beaucoup plus fortes; il y a certaines phrases françaises où les mots sont des monosyllabes, ou même une seule syllabe représente deux mots; l'un par son articulation, l'autre par sa voyelle : *j'ai, c'est, l'on, qu'un,* etc.[2], en donnent des exemples. On pense bien que cette concision dans le langage ainsi poussée à l'extrême, ne se trouve que rarement chez nous. Toutefois, comme la langue française l'admet, et notamment dans les vers qu'on a nommés *monosyllabiques,* où il y a toujours au moins autant de pensées distinctes que de syllabes, si l'on voulait en traduire quelqu'un littéralement en grec ou en latin, on arriverait à une différence énorme dans les dimensions de la phrase.

Le vers fameux de Racine[3],

Le ciel n'est pas plus pur que le fond de mon cœur,

qui contient treize mots dans ses douze syllabes, se rendrait en latin par ces huit mots, formant quatorze syllabes :

Dies non est purior quàm fundus cordis mei;

---

[1] Terent., *Heautontimor.*, v. 25.

[2] On s'est amusé à faire, comme preuve de cette condensation de la pensée propre à notre langue, ce vers ridicule dont les huit syllabes représentent quinze mots tous significatifs.

Qu'ouis-je? et qu'ois-je? ou qu'ai-je? et qu'eus-je?

[3] *Phèdre*, acte IV, sc. 2.

et en grec par les onze suivants, dont le developpement syllabique est près de deux fois celui du français :

Ἡ ἡμερά οὐκ ἔστι καθαρώτερα ἡ τὸ βαθὺ τῆς καρδίας μοῦ.

Mais, indépendamment de ce que ces phrases, calquées sur l'expression et la tournure françaises, ne sont proprement ni grecques ni latines, il est visible que, eu égard seulement à la longueur de la prolation, ce sont des exceptions sur lesquelles il serait insensé de s'appuyer, pour juger de la capacité de signification d'aucune des trois langues. C'est par des exemples pris dans la forme commune qu'on doit s'éclairer; encore faut-il établir sa moyenne sur beaucoup de phrases, car il serait possible d'en composer où le rapport indiqué précédemment serait interverti : il nous suffit qu'il demeure vrai, en général, pour que la conclusion que nous avons tirée tout à l'heure soit légitime [1].

Passons maintenant à la seconde méthode, et, pour cela, prenons dans divers ouvrages grecs, latins ou français, de même nature, des morceaux de sens ou de caractère analogues, et estimons en moyenne la longueur des mots si-

---

[1] Je dois aller au-devant de cette objection qu'on ne manquera pas de me faire, que dans la plupart de nos traductions exactes des ouvrages grecs ou latins, le français occupe plus de place que le texte. Il faut prendre garde d'abord que la différence remarquée ici ne soit dans l'écriture plutôt que dans la prononciation : par exemple la première phrase des *Tusculanes* contient 197 lettres seulement, et la traduction française de Bouhier et d'Olivet en a 225 : mais si l'on compte les syllabes, il y en a 87 en latin, et 76 seulement en français.

D'un autre côté, la question considérée ainsi se complique d'éléments divers et hétérogènes qui ne permettent pas d'asseoir, d'après ce point de vue seul, un jugement certain. Le goût particulier du traducteur, la nature des idées, l'élégance propre à chaque langue, la nécessité d'une plus grande précision pour satisfaire des lecteurs plus difficiles, etc., tout cela rend l'expérience si trompeuse, qu'on n'en peut rien conclure directement, à moins de s'environner des précautions que j'ai prises, c'est-à-dire de s'occuper de la pensée seulement, sans compter pour rien l'élégance du langage, ni la tournure plus ou moins recherchée, ni même le besoin que telle langue peut avoir d'une expression plus exacte et plus précise.

gnificatifs, ou, ce qui revient au même, le nombre des idées contenues sous une certaine quantité de syllabes.

Ce calcul exige quelques précautions, tant sous le rapport littéraire qu'au point de vue grammatical. Cela est évident, par rapport à la littérature ; car c'est le résultat infaillible du progrès de l'art, que les poëtes ou les écrivains d'une époque plus avancée dédaignent une multitude de détails dont s'accommodaient fort bien leurs devanciers. Quand on lit comparativement Homère et Virgile, par exemple, on est frappé du grand nombre de circonstances petites ou indifférentes qu'admet le poëte grec, et du soin que met le poëte latin à les écarter, pour ne recevoir que celles qui ont un intérêt réel. On comprend ainsi que Virgile ait condensé dans une seule épopée, beaucoup plus courte que l'*Odyssée*, tout ce qu'il y avait dans les deux poëmes d'Homère; et que Térence prît ordinairement deux comédies de Ménandre, pour en faire une seule des siennes.

Mais, quelque importante que puisse paraître cette observation, de quelque grands et nombreux exemples qu'il fût facile de l'appuyer, il serait injuste de la faire entrer dans le compte des vertus ou des défauts d'une langue. C'est une qualité propre aux auteurs. Homère, s'il eût vécu sous Auguste, aurait été, dans le choix des détails, aussi sévère que l'a été Virgile : Ménandre, s'il eût pu voir les comédies de Molière, aurait mis dans ses pièces deux ou trois fois autant que Térence a mis dans les siennes, bien loin de lui paraître vide et insuffisant.

Ce point de vue ainsi écarté, il est donc bien entendu qu'il ne s'agit ici que des caractères propres à chaque langue en elle-même, lesquels sont seuls du ressort de la grammaire. Mais ici encore, il faut remarquer qu'il y a dans quelques-unes un certain nombre de petits mots qui peuvent revenir fort souvent, sans apporter d'idée nouvelle. Tels sont, en particulier, les articles qui déterminent les substantifs énoncés, mais qui, par eux-mêmes, n'expriment rien qui ne soit déjà connu. De sorte que si une langue comme le grec multiplie le nombre de ces mots au delà de toute mesure, comme ce sont des monosyllabes, on jugera qu'il y a dans une phrase donnée un très-grand nombre de mots et, par conséquent, d'idées, tandis qu'en réalité il y aura d'autant moins d'idées réelles ou distinctes, qu'on aura laissé passer ces articles en plus grand nombre.

Le parti le plus sûr est alors de ne les compter ni comme mots ni comme syllabes, et de faire le calcul comme s'ils n'existaient pas : ils se distinguent ainsi des explétifs purs, qui doivent compter comme syllabes, puisqu'ils allongent le discours ; et ne doivent pas compter comme mots, puisqu'ils ne signifient rien. On verra, du reste, comment j'ai cru devoir opérer par les exemples suivants.

Je commence par Homère : je trouve dans les sept premiers vers de l'*Iliade* 44 mots qui se réduisent à 40 par quatre explétifs. Ces 40 mots font en tout 105 syllabes ; chaque mot a donc, en moyenne, un peu plus de deux syllabes et demie (2,625), autrement dit, 1000 syllabes pourraient exprimer 381 idées distinctes.

Les sept premiers vers de l'*Énéide* contiennent aussi 105 syllabes ; mais il y a 51 mots qui se réduisent à 50, à cause d'un explétif : cela fait pour chaque mot une longueur de deux syllabes et un dixième, ou bien un discours de 1000 syllabes exprimerait 476 idées.

Les six premiers vers de la *Henriade*, qui n'ont en tout que 72 syllabes, ou 74, si l'on veut compter deux syllabes muettes finales non élidées, contiennent 53 mots qui peuvent se réduire à 48, à cause de cinq articles. Ils diminuent de 4 le nombre des syllabes et le ramènent à 70 ; c'est pour chaque mot une longueur moyenne d'une syllabe et demie ; c'est-à-dire qu'avec 1000 syllabes, le français exprimerait 666 idées.

Examinons le genre didactique. Dans les *Travaux et les Jours* d'Hésiode, les six vers (27 à 32) où il s'adresse pour la première fois à son frère Persès, ont 96 syllabes et contiennent en tout 42 mots qui se réduisent à 39, à cause de trois explétifs : c'est en moyenne deux syllabes et demie pour chacun.

Les sept vers (43 à 48) du premier livre des *Géorgiques* contiennent 45 mots formant ensemble 104 syllabes : c'est en moyenne, pour chacun, deux syllabes et trois dixièmes.

Les six premiers vers de l'*Art poétique* de Boileau ont, en comptant les deux muettes de la fin des vers féminins, 74 syllabes qui se répartissent sur 55 mots : c'est en moyenne une syllabe et un peu plus d'un tiers; c'est-à-dire que la pensée y est encore plus préssée que nous ne l'avons vue dans les vers de Voltaire, et que 1000 syllabes exprimeraient 746 idées distinctes, au lieu de 434 dans le style de Virgile, et 400 seulement dans celui d'Hésiode.

Dans le genre dramatique, et en considérant des œuvres d'une autre époque, on peut être sûr d'avance que le rapport ne restera pas ce qu'il a été jusqu'ici : on arrive même, si l'on prend les récits ïambiques de Sophocle, par exemple, à ce résultat extraordinaire au premier coup d'œil, que la langue y est aussi serrée qu'elle l'a été jusqu'à présent chez nous. Ainsi les quatorze premiers vers de l'*Électre* de Sophocle forment 172 syllabes et contiennent 121 mots qui se réduisent à 110, en ne comptant pas les articles : ce qui fait un peu moins d'une syllabe et six dixièmes par mot, c'est-à-dire 625 mots pour 1000 syllabes.

Les onze premiers vers de l'*Hercule furieux* de Sénèque contiennent 141 syllabes et 63 mots seulement : ce qui fait en moyenne deux syllabes et un quart par mot; soit pour 1000 syllabes, 444 idées seulement, près d'un tiers de moins que dans l'exposé de Sophocle. D'où peut venir une telle différence? Elle vient en partie de ce que le début de l'*Her-*

cule est aussi emphatique et prétentieux que celui de l'*Électre* est simple ; elle vient surtout de ce que cette simplicité se manifeste par l'emploi d'un grand nombre de petits mots dont la conversation autorisait le retour, mais qui n'avaient pas un grand sens, et qui, toutefois, entrant dans le compte général, diminuent beaucoup la longueur moyenne des termes.

Le douzième vers,

Πρὸς σῆς ὁμαίμου καὶ κασιγνήτης λαβών,

qui signifie *l'ayant reçu de ta sœur,* nous en donne un exemple : il y a six mots pour douze syllabes, ce qui accuse deux syllabes pour chacun : cependant le mot le plus important, κασιγνήτης, en a quatre à lui tout seul ; et le mot ὁμαίμου, qui a exactement le même sens et répète purement et simplement la même idée, est encore un mot de trois syllabes ; mais, parce qu'il est joint à son synonyme par la conjonction καί, il n'entre dans le compte général de ce vers que comme en ayant deux. Ajoutez à cela les contractions et les syncopes qu'autorisait le dialogue chez les Grecs, et vous vous expliquerez la supériorité plus apparente que réelle que nous trouvons ici au texte de Sophocle.

Au reste, si nous passons à notre style tragique, les huit premiers vers de l'*Andromaque* font juste 100 syllabes, et il y a 69 mots, en comptant pour un seul les temps composés de nos verbes : c'est-à-dire qu'avec 1000 syllabes, on exprimerait 690 idées distinctes · c'est plus encore que nous n'avons trouvé dans Sophocle, et je n'ai pas besoin de dire qu'il n'y a chez Racine ni synonyme inutile, ni mot parasite, ni rien enfin que le sens n'exige absolument.

Faisons la même épreuve sur des morceaux appartenant au genre historique ou biographique. Je prends dans Plutarque [1] quelques lignes de la *Vie de Cicéron*. Je trouve dans

---

[1] Tome III, p. 442, 5 ; t. IV, p. 751 de l'édit. de Reiske.

ce passage 135 syllabes formant 56 mots qui se réduisent à 48, si l'on retranche les articles [1]; en divisant par ce nombre les 127 syllabes restantes, on obtient pour chacun, en moyenne, 2 syllabes 64 centièmes. J'ouvre la *Vie d'Atticus*, par Cornélius Népos. Les premières lignes du troisième chapitre, depuis *hic autem* jusqu'à *posuerunt*, donnent 148 syllabes réparties sur 60 mots : c'est pour chacun un peu moins de 2 syllabes et demie. Le premier alinéa du second livre de l'*Histoire de Charles XII* contient 74 mots formant 117 syllabes, ou en retranchant les articles, 66 mots et 110 syllabes : c'est, par mot, une syllabe et deux tiers, c'est-à-dire que 1000 syllabes exprimeraient en grec 379, en latin 405, et en français 602 idées distinctes.

Dans un autre genre, dans celui du petit conte en vers que je suis bien aise de citer ici, parce que c'est celui où, par la nature même du sujet, l'auteur doit condenser le plus d'idées dans le moindre espace, il est curieux de faire le bilan de chaque langue.

Les Grecs, d'abord, ni les Romains n'ont eu de ces contes, au moins sous ce nom, et l'on peut dire que les modernes, surtout les Français, ont seuls cultivé avec succès ce genre ingénieux et plaisant. Toutefois, on trouve parmi les épigrammes grecques quelques narrations plus ou moins piquantes, d'après lesquelles nous pouvons apprécier la rapidité que les Grecs cherchèrent à y mettre. Je lis dans l'*Anthologie*[2] une épigramme de Nicarque assez faible par la pensée : il est question de deux sourds plaidant l'un contre l'autre, devant un juge encore plus sourd qu'eux. Le conte se compose de trois distiques contenant 42 mots en 85 sylla-

---

[1] Il faut d'autant plus retrancher les articles quand on compare le grec au latin, que celui-ci ne les a pas, que si on les compte comme des mots, ils en diminuent considérablement la longueur moyenne; et si on ne les compte que comme syllabes, ils l'augmentent.

[2] Liv. XI, n° 251.

bes, ou 30 mots en 73 syllabes, si l'on ne compte pas les articles ni les μέν ou δέ qui s'y rencontrent : c'est deux syllabes et demie pour chacun.

Pour des contes latins, on en trouve de fort joliment tournés parmi les fables de Phèdre. Ce ne sont pas des apologues ; puisque rien n'y est allégorique : ce sont de vrais contes en vers, quoique l'antiquité ne les ait pas distingués sous ce nom. Tels sont *les Deux chauves, le Bouffon et le Paysan, le Prince joueur de flûte* [1]. Le premier de ces contes a 7 vers en 93 syllabes ; il y a 43 mots : c'est, en moyenne, deux syllabes et un quart.

Dans Martial, il y a un petit conte assez froid sur un enfant tué par la chute d'un glaçon pointu qui se fond dans la blessure [2]. Total 50 mots formant 114 syllabes en quatre distiques. Longueur moyenne des mots, deux syllabes et deux septièmes.

Nous avons en français une multitude de ces contes brefs qui presque tous sont excellents. Pour en citer un connu de tout le monde, prenons *les Deux médecins,* qu'on trouve parmi les fables de La Fontaine [3], et qui n'est pas plus un apologue que les contes de Phèdre indiqués tout à l'heure. Ce conte comprend dix vers alexandrins, ce qui fait 120 syllabes, et 124, en comptant quatre finales muettes non élidées. Ces 124 syllabes forment 77 mots, ce qui ne fait pour chacun qu'une syllabe et six dixièmes. C'est déjà une supériorité notable sur les exemples antiques, puisque, selon cette proportion, 1000 syllabes exprimeraient en grec 411 idées, en latin 441, et en français 621 [4]. Mais les deux

---

[1] Liv. V, fable 6, 5 et 7.
[2] Liv. IV, n° 18.
[3] Liv. V, fable 12.
[4] De tous ces exemples, il ressort une moyenne générale, savoir en grec de 437 idées distinctes pour mille syllabes, en latin de 440, et en français de 665, en admettant sans restriction aucune l'exemple emprunté à Sophocle,

derniers vers méritent une attention particulière, comme donnant une preuve de l'extrême condensation de la pensée. Les voici :

L'un disait : Il est mort, je l'avais bien prévu.
S'il m'eût cru, disait l'autre, il serait plein de vie.

Dans ces 24 syllabes, il n'y a pas moins de 24 mots, tous parfaitement significatifs, et tels, qu'on n'en pourrait retrancher un seul sans affaiblir, obscurcir ou même détruire le sens total. C'est là une merveille de concision qu'on a d'autant plus tort de ne pas faire remarquer aux jeunes gens, qu'il n'y a rien là de particulier au genre du conte en vers, et que La Fontaine n'a pas fait autre chose dans cette fin qu'y transporter les mots et les formes de la conversation la plus commune. Il suffira certainement de signaler aux lecteurs intelligents cette prodigieuse capacité de signification de notre langue, pour la leur faire admirer autant qu'il est convenable.

Maintenant, sans doute, il serait injuste, cette qualité une fois reconnue, de négliger absolument les autres. Mais il serait insensé de ne la pas faire entrer dans le compte des avantages que le français peut avoir, et de ne pas reconnaître que par là du moins, il l'emporte notablement sur le grec et sur le latin.

qui, comme nous l'avons dit, est tout à fait hors de proportion avec les autres extraits grecs. Si, au contraire, on le supprime, ainsi que les exemples latin et français qui y répondent, et qui sont tout à fait analogues aux autres de leur langue, la moyenne générale n'est plus pour le grec que de 393 idées, pour le latin de 439, pour le français de 659. Ces deux derniers sont restés à bien peu près ce qu'ils étaient. Le grec a perdu environ un dixième, ce qui le met, pour la capacité de signification, notablement au-dessous, non pas seulement du français, mais même du latin. Le simple raisonnement, d'ailleurs, nous conduisait à ce résultat.

COUP D'OEIL
HISTORIQUE
SUR LE STYLE[1].

Les hommes, quand ils parlent ou écrivent, ne le font pas tous de la même façon. Chez les uns la pensée revêt une forme richement colorée, attrayante, émouvante; tandis que chez d'autres elle est froide ou inanimée : ici la phrase brille par la vivacité ou l'harmonie, tandis que là elle ne se distingue que par sa limpidité ou sa douceur, qu'ailleurs elle n'a ni grâce, ni légèreté.

A quoi tiennent ces différences? Dans leur principe elles viennent assurément des dispositions particulières et de l'exercice antérieur de l'écrivain; mais pour qui étudie de près et avec détail les ouvrages où nous les trouvons, elles se manifestent par certains choix d'expressions, certains arrangements de mots, certaine division des phrases qui contribuent à la cadence, à la variété, à l'animation du discours, comme au plaisir que nous fait la lecture d'un beau passage.

[1] Ce morceau avait été écrit en 1849, sous une forme un peu plus resserrée, pour servir d'introduction historique à la seconde partie du *Cours supérieur de grammaire*. Les raisons dont j'ai parlé précédemment (p. 1, note 1) l'ayant fait écarter d'un livre tout dogmatique, je l'ai depuis revu et complété.

Ces dispositions particulières des mots ont été nommées d'un nom général, les *formes du style*. Elles sont de deux espèces. Les unes augmentent l'harmonie du langage : ce sont les *périodes*, les *vers*, les *stances :* on pourrait les réunir sous le nom de *formes harmoniques*. Les autres, je veux dire les *figures* de *mots*, de *construction*, de *pensée*, les *tropes* et *ornements* de toutes sortes, ne concernent pas la parole en tant qu'elle est un son et doit frapper l'oreille, mais quant à la manière dont elle excite notre esprit et lui présente son idée. Elles jettent donc dans le discours plus d'éclat ou de mouvement, et l'on pourrait les nommer les *formes brillantes*, si le nom de *figures* ne leur était depuis longtemps assigné et ne les désignait suffisamment.

Il est facile de reconnaître que le choix des mots et le mélange en diverse proportion des deux éléments que nous venons d'établir déterminent les diverses qualités du style; et que le goût nous indique ensuite celle qui convient en un sujet donné. Ainsi l'étude et la connaissance des divers styles suppose l'étude préalable de ces formes harmoniques ou brillantes : elle suit la même marche, fait les mêmes progrès, et comprend des détails de plus en plus nombreux à mesure que les éléments ont été réunis en plus grande quantité, mieux définis, mieux classés. Il convient donc de se faire une idée de l'histoire de ces diverses parties, si l'on veut connaître avec vérité celle du tout.

A quelle époque ces formes remarquables ont-elles été imaginées? Qu'étaient-elles à leur naissance? Par quelles transformations ont-elles passé pour devenir ce que nous savons aujourd'hui? Ce sont des questions bien curieuses dont la solution complète exigerait sans doute une sagacité singulière et des recherches infinies, pour n'être, en définitive, avantageuse qu'à un petit nombre d'érudits. Il sera plus facile, plus agréable et, surtout, plus généralement utile de nous borner aux traits saillants, et de placer ainsi de distance en distance comme des jalons ou points de repère au moyen desquels on se rappellera tout de suite et sans cesse les changements importants introduits dans l'art d'écrire.

Suivons dans l'étude rapide de ces diverses formes la division même que nous venons d'indiquer tout à l'heure, et commençons par celles qui tiennent à la cadence du discours.

I. *Formes harmoniques.* — 1°. Les *Périodes* dont l'harmonie repose essentiellement sur le rhythme, ont certainement précédé les vers dans l'ordre des temps, puisque ceux-ci diffèrent des périodes par l'égalité qu'on s'est efforcé de mettre dans les membres, et qu'avant d'avoir obtenu cette égalité réglée, on s'était contenté de l'harmonie produite par des membres inégaux ou sans règle. Mais quelle que soit l'évidence de ce raisonnement, il est certain qu'en fait les périodes ont été remarquées longtemps après les vers, soit parce qu'elles étaient en effet moins frappantes pour l'oreille, soit parce que les vers ayant changé de nature à mesure qu'on devenait plus difficile, ce nom qui ne désignait peut-être d'abord que des portions de phrases cadencées, détermina bientôt d'autres qualités, et fit oublier successivement celles dont on se contentait autrefois [1].

Corax de Syracuse, le premier des rhéteurs grecs [2] qui florissait au commencement du ve siècle avant notre ère, et qui fonda l'enseignement de la rhétorique, avait probablement remarqué et mis à profit le plaisir que nous éprouvons

---

[1] Voyez dans nos *Études sur quelques points des sciences dans l'antiquité*, la dissertation IX, sur les Vers saturniens. Cette considération réduit à sa juste valeur et explique l'opinion commune aujourd'hui, et exprimée par Voltaire dans son *Essai sur la poésie épique* (c. 2, au commencement), que l'emploi des vers a partout précédé celui de la prose. Il faut bien entendre que ces prolations regardées alors comme des vers, ne seraient pour nous, si nous les entendions aujourd'hui, qu'une prose un peu cadencée. Voy. d'ailleurs ci-dessous, p. 232.

[2] Walz, *Rhetores græci*, t. II, p. 119; t. III, p. 610.

à entendre des phrases bien cadencées : on peut du moins le conjecturer par le succès qu'il obtint.

Les sophistes les plus anciens, Gorgias et Protagore, qui vivaient à peu près dans le même temps que Corax, ou bien peu après lui, et qui attirèrent les applaudissements des Athéniens, avaient aussi recours au même artifice de langage : l'harmonie de leurs phrases contribuait certainement à leur succès et à leur réputation.

Cet art se perfectionna assez rapidement ; Isocrate, né en 436 avant notre ère, pratiqua pour lui-même et recommanda à ses disciples le travail des périodes[1] ; peut-être même abusa-t-il de ce moyen, puisqu'on lui reprocha plus tard un style trop constamment cadencé et qui se rapprochait ainsi des vers[2]. Il avait certainement essayé et reconnu ce qu'il y a de fondamental dans la théorie ; car on trouve dans ses discours, notamment au commencement de son *Panégyrique*, des périodes fort bien faites et très-harmonieuses, et Aristote lui emprunte la plupart de ses exemples[3]. On en trouve à plus forte raison dans les orateurs venus après lui, dans Eschine, dans Démosthène, qui sortaient de son école ou avaient profité de ses leçons[4]. On en trouve surtout des modèles achevés dans Cicéron, dans les panégyristes latins et dans les discours que les historiens prêtent à leurs personnages.

Le principe de la période une fois établi, il n'y a plus guère que des nuances à y distinguer. Un peu plus ou un peu moins d'égalité dans les membres, une division plus ou moins symétrique de ceux-ci en incises, etc., c'est là peu de chose en résumé : on peut donc croire que les Romains ont poussé plus loin que les Grecs, et nous plus loin

---

[1] Cicéron, *Orat.*, c. 12, 13, n. 38, 40.
[2] Denys d'Halicarnasse, *De composit. verborum*, c. 19.
[3] *Rhetor.*, III, 9 ; voy. l'édit. de M. Gros, p. 501, 502.
[4] Belin de Ballu, *Hist. de l'éloq.*, t. 1, p. 219.

que les Romains, l'art de composer et de diviser les périodes, sans qu'il résulte de cette différence une supériorité appréciable.

Quant à la théorie, elle a suivi le progrès de nos connaissances pratiques. Aristote parle de la période seulement comme d'une phrase exactement terminée; et dans le long chapitre qu'il y consacre, il ne dit pas ce qui la caractérise essentiellement; il y fait rentrer en revanche plusieurs qualités qui en sont indépendantes et se rapportent beaucoup plus aux figures de mots [1]. Le petit livre attribué à Démétrius de Phalère sur l'*Interprétation*, est plus court et plus complet. Il distingue nettement les périodes de deux, trois et quatre membres; et rejette celles qui en ont davantage [2]. Hermogène est plus avancé; mais il embarrasse sa matière de conditions tout à fait étrangères, comme quand il remarque minutieusement par quel cas (nominatif, génitif, datif, etc.) commencent les membres des périodes [3]. Cette indécision, ou plutôt cette confusion n'existe pas chez les rhéteurs latins. Les définitions données dans le *Rhetoricorum ad Herennium* [4], les questions soulevées dans l'*Orator* [5] sont plus précises et plus pertinentes : les exemples donnés sont plus frappants. Quintilien [6], plus bref encore, se contente de résumer ce qui a été dit par Cicéron; et en effet, il semble qu'alors tout est fini : pour nous, nous n'avons presque rien eu à ajouter à ce qu'avaient dit les Romains; seulement plus qu'eux encore nous sommes allés droit au fait, distinguant nettement les périodes comme forme harmonique du langage, de tout ce qui pouvait y entrer en

---

[1] *Rhetor.*, III, 9, n° 3.
[2] N°s 16 et 17; Walz, t. IX, p. 11.
[3] *De invent.*, IV, 3; Walz, t. III, p. 150.
[4] *Rhetor. ad Herenn.*, IV, 19 et 20, n°s 27 et suiv.
[5] *Orator.*, c. 61, n°s 204 et suiv.
[6] *Instit. orat.*, IX, 4, n° 124.

outre, mais se rapportait à une autre partie de l'étude du style, et que nous avons laissé à sa place.

2°. *Vers.* — Les vers se rattachent évidemment par leur cadence aux périodes ou à leurs membres. Il est probable même qu'à l'origine ils n'en différaient pas du tout. Ainsi les vers des Hébreux, autant qu'on en peut juger dans une langue qu'on ne sait aucunement prononcer par la coupe constante des versets des psaumes, n'étaient guère que de petites périodes divisées en deux parties à peu près symétriques.

Chez les Grecs, ceux qui passent pour avoir les premiers parlé en vers, les Amphion, les Olen, les Eumolpe, ont dû se rapprocher plus ou moins de cette cadence simple et élémentaire qui nous frappe d'abord et indépendamment de toute règle prosodique. On a ensuite tâché d'en augmenter et d'en régulariser l'harmonie par des moyens de plus en plus artificiels, soit en comptant, soit en évaluant les syllabes. C'est cette dernière méthode que les Grecs ont suivie; c'est à elle qu'est due toute leur *métrique*, c'est-à-dire la science qui fait connaître les diverses sortes de vers mesurés.

Quelle était dans le principe la mesure des vers? On l'ignore absolument. Elle devait être fort grossière et s'éloigner de toutes les espèces de mètres qui nous sont parvenues, puisque les anciens eux-mêmes ont indiqué l'origine de ces derniers.

Les principaux sont en effet les *hexamètres*, les *élégiaques*, les *ïambiques* et les *lyriques*. Les hexamètres sont les plus anciens. L'invention en est attribuée par les uns à Olen ou à la devineresse Phémonoé [1], par les autres à Orphée [2]; tous les trois antérieurs à la guerre de Troie. Horace me semble

---

[1] Pausanias, liv. X, c. 5, n°ˢ 7 et 8.
[2] Pausanias, liv. IX, c. 30, n° 4; M. Bouillet, *Dictionnaire universel*, mot *Orphée*.

donner cette création à Homère[1] : du moins, il lui attribue d'avoir *montré* dans quel mètre il fallait chanter les exploits des héros : or, si l'on considère que, d'après Homère lui-même, ces exploits étaient chantés avant lui, et qu'il eût été bien étonnant qu'à une époque où il n'existait de tous les vers conservés depuis que l'hexamètre seul, on ne l'employât pas pour ce qui demandait le plus de majesté et d'harmonie, on ne doutera guère que le mot d'Horace ne signifie plus que ce qu'on entend ordinairement, c'est-à-dire la création même des vers, et non pas seulement un meilleur emploi.

Quoi qu'il en soit, d'après toutes ces hypothèses, le vers hexamètre est de bien peu antérieur ou postérieur à la guerre de Troie. Quel mètre employaient donc les poëtes d'avant cette époque, tels qu'Amphion de Thèbes, Eumyclée de Cypre, si toutefois ils avaient un mètre[2]? Ce qu'il y a de plus probable, c'est assurément que leur poésie n'était qu'un langage figuré, vivement accentué et cadencé; c'est-à-dire que ce qu'on appelait alors des *vers*, ou plutôt, car on ne leur donnait pas encore ce nom, ce qu'on regardait comme une forme particulière, différente du parler ordinaire, n'était autre chose que ce qu'on a nommé plus tard des membres ou des incises de périodes : et ainsi s'explique ce que nous disions tout à l'heure, que, dans l'ordre des inventions, les périodes ont certainement précédé les vers, quoiqu'elles aient été remarquées et définies beaucoup plus tard.

Les vers élégiaques étaient, chez les anciens, des vers hexamètres et pentamètres disposés alternativement. « On ne sait, dit Horace[3], à qui en est due l'invention; » mais

---

[1] Horat., *Ars poet.*, v. 74.
[2] Voyez dans nos *Études sur quelques points des sciences*, la dissertation n° IX sur les Vers saturniens. Les Grecs ont dû avoir, comme les Romains, des vers mal mesurés avant leur versification régulière.
[3] *Ars poet.*, v. 77.

elle remonte au moins au huitième siècle avant notre ère, puisqu'il nous en reste sous cette forme une vingtaine de Callinus d'Éphèse, qui appartenait à cette époque. Tyrtée, qui le suivit de près, employa le même rhythme, pour relever le courage des Lacédémoniens [1].

Le vers ïambique fut inventé par Archiloque, poëte du septième siècle avant J.-C. Selon Horace [2], c'est la rage qui le lui avait inspiré, car il s'en servit pour écrire contre ses ennemis les plus violents outrages, et en réduisit, dit-on, un ou deux à se pendre. Sur cette tradition, et d'après le passage d'Horace, bien des lecteurs sont persuadés que le vers ïambique avait en lui-même, c'est-à-dire dans la cadence qui venait de sa propre mesure, un caractère incisif ou mordant auquel les autres ne pouvaient atteindre. C'est là probablement une pure imagination.

Nous savons que l'ïambique était un vers très-libre, si libre même, qu'il se rapprochait plus qu'aucun autre de la prose [3]; qu'il s'en produisait très-souvent dans la simple conversation [4], et que le théâtre l'avait naturellement préféré pour cette ressemblance avec le dialogue ordinaire [5]. Rien là-dedans ne nous donne l'idée d'un vers assez vivement rhythmé, rien ne lui constitue une cadence assez frappante pour attirer par le son tout seul l'attention des auditeurs. Il semble donc bien probable que les anciens ont attribué au mètre les qualités qui n'étaient que dans le sujet ou les pensées, et que nous nous sommes trompés comme eux en les croyant sur parole.

D'autres considérations prouvent la même chose d'une

---

[1] Voyez les fragments de Tyrtée et le passage indiqué ici dans le discours de l'orateur Lycurgue contre Léocrate.

[2] *Ars poet.*, v. 79.

[3] Arist., *Rhet.*, III, 1, § 2, à la fin, p. 446 édit. de M. Gros.

[4] Arist., *Poet.*, c. 4, n° 6.

[5] Arist., *ibid.*

façon plus péremptoire encore. Il est d'abord bien certain qu'Hipponax, qui se rendit si terrible par ses satires virulentes, altéra l'ïambique d'Archiloque dans sa partie la plus caractéristique, puisqu'il remplaça, dans ses scazons, l'ïambe final par le spondée ou le trochée ; il ne l'eût certainement pas fait, si le vers ïambique lui eût semblé aussi exclusivement approprié à sa verve injurieuse qu'on nous le dit et que nous voulons bien le croire.

D'un autre côté, le vers satirique par excellence, chez les Romains, fut, sans difficulté, l'hexamètre : c'est dans ce vers, qu'ont écrit tous les satiriques, depuis Lucilius jusqu'à Sulpitia : et quand la satire, portée au dernier degré de fureur, est devenue aussi acerbe et violente pour le moins que les invectives d'Archiloque, par exemple, dans les *Imprécations* de Valérius Caton et dans l'*Ibis* qu'Ovide avait imité de Callimaque, c'est encore l'hexamètre, pur ou formant des distiques, qui règne dans ces compositions, à l'exclusion de l'ïambique. On ne saurait donc accorder à celui-ci, pour l'expression des pensées mordantes, une supériorité de cadence que les anciens eux-mêmes n'ont pas reconnue dans la pratique.

Ainsi, en somme, le vers ïambique ne s'offre à nous que comme très-facile à faire, ou ayant une cadence assez peu sensible pour le rapprocher de la prose et le faire confondre avec elle. Or cette idée est en tout conforme à celle que nous a déjà donnée l'étude attentive des vers grecs et de leur harmonie, d'après laquelle il est bien difficile de croire qu'aucun d'eux ait eu un rhythme assez sensible pour qu'on lui assignât un caractère spécial et exclusif [1].

Les vers lyriques sont plus variés et moins importants : nous n'en dirons qu'un mot. Ils ont été imaginés à diverses

---

[1] Voyez dans nos *Études sur quelques points des sciences*, le n° VIII, p. 278-295, sur les Vers grecs.

époques par des poëtes dont ils ont tiré leurs noms. Ainsi Alcée, Sapho, poëtes du sixième ou du septième siècle, ont inventé les vers *alcaïque* et *saphique*. Asclépiade et Phalisque ont aussi donné leurs noms à des vers particuliers. Tous sont, du reste, postérieurs aux trois espèces indiquées d'abord. Telle est, en peu de mots, l'histoire de la versification dans la Grèce.

L'Italie n'avait, dans le même temps, que ces vers grossiers et presque sans harmonie[1] qu'on a nommés *Saturniens*, comme s'ils appartenaient à l'époque où Saturne s'était caché dans le Latium. Il est difficile de dire précisément en quoi consistaient ces vers[2]; ce que nous savons positivement, c'est que le poëte Névius, qui florissait 250 ans avant notre ère, est le dernier poëte de talent qui y ait écrit; qu'Ennius introduisit, au contraire, dans la poésie latine, les règles de la versification grecque; qu'il reprocha même à Névius d'avoir employé un mètre qu'il jugeait, lui, tout à fait dépourvu d'harmonie[3]; et qu'enfin le sentiment public s'accorda avec celui d'Ennius, puisqu'on renonça dès lors à regarder les vers saturniens comme des vers latins. Du reste, M. Quicherat[4] a peut-être indiqué en quoi consistait la principale règle de ces vers, par la remarque qu'il a faite, que, dans tous ceux qui nous sont parvenus, la césure paraît constante.

Les Romains reçurent donc, deux cents ans environ avant J.-C., toutes les espèces de vers grecs. Ils ne paraissent pas en avoir inventé de bien nouvelles, mais ils perfectionnèrent celles qu'ils avaient reçues. Les césures et les fins

---

[1] Varron, *De lingua lat.*, VII, 36; Festus, au mot *Saturno*; Horat., *Epist.* II, 1, v. 156; Virg., *Georg.*, II, v. 376; Liv., *Hist. rom.*, IV, 20; VII, 2.

[2] Notre dissertation sur les Vers saturniens (*Études sur quelques points des sciences*, n° IX) est consacrée à l'examen de cette question.

[3] Cicéron, *Brutus*, c. 18 et 19, n°s 71, 76.

[4] *Traité de versification latine*, c. 27, § 5.

de vers furent mieux marquées; la césure tomba presque toujours après le second pied dans l'hexamètre, le pentamètre, l'ïambique trimètre, l'alcaïque et le saphique, c'est-à-dire dans la presque totalité des vers latins [1]; la fin du vers exigea des mots d'une certaine longueur, et arrangés eux-mêmes d'une certaine façon, afin que l'accent final occupât une place déterminée et augmentât ainsi l'harmonie; enfin des points d'arrêt plus nettement caractérisés furent exigés en certaines places, notamment à la fin des distiques, au moins à l'époque de la perfection de la langue [2].

Ces règles, que l'oreille avait indiquées aux Romains, et que le bon goût leur fit imposer à leur versification, étaient si bien fondées sur l'expérience et le sentiment de la cadence, qu'aujourd'hui même, les vers latins prononcés par les Italiens nous paraissent avoir une harmonie bien supérieure à celle des vers grecs prononcés par les Grecs.

Les poëtes chrétiens et les peuples modernes ont changé entièrement le système de versification des Grecs et des Romains. Dans la décadence de l'empire, après l'invasion des barbares, le sentiment ou la connaissance de la prosodie, sur laquelle étaient fondés les vers anciens, disparut petit à petit. Alors l'harmonie poétique ne dépendit plus que du nombre absolu des syllabes et de la disposition des sons accentués. C'est là le système de versification moderne auquel s'ajouta bientôt la *rime*.

On trouve les premiers rudiments de cet ornement de nos vers dans les hymnes latines des poëtes chrétiens du IVe siècle, saint Damase, saint Hilaire, saint Augustin [3]. Cet élément se maintient dans le latin corrompu des siècles suivants, comme on le voit dans la chanson sur

---

[1] *Études sur quelques points des sciences*, n° VIII, p. 280.
[2] *Ibid.*, p. 281 et suiv.
[3] M. Duméril, *Poésies popul. lat.*, p. 117 et suiv.

la victoire remportée par Clotaire II, dont quelques vers ont été conservés dans une vie de saint Faron[1].

A leur tour, l'ancien français et le provençal s'emparent de la rime et la perfectionnent. Les trouvères et les troubadours essayent, du XIIe au XVe siècle, toutes les espèces de vers. Dans les XVe, XVIe et XVIIe siècles, les tentatives se continuent; mais surtout on tâche d'épurer l'harmonie poétique, de n'admettre que les cadences vraiment agréables à l'oreille, de repousser les mauvaises rencontres de sons. On formule alors des règles pratiques qui constituent notre prosodie et qui toutes ont pour objet de nous faire faire des vers bien cadencés.

Ce sont là, on le voit, des systèmes de versification différents; on en pourrait, sans doute, imaginer beaucoup d'autres. En général, chaque peuple préfère le sien, parce qu'il y est accoutumé, sans qu'on puisse dire, d'une manière absolue, lequel est le meilleur. Toutefois il y a certaines améliorations assez frappantes pour qu'il ne soit pas permis de les contester : ce sont celles que le temps introduit successivement dans un système donné. Il est alors intéressant de suivre, quand l'histoire le permet, ce progrès de l'art, de son origine à sa perfection. Mais cela même devient très-difficile, lorsque la langue a disparu et que l'harmonie n'en peut plus être exactement reproduite. Nous savons, par exemple, très-bien l'effet produit chez nous par l'hiatus, et nous nous rendons compte du motif qui l'a fait exclure de nos vers. Mais dans les vers anciens, où deux voyelles se rencontraient perpétuellement, l'effet était-il aussi désagréable que chez nous? On ne saurait le penser, d'autant plus que la voyelle finale des mots, qui est toujours accentuée dans notre langue, l'était rarement en grec et ne l'était jamais en latin. Il y a donc là un élément spécial que nous

[1] M. Duméril, *Poésies popul. lat.*, p. 239.

ne connaissons qu'imparfaitement, et dont l'oubli peut nous entraîner dans de graves erreurs.

3°. **Strophes.** Le mot *strophe* est un mot grec qui signifie *tour*. Ce nom a été donné, soit parce que les vers revenaient dans le même ordre, soit parce que, dans les chœurs exécutés sur le théâtre, les acteurs qui avaient marché pendant la strophe s'arrêtaient, quand elle était finie, pour retourner sur leurs pas pendant l'antistrophe.

La strophe était un ensemble de vers réunis dans un ordre déterminé, et produisant par leur liaison et leur retour un effet agréable à l'oreille.

Il est très-difficile de dire exactement en quoi consistait cet effet; il n'est pas non plus aisé d'indiquer quelles ont été absolument les premières strophes; on peut toutefois assurer qu'elles étaient très-courtes, comme de trois, de cinq et surtout de quatre vers.

D'abord, les strophes alcaïques et saphiques, les plus anciennes que nous connaissions des Grecs avec certitude, sont de quatre vers. Ensuite Denys d'Halicarnasse nous apprend [1] que les anciens lyriques, savoir : Alcée et Sapho, ne faisaient que de petites strophes, composées de vers peu variés et terminés par un petit vers épisodique, tandis que du temps de Stésichore et de Pindare on faisait les strophes plus longues, et on y entremêlait des vers d'espèces différentes. Les tragiques grecs suivirent dans leurs chœurs le système de Pindare et de Stésichore, c'est-à-dire qu'ils firent des strophes très-longues, pendant lesquelles les danseurs exécutaient diverses évolutions.

Il se peut qu'avec l'appareil des danses et la musique qui l'accompagnait, ce système ait paru aux Grecs réaliser une belle harmonie. Pour nous, il nous est impossible de trouver aucune cadence agréable dans ces longues suites de lignes

---

[1] *De composit. verborum*, c. 19.

inégales : et qu'on ne croie pas que cela vient de ce que
nous ignorons la vraie prononciation grecque, puisque nous
sentons très-bien une harmonie dans les strophes alcaïque
et saphique; si celle des strophes de Pindare et des tragiques nous échappe absolument, c'est qu'en effet elle est
moins sensible.

Les Romains en ont, du reste, jugé comme nous; car,
sans rappeler ici les déclarations explicites de Cicéron sur
les vers des lyriques [1], leurs poëtes n'ont pas imité les longues strophes des Grecs. Certes, s'ils sont revenus à la
strophe saphique, à la strophe alcaïque et aux autres strophes très-courtes; si, dans les chœurs de ses tragédies,
Sénèque, au lieu d'employer, comme ses modèles, toute
sorte de vers, conserve, au contraire, toujours le même, en
se bornant à terminer la strophe par un vers plus petit servant de clausule ou d'épode, c'est qu'ils ont trouvé dans ce
retour mieux marqué une harmonie plus sensible et plus
agréable [2]. Ils ont donc épuré, en quelque façon, le système
des strophes grecques, et y ont introduit une amélioration
analogue à celle que nous avons déjà fait remarquer dans
leurs vers.

Les poëtes chrétiens apportèrent aussi ou du moins rendirent habituel dans les chants lyriques un perfectionnement remarquable. Le sens se termina constamment en
même temps que le couplet. Il faut se rappeler que chez les
anciens c'était par hasard que le sens d'une strophe ne se
prolongeait pas sur l'autre. On peut ouvrir le recueil des
odes d'Horace, on trouvera presque partout des exemples
de ces enjambements, qui, eu égard à nos habitudes de
prononciation, nous semblent insupportables. La coutume
d'associer le peuple des fidèles au chant des psaumes et des

---

[1] *Orator*, c. 55, n° 183.

[2] *Etudes sur quelques points des sciences*, n° VIII, p. 289 à 294.

hymnes fit probablement sentir la nécessité de terminer d'une manière frappante pour tous le chant auquel tout le monde prenait part. Et qu'y avait-il de plus convenable pour cela que de s'arrêter précisément à la fin des strophes ?

Au reste, le sentiment seul de l'harmonie lyrique aurait peut-être amené ce progrès; car, si l'on jette les yeux sur les odes latines faites depuis le temps de Domitien et rassemblées dans le recueil des *Poetæ latini minores*[1], on remarque avec intérêt que toutes celles qui sont coupées en groupes égaux ont à la fin de chacun ou le point final ou un sens bien suspendu, et qui permet un temps de repos. Il y a là, si je ne me trompe, une preuve incontestable du travail souvent inaperçu, mais réel, que fait l'esprit humain, sous la conduite infaillible de la sensation. C'est pour avoir méconnu ce progrès que tant de critiques se sont trompés dans leur appréciation des coupes harmoniques chez les anciens ou chez les modernes.

Quoi qu'il en soit, les strophes, chez nous, doivent présenter un sens complet et terminé, ou du moins assez suspendu pour que l'on puisse s'y arrêter quelque temps. Cette condition des repos périodiques nous semble indispensable à l'harmonie lyrique; et c'est, à proprement parler, ce qui distingue notre système de *stances* de celui des *strophes* antiques. Ces repos, combinés avec les diverses rimes et les différents mètres, ont encore un avantage considérable : ils nous ont permis de jeter dans nos groupes de vers une variété que les anciens n'avaient jamais soupçonnée. Ainsi, nous avons une quarantaine de stances de six vers toutes différentes les unes des autres. Les strophes de quatre, de cinq, de sept vers, sont aussi fort variées; et, grâce à ce que des repos moins soutenus en font apprécier à l'oreille les diverses sections, nous réunissons jusqu'à dix ou même

---

[1] T. II, p. 214 et suiv., édit. Lemaire.

douze vers dans une seule stance, et nous en sentons parfaitement l'harmonie, tandis que les Romains n'allaient pas au delà de quatre ou cinq dans leurs strophes régulières[1].

Du reste, on a cherché, au moyen des rimes et de leur entrelacement, à réunir la suspension exigée par notre oreille à la fin des vers et des stances, avec l'enchaînement qu'admettait le système antique. Il a suffi, pour cela, de mettre dans la stance suivante la consonnance appelée par un vers de la précédente qu'on y laissait sans rime. Les Italiens ont eu ainsi leur *tierce-rime* ou *terza-rima* qui a été quelquefois imitée en français. Pasquier[2] attribue à Arnoul Gréban, poëte de la fin du xve siècle, une combinaison qui fait que toutes les stances, bien que leur sens soit terminé, se rattachent aux quatrains suivants. Les trois premiers vers de chacune riment ensemble; le quatrième reste tout seul de sa consonnance, et ce sont les trois premiers de la stance qui vient après qui lui donnent son complément.

Quelquefois aussi l'enchaînement a été produit par les permutations des mêmes mots. C'est ce qui est arrivé dans les *sextines*, où les six derniers mots des six vers de la stance terminaient, à tour de rôle et en changeant leur position selon un ordre préétabli, les vers des autres.

Toutes ces combinaisons, au reste, sont d'un effet médiocre; on n'y trouve, en réalité, que l'harmonie des vers qui se suivent, et non celle de ces coupes lyriques que l'oreille distingue avec tant de plaisir. Elles ne peuvent entrer en comparaison avec nos stances : aussi ne sont-elles étudiées que comme des essais curieux, dont personne aujourd'hui ne se soucie de profiter, et que nos grands lyriques ont toujours laissés à l'écart.

4°. *Métriciens.* Les observations faites pendant un long

---

[1] Ci-dessus, p. 239 ; et M. Quicherat, *Traité de versification latine*, c. 39.

[2] *Recherches*, etc., liv. VII, c. 5 ; t. II, p. 15 de l'édition Feugère.

espace de temps sur les vers et les strophes, et les conditions qui les rendaient agréables à l'oreille, ont été recueillies successivement par les grammairiens et ceux qu'on appelait spécialement *métriciens*. Héphestion d'Alexandrie, qui florissait sous Vespasien, nous a laissé un *Manuel sur les mètres*, qui contient la plus grande partie de ce que la critique ancienne connaissait en ce point; Héphestion peut donc passer pour le plus complet et le plus savant des métriciens grecs.

Chez les Romains, où l'art de la versification s'était perfectionné, comme nous l'avons dit, plusieurs grammairiens ont parlé avec détails de la métrique latine [1] : il faut, entre autres, distinguer Térentianus Maurus, poëte didactique contemporain de Martial, selon l'opinion commune, auteur de trois traités en vers sur *les syllabes*, sur *les pieds* et sur *les mètres*, où il joint constamment l'exemple au précepte, donnant les règles de chaque vers en vers de la même mesure. Au reste, tout ce qu'il y a d'important dans Térentien et les autres métriciens latins a été résumé et bien disposé dans le *Traité de versification latine* de M. Quicherat [2].

Nous avons eu aussi un nombre considérable d'auteurs qui ont traité des vers français et des stances à partir du XVIᵉ et surtout du XVIIᵉ siècle. Lancelot, Richelet, le Père Mourgues, sont les plus célèbres et ceux où on a toujours puisé pour les ouvrages élémentaires et les plus répandus dans le public [3]. Enfin M. Quicherat a, dans son *Traité de versification française* [4], fait pour notre langue ce qu'il avait fait pour le latin : il a résumé et coordonné tout ce que l'on

---

[1] Voyez dans le recueil de Putsch, M. Victorinus, Térentien, Servius, Priscien, etc.

[2] Vol. in-12, onzième édition, 1847.

[3] Voyez sur ce sujet deux articles publiés à la fin de 1850 dans le *Journal général de l'instruction publique*, nᵒˢ des 23 et 27 novembre.

[4] Dernière édition, in-8º, 1850.

savait jusqu'à lui, et donné, d'après ses propres recherches, des détails si nombreux et si complets qu'il paraît bien difficile d'aller au delà de son livre, à moins que notre langue et notre versification ne viennent à changer beaucoup.

5°. *Figures de mots.* Les seules figures qui aient pu amener quelques modifications dans l'harmonie matérielle du style, et influer ainsi sur le plaisir physique de l'oreille, sont la répétition et l'imitation, ainsi que les *homéoptotes* ou *cas semblables*, et les *homéotéleutes* ou *désinences semblables* qui sont des dépendances de l'une et de l'autre. Aussi voyons-nous que les premiers rhéteurs ne distinguant pas suffisamment le principe de l'harmonie périodique, qui consiste entièrement dans le rhythme, y rattachaient mal à propos ces figures[1], et notaient comme des périodes particulières celles où se trouvait rappelé quelque mot ou seulement une de ses formes. Il est visible que l'effet obtenu alors est tout à fait étranger au rhythme, qui constitue essentiellement la période, et que la véritable place de cette théorie particulière se trouve dans l'étude des figures de mots.

C'est en effet à l'imitation que se rapportent toutes les assonances et consonnances, et par conséquent notre rime; c'est à la répétition qu'appartiennent les *refrains*, dont il faut dire ici quelque chose.

On appelle *refrain* le retour du même ou des mêmes mots, du même ou des mêmes vers, ou enfin de la même stance après un certain nombre d'autres vers.

Le refrain n'était pas absolument inconnu aux anciens, quoiqu'on puisse dire qu'ils n'en ont pas à beaucoup près tiré autant parti que les modernes. Il se trouve dans beaucoup de leurs pièces : il y a en particulier un chœur d'Eschyle qui nous offre l'exemple peut-être unique d'une stro-

---

[1] Aristot., *Rhet.*, II, 9, p. 500 et suiv. de l'éd. de M. Gros; la même confusion se trouve dans Hermogène, *De invent.*, IV, 3 ; Walz, t. III, p. 150 et suiv.

phe, une antistrophe et une épode (c'est-à-dire ce que nous nommerions trois stances ou couplets), terminées toutes trois par le même vers [1]. La plupart du temps le refrain n'est pas aussi régulier. C'est surtout dans la poésie bucolique et dans quelques pièces érotico-lyriques qu'on le retrouve, et alors il ne revient pas ordinairement après des groupes de vers égaux, mais selon le caprice de l'auteur et le besoin du sens. Théocrite dans son *Thyrsis* et sa *Pharmaceutrie*, Bion dans son *Chant funèbre d'Adonis*, Moschus dans son idylle *Sur la mort de Bion*, Virgile dans sa huitième églogue, Calpurnius dans celle qu'il a intitulée *Tros*, ont montré combien l'harmonie des sections du discours pouvait être augmentée par le retour du refrain.

Cependant ce n'est guère que chez les modernes qu'on en a tiré tout le parti possible en le plaçant à la fin de stances ou de couplets égaux. Ici encore les chants d'église, auxquels le peuple entier s'associait à la fin des hymnes et des psaumes, et surtout les doxologies par lesquelles on terminait tous les chants religieux, paraissent avoir puissamment contribué à répandre et à faire aimer cet arrangement.

On sait que chez nous, indépendamment des petits poëmes usités jusqu'au xvie et au xviie siècle, et dont le principal mérite consiste dans les refrains, nous avons appliqué cette harmonieuse répétition soit à des chansons, soit à des odes; et qu'en ramenant la même pensée et les mêmes mots à des distances égales, nous avons obtenu le système harmonique le plus complet qu'on ait pu imaginer jusqu'ici. Il touche presque à l'harmonie musicale, et il ne semble pas que l'avenir puisse rien faire connaître qui, sans employer d'autre moyen que le langage parlé, y apporte un perfectionnement sensible.

---

[1] *Agamemnon*, v. 121, 139, 159. Voyez nos *Études sur quelques points*, etc., n° XIV, p. 490, et suiv.

Ajoutons que le refrain nous permet d'allonger encore nos stances sans qu'elles perdent leur harmonie lyrique. Le retour du même ou des mêmes vers suffit pour maintenir dans l'oreille le sentiment de la période poétique pendant quelques instants de plus.

C'est donc là que se termine l'histoire rapide des formes du langage considérées quant au rhythme ou à la cadence dont elles sont susceptibles, et à l'effet que cette cadence produit sur notre oreille.

II. *Style figuré.* — 1°. *Figures.* Si nous passons maintenant aux *formes brillantes*, c'est-à-dire aux tropes, aux figures de pensée et aux figures de construction qui jouent un si grand rôle dans ce qu'on appelle le ***mouvement*** et la ***couleur*** du style, il est d'abord évident qu'elles touchent à l'origine même du langage ; que la passion a suffi pour faire exagérer les choses, et les peindre sous les couleurs les plus vives, comme le manque d'un terme propre pour exprimer une idée nouvelle, a forcé de recourir aux métaphores ou aux métonymies. Aussi, quelque haut qu'on remonte, soit dans les ouvrages écrits, soit dans les discours prononcés ou dans les traditions, on trouve toujours et partout l'expression figurée marchant de pair avec le mot propre.

Dès le second verset de la *Genèse* il est question de la *Face de l'abîme* et de l'*Esprit de Dieu* qui est *porté sur les eaux*. Des métaphores ou des personnifications semblables se retrouvent à tout instant dans les cantiques et dans les psaumes, mêlés aux interrogations, aux exclamations, aux figures les plus véhémentes. On les reconnaît encore dans les vieux oracles transmis par les Grecs et les Romains, comme dans les traits d'éloquence recueillis des nations barbares de l'ancien monde ou des tribus sauvages du nouveau.

Les discours rapportés par les auteurs ou les poëtes,

quelle qu'en soit l'antiquité, nous montrent sans exception l'emploi de quelqu'une de ces figures. Nestor, le plus vieux des Grecs, ne nomme pas les héros qu'il a vus dans sa jeunesse, sans ajouter à leur nom l'épithète presque toujours figurée que ses pères y accolaient : c'est Dryas, le *pasteur des peuples;* c'est Thésée *égal aux immortels;* contre qui n'*aurait pu lutter aucun de ceux qui vivent aujourd'hui sur la terre*[1]. Les hyperboles, les amplifications, comme les exclamations, les interrogations, les apostrophes naissent donc, en quelque façon, en même temps que la parole.

Mais la science ne commence, et nous n'avons à la constater que quand l'observation une fois formulée permet de recueillir, et plus tard de classer les objets dont on s'occupe : or cette science est venue assez tard; car Isée, orateur athénien, disciple d'Isocrate et maître de Démosthène, passe pour le premier qui ait dressé un catalogue des figures, vers 380 ou 390 avant notre ère[2].

2°. *Rhéteurs.* On avait eu sans doute depuis un siècle environ l'occasion de remarquer ces formes dans les discours les plus brillants, puisqu'indépendamment des rhéteurs élèves de Corax et de Tisias, Gorgias de Léontium[3], né au commencement du ve siècle, passait dans sa patrie pour le plus habile orateur, et qu'étant venu à Athènes en 427, il y eut par son éloquence un succès prodigieux. « Il se piquait, nous disent les historiens, de parler sur tous les sujets dans un style magnifique. » N'est-il pas par là bien probable qu'il avait remarqué et employait habituellement soit les formes harmoniques du langage, soit surtout

---

[1] Homeri *Ilias*, I, v. 263, 265, 271, 272.
[2] Belin de Ballu, *Hist. de l'éloquence*, t. I, p. 240.
[3] Hæc tractasse Trasymachum primum et Gorgiam ferunt. Cic. *Orator*, c. 12, n° 39.

les figures ou ornements du style à l'aide desquels il charmait son auditoire¹. Protagore d'Abdère, élève de Démocrite et contemporain de Gorgias, se vantait comme lui de parler sur tout avec agrément. On sait d'ailleurs que c'était la prétention commune des sophistes; qu'ils parlaient sur les mêmes matières que les philosophes; mais que ce que ceux-ci traitaient avec sécheresse, dans des dialogues ou par de courtes interrogations, en feignant de l'ignorer, les autres en faisaient l'objet de discours suivis ornés des grâces de l'élocution².

Tout cela suppose une connaissance au moins générale et vague des premiers moyens et des premières ressources de l'art oratoire, connaissance que les sophistes ne se hâtaient pas de divulguer, mais dont ils tiraient parti pour eux-mêmes et pour les disciples qui les payaient : et ce n'est pas là seulement une conjecture; car tous les écrivains qui parlent de l'éloquence des sophistes, ne manquent pas d'y blâmer l'excès même des formes dont il s'agit³.

Aristote, qui avait rassemblé avec soin les livres des rhéteurs précédents, en tira les excellents préceptes qui, avec ce qu'il devait à ses propres observations, composent sa *Rhétorique*. Il a consacré à l'élocution et à quelques figures les premiers chapitres de son troisième livre⁴. Du reste, il est facile de voir combien cette connaissance était peu avancée alors. Il y a des figures qu'Aristote ne sait comment nommer, et qu'il désigne plutôt qu'il ne les définit⁵; d'au-

---

¹ M. Gros, trad. de Denys d'Halicarnasse, t. I, p. 312 et 314, en note; Belin de Ballu, *Hist. de l'éloquence*, t. I, p. 106 et 107.

² Belin de Ballu, ouvr. cité, p. 92.

³ Denys d'Halic., *Isée*, t. I, p. 313 et 315 de la trad. de M. Gros; Philostrate, *Vies des sophistes*; Cic., *Orat.*, c. 49, 52, n°ˢ 167, 175.

⁴ Voyez surtout l'édit. de M. Gros.

⁵ *Rhetor.*, III, 2, n° 2. Il cite des exemples d'euphémismes, de litotes, d'exagération, et les confond tous avec la métaphore; au c. 11, il rapporte encore l'hyperbole au même trope.

tres qu'il confond sous un nom générique devenu depuis le nom particulier d'une seule espèce [1]; enfin il y en a beaucoup dont il ne paraît pas soupçonner l'existence [2].

Quand d'Aristote on passe à Cicéron et à Quintilien, c'est un horizon et un pays tout nouveau. Les tropes, les figures de mots, les figures de pensée, sont nettement distinguées et définies [3]. On voit que le champ de la science a été cultivé sans relâche, que les exemples ont été recueillis en plus grand nombre, que les classifications sont devenues plus complètes et mieux ordonnées, qu'elles apportent surtout à l'esprit des notions plus claires et plus précises.

Les auteurs venus plus tard n'ont guère fait que suivre la marche tracée par les Romains, d'après les Grecs qui les avaient précédés, ou par les Grecs de l'époque romaine; c'est-à-dire qu'ils ont mis, autant qu'ils l'ont pu, plus de précision encore dans les définitions et les caractères de ces formes brillantes du style.

Nous distinguons aujourd'hui [4], outre les figures de mots, qui se rattachent en quelque partie aux formes harmoniques du langage, 1° les figures de construction; 2° celles de signification ou les tropes, et, parmi les tropes, ceux qui tombent sur les mots isolés et ceux qui tombent sur les phrases entières, comme l'*allégorie*, *l'allusion*; 3° les figures de pensée; 4° les ornements du style, comme les *périphrases*, les *épithètes*, les *comparaisons*, qui ne sont pas

---

[1] Par exemple, la métaphore est pour lui le nom commun de tous les tropes, plutôt que le trope particulier que nous nommons ainsi. Voyez la remarque de Blair, citée à ce sujet par M. Gros, p. 450 de sa traduction.

[2] Telles sont la métonymie, la synecdoque, la catachrèse et la plupart de nos figures de pensée.

[3] *Auct. ad Herenn.*, IV, 13 et seq., n°s 20 et seq.; Cic., *de Orat.*, III, 52 et seq., n°s 201 et seq.; *Brutus*, c. 17 et 37, n°s 69 et 141; *Orat.*, c. 24 et seq., n°s 80 et suiv.; Quintil., *Instit. orat.*, VIII, 6; IX, 1, n° 3.

[4] Cette classification est solidement établie et surtout exactement suivie dans notre *Cours supérieur de grammaire*, t. II, liv. II et III.

proprement des figures, et doivent pourtant être étudiées à côté d'elles. C'est une classification plus exacte et plus complète qu'aucune de celles qu'on pourrait trouver chez les anciens, et nous y avons la preuve intéressante que l'art de l'élocution s'est constamment perfectionné ; qu'à mesure que les discours et les ouvrages en prose ou en vers se sont multipliés, on y a successivement observé et signalé à l'attention des étudiants un plus grand nombre de particularités, c'est-à-dire, en d'autres termes, qu'on a mieux connu la matière, et que la science est devenue plus complète.

III. *Qualités du style.* — Passons aux qualités du style : et, quoiqu'en une matière si délicate il soit mal aisé de saisir et de constater les changements de la pensée ou de la connaissance humaine, j'espère pourtant qu'on trouvera dans cette partie un progrès proportionnel à celui que nous avons déjà reconnu. On verra que nous distinguons plus de styles différents que les anciens ; que ces styles sont mieux définis et mieux classés ; que nous en tirons de meilleurs effets, et en plus grand nombre. Le simple bon sens pouvait nous le faire présumer, puisqu'il n'est pas possible qu'un art constamment pratiqué ne fasse pas des progrès, par cela seul qu'on le cultive. Mais, soit qu'on n'ait pas considéré cette nécessité, soit qu'on ait négligé de poser la question dans ces termes, cette opinion n'est pas généralement reçue ; et il y a bien des gens qu'on étonnerait beaucoup en leur disant que les Grecs ni les Romains n'avaient ni notre style fin, ni notre style comique, ni notre style poétique, ni peut-être plusieurs autres de ceux que nous distinguons aujourd'hui. Comme cette vérité est aussi importante que peu connue, on ne sera pas étonné de me voir y donner le soin qu'elle mérite, et entrer, à ce sujet, dans des détails assez étendus.

Je rappelle avant tout que le style, ainsi qu'il a été défini au commencement de cette dissertation[1], n'est pas la même chose que la langue. Celle-ci dépend des habitudes admises chez tel ou tel peuple, habitudes formulées ensuite par les grammairiens en prescriptions ou règles qui deviennent obligatoires pour tous, et qu'on ne peut négliger sans tomber dans l'incorrection ou le barbarisme. Le style est la forme plus ou moins vive, plus ou moins piquante donnée à la parole; il dépend, non pas des règles générales de la grammaire, mais de la manière dont l'orateur ou l'écrivain est affecté, ou fait partager ses impressions aux autres ; et ainsi, la langue restant la même, c'est-à-dire également correcte ou incorrecte, le style peut être aussi varié dans ses qualités ou dans ses défauts qu'il y a de gens qui parlent ou écrivent.

Cela compris, il en a été des qualités du style comme des figures : elles se sont montrées et ont frappé les auditeurs dès qu'on a prononcé des harangues ou récité des vers. Ces mots de *discoureur subtil*, si souvent répétés dans l'*Iliade*[2]; cette épithète d'*aimable chanteur* appliquée aux poëtes[3], montrent bien que les Grecs, dès les temps héroïques, faisaient la distinction du bien et du mal-parler. Mais ici encore, la science ne commence réellement que quand on a réuni les observations, qu'on les a classées ou formulées en règles. C'est donc aux premiers traités des rhéteurs grecs qu'il faut se reporter, pour y trouver la mention expresse et la définition des styles. Alors, pour peu qu'on sépare attentivement ce qui, chez eux, est de doctrine et ce qui est seulement de goût ou de sentiment et ne peut entrer dans un enseignement méthodique, on remarque combien la science était encore peu avancée ; on s'assure même

---

[1] Ci-dessus, p. 226, 227.
[2] Λιγὺς ἀγορητής. *Iliās*, I, v. 248, etc.
[3] Ἐρίηρος ἀοιδός. *Odyss.*, VIII, v. 471.

qu'elle n'a fait dans l'antiquité que des progrès bien restreints.

Aristote, par exemple, ne paraît pas avoir une idée nette de ces différentes qualités qui nous ont fait distinguer et nommer plusieurs styles. Il dit bien que l'élocution doit être claire, qu'elle ne doit être ni basse ni trop élevée, qu'elle doit convenir au sujet, etc. [1]; il remarque même certains défauts qui gâtent le discours, et fait un chapitre entier sur l'élocution froide [2] : mais ce sont là des préceptes généraux, ce que j'appelle des *conseils de convenance ou de goût;* rien n'y est distinct ni précisément défini ; ce sont donc les rudiments d'une science, plutôt qu'une science vraiment constituée.

Au temps de Cicéron, par le résultat sans doute des travaux des Grecs, mais aussi par suite de l'esprit plus sérieux et du jugement plus ferme que les Romains portaient dans tout ce qui faisait l'objet de leurs méditations, les idées étaient devenues bien plus nettes [3]. Il y avait définition précise et classification arrêtée. L'auteur des *Rhetoricorum ad Herennium* et, à plus forte raison, Quintilien, distinguent trois genres de style, le *grave*, le *moyen* et le *petit* [4], nommés plus ordinairement le *style sublime*, le *style tempéré* ou *orné* et le *style simple* [5]. L'un et l'autre disent exactement ce qu'ils

[1] *Rhetor.*, III, 2 et suiv.
[2] *Rhetor.*, III, 3.
[3] Ce n'est pas ici le lieu de montrer comment l'esprit romain a dans tous les genres modifié et perfectionné les œuvres, et surtout régularisé et affermi les connaissances de l'esprit grec. Je me borne à dire que si l'on compare aux préceptes de Cicéron ou de Cornificius et de Quintilien ceux d'Hermogène, qui leur était postérieur, on trouvera toujours dans ceux-ci moins de netteté, moins de précision, et cette sorte de vagabondage de l'homme qui n'ayant rien analysé sérieusement, ne sait à quoi s'arrêter. Voyez le *De speciebus*, lib. I, c. 2 à 7; t. III, p. 202 à 240, des *Rhetores græci* de Walz.
[4] Unam (rationem dicendi) gravem, alteram mediocrem, tertiam extenuatam vocamus. Lib. IV, 8, n° 12. Cf. Cic., *Orat.*, c. 6, n° 20.
[5] Genera dicendi.... unum subtile,.... alterum grande atque robustum....

entendent et en donnent des exemples[1]. Ils nous avertissent aussi de prendre bien garde, en outrant les qualités de chacun de ces styles, de tomber dans un excès blâmable[2]; ils nous déclarent enfin que ces trois genres ne sont pas tout dans l'éloquence, mais que dans les intervalles qui les séparent, il y a place pour de nouvelles divisions[3]. Il y a donc là, depuis le temps d'Aristote, un progrès qu'il n'est pas permis de méconnaître.

Toutefois c'est un progrès qui en appelait un autre bien important que les modernes ont fait. Ils ont renoncé d'abord à cette division ternaire que les anciens affectionnaient et mettaient partout, souvent sans raison. Ils ont ensuite considéré les styles en eux-mêmes et par les qualités qui y éclatent, au lieu d'y voir trois degrés d'une seule qui se développerait de plus en plus[4]. Ce point de vue moins resserré, moins réduit, si l'on peut parler ainsi, au matériel de l'élocution, et, embrassant davantage ses nuances morales, leur a permis de distinguer, en se tenant même aux formes tranchées et en évitant des sous-divisions insignifiantes ou poussées trop loin, des caractères plus nombreux et bien mieux déterminés.

Ils ont de plus énuméré les qualités *habituelles* du style, c'est-à-dire qui doivent s'y trouver sans cesse, comme la

---

tertium, alii medium ex duobus, alii floridum addiderunt. Quint., *Instit. orat.*, XII, 10, n° 58.

[1] *Auct. ad Herenn.*, IV, 8, 9 et 10; n°s 13, 14, 15; Quint., *Instit. orat.*, XII, 10, n°s 59 à 65.

[2] Est autem cavendum ne dum hæc genera consectamur, in finitima et propinqua vitia veniamus. *Auct. ad Herenn.*, IV, 11, n° 16.

[3] Quint., *Instit. orat.*, XII, 10, n° 66 et n° 71; voyez aussi dans les *Rhetores græci de* Walz, pour la division et la classification des styles; Démétrius, *De interpret.*, n° 36, t. IX, p. 21; Syrianus, t. VII, p. 93; Joann. Siciliens., t. VI, p. 72.

[4] Tria sunt omnino genera dicendi.... grandiloqui.... contra tenues, acuti.... est autem quidam interjectus, inter hos medius, et quasi temperatus. Cic., *Orat.*, c. 6, n° 20, 21.

clarté, la *pureté*, la *précision*, le *naturel*, l'*élégance*; et les vices, par excès ou par défaut, qui y sont opposés, comme l'*obscurité*, l'*embarras*, l'*indécision*, le *purisme*, le *néologisme*, la *bigarrure*, l'*affectation*, la *bassesse* ou la *trivialité*[1]. Jusque-là, il n'y a peut-être rien de bien nouveau; car les anciens avaient, comme nous, signalé ces fautes dans l'élocution; comme nous, ils appréciaient la dignité ou la noblesse[2], la richesse ornée[3], les grâces[4], la pompe du style ou le sublime[5]; ils blâmaient l'obscurité des phrases[6], l'impropriété des termes[7], l'enflure[8] comme la bassesse[9]. Bref on trouve chez eux la preuve qu'ils jugeaient souvent avec une grande finesse les qualités et les défauts des auteurs[10], la prétention, la faiblesse ou l'exagération de leurs expressions[11] et les fautes de composition[12]. Ainsi ce n'est pas en ce qui tient au goût instinctif, au sentiment inné du bon et du mauvais, que nous sommes supérieurs aux anciens.

Ce qui, sans aucun doute, nous élève au-dessus d'eux, et qui fait de notre doctrine à cet égard une vraie science,

---

[1] *Cours supérieur de grammaire*, t. II, liv. IV, c. 1 à 6.

[2] Τὸ μεγαλοπρεπές. Demet., *De interpr.*, n° 38 et seq., Walz, t. IX, p. 22.

[3] Ἀνθηρογραφῶ, γλαφυρὸς λόγος. Demetr., *De interpret.*, n°s 128 et seq., Walz, t. IX, p. 58.

[4] Χάρις λόγου. Demetr., *De interpr.*, n° 132, Walz, t. IX, p. 60.

[5] Ὕψος, ὕψωσις. Voyez le traité de Longin.

[6] Arist., *Rhetor.*, III, 2, n° 1.

[7] Ἀκυρία, παραφθορά. Hermog. apud Walz, t. III, p. 404.

[8] Arist., *Rhet.*, III, 3; Τὸ ψυχρόν. Demet., *De interpr.*, n° 114; Walz, t. IX, p. 52. Cf. Aristoph., *Ranœ*, v. 838, 839.

[9] Φαῦλα opposé à ἀστεῖα. Demetr., *De interpr.*, n° 114, Walz, t. IX, p. 52; ταπείνωσις, Walz, t. I, p. 620.

[10] Arist., *Rhet.*, III, 3; A. Gell., *Noct. attic.*, II, 5.

[11] Arist., *Rhet.*, III, 3; A. Gell., *Noct. attic.*, IV, 1; II, 6.

[12] Walz, *Rhet. gr.*, t. IV, p. 576. Cf. Denys d'Halic. *sur Thucydide*, n° 2, t. II, p. 140 et suiv., édit. de M. Gros.

c'est l'ordre parfait que nous avons su établir entre ces diverses parties, les analogies et les différences que nous avons remarquées entre elles, et particulièrement la distinction et la détermination des qualités *accidentelles* du style, c'est-à-dire de celles qui ne s'y trouvent que par occasion, comme la *gaîté*, la *profondeur*, la *finesse* [1].

En effet, les qualités habituelles devant se trouver partout, ne peuvent servir à différencier les espèces, tandis que les qualités accidentelles, précisément parce qu'elles sont ici et non pas là, donnent aux divers morceaux en prose ou en vers une physionomie particulière assez frappante pour qu'on la remarque et qu'on en assigne le caractère essentiel. C'est ainsi que nous avons déterminé et nommé le style *gai*, le style *fin*, le style *énergique*, le style *fleuri*, le style *pompeux*, le style *poétique*; et à propos de chacun, le vice où peut tomber l'écrivain, soit que la qualité lui manque, soit qu'il l'exagère.

Qui ne comprend combien cette division est à la fois plus conforme à la nature, plus complète et plus philosophique que la division ancienne? combien elle rend mieux compte des choses et de l'effet que nous en ressentons? combien surtout elle est plus vraie, puisqu'elle suppose essentiellement une relation entre le style et le sujet, tandis que, autrefois, les trois styles n'étant que les trois degrés d'un seul, semblaient pouvoir s'appliquer également à tout.

De là résulte cette conséquence grave, et néanmoins peu connue jusqu'ici, que ces qualités de l'expression dont les nuances nous frappent si vivement, frappaient très-faiblement ou même ne frappaient pas du tout les anciens, soit que leur esprit n'eût pas acquis la délicatesse nécessaire, soit plutôt que leurs langues si richement douées, quant au nombre des mots, à la liberté des constructions, à la

---

[1] *Cours supérieur de grammaire*, t. II, liv. IV, c. 1, 7 et suiv.

pompe et à la magnificence du style, ne possédassent pas encore ces mérites plus subtils, et, à certains égards supérieurs, qui sont l'apanage de nos langues néo-latines, et particulièrement du français.

Il serait difficile de prouver clairement cette proposition sur les styles simple, orné et magnifique ou sublime que les Romains avaient distingués; nous ne pourrions, en les comparant à ceux que nous avons désignés sous les mêmes noms, arriver qu'à des nuances peut-être imperceptibles. Nous aurons plus d'avantage à prendre pour sujet de notre examen quelqu'un de ceux dont la dénomination même nous appartient, comme le style *fin*, le *plaisant*, même le style *poétique*, et à nous assurer par une étude attentive si les anciens les possédaient, comme on le suppose la plupart du temps, ou si, comme je le crois, ils ne les avaient pas du tout. C'est ce que je vais tâcher d'éclaircir ici.

Je prie toutefois le lecteur de n'entendre cette assertion que dans le sens précis où je l'énonce : je ne veux pas dire que les anciens manquassent de morceaux gais, fins, poétiques : il serait très-facile d'en citer; j'en rappellerai même plusieurs exemples dans cette discussion. Il s'agit de savoir s'ils avaient distingué divers styles, caractérisés, indépendamment des pensées, par certaines conditions, et qui convenaient particulièrement à l'expression de ce genre de pensées[1]. Or je n'ai pas souvenir qu'il y ait rien de pareil chez les rhéteurs anciens; et en examinant de près les conditions qui nous semblent constituer ces styles différents, je suis induit à croire non-seulement qu'ils ne les connais-

---

[1] C'est sur cette distinction que repose en très-grande partie la différente manière de juger des anciens et des modernes. Chez eux, quoi qu'ils fissent, la pensée exprimée ou le sujet entraient toujours plus ou moins dans leur conception des qualités du style. Chez nous, la pensée et l'expression sont essentiellement distinctes. Le mot de Cambronne à la bataille de Waterloo était sublime quant à la pensée : l'expression était ce qu'on peut trouver de plus bas et de plus trivial, à ce point qu'il a fallu la changer

saient pas; mais que, la plupart du temps, ils n'auraient pas pu les réaliser quand on les leur aurait définis. Parlons d'abord du style fin.

1°. Le *style fin* est pour nous celui dans lequel on multiplie les pointes, les antithèses, les rapprochements, l'abus des termes, les sous-entendus, les demi-mots, les insinuations, les allusions, les épigrammes [1]. Le succès n'y dépend pas seulement de ce qu'on y fait entrer, mais particulièrement de la manière dont on l'arrange; les choses doivent se faire mutuellement ressortir, sans quoi la finesse disparaît entièrement, et il ne reste plus que de la platitude. C'est justement ce que M. Fayolle a marqué dans une épigramme très-mordante contre Gaston, le traducteur de l'*Énéide*, qu'on avait devant lui qualifié *homme d'esprit :*

    Cet homme d'esprit, quoi qu'on dise,
    Quand il vous parle n'est qu'un sot;
    Car il ne vous cite un bon mot
    Que pour en faire une bêtise [2].

Il est donc chez nous, non-seulement possible, mais assez ordinaire de rendre plate et insipide une pensée fine par la mauvaise façon qu'on lui donne. Les Grecs avaient-ils quelque chose dans ce genre qui se rapportât soit aux conditions générales du style fin, soit au choix et à l'arrangement des

---

entièrement pour lui donner cours en France. On en a fait : *La garde meurt et ne se rend pas*, qui ne ressemble en rien au mot primitif. Au contraire, il n'y a rien de moins relevé que le sujet, et rien de plus noble que l'expression dans ces vers de M. Lalanne sur *Les eaux de Bagnères :*

    Femmes jeunes encor, mais en qui s'est tarie
    La source où dort caché le germe de la vie,
    Cette onde vous attend pour vous rendre les jours
    Où l'exacte Phébé vous marquait ses retours.

Voyez dans le *Cours supérieur de grammaire*, t. II, liv. IV, c. 6, à la fin, l'observation très-juste de Marmontel sur la bassesse considérée dans la pensée ou dans les termes.

[1] *Cours supérieur de grammaire*, t. II, liv. IV, c. 8.
[2] *Acanthologie*, in-12, 1817, mot *Gaston*.

idées? nous le supposons volontiers, parce que nous transportons naturellement chez les anciens ce dont nous avons l'habitude chez nous. Mais cette question, ne l'oublions pas, doit être résolue par des preuves positives, par des comparaisons bien faites, et non sur des ouï-dire ou de vaines apparences. Cherchons donc chez nous des exemples incontestables de finesse dans le style, et voyons si la littérature grecque nous offre quelque chose d'analogue.

Nous avons, par exemple, dans nos comédies, dans nos lettres missives, dans la simple conversation, des exemples infiniment variés de ce style[1]. Pour en citer ici un modèle, dans une comédie de Lamotte intitulée *l'Amante difficile*, et remarquable par l'extrême délicatesse des idées et des mots, Silvia, l'héroïne, veut éprouver Lélio son amant : elle se déguise en homme, et vient sous ce costume, à l'aide d'équivoques ingénieuses, le tourmenter par la peinture de l'amitié qui l'unit à elle-même, et que Lelio prend pour l'amour d'un étranger[2]. Considéré en son lieu, cet artifice dans le langage en fait précisément la finesse. Je ne crois pas qu'il y ait dans aucune des comédies anciennes rien qui donne la moindre idée d'une disposition semblable ou analogue.

C'est bien pis encore, si au lieu de nous attacher aux éléments d'un morceau, nous en examinons l'arrangement : ici nous trouvons la preuve positive de l'inexpérience des Grecs à cet égard. J'ouvre la comédie des *Nuées* d'Aristophane : j'y vois Socrate qui fait chercher à Strepsiade divers

---

[1] *Cours supérieur de grammaire*, lieu cité.

[2] Acte IV, sc. 5. Plusieurs scènes toutes semblables au fond se trouvaient déjà dans des comédies plus anciennes. Dans *la Femme juge et partie* de Montfleuri (1669), Julie qui passe pour un homme et qui en porte le costume, tient des discours équivoques exprimant son amitié pour une autre femme et son amour pour son mari, que les autres personnages entendent en sens inverse. Voyez aussi dans *l'École des maris*, dans *Tartufe*, divers discours à double sens.

moyens de ne pas payer ses dettes. Un de ces moyens consiste à dérober la lune, et à l'enfermer dans une armoire. L'idée est certainement ingénieuse et bouffonne. Mais voyons le style :

STREPSIADE. J'ai une idée pour frauder les intérêts. — SOCRATE. Fais-la moi connaître.—STR. Dis-moi donc : si, achetant une sorcière thessalienne, je décrochais la lune pendant la nuit, si je l'enfermais dans une boîte ronde comme un miroir, et si je la gardais avec soin par devers moi.... — SOC. Eh bien, à quoi cela te servirait-il ? — STR. Tu le demandes ? C'est que si la lune ne se levait plus nulle part, je ne payerais pas d'intérêt.— SOC. Comment cela ? — STR. Parce que l'argent rapporte son intérêt par mois [1].

Il est difficile de trouver une expression plus triste et plus inutilement allongée pour une de ces impossibilités que les anciens critiques mettaient au nombre des moyens les plus efficaces d'exciter le rire [2]. Un auteur français eût renversé l'ordre des idées, et mis à la fin l'absurdité en quoi consiste toute la plaisanterie. Par exemple, de cette façon :

STREPSIADE. J'ai un moyen de ne pas payer ma dette. — SOCRATE. Lequel, je te prie.—STR. Dis-moi, Socrate, quand paye-t-on les intérêts échus ? — SOC. Tous les mois, je pense. — STR. Bien ; et les mois, quand commencent-ils ? — SOC. A la nouvelle lune. — STR. Et s'il n'y avait pas de lune ? — SOC. Il n'y aurait pas de mois. — STR. En ce cas, je paye une sorcière thessalienne qui me fait descendre la lune du ciel, je l'emporte dans un tablier et, l'enfermant en lieu sûr, je souhaite bonne chance à mes créanciers.

La même inhabileté se remarque soit dans les bons mots rapportés par les Grecs comme appartenant à des personnages anciens, soit dans leurs épigrammes. J'emprunte à Xé-

---

[1] Aristoph., *Nubes*, v. 747 à 756. On peut remarquer que cette forme de style est précisément celle des paillasses qui font chez nous la parade avec M. Cassandre. Ils disent d'abord leur plaisanterie bonne ou mauvaise ; ensuite ils l'expliquent, l'expérience leur ayant appris que sans cela leur auditoire ne la comprendrait pas.

[2] *Scholies d'Aristoph.*, édit. Didot, p. xviij et xxvj.

nophon[1] l'exemple suivant, où se trouve un mot célèbre de Socrate :

> Un certain Apollodore fort attaché à Socrate, du reste homme de bonnes mœurs, lui disait : « Pour moi, ô Socrate, ce que je souffre avec le plus de peine, c'est que je te vois mourir injustement. » On rapporte que Socrate, lui caressant la tête, lui répondit : « Quoi donc, ô mon cher Apollodore, aimerais-tu mieux me voir mourir justement qu'injustement ? » et en même temps il sourit.

Laissons de côté l'élégance des mots et la manière générale dont le fait est raconté. Y a-t-il rien de plus froid que cette terminaison ? Tout l'intérêt de la narration, ainsi que la beauté de la réponse, porte sur cette comparaison entre la mort de l'innocent et celle du coupable : que Socrate ait ou n'ait pas souri, c'est une circonstance insignifiante et sans valeur qui devait se placer dans le préambule, et par laquelle Xénophon n'aurait certainement pas fini, si les Grecs avaient su de son temps, ce que tout le monde sait en France depuis trois ou quatre siècles[2], en quoi consiste le style fin.

Examinons encore une de ces épigrammes grecques dont la forme embarrassée, la tournure traînante et la plaisanterie rendue par là insipide, nous étonnent toujours. En voici une de Straton[3] qui, par la pensée, n'est ni plus ni moins bonne que la plupart des autres, et dont le style est exactement le même :

> Le médecin Capiton a frotté de collyre les yeux de Chrysès, qui voyait une grande tour, de huit stades ; un homme, d'un stade ; une caille, de douze coudées ; un pou, d'un pied et demi. Depuis ce temps, il n'aperçoit pas la ville à la distance d'un stade ; de deux pléthres, il voit à peine le phare quand il est allumé ; il ne distingue pas un cheval à la distance de quelques pieds ; d'où il voyait une caille, il

---

[1] *Apolog. Socrat.*, n° 28, p. 614, édit. Didot.

[2] Voyez les pièces de Marot, de Mellin de Saint-Gelais et d'autres encore antérieures.

[3] *Anthol. græca*, lib. XI, n° 117.

ne reconnaîtrait pas une autruche. Pour peu que tu continues de le frotter, ô Capiton, il ne verra pas même un éléphant placé devant lui.

N'est-ce pas là, à tous égards, une épigramme bien maussade? et si la pensée, par elle-même, a quelque chose de piquant, n'est-il pas manifeste que le style suffit à en émousser ou aplatir la pointe?

La finesse du style fit assurément de grands progrès chez les Romains. Les réflexions ou reparties qui nous sont rapportées d'eux, dès le temps des guerres puniques; les bons mots de Cicéron, de nombreux passages des satires ou des épîtres d'Horace, plusieurs épigrammes latines, sont remarquables par le sel de la pensée, la bonne disposition et le choix des mots. Je me bornerai à cet exemple de Martial [1] :

Tu nous trompes, Phébus, avec tes cheveux peints et ta tête couverte de poils tracés au pinceau. Tu n'as pas besoin pour les faire disparaître d'appeler un perruquier, une éponge te suffira.

Ce n'est pas encore la finesse française : déjà pourtant on trouve ici cette sobriété qui n'admet que le nécessaire; cette opposition ingénieuse de détails ou de termes qui se mettent mutuellement en relief; cette tournure rapide qui ramasse en un petit espace, sur un vers, par exemple, quelquefois sur un ou deux mots, toute la force de la pensée. L'observation de ces tours de langage et leur application faite à propos constitue précisément la *finesse du style*. Or, il est facile de reconnaître que les Grecs avaient à peine le sentiment de cet art; que nous le voyons naître, au contraire, et se développer de plus en plus chez les Romains; et qu'il est devenu chez nous si commun, je dirai même si populaire, qu'il suffit d'y manquer, pour gâter les meilleures choses. Il nous paraît ainsi d'une nécessité indispen-

[1] *Epigramm.*, VI, 57.

sable, où les anciens ne supposaient pas seulement qu'on pût reconnaître un style particulier.

2°. La *gaîté* dans le style est encore plus que la finesse une qualité française. Elle ne dépend pas, comme celle-ci, d'un parti pris par l'auteur ou de l'arrangement de ses pensées : elle vient surtout d'un caractère tout spécial à notre idiome, savoir que, sous un fond commun, il comprend véritablement trois langues : la langue noble, la langue familière, la plus riche de toutes, et la langue ordurière ou graveleuse, dont il n'est pas permis de prononcer les mots en bonne compagnie ni devant les femmes ou les enfants [1]. Le fonds commun se compose de ces mots généraux qui reviennent sans cesse et forment la base de tout discours. Mais ce qu'il y a de particulier, c'est que l'introduction d'un seul mot de la nuance noble, de la nuance familière ou de la nuance graveleuse, donne immédiatement au discours entier la couleur de ce mot, et le rend excellent ou souverainement ridicule, selon qu'elle se fait bien ou mal à propos [2].

---

[1] Ces trois langues sont distinguées dans le dictionnaire de l'Académie : ceux du fonds commun et de la langue noble ne portent aucune remarque : sur les mots de la langue familière, l'Académie ajoute ordinairement : « il est familier; » sur ceux de la langue ordurière, qu'elle n'a pas mis tous, il s'en faut de beaucoup, elle ajoute « il est bas. » Si l'on fait attention au grand nombre des mots qui sont ainsi annotés par l'Académie, tandis qu'il n'y en avait presque pas qui dussent l'être dans les langues anciennes, on comprendra tout l'intérêt que peut avoir cette observation dans la question qui nous occupe.

[2] C'est dans cette propriété de la langue française qu'il faut chercher l'explication de différences très-singulières, aussi sensibles pour nous qu'elles paraissent avoir été inaperçues des anciens. L'étranger qui remerciait Fénelon d'avoir pour lui des *boyaux de père*, au lieu d'*entrailles*, ne se doutait pas qu'un sentiment si noblement rendu par le dernier mot ne fût que ridicule ou dégoûtant par l'autre. De même il y a des milliers de phrases nobles dans l'antiquité, qui, traduites littéralement en français, deviennent comiques ou même bouffonnes, parce que quelque mot y appartient au style plaisant. On sait quelle application burlesque Piron poursuivi et battu par les Baunois a faite de ce verset de David (ps. 128, ⅴ 3) : *Supra dorsum meum fabricaverunt peccatores; prolongaverunt iniquitatem suam.* Le plaisant vient en partie de la situation sans doute; mais il vient aussi de la traduction que nous en faisons mentalement en français : *C'est*

Or, tout ce qui constitue chez nous le style gai est essentiellement pris dans la nuance familière, et, pour quelques cas seulement, dans la graveleuse. La nuance noble n'y peut concourir que par le ridicule qui naît toujours de l'emploi fait à contre sens d'un moyen tout contraire à l'effet qu'on veut produire. Les anciens, si je ne me trompe, n'avaient rien de semblable. On trouve chez eux un grand nombre de morceaux dont le sujet est plaisant, dont l'expression est même très-convenable, comme on pouvait l'attendre d'écrivains aussi habiles : le style n'a rien de gai, et l'examen attentif de ces passages ou la comparaison avec des passages français de même nature le démontre clairement.

Je citerai ici la fin de l'oraison *pro Murena*[1], où Cicéron se moque avec beaucoup de finesse et d'agrément de Caton, de la philosophie stoïcienne qu'il professait, de l'exagération de ses principes, aussi bien que des reproches qu'il faisait à son client. Mais bien que la situation et les pensées soient gaies, le style n'a que cette élégance continue qui caractérise l'auteur.

---

sur mon dos que les pécheurs ont battu le fer et prolongé leur iniquité, où les mots *mon dos* qui ne peuvent appartenir qu'au style familier, ôtent immédiatement aux termes du psalmiste tout ce qu'ils ont de sérieux ou de triste.

[1] C. 28 à 39, nos 58 à 84. Un autre passage ancien plus démonstratif encore, c'est le long chapitre que Quintilien consacre à l'étude du rire ou de ce qui excite le rire dans son *Institution de l'orateur* (liv. VI, c. 3, nos 1 à 112). Dans cette longue et intéressante dissertation, il n'est pas dit un seul mot qui se rapporte à ce que nous nommons précisément le *style gai*. Quintilien dit bien que le ridicule consiste ou dans les mots ou dans les choses, *positum in rebus aut in verbis*; mais cette division ne lui donne pas du tout l'idée de distinguer, comme nous le faisons, les mots familiers des mots nobles; et il est impossible de trouver dans les nombreux exemples qu'il cite une seule parole analogue à celle qui fut dite aux états de la Ligue par madame de Belin à madame Bussy, qui avait laissé échapper un vent : « Ah! procureuse, la queue vous fume. Vous venez ici parfumer les croix de Lorraine. » (*Satire Ménippée, la farce les états de la Ligue*, au commencement.) Ici les mots seuls sont plaisants, la pensée n'a rien de gai ni même de fin. Tous les bons mots cités par Quintilien le sont par la pensée. L'expression n'est que rapide ou élégante; elle n'a rien qui soit proprement gai.

Tout y est parfaitement sérieux, et si nous comparons une traduction au texte, c'est par l'élégance, par la rapidité, par l'énergie même, qu'elle nous paraît inférieure, et non par la gaîté.

Serrons de plus près la discussion. Tout le monde connaît ce passage du *De senectute*[1] où Salinator, qui avait laissé prendre Tarente et s'était réfugié dans la citadelle, se vantant auprès de Fabius, qui avait repris la ville, de ne lui avoir pas été inutile, celui-ci lui répondit en riant : « Certainement : car, si tu ne l'avais pas perdue, je ne l'aurais pas reprise. »

Me audiente, Salinatori, qui, amisso oppido, fugerat in arcem, glorianti atque ita dicenti : « Mea opera, Q. Fabi, Tarentum recepisti. — Certe, inquit ridens ; nam nisi tu amisisses nunquam recepissem. »

Il est impossible assurément de rien trouver de mieux dit, de plus finement tourné, de plus vivement exprimé ; et ce petit récit confirme l'observation faite tout à l'heure, que la finesse dans le langage avait fait de grands progrès, des anciens Grecs aux Romains. Mais le style est-il ce que nous appelons *gai* ? Non ; et la simple comparaison de deux traductions françaises dont une seule est exacte le fera bien voir. La réponse de Fabius est littéralement celle que nous avons placée avant de citer le texte. Or, cette forme, en latin comme en français, est tout à fait sérieuse. C'est un raisonnement comme un autre, où la pensée peut être moqueuse, où l'expression n'a rien qui ne puisse entrer dans un discours élevé. Mettons, au contraire, à la place de *certainement* et de *car*, une de ces formules de serment constamment employées dans la conversation familière, en cette façon :

C'est un peu grâce à moi, Fabius, que tu as repris Tarente. — *Parbleu !* si tu ne l'avais pas perdue, aurais-je jamais pu la reprendre ?

---

[1] C. 4, n° 11.

On reconnaît tout de suite la forme familière et vive de notre conversation, forme qui ne peut, en aucune façon, se trouver dans le genre élevé, et qui, changeant immédiatement le ton de la réplique, en fait en même temps la *gaîté*. De nos deux traductions, la seconde a la tournure française; la première est précisément latine, c'est donc celle qu'il faut conserver quand on traduit; mais cette comparaison, en nous montrant une des raisons par quoi les traductions des auteurs anciens nous semblent toujours un peu maussades, nous prouve que le style gai, tel que nous le concevons, manquait aux anciens, même à ceux qui ont le plus habilement écrit.

Un exemple emprunté aux comiques latins le fera mieux voir encore. Dans l'*Aululaire*[1], Euclion, à qui on a volé son argent, s'écrie :

> Perii! interii! occidi! quo curram? quo non curram?
> Tene! tene! quem? quis? nescio, nihil video, cæcus eo.

La situation est assurément comique, mais l'expression n'a presque rien qui ne soit aussi convenable à la tragédie qu'à la farce. Tous ces mots, en effet, peuvent être et sont employés dans le style le plus sérieux. Le plaisant vient donc ici du personnage ou de l'incident, et, si l'on veut, de ces oppositions ridicules, *quo curram? quo non curram? tene! quem? quis?* Les mots en eux-mêmes n'ont rien qui appartienne à une nuance plutôt qu'à une autre, et, par conséquent, ne répondent en rien à l'idée que nous nous faisons aujourd'hui de la gaîté considérée comme qualité du style.

Dans la même position qu'Euclion, l'avare de Molière s'écrie, dès le jardin et avant d'entrer en scène[2]:

Au voleur! au voleur! à l'assassin!... je suis assassiné!... on m'a

---

[1] *Aulularia*, act. IV, sc. 9.
[2] *L'Avare*, acte IV, sc. 7.

coupé la gorge, on m'a dérobé mon argent !... Rends-moi mon argent, coquin !...

Et aucun de ces mots, *voleur, assassin, coquin, couper la gorge, dérober l'argent*, ne pourrait entrer avec le même sens qu'ici dans le style élevé. C'est là une différence immense et trop peu remarquée jusqu'ici entre les langues anciennes et la nôtre. Elle tient aux distinctions qui se sont faites naturellement chez un peuple libre, spirituel et gai comme les Français, des fortunes, des rangs, des positions sociales, et aux nuances qu'une politesse en quelque sorte innée nous a fait mettre dans la manière de parler aux uns ou aux autres.

Considérées par rapport aux ouvrages littéraires, ces distinctions ont été pour nous une source de jouissances nouvelles, puisqu'elles nous ont fait sentir des impressions ou reconnaître des genres de style dont les anciens n'avaient pas l'idée, et qu'elles ont ainsi mis le principal mérite de nos œuvres, spécialement de nos œuvres comiques, dans ce caractère moral de l'élocution qui, chez eux, était tout à fait secondaire, s'il n'était pas absolument nul.

Cette dernière proposition paraîtra bien étrange peut-être au premier coup d'œil : on peut pourtant se convaincre qu'elle est entièrement conforme à la vérité. Cicéron parle en divers endroits des comiques latins, de Plaute, de Cécilius, de Térence, dont il faisait le plus grand cas : jamais un mot de ce que nous nommons le style. S'il en parle quelquefois, c'est à un point de vue tout grammatical, par exemple, pour louer Térence de sa correction et pour reprocher à Cécilius de faire des fautes de latin[1]. Denys d'Halicarnasse, à la fin de son *Jugement des écrivains anciens*, recommande l'étude des poëtes comiques; il vante chez eux l'éclat des pensées, la clarté, la concision, la grandeur, la

---

[1] *Ad Atticum*, VII, 3.

force et une fidèle peinture des mœurs[1] : il ne dit rien du tout de l'expression gaie ou plaisante, ce sans quoi nous ne concevons pas même une comédie passable.

Horace, dans son *Art poétique* et ailleurs, parle des comédies et des tragédies, du style *comique* et du style *tragique*[2]. Nulle part on ne voit apparaître cette conviction que l'un et l'autre sont caractérisés par le sentiment de la gaîté ou de la tristesse. Pour lui, le premier est celui dont les termes n'ont rien de trop ambitieux, tandis que le second admet une sorte d'exagération dans les mots et de résonnance dans les syllabes que rejette la conversation ordinaire. C'est tout bonnement la distinction du style simple et du style pompeux transportée au théâtre; et ainsi s'expliquent ces vers si connus, qui, pris à la lettre dans nos idées, seraient ou des contre-sens ou des niaiseries :

> Versibus exponi *tragicis* res *comica* non vult[3]
> Indignatur item *privatis* ac prope socco
> Dignis *carminibus* narrari cœna *Thyestæ*[4]....

---

[1] T. III, p. 316 de l'édit. de M. Gros.

[2] Voyez surtout *Epist.*, II, 1, v. 169 et suiv.

[3] *Ars poet.*, v. 89. Ces mots se rapportent à ceux-ci de Cicéron : « In tragœdia comicum vitiosum est, et in comœdia turpe tragicum. » *De opt. genere orat.*, c. 1, n° 1. Mais quel en est le sens précis? Traduirons-nous qu'une aventure *comique* ne doit pas être exposée en vers *tragiques*, ou que ce qui est gai ne doit pas être dit tristement. Le précepte est d'une simplicité qui va jusqu'à la sottise. Le vrai sens d'Horace est qu'il ne faut pas exposer les faits plaisants dans un style pompeux.

[4] Même observation. Dire que le repas de Thyeste ne doit pas être raconté en vers *comiques* ou *approchant du comique*, dans le sens que nous donnons à ce mot; c'est comme si nous mettions dans une poétique : « qu'un héraut dans une tragédie sur Marc-Antoine ne vienne pas lui annoncer que ses troupes l'abandonnent en des vers tels que ceux-ci (La Fontaine, *Ragotin*, acte IV, sc. 8) :

> A ce coup, vous voilà comme un baudet sanglé.
> Sire. Nous nous étions rangés sur les murailles
> Pour ouïr un zéro, qui nous a dit : Canailles,
> Ecoutez-moi, je viens de la part de César
> Qui vous épous'tera comme il faut, tôt ou tard
> Si vous ne lui livrez cette reine fichue
> Pour qui le grand Antoine a toujours la berlue,
> Et qui l'a débauché, etc.

Interdum tamen et *vocem comœdia tollit,*
Iratusque Chremes *tumido delitigat ore,*
Et tragicus plerumque dolet *sermone pedestri* [1] :
Telephus et Peleus, quum pauper et exsul, uterque
Projicit ampullas et *sesquipedalia verba* [2].

An tragica desævit et *ampullatur* in arte [3].

Effutire leves indigna tragœdia *versus* [4].

Ce n'est pas là du tout le sens d'Horace. Il veut qu'un événement tragique soit raconté avec une certaine pompe de langage, et non pas dans les *termes privés* dont la comédie se contente. En un mot, nous transportons chez les Romains notre façon actuelle de juger, et nous supposons que les mots qu'ils employaient avaient le même sens que ceux que nous en avons tirés. C'est une double faute de logique. Nous reprochons aussi aux tragédies de Sénèque l'exagération de la pensée et l'enflure des termes. Mais que savons-nous si ce style n'était pas précisément celui que les Romains exigeaient dans ce genre d'ouvrage? et combien ne serait-il pas souvent convenable de savoir douter de quelque chose!

[1] *Ars poet.*, v. 93. Suite de la même pensée. Ceux-là se trompent qui voient dans *ore tumido* l'enflure des paroles, et dans *sermone pedestri* notre style prosaïque. Il y a dans ces mots français un mauvais sens, une intention de blâme qui n'est pas du tout dans le latin, et qui nous ferait entendre le texte en contre-sens. *Os tumidum*, c'est le style ému, passionné et qui s'élève par la passion même : *sermo pedestris*, c'est le style ordinaire ou tout simple.

[2] *Ars poet.*, v. 96. Ces vers suivent et complètent les précédents. Ils doivent être entendus d'une manière analogue. Nous traduisons souvent ou plutôt nous appliquons ces mots comme si Horace avait voulu dire : « Ils rejettent les mots *prétentieux* et *ampoulés*. » Si c'était là le sens, il s'ensuivrait que dans la bonne fortune le personnage tragique emploie ordinairement et fait bien d'employer ce style enflé. Ce n'est pas là du tout l'idée d'Horace. *Ampullæ* et *sesquipedalia verba* signifient le style élevé ou magnifique. Ce n'est pas un mauvais style qu'Horace blâme ici, c'est un beau style, qui n'est pas à sa place.

[3] *Epist.* I, 3, v. 14. Même observation. Il s'agit ici d'un ami : *ampullatur* n'est donc pas pris en mauvaise part pour désigner une sorte de boursouflure tragique, mais seulement le style élevé ordinaire dans la tragédie.

[4] *Ars poet.*, v. 231. C'est toujours la même signification. *Leves versus* ne veut pas dire vers légers, badins, remplis de fariboles : ce sont des vers du style simple. La tragédie ne daigne pas les prononcer. — Il est très-remarquable que nous sommes portés à traduire tous ces vers contrairement à leur sens exact, par suite de nos habitudes de critique, et parce que nous supposons qu'Horace a donné aux mots la signification *péjorative* ou en mauvaise part que nous leur avons assignée chez nous, par suite d'idées ou de principes généralement reçus en France, et tout différents de ceux des Romains, soit au temps d'Auguste, soit plus tard.

De même, dans ce curieux chapitre où Aulu-Gelle compare Cécilius à Ménandre[1], et où je ne saurais voir qu'un parti pris de louer le poëte grec aux dépens du poëte latin (comme quelques-uns chez nous préfèrent Euripide à Racine ou Phèdre à La Fontaine), il accuse Cécilius d'avoir maladroitement imité Ménandre et rapetassé des vers d'une enflure tragique, *consarcinans verba tragici tumoris*; et cite en preuve le passage même :

> Is demum infortunatus est homo
> Pauper, qui educit in egestate liberos :
> Fortuna et res est ut continuo pareat.
> Nam opulento famam facile occultat factio.

Ces vers, Aulu-Gelle déclare qu'il les trouve très-bons quand il les lit isolément; mais que, quand il les compare aux vers grecs, il les juge si faibles et si mauvais que, selon lui, Cécilius n'aurait pas dû chercher à imiter ce qu'il ne pouvait atteindre. Laissons-lui son jugement; mais convenons, c'est là seulement ce qui nous intéresse ici, que le critique qui reprend dans ces vers l'*emphase tragique* entend certainement ce mot dans un sens tout autre que nous, et qu'il ne faut pas lui demander, non plus qu'à ses contemporains, l'idée que nous nous faisons de la gaîté du style ou de l'absence de cette qualité.

3°. Le style *poétique* appelle des observations semblables. Les vers chez les anciens se distinguaient matériellement de la prose par la mesure et même par quelques mots qui n'étaient usités que là. Nous pouvons dire que chez nous aussi nos vers diffèrent de la prose par la mesure et la rime, et parce que certains mots, en petit nombre toutefois, ne sont permis qu'aux poëtes : tels sont *encor* pour *encore*; je *voi* pour je *vois*; *coursier* au lieu de *cheval*, *jadis* pour *autrefois*, etc. Or, cette distinction est toute matérielle, et si elle

---

[1] *Noct. attic.*, II, 23.

sépare, en quelque sorte à la simple vue, le langage mesuré du langage non mesuré, ce n'est pas là du tout ce qui, pour nous, fait le style poétique et le distingue de la prose. La distinction que nous faisons est fondée sur des qualités plus élevées, plus fines, plus *spirituelles*, si l'on peut ainsi parler. Elle consiste dans un emploi plus fréquent de certaines expressions, des épithètes, des figures de toute sorte et surtout des inversions[1]. Pour les expressions, la poésie se permet les plus élevées, les plus éloignées de l'usage commun, sans préparation, et même dans les situations les plus ordinaires. Ainsi Oreste, rencontrant Pylade et conversant avec lui du ton le plus simple, lui dit sans difficulté :

Oui, puisque je retrouve un ami si fidèle,
Ma fortune va prendre une *face* nouvelle,
Et déjà son *courroux* semble s'être *adouci*
Depuis qu'elle a pris soin de nous rejoindre ici[2].

La *face* de la fortune et son *courroux* qui *s'adoucit* entreraient à peine dans la prose la plus élevée : dans les vers, c'est le ton de la conversation; notre oreille n'est aucunement choquée de ces beaux mots qui la blesseraient dans le langage non mesuré : tant le style poétique est pour nous quelque chose de précis et de distinctement senti !

Ce style ne se manifeste pas moins par les épithètes qu'il admet en très-grand nombre, tandis que la bonne prose repousse tous les adjectifs qui ne sont là que pour arrondir la période ou amuser l'oreille. Ouvrez l'*Iphigénie* de Racine, et, dans la situation bien petite d'un maître qui parle à son serviteur, vous trouvez, dès les premiers vers, l'*humble fortune*, le *joug superbe*, l'*état obscur*, le *secret outrage*, le *puissant Atrée*, etc., que vous rejetteriez avec dégoût dans la prose, et qui, au contraire, vous plaisent dans les vers.

---

[1] *Cours supérieur de gramm.*, t. II, liv. IV, c. 13.
[2] Racine, *Andromaque*, acte I, sc. 1.

Enfin, c'est par les figures de toute sorte et surtout par les inversions que le style poétique se distingue pour nous du langage ordinaire. Les vers reçoivent naturellement toutes celles que la contrainte de la mesure ou de la rime rend nécessaires, tandis que la prose est, à cet égard, extrêmement réservée, et que l'usage trop fréquent de ces licences ou de ces fleurs d'élocution suffit pour rendre un écrivain ridicule[1].

De ces divers caractères, les premiers n'avaient pas dans les langues anciennes l'importance qu'ils ont chez nous. Le dernier, qui est certes le plus saillant, ne pouvait pas même y exister, puisqu'elles acceptaient habituellement toutes les inversions dans toute forme de langage. L'idée que nous nous faisons aujourd'hui du style poétique, par opposition à celui de la prose, est donc tout à fait moderne; elle nous appartient en propre; et, si les anciens ont employé ces mots, ils y attachaient certainement un sens très-différent, dont il faut d'abord nous rendre compte si nous voulons les bien entendre et trouver dans leurs pensées à cet égard la rectitude qu'ils croyaient y mettre.

Quoi de plus bizarre, par exemple, ou même de plus absurde, selon nos idées, que de voir discuter sérieusement si la comédie est un poëme, si les épîtres d'Horace le mettent au rang des poëtes? C'est pourtant ce qu'il fait lui-même, et avec autant de grâce que de modestie:

Primum ego me illorum dederim quibus esse poetas
Excerpam numero[2].

Et pourquoi ne veut-il pas être poëte? C'est qu'il ne suffit pas, pour cela, de mesurer des vers, d'avoir ou d'exprimer des pensées qui sont dans la mesure commune de l'intelligence humaine, et dont les termes se rapprochent de la

---

[1] *Cours supérieur de grammaire*, lieu cité.
[2] Hor., Sat., 1, 4, v. 39.

conversation. Non, non; le vrai poëte est celui qui joint au génie naturel une âme qui s'élance vers les nues et un style noblement sonore :

> Ingenium cui sit, cui mens divinior, atque os
> Magna sonaturum, des nominis hujus honorem [1].

Aussi l'on reconnaît le vrai poëte, lorsqu'en dérangeant ses mots pour détruire le vers, on trouve encore, non pas des termes simples et ordinaires, comme les siens propres ou ceux de Lucilius, mais bien des mots à grand fracas, ce qu'il nomme des *membres poétiques*.

> Non ut si solvas : « Postquam discordia tetra
> Belli ferratos postes, portasque refregit. »
> Invenias etiam disjecti membra poetæ [2].

Dans cette idée, on conçoit parfaitement qu'on n'ait pas mis la comédie ni la satire au rang des poëmes :

> Idcirco quidam comœdia necne poema
> Esset quæsivere ; quod acer spiritus ac vis
> Nec verbis, nec rebus inest ; nisi quod pede certo
> Differt sermoni, sermo merus [3].

Nous verrons tout à l'heure comment cela se suit et s'entend parfaitement dans le sens que les anciens donnaient aux mots *poétique* et *poëme :* dans le sens que nous donnons aux mêmes mots, les pensées d'Horace ne seraient ni sensées ni conséquentes.

Je sais bien que plusieurs philosophes ou écrivains modernes ont élevé sur la vraie nature de la poésie des diffi-

---

[1] Hor., *Sat.*, 1, 4, v. 43.

[2] Hor., *Sat.*, 1, 4, v. 60. Voyez à ce sujet le passage de Denys d'Halicarnasse sur Platon, où il dit que si le morceau qu'il cite avait la mesure et le nombre du vers comme les dithyrambes et les chants destinés aux danses, on pourrait le comparer à une ode de Pindare. (*Sur Démosthène,* c. 7, t. III, p. 35 de l'édit. de M. Gros.)

[3] Hor., *Sat.*, 1, 4, v. 45.

ficultés semblables[1] ; mais, indépendamment de ce qu'ils n'ont eu aucun succès et ne sont pas parvenus à changer le sens populaire et vrai du mot, s'ils ont pu discuter sur la signification abstraite et l'application, en quelque façon, future de ce terme, y en a-t-il un seul qui ait soutenu que nos comiques et nos satiriques, que Molière et Regnard, Mathurin Régnier et Boileau n'étaient pas des poètes, ou n'avaient pas fait des *poëmes*, comme Horace, ironiquement ou sincèrement, le soutient ici de lui-même, comme beaucoup, suivant Cicéron [2], le disaient des comiques ?

Le sens des mots *poésie*, *poétique*, s'est donc évidemment modifié depuis les anciens, non pas sans doute dans ce qu'il a de fondamental, et qui se rapporte à la forme de langage constamment employé, mais par les qualités accessoires qui s'y sont jointes, et que l'on a successivement remarquées et appréciées davantage. Ainsi, outre la forme des vers, les Romains et les Grecs, au temps d'Horace, avaient remarqué la nature des idées, et la pompe ou la grande sonorité des mots qui les expriment[3]. C'est précisément ce que nous nommons, nous, les *idées poétiques*, c'est-à-dire celles qui nous semblent les plus favorables à la haute poésie ; et les *vers d'un caractère élevé*, c'est-à-dire où de

---

[1] J'ai rapporté et discuté ces opinions dans mon *Histoire de la poésie française à l'époque impériale*, liv. 1, sect. 1, p. 46 à 54 ; et dans le *Petit traité de rhétorique et de littérature*, c. 1, p. 2 à 4.

[2] Il est remarquable que les vers d'Horace cités dans le dernier exemple sont en quelque façon le résumé de ces mots de Cicéron (*Orat.*, 20, n° 67) : « Visum est nonnullis Platonis et Democriti locutionem, etsi absit a versu, tamen quod incitatius feratur et clarissimis verborum luminibus utatur, potius poema putandum quam comicorum poetarum, apud quos, nisi quod versiculi sunt, nihil est aliud quotidiani dissimile sermonis. »

[3] Arist., *Rhét.*, II, c. 2, n° 1. « La poésie a plusieurs qualités qui la rendent propre à la majesté du discours, parce que les personnes et les choses dont elle s'occupe sont d'un ordre supérieur. Dans la prose, au contraire, où l'on traite des matières fort ordinaires, de pareils ornements sont plus rares. (Trad. de M. Gros.) Voyez aussi Denys d'Halicarn. dans sa *Lettre à Pompée*, n° 2, p. 75 et suiv. du t. II de l'édit. de M. Gros.

grandes pensées sont exprimées avec des mots sonores et soutenus, qui permettent de donner à la prononciation son ampleur retentissante. Toutefois, nous n'avons pu faire de ces qualités que le caractère distinctif de certains poëmes, et non le caractère essentiel de la poésie, puisque nous avons, en quantité, des pièces légères et badines, d'une valeur assurément égale aux plus sérieuses, et qui ne brillent que par des qualités contraires. Les anciens, qui n'avaient pas comme nous ces pièces de petit caractère, et qui, en tout cas, ne les estimaient pas à leur vraie valeur, ne les ont pas comptées comme entrant proprement dans la poésie : alors ils ont fait de la grandeur des pensées, de la vivacité des images, de la véhémence des figures, du ronflement des mots, la condition morale de celle-ci, indépendamment de la mesure, qui en était la condition matérielle.

C'est à cette idée que se rapportent les passages cités tout à l'heure, et d'autres encore où les critiques anciens, qui ne regardaient pas le mètre comme une qualité nécessaire et suffisante, ont cherché à en déterminer une autre par des caractères particuliers.

Pour nous qui ne pouvions, sur ces points, convenir avec eux, nous avons poussé la même recherche dans une autre direction : nous avons examiné si, indépendamment de la forme des vers, et des idées ou des expressions qui dépendent du sujet, il y avait dans le choix, dans l'arrangement des mots, dans l'admission des figures ou ornements du langage, quelque chose qui distinguât les vers de la prose. C'est précisément là ce que nous avons nommé le *style poétique*, style qui se trouve chez nous dans tous les sujets, grands ou petits, nobles ou humbles, étendus ou resserrés, et qui est si contraire au caractère général de la prose, que toutes les fois qu'on l'y introduit, comme M. d'Arlincourt, entre autres, l'a fait dans ses romans, on donne une large prise à la critique, je dirai presque à la moquerie.

Cette analyse, très-certainement, les anciens ne l'avaien pas faite ; ils n'ont même pas eu l'occasion de la faire, puisque leurs langues n'admettaient pas les différences sur lesquelles le fait est fondé.

Or l'étude que nous venons d'indiquer sur quelques qualités du style, et que l'on peut poursuivre sur tout autre sujet, amènera partout des résultats semblables. Elle nous montrera les peuples qui se succèdent dans le développement de la même civilisation, ajoutant toujours aux notions précédemment acquises des notions et des ressources nouvelles, et se composant ainsi une richesse intellectuelle bien supérieure à celle des siècles précédents.

Pour rester dans notre sujet, nous voyons ici, sur les trois divisions principales de l'étude du style, sur ses formes harmoniques, ses formes brillantes et ses qualités ou caractères, que les Grecs ont trouvé les premiers éléments et fondé la science par des classifications aussi incomplètes que précipitées ; que les Romains ou les Grecs de l'époque romaine ont revu les mêmes sujets, découvert de nouvelles vérités, redressé quelques opinions erronées, et classé à leur tour ce qu'eux-mêmes avaient trouvé : ils ont ainsi contribué pour leur part aux progrès de la doctrine. Les modernes, et particulièrement les Français, poussant leurs observations sur tous les points, reconnaissant mille circonstances délicates qui avaient échappé aux études précédentes, ont aussi mis partout un esprit d'ordre, une clarté, une sévérité de logique, inconnus jusqu'à eux ; ils ont établi des définitions et des divisions aussi complètes que précises, et composé une science vraiment digne de ce nom, aussi vaste dans son ensemble, aussi certaine dans ses détails que les autres doctrines philosophiques, physiques, mathématiques ou morales, dont nous jouissons aujourd'hui.

AU GUI L'AN NEUF[1].

Les traces des vieilles coutumes se conservent parmi les peuples, et souvent, sans que ces peuples eux-mêmes s'en doutent, de longs siècles après que ces coutumes ont cessé.

On sait qu'autrefois, le sixième jour de la lune qui commençait l'année des Gaulois, c'est-à-dire vers le solstice d'hiver, la nation se rendait en foule dans les forêts qui s'étendaient entre Chartres et Dreux, pour assister au grand sacrifice du gui; le chef des druides en avait auparavant indiqué le jour par la voix des vacies ou prêtres, qui s'étaient répandus dans toutes les provinces en criant *au gui l'an neuf*[2].

Dans quelques lieux du voisinage de Bordeaux, dit Mervesin[3], on observe encore quelque chose de cette coutume : quantité de jeunes gens, bizarrement habillés, vont en troupe le premier jour de janvier couper des rameaux de chêne dont ils se font des couronnes, et reviennent chanter dans

---

[1] Cette dissertation a été insérée, en décembre 1843, dans le journal *l'Instituteur* avec ce second titre : *Y a-t-il des synonymes ?* — J'ai changé les noms des personnages qui étaient alors *Jules* et *Julie*, bien que la scène fût absolument d'invention. Mais la perte que j'ai faite en 1844 d'une fille de ce nom, âgée de huit mois, et en 1853 de mon frère Jules, qui était son parrain, ne m'a pas permis de maintenir dans un ouvrage de pure plaisanterie des noms si chers et devenus si tristes pour moi.

[2] *Dictionnaire des origines*, mot Gui.

[3] *Histoire de la poésie française*.

les rues certaines chansons qu'ils appellent *Guilanus*. Dans plusieurs villes du Poitou, et particulièrement à Saint-Maixent, où je demeurais à la fin de 1825 et au commencement de 1826, c'est le soir ou la veille du jour de l'an que les enfants courent dans les rues, s'assemblent sous les fenêtres des maisons et demandent quelques gâteaux en l'honneur du *gui l'an neuf,* dont ils estropient le nom, comme on le pense bien.

Le soir du 31 décembre 1825, comme nous étions assis auprès du feu, M. Dupuis, mon hôte et mon ami, Émilie, sa fille, et moi; le père tisonnant et songeant peut-être à la perte qu'il avait faite l'année précédente d'une femme bien aimée, Émilie travaillant à l'aiguille, et moi continuant mes recherches sur les premiers temps de notre histoire, nous entendîmes une grosse voix chanter sous nos fenêtres le refrain du jour :

> Gui l'an neû, gui l'an nette,
> Un petit morceau de galette;
> Gui l'an neû, gui l'an neau,
> Un petit morceau de gâteau [1].

« C'est ton oncle, ma fille, s'écria Dupuis; va vite lui ouvrir. » Et toute tremblante de joie, et peut-être de peur (car elle avait été bien surprise d'entendre chanter un homme, où l'on n'entend jamais que des voix d'enfants), Émilie prit son bougeoir, et courut ouvrir la porte de la rue.

C'était, en effet, Émile, le frère de Dupuis, qui lui avait annoncé son arrivée à Saint-Maixent pour ce jour-là, sans en pouvoir déterminer l'heure, et déjà nous commencions à désespérer de le voir, lorsqu'il nous fit connaître sa présence ainsi que je viens de le dire.

---

[1] Les Poitevins disent *guilloneu*, *guillonette*, autant qu'on le peut assurer quand on a seulement ouï des paroles qui ne s'écrivent jamais.

Je laisse à penser quelle fut notre joie; il y avait si longtemps qu'on ne l'avait vu : huit ans s'étaient écoulés depuis son départ; Émilie avait alors cinq ans; elle en avait treize aujourd'hui; aussi son oncle la trouva-t-il bien grandie, bien embellie, tout ce qu'on trouve enfin quand on a conservé profondément dans son cœur l'amour de la famille, et qu'on se revoit après une si longue absence.

Ne nous arrêtons pas sur ce sujet; tout le monde sentira nos émotions diverses mieux que je ne pourrais les décrire; qu'il me suffise de dire qu'Émilie était allée commander un souper bien chaud et bien restaurant, veiller à ce que tout fût exactement prêt; qu'elle avait apporté à son oncle de bonnes pantoufles brodées par elle en tapisserie et montées à son intention; qu'elle l'avait débarrassé de ses lourds vêtements, et lui avait avancé un fauteuil, pour qu'il s'y étendît auprès du feu, et s'y réchauffât à son aise. Tout cela avait été l'affaire de quelques instants, grâce à l'activité de la jeune fille, et elle était venue bientôt, en attendant que la bonne eût préparé le repas, s'asseoir auprès de nous, et en face de son oncle.

Elle écoutait avec ravissement notre conversation, et dans son impatience enfantine : « Mon oncle, dit-elle à propos des voyages qu'il avait faits, vous avez donc vu bien du pays? Oh! que vous devez avoir de choses à raconter, car j'ai lu dans La Fontaine que

> Quiconque a beaucoup vu
> Peut avoir beaucoup retenu;

et je vous écouterais avec bien du plaisir.

— Ah! petite curieuse, répliqua Émile, tu aimes donc toujours les histoires? je me rappelle qu'autrefois je t'endormais en t'en racontant : faut-il te rendre aujourd'hui le même service?

— Oh! mon oncle, je n'ai plus besoin de vous pour cela;

je dors bien toute seule, je vous assure; et, au contraire, si vous me disiez quelque chose de ce que vous avez vu, ce serait bien le moyen de me tenir éveillée jusqu'à minuit au moins.

— Eh bien! je veux essayer, dit Émile; voyons d'abord quel genre d'histoire te plaira le plus : en voici quelques-unes entre lesquelles tu pourras choisir.

>Faut-il te raconter comment Myosotis,
>Dans son poste attaqué par Raminagrobis,
>Ne put, malgré sa ruse et malgré son courage,
>Préserver ses enfants du plus affreux carnage?
>Faut-il dire comment un jeune Miaou,
>Dans un nid de ramiers rencontrant un coucou,
>Et lestement poussé par la maligne bête,
>Tomba sur un caillou sans se casser la tête?
>Voudrais-tu le combat du roi des hannetons
>Contre un des descendants de ces fameux frelons
>Qui jadis, nous dit-on, plaidèrent les abeilles?
>Je pourrais raconter cent histoires pareilles.

— Ah! mon oncle, répondit Émilie en rougissant, vous me faisiez des contes de ce genre quand vous nous avez quittés, et il y a huit ans; croyez que je ne les ai pas tout à fait perdus; et grâce aux soins de mon bon père et aux leçons que j'ai reçues et que je reçois encore dans la meilleure pension de la ville, je suis devenue capable d'entendre autre chose, et de prendre intérêt aux questions que vous traiterez.

— Voyez-vous cela? ma nièce est devenue difficile; j'en suis bien aise; car, enfin, il n'y a pas de plaisir à servir de bons mets à qui ne sait pas les apprécier; à raconter de bonnes histoires à qui ne fait pas la différence des bonnes et des mauvaises; à prendre enfin pour ami celui qui se donne tour à tour aux méchants comme aux braves gens : viens m'embrasser, ma nièce; je suis content de ce que tu viens de me dire; car, pourvu que la mauvaise humeur et la passion ne s'en mêlent pas, *difficile* est parfaitement synonyme de *connaisseur*.

— Je vous embrasserai volontiers, dit la petite folle en déposant son ouvrage, et courant se jeter dans les bras de son oncle; mais vous me permettrez de vous dire qu'il n'y a pas de synonymes parfaits.

— Bah! et qui t'a dit cela?

— On me le démontre tous les jours dans ma classe, où l'on me fait remarquer la différence délicate de ces mots qui, se ressemblant comme frères par une idée commune, sont néanmoins distingués l'un de l'autre par quelque idée accessoire et particulière à chacun d'eux[1]. De là même cette nécessité du choix des mots pour les placer à propos et parler avec justesse, et cette attention à bannir les images vagues et les *à-peu-près,* dont les esprits superficiels ou paresseux se contentent dans leur façon de concevoir ou de s'expliquer[2].

— J'entends bien, ma nièce, qu'il y a des mots entre lesquels les nuances sont réelles, quoique peu marquées, et qu'il est important de les faire distinguer aux jeunes écolières; mais ce n'est pas la question : il s'agit de prouver qu'il n'y a pas de mots entre lesquels il n'y ait aucune différence de sens; et c'est ce que tu n'as pas montré.

— Mais, s'il y avait des synonymes parfaits, il y aurait deux langues dans une même langue, et, quand on a trouvé le signe exact d'une idée, on n'en cherche pas un autre[3].

— Fort bien, c'est une raison pour qu'on ne cherche pas à introduire dans le langage de synonymes parfaits;

---

[1] Girard (l'abbé) dans la préface de son *Dictionnaire des synonymes.* Cf. Lamotte, *Discours sur Homère*, t. II, p. 184, et *Cours supérieur de grammaire*, t. II, liv. IV, c. 3.

[2] *Ibid.*

[3] Dumarsais, *Tropes*, part. III, c. 12.

mais de là peut-on conclure qu'il n'y en a réellement pas?

— Enfin, c'est une chose qu'on a dite et écrite partout : et ma maîtresse nous a même lu cela dans la préface d'un de ses livres.

— Cette règle a été, en effet, écrite et répétée bien souvent; mais, comme tant d'autres, elle n'en est pas plus vraie, ou du moins elle exige, pour être exacte, certaines restrictions auxquelles il arrive presque toujours qu'on ne pense pas.

— Oh! montrez-moi cela, je vous en prie, mon bon oncle, et cela me fera plus de plaisir et de profit que vos contes de Raminagrobis et du roi des hannetons.

— Je le veux bien, mon enfant, mais cette discussion sera peut-être bien sérieuse pour toi ; si tu allais t'endormir avant le souper, ce serait bien triste.

— N'ayez pas peur, dit Julie; j'en entends tous les jours qui sont moins intéressantes que celle-là, et je ne m'endors pourtant pas.

— Eh bien donc, commençons, et nous allons voir s'il est rigoureusement exact de dire qu'il n'y ait pas de synonymes parfaits. Il faut d'abord excepter de cette règle les mots qui, remontant à la même racine, ne diffèrent entre eux que par la prononciation et quelque lettre non radicale; ainsi, les uns appellent *brossailles* ce que les autres nomment *broussailles;* ceux-là disent *scarole* pour la salade que nous appelons *escarole* : n'accorderas-tu pas que ce sont là des synonymes parfaits, et qu'il serait absurde de vouloir trouver entre eux une autre différence que celle du son ou des lettres qui le représentent?

— Certainement, mon oncle; mais, si j'ose le dire, les mots que vous citez sont hors de la question : ils sont plus que synonymes; on peut dire que c'est le même mot, plus ou moins altéré, mais qui, enfin, n'a pas perdu son existence; à peu près comme ce rat dont notre fabuliste dit :

Même il avait perdu sa queue à la bataille [1],

n'avait pourtant pas cessé d'être lui-même.

— Ce n'est pas mal, mon Émilie; j'aime ton objection et ta comparaison : si j'ai moi-même cité ces mots, ce n'est pas que je les regarde comme étant de ceux qu'on nomme ordinairement synonymes, mais parce que je ne voulais pas les laisser derrière moi sans les avoir au moins mentionnés. A ces mots-là, j'en ajoute quelques-uns qui, dans le langage moderne, succèdent ou ont succédé à d'autres devenus surannés ou abandonnés par le caprice, par exemple : *castel* est devenu *châtel*, et ensuite *château; coutel, couteau; damoiselle, demoiselle*; et de même en grammaire, *mœuf* a été remplacé par *mode*; les *parties d'oraison* par les *parties du discours*; le *nom* même, tel qu'on l'entendait autrefois, par le *substantif*. Tous les anciens mots, dans le sens où on les prenait, et les nouveaux, dans le sens où on les prend aujourd'hui, sont exactement synonymes; il ne peut y avoir de difficulté.

— Je l'avoue, mon oncle; mais ils rentrent, en grande partie, dans le cas précédemment examiné; et, d'un autre côté, puisque ces mots n'existent pas ensemble, que les modernes s'élèvent sur les ruines des anciens, et ne sont employés qu'à leur défaut, votre observation ne prouve-t-elle pas plus pour moi que pour vous?

— Très-bien, très-bien; je vois que ma nièce ne se rend pas facilement; je l'en félicite : il faut donc faire approcher une batterie un peu plus forte; voyons si nous aurons plus de succès. Il y a, surtout dans les sciences, des mots tirés de langues différentes, et qui signifient exactement la même chose. Ainsi *triangle* et *trigone*, *rectangle* et *orthogone*, *ob*-

---

[1] La Fontaine, fables, III, 18.

tusangle et ***amblygone***, ***oxygone*** et ***acutangle*** sont des mots exactement synonymes, se définissant de même et pouvant toujours, et dans tous les cas, s'employer l'un pour l'autre; il en est de même, pour te citer des mots qui te soient plus familiers, de *presqu'île*, *péninsule* et *chersonèse*, qui n'ont pas, dans leur signification, la plus légère différence.

— Il est vrai, mon oncle, que je n'avais pas pensé à ces mots-là.

— Il y en a d'autres, continua Émile, qui, tirés de la même langue, ont eu originairement des sens différents; mais ces deux sens se sont confondus entièrement, soit parce que l'un entraînait l'autre, soit par suite de l'habitude. Ainsi un *triangle* est une figure qui a trois angles; un *trilatère* est une figure qui a trois côtés; mais comme, dans toute figure, il y a autant d'angles que de côtés, qu'il est impossible qu'il n'en soit pas ainsi, tout *triangle* est et sera toujours *trilatère*, comme tout *trilatère* est toujours *triangle*; et la différence primordiale des mots racines ayant disparu dans ces composés, on peut dire qu'ils sont synonymes parfaits et absolus.

— C'est vrai, mon oncle, je n'ai rien à dire à cela.

— Pour te parler de mots plus communs, un *barbier* est étymologiquement celui qui fait la barbe; un *perruquier*, celui qui faisait la perruque, et qui, par conséquent, taillait les cheveux. Or, comme le même homme a dû naturellement couper les poils de la tête et ceux du visage, les deux métiers se sont toujours confondus. L'usage a ainsi rendu les deux mots synonymes, si bien que, si je veux me faire raser demain matin, je te dirai : Émilie, envoie chercher le perruquier.

— Oui, mon oncle, et pourtant ces deux mots ne sont pas aussi indifférents que vous le dites; et nous allons bien le voir, si nous les retournons l'un et l'autre. Supposez que, le jour où j'irais au bal, je disse à la bonne, devant mes petites amies : Babet, il faut que je sois coiffée pour ce soir ; allez me chercher le barbier : oh! diraient-elles toutes, Émilie va se faire faire la barbe.... et je serais la risée de la ville.

— Viens m'embrasser encore une fois, mon enfant, s'écria Émile; tes remarques me font plaisir, surtout parce qu'elles sont de bon sens; et je vois qu'il faut avec toi prendre garde à ce qu'on dit. »

Émilie s'était jetée dans les bras de son oncle, qui la baisa tendrement sur le front; et la retenant auprès de lui : « Tu ne m'as pourtant pas vaincu, lui dit-il : il y a réellement des mots dont le sens est devenu, par l'usage, exactement le même : ainsi, quelle différence y a-t-il aujourd'hui entre une *auberge* et une *hôtellerie?* Beauzée nous dit qu'une auberge est un lieu où l'on donne à manger en repas réglé, soit à titre de pension, soit à raison d'une somme convenue par repas, et qu'une hôtellerie est un lieu où les voyageurs et les passants sont logés, nourris et couchés pour de l'argent[1] : ainsi le coucher ferait, selon Beauzée, la différence de l'auberge et de l'hôtellerie; mais cette différence est imaginaire, et si je n'avais pas ici un bon frère et une petite nièce que j'aime de tout mon cœur, j'aurais été coucher à l'auberge, sans crainte de mal parler[2].

— J'aime mieux vous voir ici, mon oncle.

— Et moi aussi, mon enfant; mais continuons. Puisque tu commences à jouer du piano, tu seras quelque jour accompagnée par une basse et un violon.

---

[1] *Dictionnaire des synonymes*, mots *Auberge*, *Hôtellerie*, *Cabaret*, *Taverne*.

[2] La distinction des synonymes est quelquefois si arbitraire qu'on trouve dans le tome II des *Synonymes* de l'abbé Girard, p. 206, édition de Beauzée, 1769, aux mots *Contentement*, *Satisfaction*, un article tiré de l'*Encyclopédie* sur le sens de ces mots : et Beauzée y ajoute une note où il dit que, selon lui, la différence doit être appliquée en sens inverse à ces mêmes mots. Fiez-vous donc aux recueils de synonymes!

— Oh! je l'ai déjà été.

— Eh bien! le véritable nom de la basse, c'est *violoncelle*, d'un mot italien qui signifie grande *viole*; mais comme, dans un morceau concertant, une symphonie, un quatuor, un trio, cet instrument joue la partie basse, on lui a donné le nom de sa partie, et maintenant on dit beaucoup plus une *basse* qu'un *violoncelle*, un *bassiste* qu'un *violoncelliste*; si bien même qu'un grammairien propose de supprimer absolument le mot *violoncelle*[1], et peut-être ne ferait-on pas mal. Quoi qu'il en soit, les deux mots sont exactement équivalents, et donnent un nouvel exemple des synonymes parfaits dont j'ai parlé. Pendant quelque temps, on a voulu appliquer le nom de *violoncelle* à l'instrument récitant, et celui de *basse* à l'instrument accompagnant; mais cette distinction, qui tombait sur les parties de musique, et laissait toujours les deux noms à l'instrument, n'a pas même été adoptée : on dit *basse*, *basse récitante*, *basse d'accompagnement*. Il en est de l'*alto* comme de la *basse* : cet instrument, dont le nom étymologique est *viole*, est monté à une *quinte* au-dessous du violon, et, à cause de cela, on l'appelle *quinte*; on l'appelle *alto*, parce qu'il est à l'octave au-dessus de la basse : or, ces trois noms, quoiqu'ils soient, comme tu le vois, étymologiquement différents, sont rigoureusement synonymes comme noms d'instrument : il n'est pas possible d'établir entre eux la plus petite nuance.

— Je vois bien, mon oncle, que j'avais accepté trop vite, et comme sans exception, une règle qui en admet quelques-unes.

— Tiens, continua Émile pendant qu'on mettait le couvert, comment appelles-tu cette salade?

— Cela, mon oncle, c'est de la *doucette*.

---

[1] M. Legoarand dans sa *Nouvelle orthologie française*, qui n'a paru qu'en 1832. J'anticipe donc un peu ici.

— Eh bien! mon enfant, à Paris, on la nomme de la *mâche,* ou plutôt des *mâches,* et j'ai vu des villes où l'on disait de la *boursette.*

— Ah! ce sont bien de vrais synonymes.

— Oui, sans doute, ma chère nièce; et cela me rappelle un passage d'une comédie burlesque, où Lagingeole, entrepreneur de spectacles forains, dit au pacha Schahabaham qu'il ne donnerait pas même une *croquignole* à ses serins, et il fait avec le doigt le geste d'une nasarde. — Ah! dit Schahabaham, vous voulez dire une *pichenette?* — Non, *croquignole* est le mot. — *Pichenette* est plus usité. — On dit *croquignole.* — On doit dire *pichenette.* — Enfin arrive le conseiller intime du pacha ; les deux interlocuteurs lui donnent successivement une nasarde, en lui demandant comment cela s'appelle : C'est, dit-il, une *chiquenaude.* — Et ainsi, s'écrie Lagingeole, *croquignole, pichenette, chiquenaude :* il y a donc un langage différent pour toutes les classes de la société[1]? c'est-à-dire il y a des mots qui sont synonymes[2]. Qu'en dis-tu?

— Je dis, mon oncle, que je ne puis pas nier ces vérités.

— Tu vois donc que cette proposition : *il n'y a pas dans les langues de vrais synonymes,* ne doit pas être prise d'une manière aussi absolue qu'on le fait ordinairement; il y a quelques exceptions : peut-être même sont-elles plus nombreuses qu'on ne le croit. Ces exceptions une fois faites, il est bien vrai qu'il n'y a pas de mots qui, en toute occasion, à toute place, surtout si l'on a égard à leur étymologie, puissent être employés l'un pour l'autre, c'est-à-dire, en d'autres termes, qu'il n'y a pas de mot qui soit un autre mot; mais c'est là tout ce que l'on peut conclure du principe *il n'y a pas de synonymes :* car, dans la pratique, et, quant au

---

[1] M. Scribe, *l'Ours et le Pacha,* sc. 11 et 12,
[2] Voyez sur ces mots le *Dictionnaire étymologique* de Roquefort.

mot propre que nos bons auteurs passent pour avoir toujours si heureusement trouvé, il est clair qu'ils n'ont souvent été guidés dans leur choix entre plusieurs synonymes que par des raisons tout à fait étrangères à leur signification, je veux dire par la rime, le nombre ou l'euphonie.

— O mon oncle! ne vous jouez-vous pas de mon ignorance? ou ne vous abandonnez-vous pas au désir d'abattre et de détruire tout ce qu'on m'a enseigné jusqu'ici?

— Me jouer de toi, ma nièce! je serais bien coupable, et tu ne penses pas ce que tu me dis. Ne crois pas, non plus, que je veuille rien détruire de ce qu'on t'a montré; je veux seulement établir la vérité, parce que la vérité est préférable à tous les mensonges; je veux surtout l'expliquer, parce qu'une vérité devient mensonge dès qu'elle est comprise autrement qu'elle ne doit l'être. Eh bien, je dis que, dans la plupart des cas, les poëtes et les orateurs ont eu à choisir entre plusieurs expressions équivalentes, non dans leur sens étymologique, mais dans l'application qu'ils en faisaient actuellement. Je pourrais dire *à priori* que cela est évident, puisque, sans cette faculté, la prose serait condamnée à la plus inévitable monotonie par la nécessité où l'on serait de répéter sans cesse le même mot; et que la poésie deviendrait absolument impossible toutes les fois que le hasard ne fournirait pas, dans la mesure et avec la rime nécessaires, le seul mot convenable existant dans la langue.

— Cela me semble, en effet, évident, mon oncle; mais qu'entendez-vous par les mots *à priori?*

— On dit, mon enfant, qu'un raisonnement est fait *à priori* lorsqu'on en déduit les conséquences par les seules forces de l'attention, et sans recourir à aucune expérience ni observation pratique. Tu vois que je ne me suis fondé, dans ce que je t'ai dit, que sur le principe lui-même; et j'en ai montré les résultats nécessaires sans prendre aucun exemple particulier. Prenons-en maintenant quelques-uns;

car c'est le moyen de se faire parfaitement comprendre. Racine, dans une tragédie célèbre, fait dire à une femme criminelle, qui était fille de Minos :

> Où me cacher? fuyons dans la nuit infernale :
> Mais que dis-je? mon père y tient l'urne fatale.
> Le sort, dit-on, l'a mise en ses sévères mains ;
> Minos juge aux enfers tous les pâles humains [1].

Je ne m'arrête pas, mon Émilie, à te faire admirer ces beaux vers ; j'observe seulement qu'une des causes de leur beauté, c'est, sans contredit, la consonnance ou rime qui revient après un certain nombre de syllabes, et qui nous apporte plus vif et plus pénétrant le sentiment de l'harmonie. Cependant il y a des peuples, comme les Italiens et les Anglais, qui se sont souvent dispensés de la rime : ils trouvent leurs vers assez harmonieux sans cela ; nous ne jugeons pas de même. Nous appelons *vers blancs* les vers sans rime, et nous les regardons comme étant à peu près sans aucune valeur. Aussi Voltaire, qui en a fait beaucoup, dit-il que les vers blancs ne coûtent que la peine de les dicter ; et que, si l'on s'avise de faire des tragédies en vers blancs, la tragédie est perdue ; car, dès qu'on ôte la difficulté, on ôte le mérite [2].

Mais comme il est question ici de synonymie, et que celle-ci ne dépend en aucune manière de l'harmonie, supposons aussi que Racine, au lieu des vers que je t'ai cités, eût écrit ceux-ci :

> Où me cacher ? fuyons dans la nuit infernale :
> Mais que dis-je ? mon père y tient l'urne funeste.
> Le sort, dit-on, l'a mise en ses sévères mains ;
> Minos juge aux enfers tous les pâles mortels.

---

[1] *Phèdre*, acte IV, sc. 6.
[2] Dans la préface de sa traduction du *Jules César* de Shakspeare.

Ces quatre vers ont été écrits ainsi par Voltaire[1], qui voulait prouver contre Lamotte la nécessité de la rime dans notre poésie; aussi fait-il cette réflexion : « Quelque poétique que soit ce morceau, fera-t-il le même plaisir, dépouillé de l'agrément de la rime? » Non, sans doute; mais, sauf cette différence, le sens sera exactement le même, c'est-à-dire que *funeste* sera ici synonyme de *fatale*, et *mortel* d'*humain* : ce qui ne veut pas dire que ces mots puissent se remplacer partout ailleurs, cela n'est pas vrai du tout; mais seulement qu'ici l'un vaut exactement l'autre, et que la rime seule en a déterminé le choix.

— Ces exemples, dit Émilie, ne m'avaient pas été cités.

— Je le crois bien, reprit Émile : ceux qui veulent établir une opinion laissent souvent passer, soit par ignorance, soit par inadvertance, tout ce qui peut détruire cette opinion; et c'est ainsi que l'on trouve tant d'ardeur et de confiance chez ceux qui n'ont considéré les questions que d'un côté. Quand on a étudié davantage, les choses qu'on voyait si claires, et qu'on trouvait si certaines autrefois, apparaissent souvent plus obscures ou plus douteuses : on perd alors cette confiance sans bornes en soi-même, et l'on y regarde à deux fois avant d'établir des principes généraux comme celui que je combats en ce moment.

Je te citerai cependant un second exemple plus curieux encore que le premier : Bossuet, qui était un évêque très-savant et un orateur très-éloquent, faisait l'éloge funèbre d'une princesse française qui avait été reine d'Angleterre. Tu sais que les orateurs sacrés et les prédicateurs citent ordinairement, au commencement de leurs discours, une phrase latine tirée de l'Écriture sainte, qu'ils appellent leur texte. Bossuet avait pris cette phrase : *Et nunc, reges, intelligite; erudimini, qui judicatis terram*, et l'avait traduite

---

[1] Dans la préface de sa tragédie d'*Œdipe*.

aussitôt par : *Maintenant, ô rois, apprenez; instruisez-vous, juges de la terre!* Puis il avait commencé son discours ; mais comme, en parlant ainsi, il s'échauffait et s'enflammait toujours, arrivé à la fin de son exposition, il répète le même texte latin, et, trouvant sa première traduction trop plate ou trop froide pour sa passion actuelle, il lui en substitue une autre bien plus harmonieuse et bien plus poétique, quoique ayant rigoureusement le même sens : *Entendez, ô grands de la terre; instruisez-vous, arbitres du monde!* Or, si ces deux phrases, composées de mots tout à fait différents, n'étaient pas exactement équivalentes, il faudrait en conclure que Bossuet n'avait pas bien entendu son texte la première fois, ou l'avait mal rendu la seconde ; car enfin, comme disent les géomètres, deux quantités égales à une troisième sont égales entre elles.

— C'est bien vrai, mon oncle, ce que vous me dites là ; et pourtant il faut bien qu'il y ait une différence, puisque vous avouez que la seconde phrase répond mieux que la première à la chaleur ou à l'élévation du discours.

— Oui, ma chère enfant ; mais c'est à cause du son des mots. Tu dois sentir toi-même combien est harmonieusement cadencée cette période : *Entendez, ô grands de la terre; instruisez-vous, arbitres du monde!* Je ne crois pas que l'art d'arranger les mots ait jamais été porté plus loin. Mais tout cela est étranger à la question des synonymes, lesquels ne s'occupent que du sens et non pas du son des mots.

— J'en conviens, dit Émilie.

— Je pourrais ajouter d'autres exemples, continua son oncle ; en voici un dernier que je prends dans un auteur célèbre nommé La Bruyère, que tu liras plus tard. Cet écrivain se demande, sans la trouver, la raison de quelques usages relatifs à la la langue française ; il remarque que l'on a préféré *par conséquent* à *par conséquence,* et *en consé-*

quence à en conséquent; façon de faire à manière de faire, et manière d'agir à façon d'agir[1]. Les distillateurs de synonymes trouveront, sans doute, entre ces expressions des différences de sens; car ils en trouvent partout, et en font quand il n'y en a pas; mais La Bruyère, qui était un grand écrivain, n'en a pas trouvé, et cela me suffit pour ce que je veux dire. Quelle différence y a-t-il entre ces deux mots : *manière* et *façon?* L'un vient du mot *main*, l'autre du mot *faire*; et comme c'est avec les mains que l'homme fait presque tout, ces deux mots sont devenus exactement synonymes toutes les fois que leur sens étymologique n'a pas été apparent dans les phrases. Ainsi, sans doute, il faut dire : *faire des façons*, et non *faire des manières; payer tant pour la façon d'un habit*, et non *pour la manière d'un habit;* et l'on dira d'un violoniste : *il a une manière de tenir l'archet*, plutôt qu'*une façon de tenir...*; mais, hors ces cas, *façon* et *manière* sont tellement équivalents, qu'aucun raisonnement ne peut déterminer le choix de l'un des deux. Je dirai alors d'un impertinent : *Je l'ai reçu de la bonne manière*, ou de la *bonne façon; c'est votre manière de voir*, ou *votre façon de voir, votre manière de penser*, ou *votre façon de penser;* et ici, comme dans les exemples de La Bruyère, l'usage a préféré *façon* à *manière* avec le verbe *penser*, et *manière* à *façon* avec le verbe *voir;* mais, encore une fois, la synonymie n'y est pour rien; c'est une affaire de pure habitude; en chercher la raison, c'est s'attacher à une chimère, et souvent se fausser l'esprit.

— Vous me faites peur, mon oncle. Alors il ne faut plus étudier les synonymes; car je ne crois pas qu'il y ait rien de pire que d'avoir l'esprit faux.

— Ce serait un autre excès, ma chère nièce. Il est bon d'employer avec discernement les mots de la langue, de ne

---

[1] *Les Caractères*, c. 14.

pas prendre l'un pour l'autre, de saisir leurs différences lorsqu'il y en a de réelles ; et l'étude des synonymes dirigée ainsi peut être très-utile. Garde-toi bien seulement des idées absolues et de leurs conséquences ; ne crois pas vrai, sans examen, un principe général comme celui-ci : *Il n'y a pas dans les langues de synonymes.* Ce principe n'est vrai que dans le sens que j'ai indiqué, c'est-à-dire si l'on fait entrer en compte la valeur étymologique du mot et la série entière de ses usages. Mais comme, dans la pratique, il ne s'agit presque jamais que d'une place particulière, d'un emploi déterminé, il y a ordinairement, et cela est fort heureux, plusieurs mots qui peuvent très-bien se remplacer l'un l'autre, et de là naît la variété et la richesse du style des bons ouvrages.

— Je vous remercie bien, mon oncle, de ce que vous venez de me dire : j'en profiterai, je vous l'assure. Mais voilà le souper servi ; vous devez avoir grand appétit : c'est comme moi, qui ai voulu souper plus tard qu'à l'ordinaire pour être avec vous à table.

DES DIVERSES ESPÈCES DE VERS FRANÇAIS[1].

La plupart de nos traités de versification posent en principe qu'il n'y a chez nous, à proprement parler, que six espèces de vers, ceux de 5, de 6, de 7, de 8, de 10 et de douze syllabes. Les vers plus courts que cinq syllabes présentent une harmonie si étroite et si répétée, que l'oreille s'en fatigue tout de suite, et qu'on ne peut pas les employer avantageusement dans des pièces un peu longues. Dans ceux de plus de douze syllabes, au contraire, l'harmonie est si lâche ou si détendue, que l'oreille a de la peine à la saisir : on n'y a donc pas eu recours habituellement. Enfin, tout le monde sait qu'on fait peu de vers de neuf ou onze syllabes. En fait, il est donc très-vrai que nous sommes réduits, ou qu'au moins nous nous réduisons aux six vers indiqués tout à l'heure.

On avouera cependant que, comme il n'y a ici qu'une habitude, et qu'on ne donne pas de raison de l'exclusion des autres vers possibles, un esprit curieux n'acceptera pas sans examen une proposition si absolue ; il voudra se rendre

---

[1] Cette dissertation a été écrite en août 1846.

compte de la nature et du caractère harmonique de nos vers, et déterminer par une analyse exacte jusqu'à quel point on a raison de se soumettre à la coutume.

C'est ce que j'ai tâché de faire; et pour cela, partant des plus petits vers, n'en excluant aucun par un parti pris d'avance, j'ai examiné avec beaucoup d'attention ce qu'ils pouvaient produire, soit seuls, soit en se combinant avec des vers d'une autre mesure : je n'aurai à prouver mes assertions que quand elles s'éloigneront de l'opinion commune.

Les vers d'une, deux, trois et quatre syllabes, peuvent, sous le nom de *versicules* ou de *vers nains*, former un groupe dont le caractère bien reconnu est qu'ils ne s'emploient seuls que par exception, mais qu'ils tombent quelquefois avec beaucoup de grâce après des vers plus longs.

Les vers de cinq, six, sept et huit syllabes, sont tous très-harmonieux et très-usités. On pourrait les nommer *vers moyens*, comme étant plus longs que les vers nains, plus courts que ceux qui nous restent à examiner.

Les vers moyens et les vers nains sont d'ailleurs prononcés d'une teneur, c'est-à-dire qu'on n'est pas obligé, pour en sentir l'harmonie, de les couper par une *césure;* au contraire, les vers de plus de huit syllabes nous paraissent exiger cette condition. On pourrait donc nommer ces derniers *vers à césure* ou *partagés;* les autres se désigneraient par opposition sous le nom de *vers indivis*, ou *sans césure*. Cette classification, fondée sur la nature même des objets, est assurément aussi claire que naturelle et facile.

Mais qu'est-ce, précisément, que cette césure dont nous parlons? Pour les yeux, c'est la séparation de deux mots; pour l'oreille, c'est un peu plus : c'est un repos momentané introduit dans le vers à une place déterminée, pour en faciliter la prononciation et en augmenter l'harmonie[1].

---

[1] *Cours supérieur de grammaire*, t. II, liv. 1, c. 7.

Voilà la définition exacte de la césure. Il en résulte qu'un vers partagé peut être considéré comme se composant de deux vers blancs d'une teneur : le vers de dix syllabes se formerait ainsi d'un vers de quatre et d'un vers de six ; l'alexandrin, de deux vers de six syllabes.

Cette manière de considérer nos grands vers, en nous montrant d'où vient précisément leur harmonie, savoir du balancement agréable de leurs parties ou incises, nous conduit à une considération toute nouvelle, je veux dire à examiner sans prévention et à reconnaître comme de véritables vers français des combinaisons harmonieuses que nous pourrons former de vers indivis entre eux pour en composer de plus longs.

Le premier résultat de ce travail sera de nous faire réintégrer à leur place les vers de neuf et de onze syllabes, que plusieurs poëtes ont déjà employés[1], et qui, s'ils n'ont pas été généralement admis, parce qu'ils ont, en effet, une harmonie moins pure que ceux de dix ou de douze, ne méritent peut-être pas non plus l'exclusion absolue dont on les a frappés.

Le vers de neuf syllabes prend sa césure sur la troisième ou la quatrième syllabe, c'est-à-dire qu'il se partage en deux incises de trois et de six syllabes, ou de quatre et de cinq.

La Fontaine nous donne un exemple de la première division dans les stances qu'il a faites en 1687 pour une dame inconnue[2] :

> On languit, — on meurt près de Sylvie ;
> C'est un sort — dont les rois sont jaloux :
> Si les dieux — pouvaient perdre la vie,
> Dans vos fers — ils mourraient comme nous.

---

[1] Voyez le *Traité de versification française* de M. Quicherat.
[2] *Œuvres diverses*, sous la date de 1687, t. I, p. 162, éd. stéréot.

> Soupirant pour un si doux martyre,
> A Vénus ils ne font plus la cour :
> Et Sylvie accroîtra son empire
> Des autels de la mère d'amour, etc.

Voltaire en a fait quelques-uns qui sont partagés de la même manière [1] :

> Sur la terre, — on poursuit avec peine
> Des plaisirs — l'ombre légère et vaine ;
> Elle échappe et le dégoût la suit.
> Si Zéphyre un moment plaît à Flore,
> Il flétrit les fleurs qu'il fait éclore :
> Un seul jour les forme et les détruit.

L'autre coupe est peut-être plus rare que celle-ci ; elle a pourtant l'avantage de mettre plus de parité entre les deux incises, et, si je ne me trompe, de distinguer davantage le vers de neuf syllabes de notre alexandrin. En voici un exemple dans la fable de *l'Abeille et le Coucou*, traduite de l'espagnol d'Yriarte :

> En butinant — autour d'un érable,
> Au sot coucou — l'abeille disait:
> « Mais finis donc, — chantre insupportable,
> Finis, pour Dieu ! — ce chant qui déplaît.
> En vérité, nulle voix n'inspire
> A mon avis autant de dégoût :
> Coucou, coucou, c'est toujours coucou ;
> N'aurais-tu pas autre chose à dire ?
> — Non, par ma foi, répondit l'oiseau ;
> Mais de mon chant devrais-tu, m'amie,
> Me reprocher la monotonie ?
> Ton miel pour nous est-il si nouveau ?
> Tu l'avoueras, c'est ton seul ouvrage ;
> Et si depuis une éternité
> Par ton travail tu n'as inventé
> Rien qui le fît priser davantage,
> Quelle raison fait qu'en mon ramage
> Tu veux trouver la variété ?
> La même loi tous deux nous oblige. »

---

[1] *Pandore*, acte III ; voyez aussi acte V, tout à la fin.

L'abeille alors sut lui repartir :
« Dans tout produit qui doit nous servir
Bien volontiers chacun la néglige ;
Mais la critique à bon droit l'exige
S'il ne s'agit que d'un vain plaisir. »

Quelle que soit la coupe que l'on choisit, il faut la conserver dans tout le morceau : le mélange des deux césures fait un aussi mauvais effet que dans le vers de dix syllabes la césure tombant tantôt sur la quatrième, tantôt sur la sixième.

Il faut ajouter que, dans tous les cas, les vers de neuf syllabes seront peu usités ; leur cadence les rapproche beaucoup de notre vers commun, et leur harmonie est certainement moins pure et moins agréable : ce ne sera donc jamais que par exception qu'on l'emploiera.

Le vers d'onze syllabes a la césure sur la cinquième ; la seconde incise a donc six syllabes comme l'alexandrin. Ce vers n'est guère usité que dans les chansons ; rien cependant n'empêcherait de l'employer d'une manière suivie, comme on le voit dans cette fable sur *le Cygne et le Serin*, imitée de l'espagnol :

Le cygne au serin — dit un jour en colère :
« Oiseau babillard, — ne peux-tu pas te taire ?
De tes cris longtemps comptes-tu m'ennuyer ?
Ou dans ton orgueil m'oses-tu défier
Au combat du chant, moi dont la voix si belle
Paraît aux chanteurs leur plus parfait modèle ?
Tais-toi, je le veux. » — Mais l'effronté serin
Siffla son censeur et reprit son refrain.
Alors se dressant d'un air de suffisance :
« A-t-on vu, dit l'autre, une telle insolence ?
Ah ! je ferai bien, parbleu ! d'humilier
Par mes chants divins ce vil ménétrier.
— Eh ! dit le serin, c'est ce que je désire :
Chante, mon ami, chante que l'on admire
Ces tours gracieux, ces accents inconnus,
D'autant plus vantés qu'ils sont moins entendus. »

> Mis au pied du mur, il se résigne et chante,
> Et chacun s'enfuit à sa voix glapissante.
> Ainsi quelquefois on voit prôner un sot
> Qui se fait huer dès qu'il a dit un mot.

On a quelquefois fait tomber la césure sur la sixième syllabe [1]; mais la cadence en est moins nette. Quoi que l'on fasse, du reste, le vers d'onze syllabes se rapproche beaucoup de l'alexandrin; et comme celui-ci a une harmonie bien plus égale, et qu'une syllabe de plus donne plus de latitude au poëte, il est tout naturel qu'il ait été de tout temps préféré et qu'il le soit encore à l'avenir.

Les vers de treize, quatorze, seize syllabes, se décomposeraient naturellement en incises égales ou inégales, et dont la cadence sera sensible à l'oreille, pour peu qu'elle soit régulièrement continuée.

On cite de Scarron [2] des vers de treize syllabes dont la première incise en a cinq et la seconde huit, et qui ne manquent ni de gaîté ni d'entrain :

> Sobres, loin d'ici ; — loin d'ici buveurs d'eau bouillie ;
> Si vous y venez, — vous nous ferez faire folie....
> Vous qui les oiseaux imitez en votre breuvage,
> Puissiez-vous aussi leur ressembler par le visage !...
> Jetons nos chapeaux et coiffons-nous de nos serviettes,
> Et tambourinons de nos couteaux sur nos assiettes.

Hamilton a jeté dans ses chansons quelques vers de treize syllabes coupés un peu différemment. Il écrit [3], par exemple :

> Quel soudain caprice
> M'excite à rimer?
> Est-ce encor l'avarice
> Qui vient ranimer
> Un talent frivole — dont on est si rebattu ?
> Lanturelu.

---

[1] M. Quicherat, *Traité de versification française*, note 30, p. 404.
[2] *Ibid.*, p. 405.
[3] *Œuvres diverses*, t. V, p. 332, éd. in-18 de Renouard, 1811.

Et ailleurs, sur l'air *des Fraises*[1] :

> Celle qu'adore mon cœur — n'est ni brune ni blonde :
> Pour la peindre d'un seul trait,
> C'est le plus charmant objet
> Du monde.

Mais on comprend que, dans les vers destinés à être chantés, le rhythme de la musique détermine la coupure du vers. C'est donc surtout en lisant de suite plusieurs vers coupés semblablement, comme nous avons fait tout à l'heure pour ceux de Scarron, et pour ceux de neuf et onze syllabes, qu'on peut apprécier l'harmonie dont ils sont susceptibles.

Les vers de quatorze syllabes se décomposent naturellement en deux hémistiches de sept syllabes ou en deux sections inégales, l'une de six, l'autre de huit.

Voici un exemple de ces vers coupés de la première manière; c'est un madrigal en réponse à une jeune dame qui demeurait à la campagne, et qu'on était allé voir par un fort mauvais temps :

> Eh quoi ! c'est vous qui frappez ! — c'est vous qu'en mon ermitage,
> Malgré la pluie et le vent, — malgré la foudre et l'orage,
> Et pour causer avec moi — de loin je vois accourir !
> Je vous le dis franchement, — c'est avoir bien du courage.
> — Du courage ! ô vraiment non ; — il n'en faut pas pour venir :
> Au moment de vous quitter, — il m'en faudra davantage.

La seconde coupure serait peut-être plus favorable à la poésie; elle aurait l'avantage de rappeler le vers alexandrin par la première section, le vers octosyllabe par la seconde, et d'avoir en même temps une variété dont les deux hémistiches égaux paraissent difficilement susceptibles.

---

[1] *OEuvres diverses*, t. V, p. 352 et 346.

L'imitation suivante d'un chant populaire de la Grèce moderne en donne l'exemple :

Regardez sur ce mont : — une vigne entre deux tombeaux
Etend son noir feuillage — et les couvre de ses rameaux ;
Le fruit en est mortel : — malheur à la femme imprudente
Qui viendrait à goûter — cette grappe rouge et brillante :
Car le ciel désormais — refuse un fils à son amour.
Que n'en mangeait ma mère — avant de me donner le jour !

Il est inutile de dire que le vers de seize syllabes se décomposerait en deux parties de huit. L'harmonie de ce nombre est si naturelle, et en même temps si sensible et si nette, qu'il ne saurait y avoir de doute sur l'effet produit par cette combinaison.

Nous venons d'étudier une suite de vers coupés en deux parties. N'en pourrait-on pas faire qui le fussent en trois ou en quatre? Cette question est nouvelle, sans doute; elle ne mérite pas moins d'être examinée.

Nous savons déjà que beaucoup de poëtes ont, par exception, partagé ainsi le vers alexandrin :

Ma foi j'étais — un franc portier — de comédie [1].

Maudit amour, — maudit Orgas, — maudit voyage [2].

Je n'ai rien vu, — l'on m'a battu, — puis mis à nu [3].

Les armes bas, — de par le roi, — le ciel m'a fait
Son plus proche parent [4].

Voyez, monsieur, — il prend son mal — en patience [5].

Il a l'air noble, — il est bien fait — dans sa façon [6].

Adieu, Marton, — adieu, Lisette, — adieu, Rosette [7].

---

[1] Racine, *les Plaideurs*, acte I, sc. 1.
[2] Scarron, *Don Japhet*, acte III, sc. 16.
[3] Scarron, *ibid.*, acte IV, sc. 10.
[4] Scarron, *ibid.*, acte IV, sc. 14.
[5] Hauteroche, *le Deuil*, sc. 2.
[6] Marmontel, *Zémire et Azor*, acte III, sc. 2.
[7] Desforges, *l'Épreuve villageoise*, acte II, sc. 3.

Tous ces vers, placés après d'autres vers coupés différemment, ont avec raison paru sans harmonie, et on ne les a reçus que comme des exemples de licence que leur rareté seule pouvait excuser.

En serait-il de même si l'on composait une suite de vers ainsi coupés en trois parties, avec les césures sur les quatrième et huitième syllabes? Non, assurément. Alors l'harmonie en serait parfaitement arrêtée; l'oreille serait satisfaite, et l'on n'aurait qu'un inconvénient à craindre, c'est que ces portions sont si courtes qu'elles deviendraient très-promptement fatigantes, si bien qu'on ne devrait employer ces vers que dans des pièces de petite dimension.

Mais si des sections de quatre syllabes nous paraissent un peu courtes, ne peut-on pas les allonger? Des vers de quinze syllabes se partageraient naturellement en tiers de cinq syllabes. Et quelle serait l'harmonie de cette combinaison? C'est ce que l'expérience nous peut seule indiquer, et que l'on peut apprécier par les vers suivants, imités d'une ballade anglaise intitulée *le Garde des bois* [1] :

La lune aujourd'hui — nous a retiré — sa pâle lumière,
Et sur mes vitraux — j'entends l'eau du ciel — tomber à grand bruit.
Ah! lorsque le vent — siffle dans nos prés — et dans la clairière,
Reste auprès de nous, — ô bon pèlerin, — passe ici la nuit.

Ne va pas, crois-moi, par ce temps affreux, braver les orages;
Un soleil plus pur, il faut l'espérer, te luira demain.
Pourquoi donc partir? pourquoi t'enfoncer dans nos marécages?
Sans un guide, ami, tu ne pourras plus trouver ton chemin.

Ici, reste donc; à table avec moi prends gaîment ta place;
Vois de ces sarments la flamme brillante ici pétiller :
Que des ans chez nous le vin et le feu dissipent la glace,
Et joyeusement portons nos santés auprès du foyer.

Et puis tour à tour nous pourrons redire un refrain champêtre,
Pour nous endormir aux douces chansons qu'on fit autrefois;
Et dans quelques jours, de retour chez toi, mieux couché peut-être,
Tu te souviendras, non pas sans plaisir, du garde des bois.

[1] *The Woodman.* Voyez le recueil de M. Loève Veimars, p. 31.

Le vers de seize syllabes que nous avons vu tout à l'heure se partager en deux hémistiches pourrait aussi se diviser en trois parties de six, de quatre et de six syllabes. En voici un exemple; c'est le commencement d'une épître de J.-J. Rousseau à M. Parisot. Il m'a suffi de jeter entre les hémistiches des mots formant quatre syllabes :

Je t'en conjure, ami, — daigne souffrir — qu'à tes yeux aujourd'hui
Je dévoile ce cœur — infortuné, — plein de trouble et d'ennui.
Toi qui connus jadis, — tu t'en souviens, — mon âme tout entière, etc.

Suivons notre principe, et nous verrons qu'on aurait facilement des vers de dix-huit syllabes, coupés en trois parties de six syllabes chacun; et si nous voulions passer aux vers coupés en quatre parties, des vers de vingt ou de vingt-quatre syllabes, et de plus longs encore se présenteraient facilement à la pensée. La règle générale qui comprendra toutes ces formes sera de diviser le vers entier en incises égales ou inégales, disposées de telle sorte que l'oreille en reconnaisse le retour et en apprécie la cadence.

Mais déjà l'on peut faire sur les exemples cités jusqu'ici une observation très-importante, et qui nous expliquera, mieux que tout ce qu'on pourrait dire, pourquoi l'on ne fait pas habituellement de vers plus longs que l'alexandrin. C'est qu'à mesure que le vers s'allonge et que la rime s'éloigne, l'harmonie se détend et s'affaiblit. Il en est du rhythme en poésie comme en musique. La mesure peut être rendue tellement lente que l'oreille ne l'aperçoive plus du tout; la mesure alors s'évanouit, et la musique perd une de ses plus grandes beautés.

De même, dans la théorie de la versification, l'esprit conçoit des vers de quarante, de soixante syllabes divisés en parties symétriques : dans la pratique, l'oreille ne les reconnaît pas; les vers n'existent donc plus pour elle, et c'est perdre son temps que de s'assujettir à des conditions dont personne ne s'aperçoit.

Est-ce à dire qu'absolument il ne faut pas faire de vers de treize, quatorze, quinze ou seize syllabes? Point du tout. Chacun est maître de s'exercer comme il l'entend et d'employer le rhythme qui lui convient le mieux. Seulement, dès que c'est une tentative nouvelle, ou bien une tentative ancienne qui jusqu'ici n'a pas eu de succès, il met contre lui toutes les chances défavorables de l'inaccoutumé ou de l'inconnu. Il doit s'attendre à ce que ses vers ne plairont pas au premier abord, et ne pourront vaincre la répugnance qu'à force de beauté dans la pensée et de charme dans l'expression.

Dans tous les cas, il doit être compris que ce sont des causes tout à fait naturelles et facilement appréciables qui ont fait rejeter ou du moins rendu fort rares les vers dont nous parlons ici, et que c'est un enfantillage de s'imaginer, comme cela arrive trop souvent, qu'il y a des vers qui absolument n'existent pas, si bien qu'il est absurde ou d'en parler ou d'y songer.

Ce n'est pas assez d'avoir considéré nos vers chacun dans son espèce propre, et sans mélange avec aucune autre. On sait que quelques-uns de nos vers se *croisent* d'une manière fort agréable pour l'oreille dans les stances et partout où les mesures, une fois entendues, reviennent dans un ordre régulier.

Ils se *mêlent*, au contraire, dans les fables, dans les contes, dans quelques épîtres badines, où l'on admet plusieurs longueurs de vers, sans aucun ordre déterminé d'avance.

Voici un exemple de *vers croisés*; c'est l'imitation d'une ballade anglaise intitulée *le Chant de la naïade*[1]:

---

[1] *The naiad's Song.* Voyez le recueil de M. Loève Veimars, p. 31.

Jadis bercée au sein des flots rapides,
Sur le lis d'eau maintenant je m'endors :
Et pour mon front de nos perles limpides
　　Ma main recueille les trésors.

De cent poissons la nageoire brillante
Vient en silence effleurer mon chevet :
Et près de moi la vague mugissante
　　Mollement roule et disparaît.

Ah ! dans mes bras que tes bras s'entrelacent !
Viens reposer sur mon sein amoureux,
Et sous les flots qui passent et repassent
　　Que ta main tresse mes cheveux.

Vois cet anneau fait d'algue de rivière,
Et qu'un esprit me scella d'un baiser :
Il est à toi : la lune nous éclaire,
　　A sa lueur viens m'épouser.

Voici un exemple de *vers mêlés* : c'est un chant guerrier imité du grec moderne, d'une de ces nombreuses chansons intitulées *les Guerres de Souli*[1], parce qu'elles ont pour objet quelque action d'éclat des Souliotes :

A la tête du pont un oiseau se lamente :
　　Sa voix menace Ali-Pacha.
　　« Ce n'est point ici Janina,
Pour orner tes jardins d'une onde jaillissante ;
　　Ce n'est point ici Prévéza,
　　Pour y bâtir une tour menaçante :
C'est Souli le fameux, Souli le renommé,
　　Où les vieillards, les femmes vont en guerre ;
　　Où l'enfant par son père armé
Combat et meurt à côté de son père ;
　　Où la femme de Tzavellas,
　　Son tablier rempli de balles,
　　Tient ses armes aux Turcs fatales,
　　Et son nourrisson dans ses bras[2]. »

---

[1] Fauriel, *Chants grecs modernes*, t. I, p. 284, 285.

[2] Ces derniers vers ne donnent pas exactement la pensée du texte. Le grec fait combattre cette femme avec son sabre à la main, son enfant à un bras et son fusil dans l'autre. Il faudrait pour cela que la main qui tient le sabre ne fût au bout ni du bras qui tient l'enfant, ni de celui qui tient le fusil.

Or, y a-t-il une règle générale pour le mélange ou le croisement des vers? Je le pense, quoique je n'aie vu cette règle formulée nulle part. Elle résulte au moins de la pratique à peu près constante des lyriques, des fabulistes et des conteurs. C'est qu'on ne combine entre eux que les vers de douze, dix, huit et six syllabes, en un mot les vers pairs. Les vers impairs, ceux de cinq et sept syllabes, en sont presque toujours écartés, et avec raison, parce que leur harmonie s'associe mal avec celle des vers de mesure paire.

Molière en a introduit beaucoup dans son *Amphitryon*; et c'est une des causes qui font que le style en paraît souvent mal cadencé. La Fontaine, Voltaire, Gresset, n'en font presque jamais usage : aussi leurs vers mêlés sont-ils toujours d'une harmonie parfaite [1]..

Ici se présente naturellement cette question nouvelle : les vers impairs sont-ils donc tout à fait impropres au mélange ou au croisement? Nous avons déjà vu qu'ils ont, en général, une harmonie de la même nature, mais moins pure et moins achevée que celle du vers pair d'une syllabe de plus. On conçoit donc, *à priori*, que l'oreille, satisfaite du mélange des vers de douze, dix et huit syllabes, ne le soit pas également de l'introduction des vers de neuf, onze ou sept; et, en fait, quand on a voulu joindre ceux-ci aux premiers, on n'a obtenu qu'une cadence boiteuse. Mais les vers impairs ne pourraient-ils pas se réunir entre eux et former encore une cadence satisfaisante? Nos vieux poëtes répondent affirmativement, au moins pour le cas particulier des vers croisés formant stance.

Froissard (xive siècle) entrelace les vers de sept et de cinq syllabes, dans le charmant virelai qui commence ainsi :

> On dit que j'ai bien manière
> D'être orguillousette,
> Bien affiert à être fière
> Jeune pucelette.

[1] *Cours supérieur de grammaire*, t. II, liv. I, c. 9.

Le xvie siècle croisa surtout les vers de sept et de trois syllabes dans des stances légères extrêmement agréables, soit selon cette combinaison employée par Michel Marot (1530) :

> Ma princesse,
> Ma maîtresse,
> Je suis le fils de Clément,
> Qui sans ruse,
> Par ma muse
> Salu' la reine humblement ;

soit selon cette autre, qu'on trouve déjà chez François Habert (1540), et qui, revenant souvent chez les poëtes de cette époque, semble avoir obtenu l'approbation générale [1].

> Le renard par bois errant
> Va quérant
> Pour sa dent tendre pâture,
> Et si loin en la fin va
> Qu'il trouva
> Le coq par mésaventure.

Il ne me semble pas douteux qu'on ne pût aussi croiser régulièrement les vers de neuf syllabes avec les vers impairs plus petits. Toutefois cette conjecture demande à être prouvée par l'expérience, car on ne doit pas oublier que le vers de neuf syllabes a nécessairement une césure, et que de quelque façon qu'on le coupe, une de ses parties a un nombre pair de syllabes : on retombe alors dans cette combinaison des mesures paires avec les impaires que nous avons dit n'être pas parfaitement agréable à l'oreille.

Si cette raison est véritable, peut-être le mieux serait de combiner les vers indivis de trois, cinq et sept syllabes, avec nos grands vers de dix ou de douze, mais partagés,

---

[1] Voyez dans le *Tableau de la poésie française au XVIe siècle* de M. Sainte-Beuve (p. 91, édition de 1843), une note intéressante sur ce rhythme, dont l'auteur recule d'ailleurs un peu trop l'invention.

pour cet emploi, en sections de mesure impaire, savoir le décasyllabe en parfaits hémistiches[1] et le vers de douze syllabes, en césures de cinq et de sept.

Quoi qu'il en soit, voici, comme exemple du mélange des vers impairs, une petite pièce sur le retour à la beauté d'une jeune personne défigurée quelque temps par la petite vérole. Le poëte s'adresse à l'une des compagnes de la malade :

>Florise, un mal redouté,
>De Philis, autrefois ton amie
>Avait détruit la beauté ;
>Et toi, dans ta jalousie,
>Tu disais partout avec fierté :
>« La voilà désembellie.
>De nos champs sans vanité
>Je suis donc la plus jolie,
>Et dès ce moment mon règne a commencé. »
>Le mal, Florise, a passé :
>Notre lis enfin a redressé
>Sa tête longtemps flétrie.
>Une rose était ternie,
>Son éclat s'est rehaussé.
>Tu pleures, Florise !... Ah ! Dieu ! quelle folie !
>Garde bien qu'ici quelqu'un passant
>Ne te trouve en proie au chagrin de l'envie.
>« Florise est-elle enlaidie ? »
>Dirait-il au même instant,
>Et cent voix dans la vaste prairie
>Lui répondraient : « Non, vraiment,
>Elle a cessé seulement
>D'être ici la plus jolie. »

Le lecteur a senti certainement que ces vers sont loin d'avoir l'harmonie de ceux de mesure paire, qu'on associe ordinairement ; et l'on devait bien le prévoir, puisque jusqu'à présent l'oreille des poëtes ne les a pas admis. Mais enfin c'est

---

[1] Comme les vers d'Antoine Mage, de Regnier-Desmarais et de Voltaire, rappelés dans le *Cours supérieur de grammaire*, t. II, liv. I, c. 8.

une combinaison nouvelle qui peut, selon l'occasion, avoir son avantage, et qu'il est au moins utile d'indiquer.

Dans tous les cas, cet examen doit avoir pour résultat, au point de vue théorique, de nous faire considérer les vers français tout autrement qu'on ne le fait d'ordinaire. On n'y voit, la plupart du temps, en effet, qu'une sorte de convention d'après laquelle tels vers sont admis, tels autres ne le sont pas. Il importe de reconnaître que cette convention, quelle qu'elle soit, n'est pas tout à fait arbitraire, mais dépend d'une certaine harmonie naturelle que l'observation a seule pu constater, et hors de laquelle les vers n'existeraient pas.

Les combinaisons de vers, aussi bien que les vers eux-mêmes, dépendent primitivement de la même cause; de sorte qu'en définitive il ne s'agit pas d'abord de savoir si tel vers ou tel mélange est ou n'est pas généralement reçu. Il faut en sentir et en déterminer l'harmonie, et juger si cette harmonie peut, non pas remplacer celle que nous trouvons dans les formes éprouvées dès longtemps, mais s'y ajouter, et offrir, à côté d'elles, l'avantage de la variété.

LA
BATAILLE DES LIVRES[1].

Les humanistes qui lisent encore du latin moderne connaissent ce joli discours de Lebeau *De lectione et colloquiis*, où le savant auteur de l'*Histoire du Bas-Empire* nous a peint sous des couleurs si vives et avec des traits si plaisants l'inutilité et les fadaises de la plupart des conversations, et, au contraire, le profit et l'intérêt qu'on peut retirer de la lecture.

Un des passages les plus curieux est sans doute celui où il représente une bibliothèque dont tous les livres redeviennent hommes. « Qu'un nouveau Prométhée, dit-il, anime cette foule de volumes; que, comme autrefois les pierres de Pyrrha, tous prennent la forme humaine; que de cette bibliothèque, enfin, naisse une multitude vivante; en quelle cohue ne va pas se changer cette république si libre et si tranquille! tout est bientôt sens dessus dessous. Voyez secouer leur poussière et s'élancer de leurs retraites ces auteurs insipides que leurs noms ou leurs titres soutenaient pendant leur vie, et dont vous ne pouvez plus vous débar-

---

[1] Ce dialogue, composé en septembre 1838 et revu plus tard, a pour objet de déterminer quel est, en français, le vers le plus convenable à la poésie épique ou narrative.

rasser. Ils vont faire ce que font tous les jours dans la conversation les hommes de cette espèce, étouffer par leurs clameurs la voix des autres, et s'élever insolemment au-dessus d'eux. Néron impose silence à Virgile, Denys le Tyran à Euripide. Ces bavards, muets depuis un siècle, s'emparent de la parole : Cicéron, réduit à se taire, laisse le champ libre à la loquacité des modernes latiniseurs. Que fait cependant le propriétaire au milieu de ce tumulte? il étouffe, et, réduit en servitude, il est obligé de tendre, sans mot dire, la gorge à ces bourreaux qu'il éloignait de lui quand ils étaient livres. »

Ce que dit Lebeau dans ce passage est vrai en général. Mais les livres sont-ils toujours aussi calmes qu'il le prétend? ne se chamaillent-ils jamais? ne se battent-ils pas quelquefois? C'est ce que va nous apprendre le fait suivant dont j'ai été le témoin oculaire, et, en partie, la cause, précisément à l'occasion du passage que je viens de citer.

Je voulais le relire dans l'original : j'allai prendre le volume et le tirai de sa place sans examiner si les auteurs qu'il séparait étaient gens à vivre en paix quand ils se trouveraient en contact.

A peine, de retour à mon bureau, eus-je placé sur le pupitre et ouvert mon Lebeau, qu'un bruit fort étrange me sembla sortir de ma bibliothèque : deux voix faibles d'abord, mais sensiblement différentes, s'élevaient graduellement des sons les plus graves aux plus aigus de leur diapason. C'était une dispute très-vive dont je pus bientôt distinguer les paroles.

« Modérez ce transport, disait ironiquement une voix pédante, ne dirait-on pas à vous voir, que

> Le grand Saturnien
> Se courrouçant ébranle sa perruque [1] ?

---

[1] Vers de Ronsard.

— Parbleu, répliquait aigrement la voix emportée d'un poëte, je vous conseille de critiquer mon style : faut-il parler du vôtre et de ses périodes enchevêtrées? Était-ce sur ce modèle que vous enseigniez à vos écoliers à tourner leurs phrases?

— Oh! oh! reprit la première voix, ne s'agit-il que de trouver chez vous des périodes plus longues encore que les miennes? Je suis trop votre serviteur pour ne pas vous régaler de la suivante; » et en même temps il récita une suite de trente-six vers coupés en stances égales, mais sans aucune suspension de sens[1]. « Qu'en dites-vous? ajouta-t-il. Cette phrase-là ne vaut-elle pas toutes les miennes? Trente-six vers, bon Dieu, à prononcer d'une seule haleine! Quel remède souverain contre l'asthme!

— Ah! pédant, répondit le poëte, je n'ai pas toujours cherché ce style périodique : dans la polémique, je savais animer ma parole, et je disais à mes envieux ce que je te dis à toi-même :

> Tant que voudras, guigne-moi de travers ;
> Toujours au ciel je lèverai la teste,
> Et d'un écrit qui bruit comme tempeste
> Je foudroirai de tes monstres l'effort.
> Autant de fois que tu seras leur guide
> Pour m'assaillir ou pour saper mon fort,
> Autant de fois me sentiras Alcide[2].

Il paraît que, plein de son personnage, le poëte passa des paroles à l'action. Du moins comme dans ce combat célèbre

> Où chacun vainement se ruant entre deux,
> Nos braves s'accrochant se prennent aux cheveux[3],

les deux volumes se jettent l'un sur l'autre, et, se colletant,

---

[1] Ronsard, ode à Mgr le duc d'Orléans, à la fin.
[2] Ronsard, *la Franciade*, chant I.
[3] Boileau, *Satires*, III.

se poussant, ils s'entraînent jusqu'au bord de la planche qui les soutenait. Là, par un effort désespéré, le plus gros (c'était un in-folio) pousse le petit pour le précipiter à terre. Celui-ci, dans sa détresse, veut s'accrocher quelque part; il ne trouve que son antagoniste qu'il entraîne avec lui. Ce fut un coup fatal pour l'in-octavo : tout meurtri de sa propre chute, il fut presque étouffé sous le poids énorme de son adversaire.

Je m'élançai sur eux, et, les séparant d'abord : « Quelle mouche vous pique? leur dis-je. Comment! vigoureux Ronsard (c'était le gros volume), et vous, brave Lancelot (c'était la victime), vous à qui l'on n'a que trop reproché une humeur querelleuse, votre vie durant, vous ne pouvez vivre en paix aujourd'hui que vous êtes morts? Comme vous voilà faits? continuai-je en les essuyant et réparant de mon mieux leurs coins endommagés. Et quelle honte à vous de vous gourmer comme des polissons!

— Pas tant de discours, interrompit une voix qui me parut venir de mon bureau, et que je jugeai avec raison être celle de Lebeau. Demandez-leur plutôt quelle est la cause de leur dispute et s'il y a moyen de les réconcilier.

— Ma foi! dit Lancelot, je ne sais trop que vous dire. Je reposais fort tranquillement, lorsque, à propos de je ne sais quoi,

Ce poëte orgueilleux trébuché de si haut [1]

m'est venu chercher querelle, et a prétendu que je n'entendais rien du tout à la poésie française.

— Ouvrez son livre, répondit Ronsard, à la page 807 [2]; prenez au n° 2, ligne 11, vous y verrez nettement quelle a été l'origine de notre dispute. »

---

[1] Boileau, *Art poétique*, chant I, v. 129.

[2] *Nouvelle méthode* (de Port-Royal) *pour apprendre facilement la langue latine*, etc., 12ᵉ édition, in-8°, Brocas, 1761.

J'ouvris le livre à l'endroit indiqué, et je lus ce qui suit : « On distingue encore les vers de dix syllabes, comme est la *Franciade* de Ronsard :

> Charles, mon prince, enfle-moi le courage :
> Pour ton honneur j'entreprends cet ouvrage.

Mais *quoique* ces vers aient *quelque* gravité, il s'en faut néanmoins beaucoup *qu'ils* soient si beaux ni si pompeux et si magnifiques *que* ceux de douze syllabes; et il n'y a personne maintenant *qui* ne condamne le jugement de Ronsard *qui* a cru *que* ces vers de dix syllabes étaient les vrais vers héroïques, et *qui* répondaient aux hexamètres des Latins.

— Vous le voyez, reprit Ronsard, la pensée est assez claire, malgré les *qui* et les *que* dont Lancelot embarrasse toujours ses phrases. Il m'accuse de n'avoir pas compris la véritable nature des vers français parce que j'ai cru que le vers de dix syllabes était, à l'exclusion de celui de douze, notre vers épique; il pense, lui, que cette qualité appartient à notre grand vers, qu'il assimile, comme vous le voyez, aux hexamètres des anciens. Or, je soutiens, moi, qu'il n'y entend rien ; que mon jugement est celui d'un poëte, tandis que le sien est celui d'un ressasseur de dactyles, d'un compteur de syllabes, qui peut bien nous dire quand deux mots riment ou ne riment pas, mais qui ne doit pas s'échapper jusqu'à parler du caractère plus ou moins poétique de nos vers. *Ne sutor ultra crepidam.*

— Ah! m'écriai-je, ce dernier trait est un peu vif. Les grammairiens ne sont pas des savetiers. Ils ont plus d'une fois montré des trous dans la toge des auteurs, des feuilles mortes ou véreuses dans leur couronne; et s'ils n'ont pas en partage cette brillante imagination, cet *os magna sonaturum*, ils ont droit cependant à quelques égards, de la part des poëtes surtout, qui ne peuvent faire un pas sans s'appuyer sur eux. Quoi qu'il en soit, ce n'est pas par des coups que cette question peut s'éclaircir : c'est par une discussion calme et polie. Exposez-nous donc, s'il vous plaît, vos raisons : mais je vous préviens que vous avez contre vous l'opinion commune exprimée par le nom lui-même, puisque nous appelons *grands vers, vers alexandrins, vers héroïques* nos vers de douze syllabes ; et au contraire *vers commun, vers épigrammatique* celui que vous croyez destiné à chanter les héros.

— Je sais tout cela, répondit le poëte ; je sais aussi que ces dénominations ne signifient rien. Mais comme nous ne jouons pas ici sur les mots, qu'il s'agit d'apporter pour preuve de son opinion des preuves réelles et non pas d'autres opinions, je demanderai, si Lancelot accepte la discussion, qu'on ne tire aucun argument de ces noms mal appliqués, et qu'on écarte aussi, quand il ne sera pas fondé lui-même sur la raison, ce *consensus omnium gentium* dont on a fait, ce me semble, un furieux abus dans les matières philosophiques.

— Certainement, répondit l'enfant de Port-Royal, j'accepte la discussion, et je l'accepte avec les conditions que vous désirez ; mais, avant tout, il serait bon de nous mettre à notre aise.

— C'est juste, » repris-je ; et j'approchai deux fauteuils pour y placer les deux volumes. Ainsi, Lebeau sur mon bureau, Lancelot, Ronsard et moi nous formions un cercle où la voix la plus faible ne pouvait manquer d'être parfaitement saisie.

Lancelot commença : « Les vers de douze syllabes sont certainement les hexamètres des anciens. Le nom seul l'indique, puisque les uns et les autres sont des vers de six pieds.

— Qu'appelez-vous *pied* en latin? demanda Ronsard.

— Les pieds dans le vers, répondit le grammairien, ne sont autre chose qu'une certaine mesure nombrée de quelques syllabes, selon lesquelles le vers semble marcher par cadence. Il y a des pieds de deux syllabes, comme le spondée, l'iambe, le trochée ; il y en a de trois, comme le dactyle et l'anapeste [1].

— Et en français, ajouta Ronsard, qu'est-ce que le pied?

— Nous n'avons pas, à proprement parler, de pied dans notre langue [2] : cependant on est convenu de prendre deux syllabes pour un pied, en sorte que nous disons également vers de six pieds ou de douze syllabes, de dix syllabes ou de cinq pieds.

— Mais alors, objecta Ronsard, lorsque d'une égalité fortuite dans le nombre de ces pieds, qui de votre aveu n'ont rien de commun que le nom, vous concluez l'analogie de vers qui n'ont de semblable que le nombre de ces pieds, ne tombez-vous pas dans cette espèce de sophisme que votre ami Nicole nomme *abus de l'ambiguïté des mots?*

— Eh! eh! interrompit Lebeau, voilà une rude botte : si vous la parez, Lancelot, je vous tiens digne de votre nom et de réclamer auprès de votre homonyme [3] une place à la Table ronde.

— Mais, répondit notre janséniste, un peu embarrassé, je n'ai pas prétendu tirer de là une preuve complète de l'identité de ces vers. Je notais seulement en passant cette ressemblance pour en faire usage si l'occasion s'en trouve.

— Alors, poursuivit Ronsard, je demanderai que cette analogie prétendue s'applique aussi aux vers iambiques trimètres ; car ils ont six pieds comme les vers héroïques.

— Cette demande est juste, et je l'accorde volontiers ; mais j'ajoute que le vers hexamètre était le plus majestueux de tous les vers latins ; et, par cette raison, il est devenu

---

[1] Lancelot, *Traité de la poésie latine*, c. 1.
[2] Lancelot, *Traité de la poésie française*.
[3] Lancelot du Lac, un des plus illustres chevaliers de la Table ronde.

l'instrument propre et spécial de la poésie héroïque. Or, le vers de douze syllabes est le plus majestueux des nôtres : il convient donc aux mêmes sujets.

— Je vous arrête ici, interrompit Ronsard : la majesté n'est pas une qualité que l'on puisse dire inhérente à telle ou telle forme de vers; elle dépend, dans chaque espèce, du sujet même et des mots que le poëte emploie, de la manière dont il les lie. Connaissez-vous rien de plus majestueux que l'ode d'Horace *Justum ac tenacem?* Elle est en strophes alcaïques. Qu'y a-t-il, au contraire, qui le soit moins que les épîtres et les satires du même? Elles sont pourtant en vers hexamètres. Chez nous pareillement, qui n'est frappé de l'harmonieuse majesté des vers de nos lyriques, quoiqu'ils n'aient que trois pieds et demi ou quatre pieds, tandis que chez nos comiques et nos satiriques quantité d'alexandrins ne sont remarquables que par leur légèreté moqueuse? Ainsi, croyez-moi, n'attribuez aux vers que les qualités qu'ils ont par leur nature, et non celles qu'ils tiennent de leurs auteurs : la majesté est une de ces dernières.

— Nous sommes peut-être plus d'accord que vous ne le pensez, reprit Lancelot. Par la majesté du vers j'entendais surtout cette égalité de mesure qui lui vient, indépendamment des idées et de l'expression, du nombre même de ses syllabes. Ce nombre de douze, en effet, partagé d'abord en deux moitiés par la césure, permet encore de diviser chaque hémistiche en deux parts égales : de là une sorte de balancement harmonique dont l'oreille est toujours flattée.

— Voilà, dit Ronsard, une raison tirée, comme le voulaient les anciens rhéteurs, des entrailles mêmes de la chose : et elle est très-bonne en soi. Mais voyons-en les conséquences. C'est que ceux qui ne savent pas lire les vers, et le nombre en est immense malheureusement, décomposent toujours notre alexandrin en quatre temps. Ils partagent chaque hémistiche d'une de ces trois manières : 1° en deux parties égales ; alors le vers prend cette forme :

Tatata, tatata, tatata, tatata ;

2° en deux parties inégales dont la plus petite précède l'autre ; on a alors :

Tata, tatatata, tata, tatatata ;

3° en deux parties dont la plus grande marche devant, comme :

Tatatata, tata, tatatata, tata.

Dans la lecture courante, ils mélangent ces trois rhythmes selon les mots qui entrent dans les vers. Ils ont beau faire, ils ne peuvent dissimuler la constante ressemblance de cette division quaternaire ; de sorte qu'au lieu de la grande harmonie que vous vantez dans les alexandrins, c'est une insupportable monotonie que l'oreille y remarque. Et vous ne le nierez pas ; car le dégoût en a été porté si loin dans ces derniers temps, qu'une école tout entière de poëtes a proposé d'abandonner ce vers correct et harmonieux de Malherbe et de Boileau, pour en revenir au vers plus libre du XVIe siècle, c'est-à-dire à celui que je faisais. Je n'entre pas dans la question ; je remarque seulement que la monotonie du vers de douze syllabes nous frappe en général beaucoup plus que cette harmonie dont vous vouliez faire son caractère propre et presque exclusif.

— Allons, observa Lebeau, Lancelot n'est pas heureux aujourd'hui : il ne peut énoncer un jugement que les faits n'y viennent contredire.

— Pardonnez-moi, dit le grammairien ; j'ai aussi pour moi un fait grave et incontestable : c'est que tous les poëtes qui, chez nous, ont voulu faire de la poésie héroïque ont choisi le vers alexandrin.

— Excepté moi, si vous voulez bien, qui prétends que

les autres ont eu tort. Comme c'est là précisément la question, vous ne serez pas étonné que je conteste l'autorité de ces exemples, ou plutôt que je nie absolument les conséquences que vous en voulez tirer. Je ramènerai, sans doute, ces exemples plus tard, mais quand la question aura été examinée plus à fond et mieux éclaircie.

— Oh bien! dit Lancelot, traitez-la vous-même; car on a plus beau jeu à critiquer qu'à faire, et je ne serai pas fâché de prendre à mon tour le rôle de juge.

— J'y consens, si vous le voulez; et, pour ne pas laisser derrière moi un seul point vulnérable, je reprendrai les choses de plus haut. Je distinguerai dans les vers trois qualités essentiellement différentes : la *capacité de signification*, l'*harmonie* et le *mouvement rhythmique*.

J'entends par *capacité de signification* la facilité que chaque espèce de vers nous donne d'enclore nos pensées dans le nombre de ses syllabes. Il est visible que, s'il y a des vers tellement courts que la plus grande partie des mots de la langue ne puissent pas y entrer ; ou encore, si l'obligation de la rime est si fréquente et si serrée que le poëte ne puisse penser à autre chose, ces vers pourront bien servir d'amusement à quelques esprits frivoles ; mais qu'à cause de leur faible capacité de signification, ils ne seront pas l'instrument habituel des hommes supérieurs, et ne deviendront l'élément d'aucun ouvrage de longue haleine ou de grave importance.

— J'accorde volontiers tout cela, dit le grammairien.

— A l'égard de l'harmonie, on avouera que tous les vers doivent pouvoir être harmonieux. S'il y en a dont la cadence est tellement courte que l'oreille en soit immédiatement fatiguée, et d'autres, au contraire, tellement longs que leur harmonie nous échappe entièrement, ces vers ne sont plus des vers, et jamais un poëte ne les emploiera sérieusement, au moins d'une manière suivie.

— Je n'ai pas la moindre objection à vous faire.

— Continuons donc, reprit Ronsard. La capacité de signification limitait la petitesse ou la brièveté de nos vers; la nécessité de l'harmonie limite à la fois leur brièveté et leur longueur. Tous nos vers doivent donc être compris entre ces deux limites. Il pourrait être intéressant de les déterminer *à priori* ou par le raisonnement seul[1]; mais ce serait une question nouvelle et qui nous écarterait inutilement. Admettons, comme vous le dites vous-même[2], que tous nos vers usuels sont compris entre cinq ou six et douze syllabes.

— Nous l'admettons tous, dîmes-nous.

— Je continue, et je passe à ce que j'ai nommé le *mouvement rhythmique*. C'est une théorie un peu plus abstraite que les deux précédentes. J'espère cependant que nous serons bientôt d'accord sur ce point comme sur les autres. Je vous demanderai d'abord, Lancelot, quelle est l'influence de l'accentuation sur le discours? N'est-ce pas, en général, de l'animer, de l'exalter, puisque la parole s'accentue naturellement davantage toutes les fois que l'esprit s'échauffe ou que la passion s'élève?

— C'est une vérité incontestable.

— Et dans nos vers, y a-t-il une syllabe qui soit toujours et nécessairement plus accentuée que les autres?

— Sans contredit: c'est la dernière syllabe sonore, celle qui forme la rime; car, si l'oreille n'était pas frappée de ce son d'une manière exclusive, elle ne percevrait pas plus la rime que toute autre consonnance; elle ne distinguerait pas même le milieu, le commencement ou la fin d'un vers.

— C'est très-bien, reprit Ronsard. Mais alors, en réunissant les deux vérités incontestables sur lesquelles nous nous accordons, n'avouerons-nous pas que, tout restant

---

[1] Voyez la dissertation précédente.
[2] Lancelot, *Traité de la poésie française.*

égal d'ailleurs, c'est-à-dire en supposant parité complète dans l'harmonie et la signification, les vers les plus propres à peindre ou l'élévation des sentiments, ou le trouble des passions, ou la ferveur de l'enthousiasme, sont précisément les vers les plus courts, puisqu'en ramenant plus souvent l'accent le plus fort, celui de la rime, ils exaltent, si je puis le dire, l'accentuation du discours? C'est là une propriété fort remarquable, et je la désigne sous le nom de *mouvement rhythmique.*

— Tout cela, dit Lancelot, après un moment de réflexion, semble vrai en théorie.

— Cela ne l'est pas moins dans la pratique, ajouta Ronsard. Il suffit d'observer que la poésie qui suppose le plus ces mouvements impétueux de l'âme, la poésie lyrique, n'emploie guère d'une manière suivie que les vers de sept ou de huit syllabes. Quand elle admet les grands vers, elle a soin de les entremêler de vers plus petits. Par là elle augmente le mouvement rhythmique, et rend l'expression matérielle du vers, si je puis ainsi parler, plus conforme à la vivacité des sentiments. Malherbe et J.-B. Rousseau nous en donneraient de nombreux exemples. Ce dernier nous montre surtout dans ses cantates la valeur comparative des différents mètres, puisque souvent, particulièrement dans *Circé,* la mesure se resserre en même temps que la situation devient plus émue.

— Eh! bon Dieu! interrompit Lebeau, il me semble que vous vous éloignez furieusement de la question. Êtes-vous bien sûr vous-même de n'en avoir pas perdu la trace?

— Parfaitement, répondit Ronsard. Je voulais obtenir de vous l'aveu que la capacité de signification augmente dans nos vers avec le nombre des syllabes, et que le mouvement rhythmique diminue dans les mêmes circonstances.

— Nous l'accordons, répondîmes-nous tous trois.

— J'en prends acte, poursuivit-il, et maintenant avançons. Entre les divisions que l'on a faites des divers genres de poésie, la plus commune et en même temps la plus vraie est certainement celle qui distingue : 1° les poëmes lyriques, 2° la poésie épique ou narrative, 3° la poésie didactique, 4° la poésie dramatique. Nous venons de dire, et il n'y a pas de débat sur ce point, quels mètres conviennent en général à la poésie lyrique. Il n'y a pas de doute, non plus, sur le mètre qui convient au drame ou au poëme didactique. Lorsque le poëte donne des préceptes sur un art quelconque, ou des conseils de conduite ; et à plus forte raison, lorsque, s'effaçant lui-même, il met sur la scène des personnages pour représenter devant nous les faits variés de la vie humaine, la poésie doit se rapprocher le plus possible de la forme du langage habituel. C'est la pensée naturelle et ordinaire, et non plus la verve poétique qui y domine. Il convient donc d'employer le vers qui a la plus grande capacité de signification, et en même temps le moindre mouvement rhythmique, c'est-à-dire chez nous l'alexandrin. Vous voyez qu'en effet il convient parfaitement à ces genres, puisque tous nos chefs-d'œuvre dramatiques et didactiques ont été écrits dans ce rhythme. Vous ne contestez pas cela, Lancelot ?

— Non, en aucune façon.

— Il y a maintenant, pour le poëte, un état intermédiaire entre l'exaltation lyrique et le calme de l'enseignement ou de la conversation. C'est celui où, parlant en son propre nom, il exprime non pas sa passion, comme dans l'ode ou le dithyrambe, mais les actes ou les passions des autres ; quand il chante, en un mot, les combats et les actions des héros. C'est alors un poëte qui parle, et son langage doit être plus élevé que celui des hommes qu'il fait converser dans le drame. Mais il raconte ce que d'autres ont fait ; il ne doit donc pas être aussi emporté que s'il rendait la passion qui le domine actuellement. Ainsi la poésie épique devra choisir pour instrument général un vers moins rhythmé que les petits et plus accentué que les grands. Il n'y a chez nous que le vers de dix syllabes qui soit dans ces conditions. C'est donc lui qu'il faut prendre. En résumé, l'on donnerait à nos vers des noms très-expressifs et très-justes, au lieu des noms insignifiants et souvent faux qu'ils ont reçus, si l'on appelait *vers lyriques* ceux de cinq, six, sept et huit syllabes; *vers épique* ou *narratif* celui de dix[1]; et *vers dramatique* ou *didactique* notre vers alexandrin.

— Voilà, répondit Lancelot, une théorie complète, un système bien lié dans toutes ses parties. Je vous l'ai laissé exposer tout entier, sans vous interrompre, afin qu'on pût le juger dans son ensemble. Il est juste que les objections aient leur tour, et vous vous attendez sans doute à en voir naître quelques-unes, malgré votre adresse à passer des suppositions purement théoriques à la pratique et aux applications.

D'abord si l'accentuation forte et, par conséquent, le mouvement rhythmique des vers dépend, en général, de leur brièveté, l'hexamètre latin, incontestablement plus long que l'ïambique sénaire, devait, d'après votre principe, s'appliquer au drame, et laisser l'ïambique à l'épopée. Or, c'est précisément le contraire qui a lieu.

Deuxièmement, si vous donnez aux vers des noms dé-

---

[1] Cette proposition importante qui fait l'objet principal du présent examen, a été sentie plutôt que distinctement reconnue par les poëtes et les critiques. Il convient de noter ici comme une des expressions les plus nettes de la même idée ce que dit M. Fayolle, p. iv de la *Notice sur Laharpe*, qu'il a placée à la tête des *Œuvres choisies* de ce poëte (2 vol. in-18, Didot, 1814) : « En comparant le vers de dix syllabes au vers alexandrin, on voit qu'il a plus de variété, qu'il rompt plus souvent la mesure et se prête mieux aux caprices de l'imagination ou aux inspirations du talent. Voltaire lui-même, dans beaucoup d'endroits du poëme de la *Pucelle* (surtout dans les combats) est plus épique que dans la *Henriade*. Peut-être après tant d'épreuves malheureuses, conviendrait-il de traiter l'épopée française dans ce mètre, qui est susceptible de prendre toutes les formes entre les mains du génie, et de réserver le vers alexandrin, qui est le vers de la sentence, pour les genres de l'épître, de la satire et du discours en vers. »

pendant du genre de poëme auquel ils sont le plus souvent et le plus convenablement affectés, l'hexamètre latin sera certes le vers *épique*, puisque c'est celui de Virgile, d'Ovide, de Flaccus, de Stace, de Claudien. Mais ce sera aussi le vers *didactique*, eu égard au *De natura rerum*, aux *Géorgiques*, à l'*Art poétique* d'Horace, aux *Astronomiques* de Manilius, etc. D'un autre côté, vous nommez, et, dites-vous, d'après les faits, l'alexandrin vers *dramatique* ou *didactique* : de là résultent forcément ces deux conséquences que vous avez jusqu'ici combattues de toutes vos forces, savoir que l'hexamètre latin et l'alexandrin français étant l'un et l'autre *didactiques*, j'ai pu dire que celui-ci correspondait exactement à celui-là; et, en second lieu, que le vers héroïque latin et le vers dramatique français se confondant, chacun en sa langue, avec le vers didactique, sont, au fond, une seule et même chose.

Troisièmement, mon opinion, qu'on doit employer les vers les plus avantageux dans leur facture, et non pas en déterminer le choix d'après le genre de poëme que l'on veut faire, tire une puissante confirmation de ce fait, que des poésies de genres tout à fait différents ont été composées en vers de même mesure, et que réciproquement des poëmes tout semblables par leur genre ont été écrits en vers tout différents. Les exemples foisonnent; permettez-moi de ne pas m'y arrêter.

Quatrièmement, si, comme vous le pensez, les vers ont, par leur mètre et leur rhythme, une si grande valeur quant à l'expression de nos sentiments et de nos passions, comment la comédie et la tragédie, si éloignées l'une de l'autre, emploieraient-elles le même vers? Qu'y a-t-il qui ait moins d'apparence que de recommander l'emploi d'un certain mètre comme également favorable, qu'il faille exciter le rire ou faire couler les larmes? Avouons donc que j'ai eu raison de simplifier la question, et de dire avant Voltaire¹ : « L'hexamètre est plus beau. » D'où je conclus qu'il faut l'employer toutes les fois qu'on en a le talent.

Enfin, et en cinquième lieu, je rappelle ici l'objection que vous avez en vain tâché d'écarter et qui vous accable malgré vous : c'est le consentement de tous les poëtes épiques, leur accord sur le choix de l'alexandrin pour les grands poëmes. Est-il présumable qu'en une chose aussi pratique que le choix d'un vers, il y ait une erreur si générale? et ne doit-on pas plutôt croire à l'erreur d'un seul, surtout quand ce seul homme n'a pu produire que la *Franciade?*

— J'ai écouté attentivement vos objections, reprit Ronsard ; je vais tâcher d'y répondre. J'ai dit que le mouvement rhythmique diminuait quand le vers augmentait de longueur; vous m'opposez l'hexamètre latin, plus élevé, plus poétique que l'ïambique trimètre, bien qu'il soit plus long que lui. Ne remarquez-vous pas que vous introduisez ici un nouvel élément dont j'avais fait et dû faire abstraction? C'est la nature des pieds prosodiques, que nous n'avons pas en français, mais qui jouent un grand rôle en latin et en grec. Horace l'affirme en divers endroits². Il nomme l'hexamètre comme destiné à chanter les héros, et le vers ïambique comme tout à fait propre au théâtre³. Aristote dit plus encore. Selon lui, les vers ïambiques étaient si voisins de la prose, qu'on en faisait beaucoup dans la conversation, tandis qu'on faisait très-peu d'hexamètres⁴. Les pieds anciens, et certainement aussi les césures et les fins de vers, avaient donc une puissance matérielle ou phy-

---

¹ Dans le conte des *Trois manières.*

² *Ars poet.*, v. 80, 255, 260 ; cf. M. Egger, note sur le quatrième fragment de Longin, p. 144 de son édition.

³ *Ars poet.*, v. 73 et 80.

⁴ *Poet.*, c. 4, n° 6.

sique qui n'existe pas pour nous [1]; l'oreille était affectée différemment par un dactyle et par un ïambe; et ainsi il est impossible d'appliquer à notre versification l'argument tiré de la comparaison des vers latins, puisque le caractère de ceux-ci dépend en très-grande partie de circonstances tout à fait étrangères aux nôtres.

Votre seconde objection, tirée de l'identité prétendue des vers épiques, dramatiques et didactiques, ne repose en réalité que sur l'abus d'un mot. Dans les sciences exactes, on peut dire avec vérité que deux choses égales à une troisième sont égales entre elles, parce que l'on suppose cette égalité parfaite. Dans la pratique, l'égalité n'est jamais qu'approximative; et l'on conçoit que des différences imperceptibles forment en s'accumulant des inégalités considérables. Si vous pouviez ranger tous les hommes de telle sorte que chacun ne surpassât le suivant que d'une quantité insensible, concluriez-vous que le premier de tous et le dernier sont de la même taille? Il en est de même dans nos classifications poétiques. Dans l'ordre de l'élévation du style et des idées, je placerai ordinairement l'épopée au-dessus de la poésie didactique, et celle-ci au-dessus du drame. Mais cet ordre n'est pas tellement nécessaire qu'il n'admette de nombreuses exceptions; et ce serait sans doute raisonner bien faussement que de dire : « L'*Art poétique* de Boileau est un poëme didactique : donc il est partout d'une poésie plus élevée que l'*Iphigénie* de Racine. » De même, dans l'ordre du mouvement rhythmique, j'ai placé l'hexamètre latin avant l'ïambique, l'octosyllabe français avant l'alexandrin; mais ne peut-on briser la cadence du vers le mieux rhythmé ou multiplier les mots harmonieux dans le vers le plus voisin de la prose, jusqu'à ce qu'ils

---

[1] *Études sur quelques points des sciences dans l'antiquité*, etc., nº VIII.

confondent ou même changent leurs caractères respectifs ? Appliquerez-vous aux hexamètres négligés d'Horace, à ces vers qu'il déclare ne différer de la prose que par le nombre de leurs syllabes[1], ce que nous avons dit des vers pompeux de Virgile et d'Ovide?

Comprenons-le donc bien : ce que j'ai dit sur le caractère de nos vers est généralement vrai. Les conséquences générales qu'on en tirera seront vraies aussi. Mais, appliquées à telle ou telle composition exceptionnelle, elles pourront très-bien devenir fausses, sans infirmer le principe. Je déduis de l'examen approfondi de nos vers quel rhythme doit le plus souvent convenir à tel genre de poëme. Conclure que le même rhythme ne pourra jamais convenir à un autre genre de poésie, c'est aller trop loin, et c'est ce que votre argumentation me fait faire.

Le caractère des vers dépend d'ailleurs en partie des mots qui y entrent, des idées qu'ils expriment, de la manière dont on les prononce. Loin d'être précis comme une définition géométrique, il est susceptible de plus et de moins. De là des points de contact assez nombreux entre des vers de mètre différent, qui pourtant n'autorisent pas à les confondre. Je crois n'avoir rien dit que de très-raisonnable, en affirmant que l'hexamètre latin convenait à l'épopée et au poëme didactique, et que l'alexandrin français convenait au poëme didactique et au drame. Mais vos conclusions, que ces vers, parce qu'ils ont une quantité commune, sont en tout point les mêmes; que tous les vers sont bons pour tous les sujets, et que l'alexandrin est absolument le plus beau de nos vers, et doit être employé dans tous les grands ouvrages, sont assurément forcées et inexactes.

Par là s'explique encore votre troisième observation, que des vers de toute mesure ont été employés pour tous les gen-

[1] *Sat.*, I, 4, v. 40.

res de poëmes, observation très-juste en une certaine limite. Seulement, pour qu'elle eût contre ma proposition l'autorité que vous lui attribuez, il aurait fallu examiner si ces divers emplois avaient été également heureux. C'est ce que vous n'avez pas fait et que je me réserve de faire tout à l'heure.

Je réponds, pour le moment, à votre quatrième objection. La tragédie, avez-vous dit, et la comédie sont tellement différentes ou, pour mieux dire, tellement opposées, que la raison ne nous fait apercevoir entre elles aucun point commun. Si les vers avaient cette puissance rhythmique que je leur suppose, la tragédie, qui fait parler de grandes douleurs, devrait employer le vers du poëme héroïque, et la comédie prendrait celui de la satire, puisque c'est par le ridicule qu'elle prétend corriger les mœurs. Voilà, en résumé, votre objection[1]. Je ne crois pas l'avoir affaiblie, en la présentant sous une forme nouvelle. Voici maintenant ma réponse.

Les caractères génériques, dans les sciences comme dans la nature, se tirent toujours, et avec raison, des différences extérieures et palpables, non de celles qu'on pourrait nommer *morales*. Qu'un poëte nous raconte le siége de Troie ou les querelles à propos d'un pupitre abattu; qu'il chante les malheurs des Grecs ou les suites d'une pipe cassée, c'est toujours un récit en vers. Voilà le genre de l'ouvrage. Le poëte le fera long ou court, triste ou gai, sérieux ou badin, noble ou burlesque : ce sont là des caractères différents qui changeront, en effet, le style, mais non la forme essentielle du poëme.

---

[1] Cette difficulté mise dans la bouche de Lancelot (p. 322) a été soulevée en effet par d'Alembert à l'occasion des vers élégiaques des Grecs (*Encyclop. méthod. gr. et littér.*, mot *Élégiaque*). Il se demande comment ces vers qui avaient d'abord été consacrés à la douleur ont pu ensuite exprimer la joie, et ne trouve pas de réponse satisfaisante. D'Alembert touchait là à une question de sentiment que son organisation plus philosophique qu'*artistique* ne lui permettait pas de résoudre.

De même, qu'on mette sur la scène l'assassinat de Zopire ou la vanité de Trissotin, la victoire du Cid ou le désespoir de Sganarelle, ce sera toujours un drame. Le caractère en peut varier, sans doute ; il peut descendre, par des nuances insensibles de la plus grande élévation à la trivialité, à la bassesse : mais la forme extérieure et palpable reste la même ; il y a toujours des personnages, des scènes, un ou plusieurs actes, enfin tout ce qui est essentiel à une action théâtrale. La comédie est donc du même genre que la tragédie, quoique d'un caractère opposé.

Faut-il examiner du même point de vue l'expression écrite des sentiments ou des passions des personnages? Le style peut s'élever ou s'abaisser avec les circonstances ; le vers peut devenir pompeux ou commun ; mais sa forme extérieure et matérielle, c'est-à-dire sa mesure, ne doit pas changer. Il représente ce langage que tout le monde parle, bien que chacun y mette ses idées et son expression propre : seulement le poëte l'embellit en lui donnant l'harmonie poétique qui reste son œuvre, et qui, par conséquent, est la même pour tous les personnages.

Il est d'ailleurs impossible qu'il en soit autrement ; car une circonstance, un mot, un geste, peuvent développer une passion, faire naître un événement qui va changer la farce en tragédie ; comme, au contraire, une rencontre imprévue peut faire pouffer de rire ceux qui tout à l'heure versaient les larmes les plus amères. Horace l'avait bien remarqué[1] ; et Voltaire développant son observation, dit « qu'il y a de très-bonnes pièces où il ne règne que de la gaîté ; d'autres toutes sérieuses, d'autres mélangées, d'autres où l'attendrissement va jusqu'aux larmes. » Il ajoute avec une raison profonde : « Il ne faut donner l'exclusion à aucun genre. Si l'on me demandait quel genre

---

[1] *Ars poet.*, v. 93.

est le meilleur, je répondrais : celui qui est le mieux traité[1]. »

Ainsi, bien que la tragédie et la comédie soient si dissemblables dans l'opinion commune, le genre étant le même, la nuance qui les sépare est imperceptible, et il serait déraisonnable de la vouloir exprimer par le changement le plus grand que nous puissions introduire dans l'élocution, je veux dire par celui du rhythme.

J'arrive à la dernière et à la plus forte de vos objections : à celle que vous tirez de l'accord des poëtes français dans le choix du vers épique. Sans doute, si une expérience aussi générale que vous le dites était en votre faveur, si surtout elle était appuyée du succès, je n'aurais rien à dire, et je me tiendrais pour battu.

Mais je soutiens que votre assertion sur l'unanimité des poëtes est inexacte, au moins dans le sens où l'on doit l'entendre; et que, quand elle serait vraie, examinée de près, elle donnerait une nouvelle force à mon opinion.

La première partie de ma démonstration n'est qu'une question de chiffres. J'avoue, sans doute, que beaucoup de poëtes épiques ont écrit en vers alexandrins : mais combien n'y en a-t-il pas qui ont préféré le décasyllabe ? La Fontaine dans son *Belphégor* et beaucoup d'autres contes; Voltaire vous savez où; Gresset dans son *Ver-Vert*, Laharpe dans *Tangu et Félime*, Malfilâtre dans son *Narcisse*, Imbert dans son *Jugement de Pâris*, Dumouriez dans son *Richardet*, Creuzé de Lesser dans la *Chevalerie*, Parny dans divers poë-

---

[1] Voltaire, préface de *l'Enfant prodigue*. — Il est visible que Voltaire prend ici le mot *genre* dans le sens où j'emploie plus exactement celui de *caractère*. Je n'insiste pas sur cette observation ; mais il faut la faire, sans quoi l'on s'imaginerait que la forme extérieure et palpable de ces différentes pièces qui, pour nous, constitue leur genre, change en même temps que la situation. Il n'en est rien. C'est le ton seulement ou le style qui changent. La forme dramatique reste la même ainsi que le système de versification.

mes, Millevoie dans son *Alfred*, M. Viennet dans sa *Philippide*, et tant d'autres.

— Mais ce sont des poëmes badins ou héroï-comiques que vous citez là.

— Vous oubliez ce que nous venons de dire. Ces poëmes sont du même genre que les épopées les plus pompeuses : c'est le caractère, et en conséquence le style qui doit changer, mais non pas le mètre, forme extérieure et sensible de l'élocution poétique, qui doit rester le même, quel que soit le changement de ton. Si vous admettiez que la mesure du vers doit changer avec lui, il faudrait assigner le vers décasyllabe à la comédie, et vous savez qu'il y est détestable.

— Continuez donc, dit Lancelot, je vous écoute.

— Je dis maintenant qu'à examiner de près les poëmes écrits en alexandrins, l'expérience est tout entière en faveur de mon sentiment. En effet, supposons-en la liste complète : combien y en a-t-il qu'on puisse lire? deux, si je ne me trompe, *le Lutrin* et *la Henriade*, encore ce dernier, quel que soit le talent de l'auteur, n'est-il jamais relu par ceux qui n'ont pas cru pouvoir se dispenser de le lire une fois. Tous les autres sont comme s'ils n'étaient pas. L'ennui a été plus fort que tous les dévouements ; c'est à eux que se rapporte, soit comme jugement définitif, soit comme condamnation anticipée, cette pensée de Boileau :

> On sait de nos grands vers les disgrâces tragiques,
> Et souvent on ennuie en termes magnifiques [1] ;

et Voltaire appuyait sa pensée quand il écrivait ce vers dont vous avez cité le commencement, et que je rétablis en son entier :

> L'hexamètre est plus beau, mais parfois ennuyeux [2].

---

[1] Boileau, *Épîtres*, IV (sur le passage du Rhin), v. 37.
[2] Voltaire, *les Trois manières*.

Au contraire, si nous prenons les poëmes écrits en vers communs, tous sont amusants, tous sont agréables à lire. Il y a du mouvement, de l'intérêt.

— Cela ne tient-il pas plus au choix du sujet, au ton général de l'œuvre qu'à la forme du vers?

— Ces deux conditions y sont pour quelque chose assurément : et je ne suis pas éloigné de croire que le ton perpétuellement pompeux des poëmes épiques, ainsi que le manque d'invention des auteurs, est pour beaucoup dans le discrédit où ils sont tombés. Mais le choix du vers y est aussi pour sa part. Que disait à ce sujet un homme bien peu poëte sans doute, mais plein de finesse et de pénétration, Houdart de La Motte? « Une raison, dit-il, qui aurait dû engager les poëtes héroïques à réduire leurs poëmes, c'est la cadence trop uniforme de nos vers. Elle est agréable un certain temps, à la longue elle fatigue[1]. »

Marmontel, autre critique d'une rare sagacité, faisait plus tard la même observation[2]; et pour échapper à l'inconvénient, il proposait d'écrire ces poëmes ou en une prose poétique un peu plus variée et plus remplie de mouvement que le *Télémaque*, ou en vers de diverses mesures, non pas mêlés sans ordre et sans choix, comme dans quelques contes ou poëmes badins, mais en les appliquant aux différents genres auxquels leur cadence est le plus analogue.

Je ne suivrai l'auteur ni dans ses raisons ni dans son développement. Que ses propositions soient bonnes, comme il en était persuadé, ou détestables, comme je le crois, il en résulte toujours, et c'est ce qui nous intéresse ici, que le vers de douze syllabes ne lui semblait pas plus qu'à La Motte pouvoir convenir au poëme épique de quelque étendue : et ce qui donne une grande force à leur opinion, c'est

---

[1] *Discours sur Homère*, t. II, p. 124.
[2] *Encycl. méthod. (gr. et littér.)*, mot *Épopée*, t. I, p. 759.

que l'étude philosophique des qualités de ce vers les confirme entièrement.

L'alexandrin, en effet, est excellent à la scène. Non-seulement par sa plus grande capacité de signification il permet de dire plus que les autres, et se prête mieux qu'eux à la rapidité de l'action; mais encore par l'égalité constante de sa cadence, il se soutient comme vers malgré toutes les interruptions; il résiste à toutes les brisures qu'y introduit le dialogue. Écoutez, par exemple, la dispute de deux amoureux :

> Et quel est le dessein où votre âme s'arrête,
> Madame ? — Je ne sais. — La réponse est honnête.
> Vous ne savez. — Non. — Non? — Que me conseillez-vous ?
> — Je vous conseille, moi, de prendre cet époux.
> — Vous me le conseillez ? — Oui. — Tout de bon ? — Sans doute,
> Le choix est glorieux et vaut bien qu'on l'écoute [1].

Ne sentez-vous pas, malgré la rapidité ou la vivacité des répliques, dominer toujours l'harmonie de l'alexandrin que le poëte saura bien, tout à l'heure, par une variété aussi naturelle qu'agréable, nous présenter dans toute la perfection de sa cadence.

Le vers de dix syllabes, au contraire, trop court pour l'action dramatique, et s'accommodant mal des rimes plates, est surtout mauvais dans le dialogue. Alors coupé sans cesse par le feu croisé des demandes et des réponses, il perd toute son harmonie et n'arrive à l'oreille que disloqué, haché, presque pulvérisé En voici la preuve :

> Voilà la dame. — Ah ! je vois trop qui c'est.
> — On dit qu'elle est assez grande épouseuse,
> Un peu plaideuse et beaucoup radoteuse.
> — Des siéges donc; madame, pardon, si....
> — Ah ! madame. — Ah ! madame. — Il faut aussi.

---

[1] Molière, *Tartufe*, acte II, sc. 4.

> — S'asseoir, madame. — En vérité, madame,
> Je voudrais bien. — Madame. — Je voudrais
> Vous enlaidir, vous ôter vos attraits [1].

N'est-il pas vrai qu'il n'y a rien ici qui vous rappelle des vers ; vous n'en reconnaissez pas même les parties éparses ; et cette différence capitale entre nos deux plus longs mètres explique et justifie le choix à peu près exclusif qu'on a fait du premier pour la scène.

Mais dans la narration, surtout quand elle est longue, ce qui est qualité au théâtre, devient souvent défaut, et ce qui est défaut devient, au contraire, qualité. L'alexandrin fatigue par cette uniformité que rien n'altère, que rien n'anime au milieu de chants interminables. Jamais un mot ne peut se rejeter d'un vers sur l'autre; jamais n'apparaît un son final que la rime ne vienne à point nommé y correspondre après les douze syllabes du vers suivant. Y a-t-il rien de plus insupportable que cette harmonie *stéréotypée*, si je puis employer un mot mis à la mode dans ce siècle? Et que ne donnerait-on pas pour jeter quelque accident, pour trouver quelque butte ou quelque buisson dans ce plat gazon perpétuellement émaillé des mêmes fleurs.

Or tout cela, vous l'avez dans le décasyllabe : où succombe l'alexandrin, celui-ci triomphe. Vif, varié, rapide, sa brièveté relative élève un peu le mouvement rhythmique. Examinez un peu cette exposition :

> Le bon roi Charle au printemps de ses jours,
> Au temps de Pâque, en la cité de Tours,
> A certain bal (ce prince aimait la danse)
> Avait trouvé pour le bien de la France
> Une beauté nommée Agnès Sorel ;
> Jamais l'amour ne forma rien de tel.
> Imaginez de Flore la jeunesse,
> La taille et l'air de la nymphe des bois,

---

[1] Voltaire, *l'Enfant prodigue*, acte II, sc. 3.

> Et de Vénus la grâce enchanteresse,
> Et de l'Amour le séduisant minois,
> L'art d'Arachné, le doux chant des Sirènes :
> Elle avait tout. Elle aurait dans ses chaînes
> Mis les héros, les sages et les rois [1].

Comparez-y cette autre partie tout à fait analogue d'un autre poëme du même auteur :

> Valois régnait encore et ses mains incertaines
> De l'État ébranlé laissaient flotter les rênes.
> Les lois étaient sans force et les droits confondus,
> Ou plutôt, en effet, Valois ne régnait plus.
> Ce n'était plus ce prince environné de gloire,
> Aux combats dès l'enfance instruit par la victoire,
> Dont l'Europe en tremblant regardait les progrès,
> Et qui de la patrie emporta les regrets,
> Quand du Nord étonné de ses vertus suprêmes
> Les peuples à ses pieds mettaient les diadèmes [2].

Certes cette exposition est fort belle : les vers sont pleins, majestueux, parfaitement composés; mais comme tout se traîne, auprès de ce que nous avons vu tout à l'heure courir si légèrement et avec tant de grâce!

La coupe inégale du décasyllabe écarte la monotonie; et cette facilité jointe au libre mélange des rimes peu connu de notre temps, en empêchant les vers de tomber deux à deux, pique et soutient notre curiosité jusqu'à la fin de ce que j'appellerai, non pas la *tirade*, mais la *traite poétique*. Je vous citerai pour exemple ces vers charmants :

> Pendant la route, on voulut par faveur
> Faire causer le perroquet rêveur.
> Frère Lubin, d'un ton peu monastique,
> Interrogea le beau mélancolique.
> L'oiseau benin prend son air de douceur,
> Et, vous poussant un soupir méthodique,
> D'un ton pédant répond : *Ave, ma sœur*.

---

[1] Voltaire, *la Pucelle*, chant I.
[2] Voltaire, *la Henriade*, chant I.

A cet *avé* jugez si l'on dut rire ;
Tous en chorus bernent le pauvre sire.
Ainsi berné, le novice interdit
Comprit en soi qu'il n'avait pas bien dit,
Et qu'il serait malmené des commères
S'il ne parlait la langue des confrères.
Son cœur si fier et qui jusqu'à ce temps
Avait été nourri d'un doux encens,
Ne put garder sa modeste constance
Dans cet assaut de mépris flétrissants.
A cet instant, en perdant patience,
Ver-Vert perdit sa première innocence.
Dès lors ingrat, en soi-même il maudit
Les chères sœurs, ses premières maîtresses,
Qui n'avaient pas su mettre en son esprit
Du beau français les brillantes finesses,
Les sons nerveux et les délicatesses [1].

Prenez par comparaison un fragment de narration dans *la Henriade* : vous verrez, tout en admirant l'art du poëte ou la beauté des vers, que ceux-ci tombent deux à deux ou même un à un ; et cela, non par la négligence de l'auteur, mais, en grande partie, par la nature même de l'alexandrin formant des récits :

Dieppe aux yeux du héros offre son heureux port :
Les matelots ardents s'empressent sur le bord.
Les vaisseaux sous leurs mains, fiers souverains des ondes,
Étaient prêts à voler sur les plaines profondes.
L'impétueux Borée enchaîné dans les airs
Au souffle du zéphyr abandonnait les mers.
On lève l'ancre, on part, on fuit loin de la terre.
On découvrait déjà les bords de l'Angleterre.
L'astre brillant du jour à l'instant s'obscurcit :
L'air siffle, le ciel gronde, et l'onde au loin mugit ;
Les vents sont déchaînés sur les vagues émues ;
La foudre étincelante éclate dans les nues,
Et le feu des éclairs et l'abîme des flots
Montrent partout la mort aux pâles matelots [2].

---

[1] Gresset, *Ver-Vert*, chant III.
[2] Voltaire, *la Henriade*, chant I.

Ne reconnaissez-vous pas qu'ici le sens finit constamment avec le vers ou avec le distique? et n'avouez-vous pas que cette forme longtemps continuée d'un discours dont les parties ne sont jamais liées entre elles, doit singulièrement fatiguer le lecteur?

— Il est difficile de le nier, dit Lebeau. Et je ne pus moi-même m'empêcher de l'approuver, quoique Lancelot ne répondît rien.

— Ajoutez à cela, continua Ronsard, l'enjambement si rigoureusement exclu de l'alexandrin dont il détruit l'harmonie, et permis, ou plutôt appelé dans le décasyllabe dont il augmente la grâce et la légèreté. Écoutez en ce point La Fontaine et ce qu'il nous dit de Renaud d'Ast [1] :

> Il s'en allait devers Château-Guillaume
> Quand trois quidams (bonnes gens, et sans bruit,
> Ce lui semblait, tels qu'en tout un royaume
> Il n'aurait cru trois aussi gens de bien);
> Quand n'ayant, dis-je, aucun soupçon de rien,
> Ces trois quidams tout pleins de courtoisie,
> Après l'abord, et l'ayant salué
> Fort humblement : « Si notre compagnie,
> Lui dirent-ils, vous pouvait être à gré,
> Et qu'il vous plût achever cette traite
> Avecque nous, ce nous serait honneur.
> En voyageant, plus la troupe est complète,
> Mieux elle vaut : c'est toujours le meilleur.
> Tant de brigands infestent la province,
> Que l'on ne sait à quoi songe le prince
> De le souffrir. Mais quoi ! les mal-vivants
> Seront toujours.... »

Vos alexandrins vous permettront-ils jamais cette liberté de récit, cette facilité de liaison dans les vers et dans les phrases, cette rapidité, en un mot, qui vous attache sans cesse, et ne laisse arriver ni la fatigue ni l'ennui?

—Ces qualités s'y trouvent sans doute, fit observer Lan-

---

[1] Contes, l'Oraison de Saint-Julien.

celot; mais n'est-ce pas aux dépens de la grandeur, de la sensibilité profonde, de ce qu'on pourrait nommer le *pathétique?* Vous ne nous citez là que des morceaux plaisants ou de moyen caractère : montrez-nous-en donc où la passion et la majesté s'expriment aussi bien.

— Rappelez-vous, répondit Ronsard, que Voltaire, dans son conte des *Trois manières*, où il met en regard les vers de huit, de douze et de dix syllabes, a justement pris ce dernier pour le récit le plus triste, pour celui d'Apamis. Voici quelques-uns des vers qui le composent :

> Dispensez-moi de vous développer
> Le noir tissu de sa trame secrète :
> Mon tendre cœur ne peut s'en occuper,
> Il est trop plein de l'amant qu'il regrette.
> A la déesse en vain j'eus mon recours :
> Tout me trahit : je me vis condamnée
> A terminer mes maux et mes beaux jours
> Dans cette mer où Vénus était née.
> On me menait au lieu de mon trépas.
> Un peuple entier mouillait de pleurs mes pas
> Et me plaignait d'une plainte inutile,
> Quand je reçus un billet de Batile,
> Fatal écrit, qui changeait tout mon sort !
> Trop cher écrit plus cruel que la mort !
> Je crus tomber dans la nuit éternelle
> Quand je l'ouvris, quand j'aperçus ces mots :
> « Je meurs pour vous, fussiez-vous infidèle. »
> C'en était fait : mon amant dans les flots
> S'était jeté pour me sauver la vie.
> On l'admirait en poussant des sanglots.
> Je l'implorais, ô mort ma seule envie,
> Mon seul devoir ! On eut la cruauté
> De m'arrêter lorsque j'allais le suivre.

Et la fin est plus touchante encore :

> A mon amant dans la nuit du trépas
> Donnez le prix que ce trépas mérite :
> Qu'il se console aux rives du Cocyte
> Quand sa moitié ne se console pas.

> Que cette main qui tremble et qui succombe
> Par vos bontés encor se ranimant
> Puisse à vos yeux écrire sur sa tombe :
> « Athène et moi couronnons mon amant. »

Croyez-vous que des alexandrins exprimassent mieux l'amour et la douleur ?

— Je ne le dis pas, répondit Lancelot; mais une narration épique proprement dite, telle, par exemple, que celle de Virgile, la pourriez-vous mettre en beaux vers décasyllabes sans détruire la pompe de l'épopée ?

— Je ne puis mieux répondre à votre question qu'en vous citant l'imitation la plus parfaite peut-être que nous ayons de l'épisode de Laocoon dans l'*Énéide*[1]. Le morceau est justement célèbre, et qui le comparera au texte primitif n'hésitera pas à dire que Malfilâtre a bien embelli son modèle :

> A cet autel de gazons et de fleurs
> Déjà la main des sacrificateurs
> A présenté la génisse sacrée,
> Jeune, au front large, à la corne dorée.
> Le bras fatal sur sa tête étendu,
> Prêt à frapper, tient le fer suspendu.
> Un bruit s'entend; l'air siffle, l'autel tremble.
> Du fond du bois, du pied des arbrisseaux,
> Deux fiers serpents soudain sortent ensemble,
> Rampent de front, vont à replis égaux ;
> L'un près de l'autre ils glissent, et sur l'herbe
> Laissent, loin d'eux, de tortueux sillons ;
> Les yeux en feu, lèvent, d'un air superbe,
> Leurs cous mouvants, gonflés de noirs poisons;
> Et vers le ciel deux menaçantes crêtes,
> Rouges de sang, se dressent sur leurs têtes.
> Sans s'arrêter, sans jeter un regard
> Sur mille enfants fuyant de toute part,
> Le couple affreux, d'une ardeur unanime,
> Suit son objet, va droit à la victime,

---

[1] *Æneis*, II, v. 201 à 227.

L'atteint, recule, et, de terre élancé,
Forme cent nœuds, autour d'elle enlacé ;
La tient, la serre, avec fureur s'obstine
A l'enchaîner, malgré ses vains efforts,
Dans les liens de deux flexibles corps ;
Perce, des traits d'une langue assassine,
Son cou nerveux, les veines de son flanc,
Poursuit, s'attache à sa forte poitrine,
Mord et déchire, et s'enivre de sang.
Mais l'animal, que leur souffle empoisonne,
Pour s'arracher à ce double ennemi,
Qui, constamment sur son corps affermi,
Comme un réseau l'enferme et l'emprisonne,
Combat, s'épuise en mouvements divers,
S'arme contre eux de sa dent menaçante,
Perce les vents d'une corne impuissante,
Bat de sa queue et ses flancs et les airs.
Il court, bondit, se roule, se relève ;
Le feu jaillit de ses larges naseaux.
A sa douleur, à ses horribles maux
Les deux dragons ne laissent point de trêve :
Sa voix, perdue en longs mugissements,
Des vastes mers fait retentir les ondes,
Les antres creux et les forêts profondes.
Il tombe enfin : il meurt dans les tourments.
Il meurt ! Alors les énormes reptiles
Tranquillement rentrent dans leurs asiles [1].

Qu'en dites-vous ? c'est bien là une narration épique ; et, sur un sujet antique, ce qui me semble beaucoup moins favorable à la belle poésie et surtout aux vers décasyllabes, que les sujets modernes. Mais enfin, que pensez-vous de ce récit ?

— Oh ! pour le coup, répondit Lancelot, je reconnais volontiers que, si le décasyllabe n'atteint pas à la cadence majestueuse de l'alexandrin, il prend à peu près au gré du

---

[1] Malfilâtre, *Narcisse dans l'île de Vénus*, ch. IV, v. 83 à 129. — Cette description n'a que 26 vers en latin, elle en a 46 dans le français : et combien les détails sont ici plus variés, plus précis, plus émouvants ! Tout cela soit dit sans rabaisser le moins du monde la description de Virgile, dont la perfection ne pouvait être surpassée qu'avec des détails nouveaux et pris avec plus de soin dans la nature.

poëte tous les autres caractères; il se prête à tous les sujets, et met partout beaucoup de variété et de vivacité.

— Je n'en demande pas davantage, reprit Ronsard, et j'en conclus que c'est le mètre le plus convenable pour une narration poétique très-longue, où la situation de celui qui raconte restant toujours la même, il faut bien qu'il compense par le maniement facile et la variété de l'instrument les inconvénients que la nature de l'œuvre met contre lui.

— La raison donnée ici, interposai-je, a certes une grande valeur; et je suis, pour moi, tout disposé à croire que le vers décasyllabe est seul convenable à la narration épique. La *Henriade*, malgré son mérite, est, je l'avoue, peu amusante; et les deux modèles d'un caractère fort différent que nous a donnés Boileau du récit épique, dans son *Épître sur le passage du Rhin* et dans son *Lutrin*, ne joignent peut-être à leurs autres mérites celui de l'intérêt que parce qu'ils sont l'un et l'autre très-courts. Ainsi, le juste succès de ces pièces ne doit être compté au profit de l'alexandrin qu'avec une certaine réserve. Mais enfin, et malgré la distinction fondée que vous avez faite des poëtes qui ont et de ceux qui n'ont pas réussi à se faire lire, il reste vrai que tous ceux qui ont prétendu faire des poëmes épiques les ont écrits en grands vers. N'avez-vous rien à dire sur cette unanimité?

— Elle s'explique très-bien par le mot que vous employez vous-même : ceux qui *ont prétendu faire des poëmes épiques*. En effet, bien des gens entendent sous ce nom un poëme fort long, toujours du même ton, où les inventions sont, pour la plupart, copiées sur celles des poëtes anciens les plus autorisés, où la majesté des moindres actions et la pompe du style sont tellement obligatoires, qu'on doit tout souffrir plutôt que de s'en écarter. Les poëmes faits dans ces conditions sont, selon moi, non pas épiques, mais ennuyeux. Cependant, comme je ne dispute pas sur les mots, je comprends que ceux qui se font cette idée de l'épopée emploient aussi le vers qui contribuera le plus à mettre en relief la monotonie qu'ils y cherchent. Je me borne à constater le résultat de leurs efforts, c'est-à-dire le succès ou la chute de leurs œuvres.

— En ce sens, dit Lebeau, l'expérience est faite et bien faite; car elle est presque sans exception. Je ne crois donc pas qu'on puisse mettre en doute l'infériorité de l'alexandrin pour ce qui est narration; mais, si nous revenons à la pratique, ceux qui de nos jours font encore des épopées ne sont-ils pas de ces *imitatores, servum pecus*[1] que raille le poëte, plutôt que de ceux que Jupiter a aimés ou regardés favorablement[2]? N'imiteront-ils pas ce qui s'est fait jusqu'à eux, sans se douter qu'on puisse faire autrement? et n'avez-vous pas fait en pure perte votre démonstration?

— Cela est probable, reprit Ronsard; mais ce qui l'est encore plus, ce qui même est certain pour moi, c'est qu'ils grossiront tour à tour, et sans qu'il en manque un seul, le nombre déjà énorme des poëtes qu'on ne lit pas.

— Ils le grossiraient peut-être, ajoutai-je, sans l'alexandrin; seulement ce vers concourt à les perdre, tandis que le décasyllabe ne les sauverait pas. Quant à eux, la différence est bien petite; quant aux mètres, elle est considérable. Mais il est temps de clore ici cette discussion, et de vous remettre à vos places, en vous séparant comme par le passé. A présent du moins, j'espère que vous y resterez tranquilles.

[1] Horat., *Epist.*, I, 19, v. 19.
[2] Virg., *Æneis*, VI, v. 129.

UNE APRÈS-MIDI
CHEZ ANDRIEUX[1].

Avant l'année 1829, où il fut nommé secrétaire perpétuel de l'Académie française, Andrieux habitait le collége de France. Son logement, au deuxième étage, s'étendait précisément au-dessus de la salle étroite et obscure où il faisait, depuis bien des années, un cours suivi par une nombreuse jeunesse.

J'avais moi-même, plus de dix ans auparavant, au sortir du collége, écouté avec un grand charme ces causeries paternelles, moins profitables peut-être par les connaissances positives qu'on y acquérait, que par le ton de bonhomie du professeur, et le parfum d'honnêteté et de vertu dont il imprégnait, si je puis parler ainsi, toutes ses paroles.

Souvent, à l'issue de la leçon, j'allais, comme beaucoup de ses auditeurs, le complimenter sur ce qu'il avait dit. Andrieux voulait bien reporter sur moi une partie de l'amitié qu'il avait pour mon père, son camarade de collége. Il me

---

[1] Cette dissertation, qui a pour objet l'examen des vers métriques en français, a été écrite en 1845 sur des notes plus anciennes; elle a été revue en 1854, et réduite eu égard surtout à ce que j'ai mis sur les questions analogues dans mes *Études sur quelques points des sciences dans l'antiquité*, n°s VI, VIII et XI.

faisait le plus aimable accueil, et y ajoutait la gracieuse invitation, dont je n'ai guère profité, d'aller le voir de temps en temps chez lui, et de lui donner, s'il y avait lieu, l'occasion de m'être utile.

Plus tard, lorsque je revins à Paris en 1825, je le négligeai un peu moins ; et bien que mes visites fussent toujours assez rares, du moins je fis en sorte de ne pas me laisser oublier entièrement.

Un jour que je m'étais rendu chez lui vers deux heures de l'après-midi, j'y rencontrai Allou, qui fut depuis mon confrère à la Société philotechnique[1], et que je ne connaissais alors que pour l'avoir vu une fois ou deux chez un de mes proches parents[2] : il venait de mettre la dernière main à son *Essai sur l'universalité de la langue française*[3], et voulait en parler ou en faire hommage à son ancien professeur[4].

Un jeune homme se fit presque aussitôt annoncer sous le nom de Joseph Mivrai ; il était âgé de vingt ans tout au plus. C'était un des auditeurs du bon Andrieux. Il paraît que, confiant dans son extrême complaisance, il lui avait demandé la permission de le consulter sur une traduction qu'il avait essayée en vers français des *Héroïdes* d'Ovide, et que l'heure assignée pour le rendez-vous était justement celle qu'Allou et moi avions prise pour notre visite. Tout cela nous fut gracieusement expliqué par Andrieux, qui s'excusait ainsi de ne pouvoir être tout à nous. Il nous invita toutefois à demeurer ; et, comme nous étions de loisir, nous écoutâmes avec lui la lettre de Pénélope à Ulysse.

[1] Ingénieur des mines, mort le 7 octobre 1843.

[2] Marc-Antoine Jullien, mon cousin germain, fondateur et directeur de la *Revue encyclopédique*, mort en 1848.

[3] In-8°, 1828 ; voyez-en l'analyse dans la *Revue encyclop.*, t. XLI, p. 688 et suiv.

[4] Allou était élève de l'école polytechnique, où Andrieux avait professé longtemps.

Un silence profond régna jusqu'au bout; le lecteur, doué d'une voix claire et sonore, mettait dans sa diction les inflexions convenables, articulait nettement, phrasait de la façon la plus régulière, s'échauffait même quelquefois, excitant ainsi un véritable intérêt par sa bonne méthode. Le sens nous parut exactement rendu, autant qu'un ancien souvenir de la pièce nous permettait d'en juger. Mais l'harmonie des phrases était si singulière, qu'on put, après la clôture du cahier, adresser au lecteur ces observations divergentes.

« J'avais cru, dit Andrieux, que c'était en vers que vous vouliez traduire Ovide?

— Ce sont bien des vers, dit Allou; des vers blancs, puisqu'ils ne riment pas; mais il y a là un retour de rhythme qui ne permet pas d'y voir de la prose.

— Vers blancs tant que vous voudrez, ajoutai-je, mais de quelle espèce? ce ne sont assurément ni des alexandrins, ni des décasyllabes, ni des vers de quatre pieds, ni une combinaison de ces différentes mesures.

— Ce sont des distiques, répondit Mivrai, des hexamètres et des pentamètres, comme dans le latin; il m'a semblé que c'était une fidélité de plus de reproduire en même temps que le sens de l'auteur, la cadence qu'il a donnée à son expression.

— Ah! dit Andrieux, ce sont des vers baïfins.

— Pourquoi les nommez-vous ainsi?

— Parce que notre vieux Baïf en ayant fait beaucoup de ce genre, et qui n'étaient pas bons, on leur a donné son nom. On les nomme aussi *vers métriques*, ce qui veut dire, à mon avis, non pas qu'ils sont mesurés, comme si nos vers rimés ne l'étaient pas, mais bien qu'ils n'ont que la mesure exclusivement à toute autre qualité. Au reste, l'application que vous en faites peut être nouvelle; mais l'invention ne l'est pas.

— Assurément, continua Allou encore plein de ses recherches sur l'histoire de notre langue. Jean Mousset, au rapport d'Agrippa d'Aubigné, avait, vers 1530, traduit l'*Iliade* et l'*Odyssée* en vers de cette forme. Tous les poëtes célèbres de cette époque, Ronsard, Jodelle, et particulièrement Baïf, suivirent sa trace. Le dernier peut-être qui se soit exercé dans ce genre singulier, c'est l'illustre Turgot, qui a traduit ainsi le quatrième livre de l'*Énéide* dans un poëme en trois chants intitulé *Didon*. Voici ses derniers vers : vous jugerez comme il vous plaira de leur harmonie.

> Iris dans les airs déployant ses ailes humectées
> Dont le soleil dardant ses feux a nuancé le tissu,
> Vole et s'arrête au fond du palais où la reine lutte encore
> Contre la mort. « J'emporte ce gage à Pluton et j'accomplis
> L'ordre du ciel. Tes fers sont rompus, sors de ta prison. »
> Parlant ainsi sa main enlève le fil, la chaleur cesse,
> L'âme se mêle aux vents, s'envole avec eux, et Didon meurt[1].

— Je ne croyais pas ma tentative nouvelle, dit Mivrai, quoique je ne connusse pas les vers de Turgot ; je me félicite du moins qu'elle ait ainsi, à des époques si éloignées, obtenu l'assentiment d'hommes distingués.

— Ne vous en vantez pas trop, reprit Andrieux avec ce sourire qui lui était particulier ; car si quelques poëtes ont fait tous leurs efforts pour mettre les vers baïfins en honneur, le public a toujours été unanime à les repousser ; à ce point que l'Académie française a pu mettre au concours pour un de ses prix cette question générale : « Quelles sont les difficultés qui s'opposent à l'introduction du rhythme des Grecs et des Latins dans la poésie française ? »

— Oui, répondit Mivrai ; mais la question n'a pas paru à tous les concurrents aussi complétement résolue qu'à l'Académie, puisque M. Mablin, qui a obtenu sur ce sujet même

---

[1] *Æneis*, IV, v. 700.

une mention honorable en 1815, a positivement conclu que ces difficultés n'étaient pas réelles[1].

— J'ai lu son mémoire, reprit Andrieux, et je ne crois pas que les conclusions en soient aussi absolues que vous le dites. Mais pour revenir aux vers baïfins, soit en français, soit ailleurs, c'est dans l'histoire un phénomène unique et surprenant à tous égards, que chez un peuple en possession d'un système prosodique bien réglé, usité depuis longtemps, et qui avait dès lors fait produire un grand nombre d'ouvrages admirés des contemporains, quelques poëtes soient venus proposer un principe rhythmique nouveau, ou renouvelé de l'antique, sans analogie avec ce qui précédait, dont, en cas de succès, le résultat infaillible était d'anéantir ou de détruire presque totalement l'ancienne poésie française.

— Pardon, mon cher professeur, lui dis-je ; mais ne rapporte-t-on pas d'Ennius quelque chose de semblable ? N'a-t-il pas, deux siècles avant notre ère, fait abandonner aux Latins leurs vers saturniens pour les vers mesurés des Grecs ?

— Il n'y a pas de parité. Ennius n'altérait aucunement l'harmonie des vers grossiers du Latium. Le principe en restait le même ; seulement on régularisait la mesure ; on rendait ainsi le rhythme plus égal, la cadence plus sensible et plus satisfaisante[2]. Chez nous, au contraire, on changeait du tout au tout notre harmonie poétique pour en introduire une autre qui n'avait avec elle aucun rapport, ou lui était entièrement contraire, c'est là ce que j'ai quelque peine à comprendre.

— Peuh ! dit Allou, la chose, quoique singulière, s'explique assez bien par l'admiration superstitieuse de ce qui

---

[1] Voy. le supplément ou résumé, p. 70 et suiv.

[2] Voyez dans les *Études sur quelques points des sciences dans l'antiquité*, la dissertation sur les vers saturniens.

fut autrefois. C'est, dans une autre région, la même erreur qui nous fait croire à un âge d'or suivi de siècles qui vont toujours en se détériorant. Horace a exprimé ce sentiment d'une manière aussi brillante que rapide [1] :

> Damnosa quid non imminuit dies?
> Ætas parentum, pejor avis, tulit
> Nos nequiores, mox daturos
> Progeniem vitiosiorem.

Le vieux temps, le bon vieux temps, se rapporte à nos idées d'enfance, à cette époque où le père et la mère étaient pour nous des sages, des forts, des excellents; où nous-mêmes, bien convaincus de notre faiblesse, de notre inexpérience, nous ne concevions rien au-dessus de nos grands parents, et les regardions, en quelque sorte, comme d'une race supérieure à nos compagnons de jeux ou d'école.

Ce sentiment, très-louable dans son principe, très-recommandable même, tant qu'il s'applique à ce qui est vraiment bon, a été, à l'époque de la renaissance, vivement excité en faveur de l'antiquité; et il avait indubitablement quelque avantage, puisqu'il nous a fait connaître, dans les arts et dans les ouvrages littéraires, une perfection de forme, un fini d'exécution, dont le moyen âge ne nous fournissait aucun modèle.

Cependant, comme tout ce qui est porté à l'excès, l'admiration produit des effets fâcheux lorsqu'elle s'attache à ce qui est mauvais en soi, ou à ce qui, sans être absolument mauvais, ne nous est pas parfaitement connu; puisqu'alors le médiocre ou le détestable n'étant pas distingué du bon, peut, tout aussi bien que celui-ci, devenir un objet de préférence, d'étude, d'enthousiasme même, et enfin d'imitation.

C'est ainsi, pour ne pas sortir de notre sujet, que, ne sachant pas prononcer exactement le grec ni le latin, on a pu

---

[1] *Carm.*, III, 6, v. 45.

chercher dans la règle prosodique ancienne, outre une plus grande liberté d'allure rhythmique et la suppression des difficultés de la rime, une perfection de cadence qui probablement n'y était pas. On a supposé, sans preuve certaine, que les vers anciens étaient parfaitement harmonieux; et, par cette croyance peut-être illusoire, on a proposé, on a risqué même de perdre la cadence si pure et si bien connue de nos vers français.

— Que parlez-vous d'hypothèse ou de croyance chimérique? s'écria Mivrai. L'harmonie des vers grecs ou latins peut-elle être mise en question? Tout le monde n'avoue-t-il pas que c'était une véritable musique? Cela d'ailleurs est évident *à priori*. Les anciens étaient, comme on l'a dit, plus près que nous de la nature. Ils ont donc produit ce qu'il y avait de mieux en tout. Leurs vers, par conséquent, étaient les plus beaux du monde, et nous serions heureux de pouvoir les imiter.

— Soit : mais d'abord le pouvons-nous? Avez-vous ouï ces vers prononcés par des Romains? Pouvez-vous les prononcer vous-même de manière à me faire entendre et admirer leur cadence?

— Non, nous ne pouvons que conjecturer, d'après ce que les anciens nous rapportent, qu'ils procuraient à l'oreille une volupté incomparable.

— Déjà donc c'est par tradition, ce n'est pas pour les avoir entendus vous-même, que vous admirez tant le son des vers anciens. Cela m'encourage à vous faire cette objection, que des vers sont toujours en rapport avec la langue dans laquelle ils sont écrits; que, transportés dans un autre idiome, ils y perdent nécessairement, au moins en partie, l'harmonie qui les caractérise.

— Ne croyez pas cela : les vers grecs et latins étaient si beaux, que, si nous en faisions de pareils en français, bien qu'ils eussent perdu quelque chose, tout le monde les jugerait infiniment supérieurs à ce que nous avons eu jusqu'ici.

— Vous avez là, interposa Andrieux, ce que je nomme une foi robuste. Elle est chez vous d'autant plus méritoire que vous ne paraissez juger des vers latins que d'après notre prononciation, à nous autres Français; et, malheureusement, quand il nous arrive d'en réciter devant les étrangers, quels qu'ils soient, Allemands, Espagnols, Italiens, ils pouffent de rire ou haussent les épaules. Nous ne restons pas moins fermes, je le sais, à nous admirer nous-mêmes et à donner notre parler comme un modèle que tout le monde ferait bien de suivre[1]. Vous avouerez toutefois qu'il y a là un peu de convention, et que si nous louons tant l'harmonie effective des vers classiques, c'est, en quelque partie, sur la renommée des auteurs et le respect de l'antiquité.

— Je ne nie pas absolument ces deux raisons : je crois néanmoins que malgré la perte à jamais déplorable de la langue parlée des Grecs ou des Latins, il reste dans leurs vers, et nous y faisons entendre, une cadence que je nommerai presque divine, d'après laquelle nous imaginons plutôt que nous ne comprenons ce qu'elle a pu être réellement.

— Votre raisonnement, reprit Allou, me semble, si je puis le dire, se réduire à ceci : Les vers grecs ou latins étaient souverainement beaux, parce qu'ils étaient grecs ou latins. Quelle que fût leur harmonie, il ne nous en reste rien du tout, et la cadence que nous y substituons fait rire à nos dépens tous les peuples de l'Europe. Toutefois cette cadence ridicule est, dans notre intention, soit un reflet de l'harmonie antique, soit un effort, une tendance vers elle. Préférons donc cette intention d'harmonie, si l'on peut employer ce terme, à l'harmonie réelle des vers rimés.

---

[1] D'Alembert dans l'*Encyclop. méthod.* (gr. et litt.), mot *Élocution*, t. 1, p. 695, col. 2.

— Vous changez considérablement, ce me semble, et mes prémisses et ma conséquence. D'une part, je ne propose pas du tout de renoncer aux vers rimés; de l'autre, j'entends très-distinctement les vers latins que je prononce : et c'est cette harmonie que je préfère à celle de nos vers ordinaires. Je juge en cela comme le grand Condé, à qui, quand il entendait des vers français après des vers latins, il semblait *boire de l'eau*. Tout en reconnaissant que nous ne prononçons pas le latin aussi bien que les Latins eux-mêmes, je dis avec Rollin, Marmontel et tant d'autres [1], que le peu qui reste de leur harmonie est d'une beauté à quoi rien ne peut se comparer chez nous.

Sans insister sur ce point, n'est-il pas clair que cette admirable proportion des syllabes dont l'une valait toujours la moitié de l'autre devait contribuer puissamment à un effet mélodique aussi varié que sensible ?...

— Si vous voulez, interrompis-je, me permettre une observation sur une matière que j'ai longtemps étudiée [2], je vous engagerai à ne vous appuyer qu'avec de grandes précautions sur la prétendue proportionnalité des brèves et des longues. Les témoignages des grammairiens anciens sur ce sujet sont on ne peut plus contradictoires, et il en résulte, avec évidence, que le rapport dont vous parlez n'avait rien de fixe; que les syllabes n'avaient qu'une valeur de compte, d'après laquelle on les estimait dans les vers, mais qu'à l'oreille les longues étaient souvent brèves, et réciproquement; et que, surtout, leur entrelacement seul ne produisait aucune harmonie réellement agréable. M. Mablin, que vous citez tout à l'heure, est formel à cet égard. Il remarque que l'harmonie des vers anciens se composait de deux par-

---

[1] *Encyclop. méthod.*, mot *Vers*.
[2] Voyez dans les *Études sur quelques points des sciences dans l'antiquité*, la dissertation VI sur la quantité prosodique chez les anciens.

ties, l'une résultant des accents et l'autre venant de la quantité prosodique, et ajoute[1] : « De ces deux différentes harmonies, nous ne sentons et ne pouvons sentir que celle qui est produite par l'accent. Celle qui résulte de la quantité et qui constitue essentiellement le vers est nulle pour nous, et la véritable mélodie des vers grecs et latins nous est ainsi totalement inconnue. »

Vous pouvez déjà conclure de là, comme vous le disait notre bon professeur, que M. Mablin n'est pas aussi affirmatif que vous l'aviez pensé. Quoi qu'il en soit, il reste pour nous ce fait, que les vers latins n'existant chez les modernes qu'à l'état de vers écrits, on s'est borné dans les traités de versification à ce qui les constitue sur le papier, c'est-à-dire au calcul ou à l'arrangement des pieds et des syllabes, et qu'on a négligé ce que les grammairiens nous apprennent de l'accentuation des mots, ce qui était la vraie source du rhythme antique, et fût demeuré l'objet principal de l'attention des érudits, si le latin, au lieu d'être seulement écrit ou imprimé, eût été constamment parlé comme une langue vivante. Cela compris, l'admiration dont parlait tout à l'heure M. Allou n'a pu s'attacher qu'au rapport des longues et des brèves; et comme toutes les fois que l'esprit s'engoue d'une idée métaphysique il la poursuit jusqu'à perdre le sens commun, on s'est imaginé, en dépit de l'expérience et de l'arithmétique, que l'alternative des longues et des brèves pouvait produire quelque cadence, et que leurs divers arrangements devaient y jeter beaucoup de variété. Ces deux opinions sont aussi fausses l'une que l'autre. La dernière d'abord ne résiste pas au calcul le plus élémentaire. Les permutations qu'on peut faire dans les six pieds de l'hexamètre se réduisent à seize; on a alors épuisé tout ce qu'il est possible de concevoir, tandis que nous

---

[1] Mémoire cité, p. 43.

avons dans l'alexandrin, par ses coupes et surtout par ses rimes, des milliers de combinaisons diverses.

L'autre assertion ne se soutient pas davantage. Non-seulement il est impossible de conserver en parlant ou en lisant le rapport normal des syllabes longues ou brèves ; mais ce rapport ne nous fait par lui-même aucun plaisir. Rien ne nous est plus facile que de combiner à la façon antique des sons brefs ou d'un seul temps avec des sons de deux temps. L'oreille ne trouve rien là qui la flatte en aucune façon. C'est le retour le plus monotone et le plus maussade qu'on puisse imaginer. Bref, ce n'est pas ce rapport numérique, c'est l'accent qui, venant changer l'intensité du son, apporte seul à notre ouïe la sensation de la cadence ou du rhythme ; et c'est précisément ce que nous supprimons des vers latins prononcés à la française.

Croyez-moi donc : Si vous voulez faire partager à quelqu'un la bonne opinion que vous avez de votre manière de prononcer les vers latins, analysez votre prononciation en elle-même ; faites-en sentir les agréments, en tant que l'oreille les perçoit et les apprécie. Laissez de côté ces considérations arithmétiques qui peuvent amuser l'esprit comme tout calcul, mais qui ne sauraient se faire entendre à l'oreille ni, par conséquent, influer sur l'harmonie [1].

— J'y consens volontiers ; je trouve une mélodie très-agréable dans les beaux vers latins ; par exemple, dans le fameux distique :

> Donec eris felix, multos numerabis amicos ;
> Tempora si fuerint nubila solus eris.

— Je l'y trouve comme vous, reprit Andrieux ; mais la

---

[1] Il est vraiment curieux de voir partout dans le mémoire de Mablin la preuve qu'il pensait à cet égard à très-peu de chose près comme moi, quoique sa dissertation semble avoir pour but de prouver le contraire.

question est si cette mélodie passe dans les vers français composés sur le même modèle; si ce distique de Jodelle rapporté par Pasquier :

> Phébus, Amour, Cypris veut sauver, nourrir et orner
> Ton vers et ton chef d'ombre, de flammes, de fleurs;

si celui-ci composé par Pasquier lui-même :

> Rien ne me plaît sinon de te chanter, et servir et orner,
> Rien ne te plaît, mon bien, rien ne te plaît que ma mort;

ont la même cadence, flattent aussi agréablement l'oreille que ceux d'Ovide ou de Tibulle. Je ne décide pas la question, je la pose : toutefois je pense que le sentiment public a répondu pour moi et a rejeté absolument cette prétendue innovation.

— Mon Dieu! reprit Mivrai, tout est de mode en France. Quand ces vers ont paru pour la première fois, on y a battu des mains; plus tard, on les a sifflés : qu'en conclure? sinon que rien n'est décidé. Pour moi, je me borne à ce fait, que la cadence des vers latins, tels que nous les prononçons, est encore très-agréable. Vous êtes, je crois, de mon avis?

— Oui certes, répondirent Allou et Andrieux. Quant à moi, je gardai le silence.

— Eh bien! je crois mettre exactement le même rhythme dans les vers que je viens de vous lire. Que ceux-ci soient mal cadencés, j'y consentirai volontiers, pourvu que ceux de Virgile et d'Ovide, prononcés par nous, ne le soient pas mieux. Si vous dites que ceux de Virgile et d'Ovide le sont très-bien; montrez-moi, je vous prie, où est la différence rythmique qui fait que les miens le sont mal.

— Cette différence, dit Allou, se sent mieux qu'elle ne s'explique. Vous aurez beau me soutenir qu'il y a parité d'harmonie entre ces vers de l'*Énéide* :

> Hæc passim dea fœda virum diffundit in ora,
> Protinus ad regem cursus de torquet Iarbam
> Incenditque animum dictis atque aggerat iras[1];

et ceux-ci, par lesquels Turgot les traduit :

> Ces bruits qu'en cent lieux l'infâme déesse a répandus
> Déjà de bouche en bouche volant à l'oreille d'Iarbas,
> Ont de sa haine ardente et jalouse exalté le poison[2];

je ne vous en crois pas. Je sens parfaitement la gracieuse cadence des vers latins. L'analyse, me dites-vous, montre que celle des vers français est la même. C'est qu'alors votre analyse vous trompe, car la sensation, pour moi, n'en est pas semblable, et les sensations, vous l'avouez, ne nous trompent pas.

— Les sensations, non, sans doute, quand elles sont pures : mais le sont-elles dans ce que vous dites ressentir ? Cela vaudrait la peine d'être examiné. Pour vous dire toute ma pensée, je crois qu'il se passe dans votre esprit quelque chose d'analogue à ce que nous éprouvons quand nous considérons la lune à l'horizon et au zénith. Tout le monde sait combien elle paraît grande quand elle s'élève. Produit-elle réellement alors sur notre rétine une image plus étendue que du haut du ciel ? Point du tout, l'image est égale. C'est la comparaison que nous faisons de l'astre avec les objets qui l'avoisinent qui le grandit à nos yeux. Cela est si vrai, qu'il suffit de regarder la lune à travers un tube noirci qui l'isole de l'horizon, pour la ramener à sa grandeur naturelle : et ainsi la sensation proprement dite n'est pour rien dans cette augmentation apparente. C'est l'ensemble de nos jugements antérieurs ou concomitants qui la produit, et celui-là se tromperait, dans la rigueur des termes, qui dirait

---

[1] *Æneis*, IV, v. 193.
[2] *Didon*, chant II, v. 26.

voir la lune plus grande : il la *juge* telle. Or, si la sensation n'admet pas l'erreur, le jugement l'admet. A votre tour, vous en convenez.

— Sans doute, mais je ne vois pas quels sont ici les objets environnants, où est l'horizon qui pourraient m'induire en erreur.

— Il n'y a pas, en effet, d'objets matériels, d'arbres, de montagnes, comme pour ce qu'on peut voir ; il y a peut-être une foule d'idées associées qui vous échappent. Supprimez par la pensée tout ce que nous ont dit nos professeurs; oubliez le travail que nous avons fait pour acquérir la connaissance de la langue et des règles prosodiques; déracinez surtout, si cela est possible, cette satisfaction de nous-mêmes, cette vanité intérieure et cachée qui nous rend heureux et fiers d'une science réservée au petit nombre des gens instruits : vous trouverez qu'il y a entre les phrases françaises et les phrases latines semblablement rhythmées une cadence beaucoup plus égale que vous ne l'aviez cru d'abord.

— Il est possible, dit Andrieux, que cette raison entre pour quelque chose dans notre jugement. Mais y est-elle pour tout? y est-elle même pour beaucoup? Cela me semble douteux. Je ne puis oublier que nous n'avons plus la quantité antique, que nous n'avons pas la parole animée et la vive accentuation de la Grèce ou de l'Italie, que les langues anciennes étaient musicales au plus haut point, tandis que Voltaire a dit, comme vous le savez :

La rime est nécessaire à nos jargons nouveaux.

— Il l'a dit, sans doute, mais il s'est chargé de prouver le contraire; et vous-même, mon cher professeur, vous vous êtes loué plus d'une fois, et à juste titre, d'être un de ceux qui ont le plus cherché à maintenir la langue française dans sa pureté. Laissons donc les épigrammes faites contre elle. Croyons bien que si l'empereur Julien comparait la langue gauloise au croassement des corbeaux, c'est qu'elle n'était pas le français du XVIᵉ siècle et surtout du XVIIᵉ; que si, comme le dit Pasquier, « Turnèbe était d'avis que notre langage est trop bas pour recevoir de nobles inventions, ains seulement destiné pour le commerce de nos affaires domestiques, et que si nous couvons rien de beau dedans nos poitrines, il le faut exprimer en latin [1], » c'est que Turnèbe était un érudit encroûté dans son grec, qui n'avait aucun goût, aucun sentiment de la beauté d'une langue vivante. Mais, sans nous perdre dans cette discussion inutile, remarquez qu'il s'agit du latin prononcé par nous et du français prononcé par nous; que dans l'un et l'autre cas, nous examinons uniquement le rhythme ou la mélodie qui en résulte. Or ici, nous ne nous comparons pas aux anciens, nous nous comparons à nous-mêmes : et puisque toutes les syllabes que nous prononçons en latin nous les avons en français, il n'est pas douteux que nous ne puissions mettre la même cadence dans les deux langues [2].

Tenez, essayons s'il ne serait pas possible d'imaginer une épreuve, qui, comme celle du tube noirci dont je parlais tout à l'heure, nous mettrait à l'abri de l'illusion. Ne pourrait-on pas produire une imitation si étroite du son des vers latins, qu'il n'y aurait pas moyen de reculer, qu'il faudrait avouer que l'audition est la même dans les deux langues. C'est un essai que j'ai fait et qui, pour moi, m'a convaincu : j'ai pris ces trois vers si connus qui ouvrent les *Bucoliques :*

> Tityre, tu patulæ recubans sub tegmine fagi,
> Silvestrem tenui musam meditaris avena :
> Nos patriæ fines et dulcia linquimus arva;

---

[1] Pasquier, *Lettre à M. de Tournebu*, liv. I, nº 2; t. II, p. 210 de l'édit. Feugère.
[2] Voyez le mémoire de Mablin, p. 48 et 49; il est impossible de raisonner plus rigoureusement que dans cette partie de son livre.

et je les ai traduits aussi exactement que je l'ai pu, non pour le sens, mais pour le son :

J'ai tiré, j'ai reculé ; ton silence est terminé, Vergi.
Silvestre aime, et Luis musa, me dit Paris, à Jéna.
Josse a crié : fi ! laisse, et Luce y a maintenu Sarva.

Ces trois vers français ont-ils pour vous, oui ou non, une harmonie égale à celle des vers latins ? Si vous dites *oui*, tout est fini ; si vous dites *non*, montrez-nous la différence.

— Ce ne sont pas même des vers, s'écria Allou : il n'y a là ni les brèves ni les longues qui faisaient le vers chez les Romains.

— Vous oubliez qu'il ne s'agit pas d'eux ; il s'agit de nous et de la manière dont nous prononçons. Ces brèves et ces longues, quelles qu'elles fussent, vous ne les mettez pas plus dans la prononciation du latin *Tityre* que dans celle du français *j'ai tiré* ; dans *tu patulæ* que dans *j'ai reculé*. Ne les comptez donc pas comme contribuant à l'harmonie physique des mêmes mots prononcés par vous.

— A la bonne heure, reprit Andrieux ; mais les vers latins ont un sens et un beau sens. Vos trois vers français ne signifient rien de bon.

— Je l'avoue : seulement, il n'est pas question du sens, il est question du son. Nous voulons uniquement savoir si la langue française peut produire avec ses syllabes un rhythme exactement semblable à celui que, nous Français, nous mettons et admirons dans les vers latins. Je persiste à croire qu'on n'en peut douter, après l'exemple que j'ai donné.

— Mais la beauté des vers ne peut s'isoler de leur signification. Si la pensée était commune ou triviale dans Virgile, croyez-vous qu'on l'admirât autant ?

— Non, sans doute ; aussi n'ai-je pas parlé de la *beauté* des vers, parce que c'est une qualité complexe qui comprend, outre le son physique, la signification, l'expression juste, la grandeur des images, la pureté du style, etc. Je n'ai parlé que de l'harmonie matérielle, c'est-à-dire du son des syllabes; et, jusqu'ici, vous n'avez pu entamer ma proposition. Il est d'ailleurs évident que si nous pouvons atteindre exactement le son des vers latins dans des vers insignifiants, rien ne s'oppose à ce qu'on l'atteigne aussi dans des vers bien composés et pleinement significatifs. Je conclus donc de deux choses l'une : ou que dans votre admiration des vers latins, vous cédez à un jugement métaphysique provenant d'idées associées dont vous perdez la trace ; ou que si l'harmonie que vous y trouvez est réelle et supérieure, comme le disent quelques-uns et comme je le crois, à celle de nos vers français, rien n'est plus à propos que de l'introduire chez nous, comme on l'a fait plusieurs fois, comme je l'ai tenté moi-même.

— Me permettrez-vous, lui dis-je, de jeter ici une idée qui n'a pas encore paru et qui me semble devoir clore cette discussion, en même temps qu'elle éclaircira quelques difficultés. Il est bien entendu que la vraie harmonie des vers latins n'est pas ici en cause. Cette harmonie, les Italiens la produisent tout naturellement quand ils lisent Virgile, et je puis vous assurer qu'elle est très-sensible, très-satisfaisante pour l'oreille, et qu'elle ne ressemble pas du tout à celle que nous mettons dans la lecture des mêmes vers.

Quelle qu'elle soit cependant, elle est du même genre que la nôtre ; c'est-à-dire qu'elle consiste dans un rhythme formé par une suite de syllabes accentuées en certain nombre et à des distances qui ne sont pas trop inégales. Or, c'est ce que nous avons dans notre prose élevée et cadencée, et que vous pouvez faire sentir dans la lecture accentuée du *Télémaque,* des oraisons funèbres, des discours d'apparat, etc.

N'avons-nous rien de plus dans nos vers, même sans compter la rime ? Si fait, vraiment ; nous y avons introduit des césures ou sections qui nous rappellent nos mesures musicales à deux, trois ou quatre temps [1]. C'est une qualité harmonique très-sensible : elle caractérise nos vers à ce point que, sans elle, sauf les exceptions que le sujet compose, nous croyons n'entendre que de la prose.

Cela étant, quand vous imitez chez nous la cadence réelle ou supposée des vers latins, vous faites des vers pour ceux qui, comme vous, ont l'esprit tendu sur la règle prosodique ancienne, et qui la trouvent bien appliquée. Pour l'oreille vous ne faites qu'une prose presque toujours gênée, parce que vous la soumettez à des coupes qui ne lui sont pas naturelles.

De là les jugements divers portés à toutes les époques sur les vers baïfins. Quelques érudits ont pu en faire ; d'autres ont pu les approuver. Le peuple, qui ne sait pas à quel modèle ils se rapportent, qui d'ailleurs fait très-peu de cas de ces rapprochements métaphysiques, le peuple, dis-je, suit uniquement sa sensation. Il trouve dans nos vers français une cadence très-pure et très-agréable dont les vers métriques ne lui donnent aucune idée ; et en conséquence il rejette ceux-ci, non pas comme absolument mauvais, mais comme inférieurs de tout point à ce que lui offre naturellement sa langue, et qu'il a l'habitude d'entendre.

Remarquez bien, je vous prie, que je laisse de côté la question puérile à mon sens, et certainement oiseuse de la supériorité de l'un ou l'autre système de versification. Que les vers latins soient plus harmonieux que les nôtres, comme vous le croyez, ou qu'ils le soient moins, comme j'en suis persuadé, c'est une affaire à vider entre érudits, et dont les poëtes ne doivent pas se mêler : ils n'ont pour eux qu'une chose à cœur, c'est que leurs vers plaisent à la nation qui

[1] *De quelques points des sciences*, etc., n° XI, p. 337 et suiv.

doit les lire. Hors de là point de succès, c'est-à-dire chute complète, ruine de leurs espérances et de leur gloire future. Or, pour plaire aux lecteurs il faut leur parler le langage qu'ils entendent, non-seulement en ce qui tient à la syntaxe et au vocabulaire, mais aussi par rapport à l'harmonie des sons, au rhythme bien cadencé des phrases.

Suivez cette idée, et vous vous expliquerez bien des choses qui, sans cela, restent obscures. J'avais pour moi, dès ma plus tendre enfance, senti l'harmonie de nos vers, et je crois qu'il en est de même pour vous tous, messieurs. Quand on me fit lire pour la première fois des vers latins, je n'y en trouvai aucune. Ce n'est qu'à la longue que je m'y suis habitué, c'est-à-dire que j'ai fini par y reconnaître une cadence éloignée ou factice que j'estimais d'après mes études, non d'après elle-même[1].

C'est aussi, soyez-en sûrs, d'après vos études que vous vous passionnez pour le rhythme de l'hexamètre ou du pentamètre; et si vous pouvez en ce point obtenir l'assentiment de quelques érudits comme vous, la masse des lecteurs ne vous suivra pas; elle cherche son plaisir actuel et ne sent pas l'intérêt que vous pouvez mettre à calquer des lignes françaises sur des lignes latines d'une mesure déterminée.

Laissez donc, croyez-moi, la cadence ancienne dans les langues anciennes; elle y est bien placée parce qu'elle y est naturelle, et qu'alors on n'en connaissait pas d'autre. Si vous voulez faire des vers en français, faites-les rimés et bien mesurés, et soyez convaincu qu'on ne gagne jamais rien dans les arts à reprendre un vieux système ou des formes tombées en désuétude.

— Je n'accepterais peut-être pas toutes vos propositions, dit Andrieux; mais je me réunis volontiers à votre conclu-

---

[1] D'Alembert expose assez bien cette vérité dans l'*Encyclop. méthod.*, au mot *Elocution*, t. I, p. 695, col. 2.

sion : faisons des vers français. Quelle que soit la cause de la préférence que nous leur donnons, qu'elle vienne de l'habitude ou de la nature même des sons et du rhythme, cette préférence est certaine. Vous l'avez pu voir tout à l'heure, M. Mivrai; vos vers entendus nous ont laissés dans l'indécision s'ils étaient vers ou prose. Quand on ne pourrait rien répondre à votre raisonnement sur la supériorité harmonique des vers latins, la sensation y est contraire. Pourquoi la mettre contre vous dès l'abord, et donner dans un système où tout le monde vous abandonnera? Je laisse de côté, comme vous nous y engagiez avec raison tout à l'heure, le point métaphysique de la question : en dernière analyse, il reste pour le poëte le succès ou la chute : et celle-ci, je ne vous le cache pas, me semble inévitable pour vous, si vous persistez à faire en français des vers latins. »

Ces mots terminèrent la séance. L'heure du dîner approchait; nous quittâmes notre vieux et respectable professeur, et poursuivant sa pensée jusqu'à la place Cambrai, où M. Mivrai se sépara de nous, nous l'engageâmes à quitter la voie où il s'était imprudemment lancé. Il y a lieu de croire qu'il a suivi nos avis, puisque je n'ai pas entendu dire qu'une imitation d'Ovide en vers baïfins ait paru depuis ce temps.

L'HARMONIE IMITATIVE[1].

Monsieur le rédacteur, puisque vous traitez quelquefois dans votre journal des questions de philologie, permettez à un professeur de province d'y exposer ses doutes sur un des points de notre enseignement classique. Je serai heureux de voir la question que je vous soumets résolue, même contre mon opinion, s'il y a lieu, par un de vos collaborateurs. Mais habitué à ne me rendre, en fait de doctrine, qu'à la démonstration, et à compter pour peu les autorités, je désire faire connaître les raisons qui m'ont déterminé moi-même, et qui ne doivent céder qu'à des raisons plus fortes.

C'est de l'*harmonie imitative* que je veux parler. Il arrive quelquefois qu'un auteur cherche à peindre les objets par le son des mots qu'il réunit dans ses phrases. C'est en cela que consiste ce qu'on appelle l'*harmonie imitative*; elle diffère de l'*onomatopée*, en ce que celle-ci forge ses mots à l'imitation des sons naturels, comme *coucou*, *trictrac*, *roucouler*, etc., tandis que l'harmonie imitative choisit et arrange entre eux les mots déjà reçus dans la langue pour obtenir le même résultat.

On ne peut douter d'abord que les poëtes, même les plus

[1] Cette lettre a été insérée en partie dans la *Revue de l'instruction publique* du 15 septembre 1846.

élevés, n'aient quelquefois cherché ou au moins rencontré ces effets.

Virgile écrit, par exemple, en parlant de l'invention de la scie et de la lime [1] :

> Tum ferri rigor, atque argutæ lamina serræ,

et probablement les *r* accumulées dans ce vers ne s'y sont pas trouvées sans intention. Racine fait dire à Oreste quand il croit voir les Furies [2] :

> Eh bien! filles d'enfer, vos mains sont-elles prêtes?
> Pour qui sont ces serpents qui sifflent sur vos têtes?

et certes, si Racine n'avait pas vu dans ces *s* répétées une certaine imitation du sifflement des serpents, il n'eût pas laissé subsister un vers qui ne serait plus remarquable que par sa dureté.

De même lorsque Boileau, dans ses *Héros de roman*, fait prononcer à la Pucelle d'Orléans ces vers extraits du poëme de Chapelain :

> Un seul endroit y mène, et de ce seul endroit
> Droite et roide est la côte et le sentier étroit [3] ;

et que Pluton s'écrie à ce sujet : « Ah! elle m'écorche les oreilles! » le vers est très-dur assurément; mais il est bien probable que Chapelain a voulu par cette dureté même peindre la difficulté du sentier qui mène à la cime.

Ainsi, quelque jugement que l'on porte du moyen, il est difficile de nier que les poëtes ont cherché quelquefois leurs effets dans l'harmonie imitative; et Delille lui-même nous en

---

[1] *Georg.*, I, v. 143.
[2] *Andromaque*, acte V, sc. 5.
[3] Prononcez comme du temps de Chapelain, *endrouèt, drouète, rouède, étrouèt*.

fait un précepte dans les vers suivants qu'il donne en même temps comme exemple[1] :

> Peins-moi légèrement l'amant léger de Flore :
> Qu'un doux ruisseau murmure en vers plus doux encore.
> Entend-on de la mer les ondes bouillonner ?
> Le vers comme un torrent en roulant doit tonner.
> Qu'Ajax soulève un roc et le lance avec peine,
> Chaque syllabe est lourde et chaque mot se traîne :
> Mais vois d'un pied léger Camille effleurer l'eau,
> Le vers vole et la suit aussi prompt que l'oiseau.

Malgré la recommandation de Delille, et les éloges donnés par un grand nombre de critiques à cette recherche de voyelles et de consonnes, il est permis de penser, et je crois, pour moi, très-sincèrement que ce travail pénible donné tout entier à des syllabes est une occupation puérile et de petit effet.

Sans doute, dans quelques circonstances, les poëtes ou les orateurs n'ont pas été fâchés de rencontrer ces hasards heureux où le son s'accordait assez bien avec l'idée; mais c'est les rabaisser beaucoup, ce me semble, de croire qu'ils s'y sont attachés autant qu'on nous le dit. C'est surtout une grave erreur de s'imaginer qu'on trouve chez eux un grand nombre d'exemples de cette prétendue harmonie.

Rollin a consacré un chapitre tout entier de son *Traité des études*[2] à montrer l'art de Virgile dans le choix des cadences ou des formes de poésie les plus propres à représenter

---

[1] Ces vers se trouvent dans une imitation de Pope citée dans le discours préliminaire de la traduction des *Géorgiques*.

[2] *De la poésie*, art. 2. *De la lecture des poëtes*. — Cet article a été copié mot pour mot par Noël dans son *Gradus ad Parnassum*, et il ne peut, à mon avis, que fausser le goût des écoliers. N'oublions pas qu'on a tout admiré chez les anciens, même leurs défauts les plus évidents. Vossius, dans ses *Comment. rhetor.*, lib. IV, c. 1, § 14, va jusqu'à louer des phrases latines si brouillées dans leur construction, qu'on ne peut les comprendre sans commentaire. Il en est de même dans l'analyse que fait Rollin des beautés du texte.

ce qu'il veut exprimer. Si on l'en croit, Virgile n'aurait pas employé un seul dactyle ou un seul spondée dont l'effet n'eût été calculé d'avance.

Le bon recteur a été pendant cette longue dissertation la dupe d'une illusion assez naturelle, qu'un peu plus de philosophie lui eût fait sans doute éviter. Quand nous lisons des vers dont nous comprenons d'ailleurs la signification, nous cherchons par le renflement ou l'adoucissement de la voix à y mettre un caractère matériel en rapport avec le sens[1]. Nous prononçons, par exemple, avec le ton de la menace et de la colère les vers par lesquels Hermione irritée reproche à Pyrrhus d'avoir méconnu son amour[2] :

> J'ai dédaigné pour toi les vœux de tous nos princes :
> Je t'ai cherché moi-même au fond de tes provinces.
> J'y suis encor, malgré tes infidélités,
> Et malgré tous mes Grecs, honteux de mes bontés.
> Je leur ai commandé de cacher mon injure ;
> J'attendais en secret le retour d'un parjure.

Et si ce discours était tenu à Pyrrhus, non pas lorsqu'il annonce l'intention d'épouser Andromaque, mais quand Hermione l'a vu revenir à lui, et s'est persuadée qu'il l'aimait véritablement, le ton changerait du tout au tout ; et une voix habilement flatteuse nous ferait regarder ces vers comme les plus doux du monde. Il n'y a dans tout cela qu'une différence de prononciation, qui est entièrement du fait de l'acteur. Le poëte n'y est pour rien.

Rollin, qui n'a pas fait cette distinction, a pris sa grosse voix ou sa voix flûtée, c'est-à-dire sa propre prononciation

---

[1] C'est une observation qui avait déjà été faite par La Motte (*Réflexions sur la critique*, t. III, p. 254). « Par une illusion naturelle, dit-il, les mots semblent se parer à notre oreille de l'agrément des choses mêmes, et ils ne sont sonores le plus souvent que d'une harmonie tout à fait étrangère aux syllabes. »

[2] Racine, *Andromaque*, acte IV, sc. 5.

pour le caractère essentiel des vers écrits ; et il a fait honneur à Virgile de qualités tout à fait accidentelles, et qu'un autre, prononçant autrement que lui, n'y aurait pas du tout reconnues.

Je ne voudrais pas m'arrêter longtemps sur cette question, qui est dans la pratique résolue de la même manière, c'est-à-dire entièrement négligée par tous les hommes doués de quelque talent pour la poésie. Toutefois, comme c'est une opinion à mon avis dangereuse, et, malgré cela, fort répandue dans les livres et dans les classes, que l'harmonie dite *imitative* fait en grande partie la beauté des vers latins, je crois qu'il est utile d'opposer à cette opinion les observations suivantes :

1°. Il est impossible de juger aucunement de l'harmonie des vers écrits dans une langue, quand le système de prononciation du lecteur n'est pas celui de cette langue. Les Anglais, les Français, les Allemands admirent tous de très-bonne foi l'harmonie des vers de Virgile prononcés à leur façon ; et ils rient les uns des autres, quand ils se les récitent mutuellement. Rollin a toujours prononcé, et nous prononçons nous-mêmes les vers latins à la française, c'est-à-dire en appuyant sur la dernière syllabe des mots. De là bien souvent des consonnances qui n'existaient pas pour les Latins, et qui leur auraient paru former une horrible cacophonie, où nous admirons cependant une suprême douceur.

Le vers fameux :

Mollia luteola pingit vaccinia caltha [1],

cité par Rollin lui-même comme un modèle de cette qualité [2], fait entendre à notre oreille quatre *a* accentués, et aucun d'eux ne l'était pour les Romains, qui auraient certaine-

---

[1] Virg., *Ecl.*, II, v. 50.
[2] Lieu cité, § 5, n° 3.

ment dit à Rollin qu'il écorchait les oreilles par sa prononciation barbare.

Il en est de même de ces vers des *Géorgiques*[1] :

> Lanea dum nivea circumdatur infula vitta,

où il admire encore quatre *a* finaux qui auraient paru à Virgile aussi détestables que le sont pour nous les consonnances dans l'intérieur du vers.

2°. Par la même raison, nous devons nous tenir en garde contre les conséquences théoriques tirées de certaines observations faites d'après nos propres habitudes, et qui nous font imaginer des effets particuliers d'harmonie imitative, où les Romains n'ont rien aperçu du tout. Il y a, par exemple, un vers de Virgile et un vers d'Horace qui se terminent, l'un par *exiguus mus*[2], l'autre par *ridiculus mus*[3]; combien de fois ne nous a-t-on pas dit que ce monosyllabe rejeté à la fin du vers *faisait image*, c'est-à-dire représentait, en quelque sorte, à nos yeux la petitesse de l'animal? En effet, dans notre manière de prononcer le latin, appuyant toujours sur la dernière syllabe du mot, nous disons *exiguús.... mús, ridiculús.... mús*, en détachant et accentuant chaque fois les deux dernières syllabes, comme nous le faisons en français dans les vers en échos :

> Mettez-vous bien cela
> là.
> Songez que tout amant
> ment.

Mais les Latins auraient sifflé de bon cœur cette prononciation française pour laquelle nous supposons qu'ils ont composé leurs vers. Ils nous auraient dit que chez eux c'étaient

---

[1] *Georg.*, III, v. 487.
[2] *Georg.*, I, v. 181.
[3] *Ars poet.*, v. 139.

les antépénultièmes qui étaient accentuées dans *exiguus* et *ridiculus*; l'oreille entendait donc *exi.... guusmús* et *ridi.... culusmús*, exactement comme dans le vers de La Fontaine [1] :

Que vous êtes joli! que vous me semblez beau!

elle entend *semblébô* comme un seul mot, sans détacher le monosyllabe.

Aussi Quintilien, qui cite ces deux vers [2], ne trouve-t-il à y louer que les épithètes qui lui paraissent parfaitement appliquées : le singulier qu'il croit préférable au pluriel, et la cadence particulière due à un monosyllabe, qui faisait porter les accents sur la dernière syllabe du vers et sur la quatrième en remontant; tandis que par les règles générales de l'hexamètre latin, ils devaient tomber sur la seconde et sur la cinquième.

Macrobe loue aussi beaucoup ce vers fameux de Virgile [3] :

Sternitur, exanimisque tremens procumbit humi bos ;

mais il n'y remarque que l'exactitude du poëte dans les détails des cérémonies religieuses, et n'y relève pas même cette terminaison monosyllabique [4], sur laquelle s'extasient tous nos professeurs.

3°. Nous ne sommes pas moins dans l'hypothèse et, ajoutons, dans l'erreur, quand nous signalons les mots rejetés d'un vers à l'autre comme ayant formé chez les Romains certaines cadences particulières, analogues à celles que produisent nos enjambements [5].

---

[1] *Fables*, liv. I, 2.

[2] *Instit. orat.*, VIII, 3, § 20. « Clausula ipsa unius syllabæ, non usitata, addidit gratiam. » Il n'y a pas un mot sur l'effet du monosyllabe, ni sur l'harmonie imitative.

[3] *Æneis*, V, v. 481.

[4] *Saturnal.*, III, c. 5.

[5] Rollin, lieu cité, § 6.

Ainsi, parce que dans ce passage de Virgile[1] :

> Extinctum Nymphæ crudeli funere Daphnim
> Flebant,

le verbe qui régit *Daphnim* est rejeté au second vers, nous croyons que l'effet sensible de cette coupe ressemblait, par exemple, à celui-ci :

> Daphnis avait péri, Daphnis que les Naïades
> Pleuraient.

Rien n'est moins assuré que cette conclusion; rien n'est même moins probable. Chez nous, la dernière syllabe du vers demande à être fortement accentuée, parce que c'est elle qui porte la rime; et c'est pour cela qu'après chaque vers nous mettons nécessairement un temps d'arrêt. Chez les anciens, rien de semblable. Les rejets revenaient à tout instant[2]; ils étaient donc bien plus dans les convenances de leur prononciation que chez nous, où, précisément parce qu'ils déconcertent l'oreille, on nous fait une loi de les éviter.

Il suffit d'ailleurs de placer l'accent dans les mots latins selon les règles que nous ont laissées les grammairiens anciens pour reconnaître que la fin du vers n'y est pas du tout accusée comme chez nous par un repos; et qu'ainsi les Romains prononçaient d'une teneur et sans s'arrêter aucunement qu'après le point ou la virgule :

> Extinctum Nymphæ crudeli funere Daphnim Flebant.
> Quid faciat lætas segetes, quo sidere terram Vertere[3]

Et ainsi tous les vers coupés de la même manière.

---

[1] *Ecl.* V, v. 20.

[2] Ils étaient même admis, dans le genre lyrique, d'une strophe à l'autre. Comment ne pas avouer que la prononciation de ces vers n'avait à peu près rien de commun avec la nôtre ?

[3] Virg., *Georg.*, I, v. 1.

Ce qui le montre mieux encore, ce sont les élisions que les Romains pratiquaient d'un vers à l'autre, comme

> Inseritur vero ex fœtu nucis arbutus horrida
> Et steriles platani, etc. [1]

Ce sont surtout les mots simples ou composés que la fin du vers coupait en deux, comme

> Mirabor si sciet *inter-*
> *noscere* mendacem verumque beatus amicum [2].

N'est-il pas absurde de penser que les Romains auraient souffert une telle coupure, si l'effet physique en eût été semblable à celui de la tmèse suivante :

> Je riais de sa mine, et cherchant à le *contre-*
> *faire,* je ne vis pas qu'il m'enlevait ma montre [3].

Le repos final des vers, habituel et nécessaire chez nous, ne l'était donc pas chez les anciens; on peut dire qu'il n'existait réellement que quand le sens était en même temps terminé, ou au moins suspendu. Et ainsi, quand nous insistons sur l'effet harmonique de ces rejets prononcés à la française, nous inventons tout à la fois la théorie et les preuves que nous croyons l'appuyer.

4°. Les élisions sont encore un des accidents de la versification latine, où l'on a voulu voir une source intarissable de beaux effets poétiques. Rollin croit qu'elles servent également pour rendre le nombre doux, coulant, rude, majes-

---

[1] Virg., *Georg.*, II, v. 69. Voyez les nombreux exemples qu'en donne M. Quicherat, ouvr. cité, c. 13, p. 81, 82, et la note de la p. 371.

[2] Hor., *Ars poet.*, v. 424. Cf. v. 290; *Sat.* II, 3, v. 117 et 179, etc.

[3] Voltaire l'a cru, comme on peut le voir dans sa lettre à Chabanon sous la date du 9 mai 1772; et dans cette persuasion il fait à Pindare et aux poëtes qui ont, comme lui, coupé les mots à la fin des vers, un reproche qu'ils ne méritent pas. Voyez, sur ce point particulier, nos *Études sur quelques points des sciences dans l'antiquité*, n° XI, p. 346 et suiv.

tueux, selon la différence des objets qu'on veut exprimer[1]. Ce qu'il y a de plus plaisant dans cette affaire, c'est que nous ne savons pas seulement si les Romains prononçaient ou ne prononçaient pas la syllabe élidée. Beaucoup de prosodies enseignent qu'ils la supprimaient. M. Quicherat combat (et je crois qu'il a raison) cette opinion contraire à la prononciation italienne[2].

Quoi qu'il en soit, si la syllabe disparaissait réellement, l'élision était chez les Romains ce qu'elle est chez nous. Il y a quatre élisions dans le premier vers de l'*Art poétique* de Boileau, il n'y en a qu'une dans le second, il n'y en a pas du tout dans le quatorzième ni dans le dix-huitième. Qu'est-ce que cela fait à l'harmonie ? et qu'est-ce qui s'aperçoit du plus ou du moins quand nous lui récitons nos vers ?

Si, au contraire, la syllabe élidée se prononçait encore, et cessait seulement de compter pour la mesure théorique, les élisions latines représentaient tout simplement nos hiatus avec une syllabe réelle ajoutée au vers, c'est-à-dire un effet diamétralement contraire à celui qu'on se figure le plus souvent, et sur lequel Rollin avait bâti son système.

---

[1] Lieu cité, § 4.

[2] *Traité de versification latine*, c. 25, § 5, en note dans l'édition de 1841. Je ne retrouve pas la même note dans l'édition de 1847 ; je crois pourtant savoir que M. Quicherat n'a pas changé d'opinion à ce sujet. Voici d'ailleurs la preuve qu'en effet les Romains prononçaient les syllabes élidées dans les vers. Aulu-Gelle (*Noct. attic.*, VII, 20) loue ce vers de Catulle (27, v. 4) :

Ebriosa acina ebriosioris ;

Il remarque que le poète aurait pu mettre *ebrioso acino* ; mais qu'il a préféré *ebriosa acina* à cause de la rencontre de deux *a*, et pour avoir un hiatus dont Homère lui avait donné le modèle. « *Amans tamen hiatus illius Homerici suavitatem*, ebriosa *dixit propter consequentis litteræ concentum.* » — La raison donnée par Aulu-Gelle peut être fort mauvaise ; elle prouve toujours que de son temps, c'est-à-dire au commencement du second siècle, quand la langue latine était encore dans tout son éclat, on prononçait les voyelles élidées, puisque sans cela il n'y aurait eu aucun *concentus litteræ*.

Cette observation ne l'aurait peut-être pas embarrassé; car, comme les remèdes de bonnes femmes sont souverains pour tous les maux, c'est le propre des explications imaginaires de s'appliquer également à toutes les difficultés, de se prêter à toutes les théories, aussi bien à celles qu'on faisait autrefois qu'à celles qu'on doit faire encore. Un critique judicieux n'est pas dupe de ces belles promesses; il sait que si l'effet harmonique de ce vers souvent cité

Mons*trum* horren*dum*, infor*me*, ingens, cui lumen ademptum [1]

est vraiment imitatif quand les dernières syllabes des trois premiers mots ne sont pas entendues, il ne peut qu'être tout contraire, et par conséquent employé à contre-sens quand on les prononce. Et sans prendre parti dans cette question, si les syllabes élidées étaient, oui au non, absolument muettes, il conclut avec certitude qu'avant de dogmatiser sur l'effet bon ou mauvais des élisions, il faudrait connaître exactement et pouvoir, au moins à peu près, reproduire la prononciation latine.

5°. C'est encore un raisonnement trompeur qui nous a fait conclure, de ce que le dactyle composé de trois syllabes, et le spondée formé de deux seulement, ont néanmoins la même valeur prosodique, que le premier était bien plus propre que le second à peindre les progrès rapides ou les grands mouvements.

Si cette conséquence eût été véritable, les grammairiens latins n'en auraient-ils pas parlé? n'y seraient-ils pas revenus sans cesse? Comment se fait-il que Quintilien, qui cite Virgile à tout moment et avec une admiration bien sentie, ne s'arrête jamais sur ce point? Comment Horace n'en a-t-il rien dit dans son *Art poétique*[2]?

---

[1] Virg., *Æneis*, III, v. 658.
[2] Il y a toutefois dans l'*Art poétique*, v. 252 et 256, le mot de *pes citus*

Le grammairien Diomède[1], énumérant les diverses formes de l'hexamètre latin, compte le *dactylique*, où il y a cinq dactyles, et le *spondaïque* ou *molossique*, qui est tout en spondées, et il n'ajoute pas un mot sur le différent caractère que devaient avoir deux vers si opposés dans le système que je combats.

Priscien consacre deux cents lignes à examiner le premier vers du dixième chant de l'*Énéide*,

Panditur interea domus omnipotentis Olympi,

qui se trouve être un dactylique; il en explique fort longuement, trop longuement même, toutes les qualités, et ne dit pas un mot du caractère de légèreté (bien déplacée sans doute dans la circonstance) qu'on devait y retrouver, si les Romains avaient senti, comme nous le supposons, l'accumulation des dactyles.

Il y a plus. Macrobe a consacré plusieurs livres de ses *Saturnales* à éplucher Virgile pour en faire admirer toutes les parties. Dans un de ses chapitres[2], il veut cependant montrer qu'il y a divers passages où ce poëte n'a pas pu égaler le chantre d'Achille. Il compare donc quelques vers grecs et latins de sens analogue, et, entre autres, la course à pied du vingt-troisième livre de l'*Iliade*[3], et celle que Virgile en a imitée dans le cinquième livre de l'*Énéide*[4]; puis il cite

---

appliqué à l'ïambe, et celui de *spondœos stabiles* qui pourraient bien être entendus dans le sens que supposent les modernes, si les vers suivants et la théorie entière de la versification latine ne prouvaient qu'il s'agit ici d'une légèreté théorique et non d'une rapidité réelle dans la prononciation des syllabes. Voyez dans nos *Études sur quelques points des sciences dans l'antiquité*, la dissertation n⁰ VI sur la *Quantité prosodique chez les anciens*.

[1] Dans Putsch, p. 493.
[2] *Saturnal.*, lib. V, c. 13.
[3] V. 740 et suiv.
[4] V. 291 et suiv.

comme plus admirable encore, par la grande rapidité qu'il exprime, ce vers du même livre d'Homère :

Ἴχνια τύπτε πόδεσσι, πάρος κόνιν ἀμφιχυθῆναι [1].

Comme ce vers est entièrement composé de dactyles, c'était le cas, ou jamais, de montrer l'heureux emploi de ce pied rapide, pour peindre la course d'Ulysse et du fils d'Oïlée. Macrobe n'y pense seulement pas. Il loue beaucoup le sens, à mon gré très-hyperbolique de ce vers, et y oppose, comme beaucoup plus faible, un vers bien plus simple et plus naturel de Virgile :

Ecce volat, calcemque terit jam calce Diores [2].

Du reste, pas un mot de cette série de dactyles, si bien placés dans le grec, à ce qu'il nous semble, et que Virgile n'a pas même pris la peine d'imiter.

Que conclure de là, je vous prie, en ce qui regarde la prétendue harmonie imitative des dactyles et des spondées, sinon que c'est une pure chimère? que les anciens n'ont jamais pensé à ces diversités dont nous nous exagérons l'importance? et que c'est courir gratuitement après l'erreur que d'attribuer au choix prédéterminé de telle ou telle syllabe une influence sensible sur la valeur de la poésie?

6°. On doit penser, d'après ces observations, que Rollin se sera souvent trompé dans la théorie qu'il expose. En effet, il ne s'aperçoit pas que ce qu'il donne comme exemple dans un cas, s'applique souvent à un autre tout différent, ou même contraire; tandis que s'il y avait quelque réalité dans sa doctrine, le poëte aurait d'abord conservé la même disposition pendant le morceau tout entier, et surtout re-

---

[1] V. 764. Il frappe sa trace de ses pieds, avant que la poussière soit répandue à l'entour.
[2] Æneis, V, v. 324.

couru au même moyen pour les expressions analogues. Or, c'est ce qui n'a pas lieu du tout.

Ainsi notre auteur dit que la tristesse demande a être exprimée par des spondées et par de grands mots, qui donnent aux vers beaucoup de lenteur [1], et il cite, en effet, quelques vers qui satisfont à ces conditions. Mais les vers qui suivent ou accompagnent sont-ils composés de la même manière? C'est là ce dont il eût fallu s'assurer, et ce que Rollin n'a pas fait.

Examinons un peu ce point, non sur un vers choisi exprès, qu'on prend à la fois pour le fondement et pour la confirmation d'une doctrine, mais sur des passages entiers, nettement caractérisés, et où la conclusion sera bien moins trompeuse.

Le vers hexamètre n'admettant que des dactyles et des spondées, on peut dire qu'il contient en moyenne trois pieds d'une façon, trois pieds de l'autre; et ses six pieds pouvant s'étendre de treize à dix-sept syllabes [2], quinze syllabes, sans compter les élisions, formeront la longueur moyenne de ce même vers.

Prenons maintenant un morceau qui représente essentiellement une tristesse profonde, par exemple les vers où Virgile nous peint Didon montant sur le bûcher pour y mourir, et prononçant un petit discours [3]. Il y a en tout vingt et un vers qui contiennent ensemble trois cent treize syllabes : c'est en moyenne quatorze syllabes et neuf dixièmes pour chacun. Il faut avouer que la distance de là au vers moyen de quinze syllabes est bien peu de chose.

Faisons maintenant la contre-épreuve. Tout le monde

---

[1] Rollin, lieu cité, n° 5.
[2] Diomède (dans Putsch., p. 493) dit *de douze à dix-sept* parce qu'il compte le vers *molossique*, qui est tout en spondées; mais ce vers est tellement rare que je n'ai pas à m'en occuper ici.
[3] *Æneis*, IV, v. 642 à 662.

connaît ce beau passage des *Géorgiques*, où Virgile loue le bonheur des habitants de la campagne : *O fortunatos nimium*, etc [1]. Le poëte y exprime des idées de bonheur fort opposées sans doute à la douleur de Didon. Or, les dix-sept vers qui composent le paragraphe contiennent en tout deux cent cinquante-trois syllabes : c'est en moyenne quatorze syllabes et neuf dixièmes pour chacun.

Ainsi, en prenant dans le même auteur deux morceaux de caractères absolument opposés, et cités l'un et l'autre comme dignes de notre admiration, on reconnaît qu'il y a dans tous les deux proportionnellement le même nombre de dactyles et de spondées.

Continuons cet examen curieux sur une description plus caractéristique encore. Virgile représente dans le troisième livre des *Géorgiques*, ce qui certainement exigeait le mouvement rhythmique le plus rapide, une course de chars [2]. Le morceau est d'ailleurs justement célèbre ; il commence par ces mots bien connus :

Nonne vides, quum præcipiti certamine campum, etc.

Or, les dix vers qui le composent ont en tout cent quarante-cinq syllabes ; c'est, en moyenne, quatorze syllabes et demie pour chacun, par conséquent un peu moins de dactyles que dans les exemples précédents. Que deviennent devant de pareils faits les opinions des rhéteurs modernes sur la puissance imitative des différents pieds dans les vers grecs ou latins ?

7°. Mais il y a beaucoup de lecteurs qui ne seront pas convaincus par ces raisons. Quelle que soit l'expérience qu'on leur propose de faire sur l'*Énéide* tout entière, ou sur

---

[1] *Georg.*, II, v. 458 à 474.
[2] V. 103 à 112.

les *Géorgiques,* ou sur quelque poëme latin que ce soit, ils en sont moins frappés que du seul vers

Apparent rari nantes in gurgite vasto [1],

où il n'y a qu'un dactyle; ou du fameux

Quadrupedante putrem sonitu quatit ungula campum [2],

où il n'y a qu'un spondée : et c'est ainsi que raisonne Rollin, quand il dit [3] que les grands mots placés à propos forment une cadence pleine et nombreuse. Il cite, en effet, comme exemple :

Visceribus miserorum et sanguine vescitur atro [4].

Mais, trois pages plus loin, il donne comme exprimant la joie, la vie, la santé [5], ce vers :

Saltantes Satyros imitabitur Alphesibœus [6],

où les mots sont plus longs encore, les deux vers ayant d'ailleurs le même nombre de dactyles. Or, si l'on veut suivre cet examen, on verra que Rollin se contredit fort souvent lui-même, et qu'il n'y a pas un des exemples qu'il donne qui ne puisse être renversé par un exemple contraire choisi dans le même poëte. Cette théorie de l'harmonie imitative est donc aussi chimérique quand elle s'applique à quelques vers en particulier que quand on veut l'éprouver sur des passages entiers.

8°. Que si nous passons aux vers français, comme nous prononçons bien notre langue, et que c'est par sentiment,

[1] *Æneis*, I, v. 118.
[2] *Æneis*, VIII, v. 596.
[3] Lieu cité, n₀ 1.
[4] *Æneis*, III, v. 622.
[5] Lieu cité, n° 5.
[6] *Ecl.*, V, v. 73.

non par dissertation, que nous distinguons la bonne poésie de la mauvaise, l'harmonie imitative n'a eu chez nous aucun succès : non pas que nous ayons jamais manqué de versificateurs qui comptaient beaucoup sur ce moyen; mais leurs vers étaient là, et comme on les prononçait naturellement, il n'y avait pas moyen de se faire illusion.

Jacques Pelletier, poëte du xvi⁰ siècle, et auteur d'un *Art poétique*, aujourd'hui peu connu, décrit ainsi le chant de l'alouette :

> Elle guindée du zéphire,
> Sublime en l'air, vire et revire,
> Et y déclique un joli cri
> Qui rit, guérit et tire l'ire
> Des esprits mieux que je n'écri [1].

Y a-t-il assez d'*i* dans ces vers, pour imiter le son perçant de ce petit oiseau? *y déclique un joli cri* est presque l'onomatopée du *cuiccuic* que l'on entend quand l'alouette s'élève; *qui rit, guérit,* est une imitation du même genre, et *tire l'ire,* pour dire *chasse la colère, dissipe la mauvaise humeur,* n'est-il pas une création originale?

Du Bartas a encore perfectionné cette description; il dit au cinquième jour de sa première semaine :

> La gentille alouette, avec son tire l'ire,
> Tire l'ire à l'iré, et tirelirant tire
> Vers le pôle brillant; puis son vol vers ce lieu
> Vire et désire dire : Adieu Dieu, adieu, Dieu.

Le même poëte avait ailleurs représenté ainsi le galop du cheval :

> Le champ plat bat, abat, détrape, grappe, attrape
> Le vent qui va devant;

---

[1] Ces vers sont loués par Pasquier, *Recherches de la France,* liv. VII, c. 6; t. II, p. 56 de l'édit. de M. Feugère.

et comme on l'avait trouvé ridicule : « Mais, ô bon Dieu, s'écriait-il, ne voient-ils pas que je les ai faits ainsi de propos délibéré, et que ce sont des hypotyposes [1]. » Hypotyposes ou non, exprès ou par hasard, la question n'est pas là ; il s'agit toujours de savoir si les vers sont bons ; et le fait est qu'ils ne valent rien, non plus qu'aucun de ceux qu'on essayera de faire par cet étrange procédé. Car, dit avec beaucoup de raison M. Sainte-Beuve [2] : « Tout ce manége part d'une fausse vue de l'imitation poétique, qui ne doit être ni une singerie ni un langage de perroquet. »

Aussi, depuis le temps de ces essais malheureux, avait-on à peu près partout renoncé à ce misérable moyen, lorsqu'en 1788, de Piis composa sur ce sujet même un poëme en quatre chants, intitulé *l'Harmonie imitative de la langue française*. Il exprime, dès le début, en vers qui sont peut-être les meilleurs du poëme, les idées que soutiennent les defenseurs de cette imitation :

> Il est, n'en doutons pas, il est une harmonie
> Qui naît du choix des mots, qu'enchaîne le génie ;
> Et dans tous les sujets, par des accords divers,
> On peut à la musique égaler l'art des vers.
> On la peut surpasser, j'ose le dire encore.
> Volez, alexandrins qu'une image décore ;
> En calculant vos sons tristes ou gracieux,
> Vous peindrez à l'oreille aussi vite qu'aux yeux.

Tant que De Piis reste dans ces maximes générales, on peut n'en pas comprendre la fausseté, comme on peut croire, avant examen, aux assertions des prosodistes modernes sur l'harmonie imitative dans les vers latins ; mais

---

[1] M. Sainte-Beuve, *La poésie française au seizième siècle*, p. 405. Du reste, le mot *hypotypose* n'est pas ici convenablement appliqué. Cette figure que les Romains ont nommée *démonstration*, *explanation*, *mise en vue*, etc., consiste toujours dans la vive peinture des choses, non dans l'imitation du son.

[2] Même ouvrage, au même endroit.

quand il en vient aux applications, et qu'il nous dit par exemple, pour nous expliquer la nature harmonique de l'*m* et de l'*n*[1] :

> Ici l'M à son tour sur ses trois pieds chemine;
> Et l'N à ses côtés sur deux pieds se dandine.
> L'M à mugir s'amuse, et meurt en s'enfermant;
> L'N au fond de mon nez s'enfuit en résonnant.
> L'M aime à murmurer, l'N à nier s'obstine;
> L'N est propre a narguer, l'M est souvent mutine.
> L'M au milieu des mots marche avec majesté;
> L'N unit la noblesse à la nécessité[2];

y a-t-il un seul auditeur qui ne lève les épaules de pitié, et ne demande comment on peut passer le temps à écrire un amphigouri aussi pitoyable?

Eh bien, c'est à cela qu'il faut se résoudre, toutes les fois qu'on substituera à ce qui fait la vraie poésie, je veux dire à l'expression d'un beau sens en beau langage, la recherche puérile de ces imitations ridicules; et c'est pourquoi, ce me semble, loin de recommander l'étude de cette harmonie imitative, on devrait enseigner qu'elle n'est supportable que par exception, et que ce n'est pas à cause d'elle, mais malgré elle, que certains vers où elle se trouve sont encore beaux et dignes d'être retenus.

---

[1] Voyez Vossius, *Comm. rhet.*, lib. IV, c. 2, § 2.
[2] *L'harmonie imitative*, c. 1.

LA
POMPE DE NIORT[1].

Monsieur le comte, je m'empresse de vous envoyer les détails que vous me demandez sur la rencontre que votre fils Alphonse a faite chez moi; il n'a pas, à ce qu'il me semble, mis toute l'impartialité convenable dans la narration qu'il vous a adressée; et je ne m'en étonne pas, car il était, comme vous le verrez, juge et partie dans cette affaire.

Vous savez qu'il est venu avec son cousin Edouard passer quelques jours dans la maison de campagne que je possède auprès de Saint-Maixent, sur la délicieuse vallée à laquelle les habitants ont donné le doux nom de Beau-Soleil. C'est là que je reste pendant la plus grande partie de mes vacances, et que j'oublie, sous l'ombre de mes châtaigniers et de mes treilles, les fatigantes fonctions du barreau,

> A l'heure où Pomone
> Sous de frais berceaux

[1] Cette dissertation, dont l'objet spécial est le *bon style*, ou *la manière de juger le style vraiment bon*, a été écrite en juillet 1838; elle se rapporte par le lieu de la scène, et la pompe qui en est l'occasion, à une époque plus reculée. La machine hydraulique dont il s'agit, et que je visitai dans sa nouveauté pendant le temps que j'étais à Saint-Maixent, a été inaugurée, et une cérémonie religieuse a eu lieu à l'occasion de cette inauguration, le dimanche jour de Saint-Michel, 29 septembre 1822.

Rit et se couronne
De pampres nouveaux ;
Quand du vin qui coule,
Versé par ses mains,
S'abreuve une foule
De jeunes Sylvains,
Qui dans ces jardins
Du pesant Silène
Soutiennent à peine
Les pas incertains [1].

Comme nous avions déjà passé cinq ou six jours dans les plaisirs tranquilles et, peut-être faut-il ajouter, un peu monotones de la campagne, nous reçûmes avec joie la visite de mon vieil ami Duhansy : il venait me demander à dîner pour le jour même, et ne passait chez moi, disait-il, que pour me prévenir de son retour vers cinq heures ; c'est, à la campagne comme à la ville, l'heure précise de mon dîner.

« Vous vous moquez de moi, lui dis-je : je veux bien donner à dîner ; mais à la condition que vous payerez votre écot en déjeunant avec nous ; nous nous mettons à table. Ainsi, quoique vous ayez affaire, comme vous ne pouvez rester depuis dix heures jusqu'à cinq sans rien prendre, vous ne serez aucunement retardé en partageant avec nous le repas du matin.

— J'accepte volontiers, répondit-il ; il est possible que j'arrive un peu tard à Niort, ou qu'arrêté par mes amis je n'aie pas le temps d'y déjeuner, et je ne me soucie pas de passer à vide le temps d'y aller, de m'y promener, et d'en revenir.

— Ah! monsieur va à Niort? interrompit Édouard.

— Oui, monsieur, dit Duhansy ; c'est une jolie ville, et je vous conseille, si vous ne l'avez pas vue, de la visiter avant de quitter notre Poitou. Pour moi, ce qui m'y attire aujourd'hui, c'est l'envie et l'occasion de voir une des causes

---

[1] Bernard, *Épître sur l'automne.*

de notre bien-être futur. Nous sentions depuis longtemps la nécessité de donner de l'eau en abondance aux fontaines publiques et aux habitants. On a donc fait construire une pompe que l'on dit fort bien entendue, et qui doit dans peu être livrée au public. Mais, avant de la faire fonctionner pour tout le monde, on veut que les autorités, les notables de la ville en apprécient les effets ; en ma qualité de membre du conseil municipal, j'ai reçu l'invitation de m'y trouver à une heure précise. Vous voyez qu'après le déjeuner je n'aurai pas de temps à perdre.

— Une machine! s'écrièrent à la fois Édouard et Alphonse; ah! que cela doit être intéressant!

— Je le crois comme vous, messieurs, dit Duhansy; une machine intéresse tout le monde, et ceux surtout qui doivent en profiter : vous jugez bien qu'alors je ne voudrais pas manquer l'occasion de la voir. »

Nous en étions là, lorsqu'on annonça que le déjeuner était servi. L'appétit suspendit, dans les premiers moments, toute conversation ; mais bientôt elle se ranima; on reparla de Niort et de sa machine hydraulique. La persistance de nos jeunes gens à la remettre sur le tapis me fit comprendre combien ils avaient envie de la voir ; et comme à la campagne les plaisirs variés sont précieux, je me tournai vers Duhansy : « Mon ami, lui dis-je, Édouard et Alphonse désirent vivement visiter cette machine avec vous : ne pourriez-vous leur en procurer le plaisir? Puisque vous revenez ici ce soir, vous emmèneriez et ramèneriez ces jeunes gens. Je vous les confierais volontiers.

— J'y pensais, dit Duhansy; mais il y a une difficulté : mon invitation est personnelle ; je n'ai pas le droit d'amener de visiteur avec moi. Je pourrais bien, toutefois, tâcher d'en introduire un; mais il serait indiscret de faire cette demande pour deux, et je ne voudrais pas m'exposer à un refus. J'ajoute à cela que mon cabriolet n'a que deux places ; encore y est-on fort serré ; il est onze heures ; nous n'avons que le temps de nous rendre à Niort, et, par conséquent, nous ne pouvons penser ni à emprunter une voiture dans le voisinage, ni à en faire préparer une à Saint-Maixent ; je ne puis donc offrir de m'accompagner qu'à un de vous, messieurs ; il faudrait maintenant décider lequel des deux viendra. »

Alors les deux cousins voulurent se céder l'un à l'autre le plaisir que chacun d'eux désirait ardemment. Chacun y renonçait pour soi-même et pressait l'autre de profiter de l'occasion ; on aurait dit ou le débat d'Oreste et de Pylade [1], ou celui d'Héraclius et de Martian, pour voler à la mort [2].

Duhansy mit fin à ce combat de générosité : « Nous perdons le temps, messieurs, leur dit-il ; je vous loue, sans doute, de cette abnégation réciproque : elle prouve que vous êtes de bons parents, et c'est une qualité très-estimable ; mais, tenez, le peu d'occasions que nous aurons de nous retrouver me dispense à votre égard de cette politesse exagérée et fausse si commune dans le monde ; permettez-moi de vous faire observer que votre intérêt ou votre plaisir n'est pas la seule chose à considérer aujourd'hui ; la satisfaction de votre compagnon de route mérite aussi qu'on y pense ; et ainsi je réclamerai le droit de choisir entre vous ; je ne vous connais, il est vrai, ni l'un ni l'autre ; mais si c'est une raison pour que mon jugement soit peu éclairé, au moins êtes-vous assuré qu'il sera impartial.

Or, voici ce que je vous propose : nous avons à peu près quatre heures à rester en tête-à-tête : sur quoi roulera notre entretien ? Je l'ignore, mais il est probable que la littérature en fera les frais pour une grande partie ; il est naturel alors que je choisisse pour compagnon celui de vous

---

[1] Guimond de Latouche, *Iphigénie en Tauride*, acte III, sc. 5.
[2] Corneille, *Héraclius*, acte IV, sc. 4.

dont les idées littéraires se rapprochent le plus des miennes : laissez-moi donc vous lire, pendant qu'on va préparer ma voiture, une épître en vers que j'adresse à un de mes amis ; vous exprimerez ensuite en deux mots votre opinion sur cette pièce, et celui dont le sentiment m'aura été le plus agréable m'accompagnera à Niort, et en reviendra avec moi. »

La convention fut acceptée ; Duhansy lut cette pièce, qu'il m'a remise, et que je vous envoie :

> Mon ami, notre histoire est fertile en beaux traits ;
> Français, nous aimerons les combats des Français :
> Dites-les triomphants à Bouvines, à Saintes ;
> Des Musulmans à Tours creusez-nous le tombeau,
>   Ou de Crécy répétez-nous les plaintes ;
>   Ou, nous montrant un monde plus nouveau,
> Peignez-nous nos guerriers sur des plages lointaines,
> Du soleil de l'Égypte affrontant les ardeurs,
>   Mourant de froid aux bords du Borysthènes,
> Et par le sort trahis, plus grands que leurs malheurs.
>   Du vieux Poitiers les antiques murailles
> Rappelleront encore à votre souvenir
> De quatorze cents ans les nombreuses batailles.
>   Moins connu par les funérailles
>   Des héros qu'il a vu périr,
> Niort peut-être aux horreurs de la guerre
> Vit succéder jadis des scènes de plaisir :
>   Retracez-les, ou même sans sortir
>   De ce berceau que couronne le lierre,
>   Regardez ce point de la terre
>   Où le jour, quand il va finir,
> Laisse briller encore une pâle lumière :
>   Votre œil vers l'horizon voit fuir,
>   Couvert d'une brume légère,
> De Beau-Soleil le vallon enchanteur.
> La Sèvre y roule en paix son onde transparente ;
>   Sur cette herbe que sa fraîcheur
>   Entretient toujours verdoyante,
> Aucun héros n'a-t-il aux pieds de son amante
>   A la fin trouvé le bonheur ?
> Regardez-vous au nord ? Saint-Maixent s'y présente :
> Voyez-y s'élever cette église pesante

Qui semble défier et le temps et le fer ;
   Et ce clocher de massive structure,
  Qui sur son flanc porte, à cent pieds en l'air,
  Du roi Clovis la gothique figure ;
   Et ces rochers vieux comme la nature
     Qui dominent le Puits-d'Enfer.
Beau pays ! que la Grèce eût peuplé de dryades,
De faunes, de sylvains, d'égypans, d'oréades,
    Et de ces mille déités
    Par qui le plus sombre bocage,
Les lieux les plus déserts se trouvaient habités ;
    Mais où l'esprit triste et sauvage
    Des bons chrétiens du moyen age
N'a vu que des démons par l'enfer apportés !
    De ces noires divinités
Servez-vous toutefois, et puisque la patrie
De la Grèce ancienne a rejeté les dieux,
    Aux croyances de nos aïeux
    Désormais notre poésie
    Doit demander son merveilleux :
Comme dans la légende évoquez donc le diable ;
   Qu'opiniâtre en ses affreux desseins
    Il tente les pauvres humains,
    De maux cruels qu'il les accable,
  Et que ceux-ci, pour sortir de ses mains,
    Contre un pouvoir si formidable
    Implorent la Vierge et les saints.
Ainsi pourront vos vers d'une exacte nature
Présenter à l'esprit la naïve peinture ;
Ainsi pourra la France admirer ses enfants,
    Non plus sous la toge italique,
    Ou sous la chlamyde hellénique,
    Mais dans le costume des Francs ;
Ainsi pourront revivre en vos hardis ouvrages
Les mœurs, le caractère et les mâles courages
Qui de la vieille France assuraient les succès ;
Et nous admirerons dans vos charmantes pages
    Des poëmes vraiment français [1].

Quand la lecture fut achevée, « Voyons, messieurs, dit Dubansy, qu'en pensez vous ? Rappelez-vous seulement que

---

[1] Vers faits en 1825.

je ne vous demande ni des éloges exagérés, ni une critique en forme ; dites un mot, un mot seulement qui résume votre opinion.

— Il y a de beaux vers, répondit Alphonse.

— Il y a de mauvais vers, ajouta Édouard.

— Monsieur, reprit Duhansy, en se tournant vers ce dernier, veuillez monter dans ma voiture, et nous partons ensemble. »

Aussitôt dit, aussitôt fait : à peine eut-on le temps de se dire adieu et de se promettre qu'on se reverrait à cinq heures ; la voiture volait déjà loin de nous, lorsqu'en me retournant vers Alphonse, je fus surpris de lui trouver un air d'étonnement et de chagrin : « Eh ! bon Dieu, lui dis-je, mon jeune ami,

> Quel sujet inconnu vous trouble et vous altère ?
> D'où vous vient aujourd'hui cet air sombre et sévère,
> Et ce visage enfin plus pâle [1] ...?

Vous savez le reste.... Quoi ! est-ce jalousie du plaisir d'Édouard ? mécontentement de ne pouvoir le partager ? Consolez-vous : cette machine sera, dans quelques jours, visitée par tout le monde, et vous la verrez tout à votre aise.

— Oh ! ce n'est pas là ce qui me contrarie ; quelque agrément que j'eusse trouvé à la visiter avant la foule et tout le public, croyez que je sais, quand il le faut, sacrifier un plaisir sans me plaindre. Non, ce qui m'irrite plus que je ne saurais dire, c'est l'inconséquence de ce monsieur Duhansy : il nous promet, vous l'avez entendu comme moi, d'emmener celui qui exprimerait l'opinion la plus agréable pour lui ; et quand je lui dis qu'il y a *de beaux vers* dans sa pièce, et que mon cousin lui dit qu'il y en a *de mauvais*, c'est mon cousin qu'il emmène ; en vérité, c'est trop fort !

[1] Boileau, *Satire* III.

— Calmez-vous, lui dis-je, en riant : vous savez bien qu'il ne faut pas disputer des goûts; si Duhansy aime mieux les mauvais vers que les bons, il a dû trouver le compliment d'Édouard plus a son gré que le vôtre. Au reste, vous pourrez, quand il reviendra, lui demander la raison de son choix : il vous la dira, soyez-en sûr. En attendant, buvons frais, si faire se peut, comme dit notre Rabelais [1], et ne nous en tarabustons plus l'entendement. » Et je l'emmenai aussitôt faire une longue promenade sur les bords fleuris de la Sèvre.

A notre retour, nous trouvâmes nos deux voyageurs qui descendaient de voiture; Édouard, du plus loin qu'il nous aperçut, courut à nous, un papier à la main. « Alphonse, cria-t-il, mon ami, voilà un billet pour aller voir cette pompe demain ou après-demain; M. Duhansy a eu la complaisance de le demander pour toi, et m'a chargé de te le remettre.

— Monsieur, dit Alphonse à M. Duhansy, je vous remercie sincèrement de cette attention bienveillante; je vous en sais d'autant plus de gré que le jugement porté par moi sur vos vers ne m'avait pas, à ce que j'ai cru voir, donné le droit de m'y attendre.

— Pourquoi donc, mon jeune ami? répondit Duhansy, m'avez-vous cru fâché parce que vous aviez trouvé que j'avais fait de beaux vers? ou seriez-vous par hasard mortifié de ce que je ne vous ai pas emmené avec moi? Mais vous devez reconnaître que cela m'était impossible.

— Oh! m'écriai-je, ce n'est pas cela : Alphonse vous accuse de n'avoir pas exactement tenu votre parole, et d'avoir pris pour compagnon de route celui qui vous avait dit

---

[1] Rabelais est souvent donné par les Poitevins comme un des leurs, parce qu'étant tout jeune, il se fit religieux au couvent des cordeliers de la ville de Fontenay-le-Comte, et que plus tard il obtint du pape Clément VII l'autorisation de quitter l'ordre de Saint-François pour celui de Saint-Benoît au monastère de Maillezais.

la chose la moins agréable. N'est-ce pas cela, Alphonse ? lui dis-je, en me tournant de son côté.

— Il est vrai. Si M. Duhansy voulait, malgré sa promesse, emmener mon cousin, il aurait bien pu du moins m'adresser quelques mots d'explication; mais point du tout, il est parti comme une flèche, sans me laisser même le temps de me reconnaître.

— Bon ! dit Duhansy, me voilà accusé de n'avoir pas senti comme j'ai senti, et obligé de rendre compte de mes sensations, et, qui plus est, de les justifier; c'est une exigence assez nouvelle et que les philosophes de toutes les écoles (je dis cela pour vous, jeunes gens qui venez d'achever votre philosophie) trouveraient bien singulière. Qu'à cela ne tienne, pourtant; je n'ai pas l'habitude de reculer devant ce que j'ai fait; et je vous donnerai l'explication que vous désirez. Ne m'avez-vous pas dit qu'il y avait de *beaux vers* dans ma pièce ?

— Précisément, dit Alphonse.

— Et votre cousin n'a-t-il pas ajouté qu'il y en avait de *mauvais* ?

— C'est cela même; c'est cela qui devait, à mon avis, vous être moins agréable que ce que j'avais dit.

— Doucement, reprit Duhansy, et procédons par ordre. Sans doute il est difficile de définir rigoureusement l'*agréable*; mais si pour le moment je fais entrer dans l'idée d'agrément celle d'utilité, ne trouvez-vous pas qu'il valait mieux pour moi causer avec celui qui trouvait à redire à mes vers, et qui pouvait m'indiquer mes fautes, qu'avec celui qui m'avait répété ce que notre vanité à nous autres poètes nous dit toujours longtemps avant le public.

— Vous éludez, vous éludez, s'écria Alphonse : je ne vous demande pas si la réponse d'Édouard vous a été plus profitable, mais si elle vous a été, selon notre convention, plus agréable que la mienne.

— Je n'élude rien, répliqua Duhansy, j'ai trop beau jeu pour cela : je voulais vous ménager une issue honorable pour quitter le combat où vous vous êtes engagé; mais puisqu'il faut mettre les points sur les *i*, je vous dirai nettement que votre réponse est à peu près la plus désagréable que l'on puisse faire à un poëte et à un écrivain pénétrés de la grandeur et de la beauté de leur art. »

Alphonse se récria vivement : « Voilà, dit-il, ce que personne ne croira....

— Personne ne le croira, tant que vous voudrez, mon jeune ami, cela n'en est pas moins vrai; et je le prouve. Avez-vous lu l'*Art poétique* d'Horace?

— Je le sais par cœur.

— Tant mieux pour vous. Récitez-nous alors ce que le poëte dit d'un certain orfévre qui logeait, si je ne me trompe, auprès du cirque d'Émilius,

— Ah! je sais ce que vous voulez dire :

Æmilium circa ludum faber unus et ungues
Exprimet, et molles imitabitur ære capillos,
Infelix operis summa, quia ponere totum
Nesciet [1].

— Oui, reprit Duhansy.

Infelix operis summa quia ponere totum
Nesciet;

c'est parce qu'il ne pouvait pas faire une statue passable, qu'on y remarquait des ongles bien polis, des cheveux bien ondulés; c'est aussi parce que nous ne réussissons pas dans l'ensemble ou, ce qui est la même chose, parce que nous faisons de mauvais poëmes, qu'on veut bien y signaler de beaux vers [2].

[1] Horat., *Ars poet.*, v. 32.
[2] Cette pensée, qui fait le fond de notre discussion, a été exprimée à un point de vue un peu différent, par La Harpe, dans la note 2º sur l'éloge

— Mais je n'ai pas voulu dire cela, s'écria Alphonse.

— Je ne sais pas ce que vous avez voulu dire; je sais seulement et fort exactement ce que vous avez dit : oui, je le répète, c'est depuis que nous n'avons plus que des poëmes pitoyables, depuis qu'on croit que la poésie n'est plus qu'un délassement d'après-souper, une occasion de commerce entre gens qui veulent se chatouiller réciproquement, que nous entendons si souvent ce refrain : *Il y a de beaux vers* dans cette pièce; *il y a de belles phrases* dans ce discours. Cela veut dire, en bon français, qu'on n'a pas écouté ni compris, c'est un cas assez ordinaire; ou que le poëme ou le discours ne valent rien du tout, ce qui arrive plus souvent encore.

Quoi que l'on vous lise, vous vous tirez d'affaire avec ce jugement banal, bien sûr d'ailleurs de ne pas trop vous engager : car quel est l'orateur assez infortuné pour ne pas écrire quelque bonne phrase? Quel est le poëte assez abandonné du ciel pour ne pas tomber sur quelques beaux vers, quand il en aligne journellement cinq ou six douzaines? Dans ce siècle de déception, de franchise apparente et de basse flatterie en réalité, d'amour affecté pour les beaux-arts, et en vérité de paresse et d'égoïsme, c'est une fiche de consolation qu'on donne à un auteur; on compte qu'à la première occasion il vous la rendra en même monnaie. La sincérité, la bonne foi reçoivent plus d'une blessure dans

---

de Racine, en termes que l'on sera bien aise de voir reproduire ici. « On trouverait d'abord que ce ne sont pas les génies les plus heureux, les écrivains le plus souvent relus et le plus souvent admirés qui ont eu le plus de *traits* saillants et de grandes pensées; que Lucain en a beaucoup plus que Virgile, et Sénèque beaucoup plus que Cicéron; et cependant qui pourra nier que Virgile ne soit un bien plus grand poëte que Lucain, et Cicéron un écrivain bien plus éloquent que Sénèque? C'est que ce ne sont pas les *traits* qui font un ouvrage; c'est le tissu du style et l'ensemble des idées. Ce n'est pas par des élans momentanés que l'on juge un écrivain; c'est par sa marche habituelle : la plus grande difficulté, le mérite le plus rare, n'est pas d'étonner le lecteur, c'est de l'attacher. »

ce misérable trafic; mais chacun s'en va content si, d'après l'assurance de ses co-intéressés, il peut se rendre témoignage, non pas que la pensée générale de son œuvre est vraie ou neuve, ni que la disposition de sa pièce est intéressante, ni que son style est constamment pur, coulant, harmonieux; mais seulement qu'il a trouvé quelques rimes assez riches, quelques oppositions de mots assez piquantes, quelques phrases ou quelques vers assez bien tournés pour qu'on ait été bien aise de les saisir au vol et d'en applaudir aussitôt l'auteur.

— Mais, dit Alphonse, vous prenez trop sérieusement les choses.

— Laissez-moi dire, jeune homme, vous parlerez après si vous voulez; vous m'avez demandé une explication, ayez au moins le courage de l'entendre. Si le noble feu de l'éloquence et de la poésie n'était pas éteint dans les âmes, si le poëte ou l'orateur, au lieu de tirer devant nous un feu d'artifice, et de nous éblouir par le clinquant du discours, sentait réellement le prix de son art, il voudrait d'abord éclairer l'esprit ou toucher le cœur; il jugerait de son succès, non par les métaphores ou les antithèses qu'il aurait fait miroiter à nos yeux, ni par la curiosité froide et vaine que nous inspire ce cliquetis de mots sonores, cette mêlée de figures de rhétorique; mais par l'action profonde qu'il aurait exercée sur nous. Il serait content de lui, non pas quand un sourire de satisfaction ou des bravos complaisants accueilleraient chaque bout de vers; mais lorsque l'intérêt croissant de ligne en ligne imposerait silence aux applaudisseurs, suspendrait les conversations, et nous embrasant de la passion qui anime ses personnages, nous transporterait à son gré, mais à notre insu, dans toutes les régions du monde[1]. Alors, soyez-en bien sûr, vous ne lui

---

[1] Horat., *Epist.*, II, 1, v. 213.

direz pas qu'il y a chez lui de beaux mots ou de beaux vers !
Tout entier au sentiment qu'il a fait naître en vous, frappé
non pas des formes insolites, mais du coloris de son style,
maîtrisé par la vérité des peintures, quelquefois accablé par
la grandeur des images, et toujours entraîné par l'intérêt et
la marche de l'ouvrage, vous sentirez que louer en lui de
belles parties lorsque c'est le tout qui est beau, c'est comparer son œuvre à un manteau râpé sur lequel brilleraient çà
et là quelques morceaux d'écarlate[1] ; et que si l'on peut reconnaître une critique juste quoique un peu dure dans le
mot *il y a de mauvais vers*, on ne peut voir dans le jugement opposé *il y a de beaux vers*, qu'une condamnation
sans appel, ou la preuve que rien n'a été écouté ni compris.

— Oh bien ! malgré tout ce que vous venez de dire, je
suis convaincu que tous les faiseurs de vers aimeraient
mieux entendre énoncer sur leurs pièces mon jugement que
celui de mon cousin.

— C'est possible, répondit Duhansy en riant : les goûts
comme les volontés sont libres ; et vous n'attendez pas, si
j'ai bien voulu vous rendre compte de mes sentiments, que
je me charge aussi de vous expliquer les leurs. »

Ce mot mit fin à la discussion ; le dîner d'ailleurs nous at-
tendait ; et on y oublia promptement le petit mécontentement de la matinée.

Voilà, monsieur le comte, ce qui s'est passé ; vous voyez
par là qu'Alphonse se donnant dans sa lettre l'avantage de
cette argumentation, s'est jugé avec des yeux trop favorablement disposés ; la vérité est que s'il a cru mettre *à quia*
son interlocuteur, Édouard et moi, qui étions fort désinté-
ressés dans la question, nous avons jugé tout le contraire.

[1] Horat., *Ars poet.*, v. 15 à 19.

LE REVENANT[1].

Terville, possesseur d'une jolie propriété sur les bords de la Bièvre, se promenait un jour, pendant les chaleurs du mois d'août, sous une délicieuse allée de sycomores, où les rayons du soleil d'été ne pénétraient qu'avec peine. Il aperçut, assis sur un banc et enfoncé dans ses méditations, un jeune homme que des cahiers étalés auprès de lui faisaient reconnaître, sinon pour un écolier, au moins pour quelqu'un qui avait cessé de l'être depuis peu de temps. Terville fit quelque bruit pour le tirer de sa rêverie; l'autre ramassa aussitôt ses papiers, les roula, et s'avançant d'un air dégagé vers le promeneur : « Heureux, lui dit-il, l'habitant et le maître de ce beau séjour! »

Terville ne manqua pas de dire qu'en effet il se trouvait fort content de pouvoir passer sous de frais ombrages les heures brûlantes de la journée et de recevoir de temps en temps d'aimables hôtes. Puis, laissant là tous les compliments, il demanda au jeune homme qui il était, ce qu'il faisait, et ce qui lui avait procuré le plaisir de le voir.

« Je me nomme Déclagny, répondit le voyageur. J'ai

---

[1] Cette nouvelle littéraire qui a pour véritable objet la théorie presque entièrement perdue aujourd'hui des *Figures des syllogismes*, a été écrite en 1837.

vingt-trois ans. Sorti depuis quelques années du collége où j'avais fait ma rhétorique, j'avais négligé de me faire recevoir bachelier à l'époque où cette classe était seule exigée des candidats. Depuis j'ai eu besoin de ce grade, mais déjà l'on demandait aux élèves qu'ils eussent suivi un cours de philosophie[1] : il m'a fallu commencer seul et sans maître l'étude d'une science pour laquelle je ressentais une vénération profonde, mais dont je n'avais pas la plus légère idée. J'ai pris mon courage à deux mains; je me suis enfoncé dans les livres; j'ai lu et relu trente auteurs; il n'y en avait pas deux qui fussent d'accord. Il me sembla que cette divergence d'opinions brouillait et renversait mes idées; je résolus de ne suivre qu'un seul guide. Mais comment choisir entre tous? Je ne pouvais pas les juger; un autre eût peut-être été partial : je me souvins de la manière dont le juge Brid'oie décidait les procès[2], et que les plaideurs s'en plaignaient un peu moins que de la justice ordinaire. Je résolus, en conséquence, de tirer au sort la secte à laquelle je devais appartenir. Serais-je platonicien, condillaciste, kantiste, cartésien? C'est ce que les dés devaient m'apprendre, et qu'ils ne m'ont pas appris; car ils ont amené le point qui désignait ces cahiers dictés à mes anciens camarades par leur vieux professeur; et celui-ci, ou je me trompe fort, ne s'était jamais occupé des diverses écoles de philosophie. Il suivait tout bonnement l'ancienne forme scolastique, vous savez : *Philosophia spectari potest ratione vel subjecti in quo residet, vel modi quo comparatur, vel objecti circa quod versatur*[3]; et foudroyait de son mépris tous ceux qui marchaient dans une autre route. Mais, ma foi, les dés n'en auront pas le démenti, et je continuerai d'étudier dans

[1] C'est à partir du 1ᵉʳ janvier 1822 qu'une année de philosophie a été exigée.
[2] Rabelais, *Pantagruel*, III, 40.
[3] *Philosophia lugdunensis*, prol., c. 2, art. 2.

les cahiers qu'ils m'ont fait prendre, jusqu'à ce que j'aie bien compris tout ce qu'ils contiennent. Vous les voyez, ajouta-t-il en les tirant de sa poche; je les emporte partout avec moi; je les lis à la ville et dans les champs, dans les rues populeuses comme dans les sentiers déserts; et c'est à eux que je dois le plaisir de vous avoir rencontré. Car, obligé de voyager pédestrement, je coupe volontiers à travers champs; et trouvant devant moi cette belle allée de sycomores et ce banc qui m'invitait à m'asseoir, je n'ai pu résister au désir de repasser mes dernières leçons.

— Fort bien, dit Terville; j'ai moi-même étudié autrefois la philosophie, et je ne me rappellerais pas sans intérêt les études de mon adolescence. Causons-en donc, si vous le voulez bien. Je suppose que votre logique est, comme toutes les autres, divisée en quatre parties : l'idée, le jugement, le raisonnement et la méthode. Dites-moi donc d'abord où vous en êtes.

— Où j'en suis, dit l'écolier, c'est-à-dire, sans doute, jusqu'où j'ai compris. J'en suis à

Plat à barbe échancré salit-il le giron?

— Qu'est-ce que c'est que cela? dit Terville en riant à à perdre haleine : j'ai fait ma logique comme tout le monde, et je n'y ai jamais entendu parler de *plat à barbe*.

— Oh! répondit le voyageur, il ne faut pas s'étonner pour si peu. C'est une petite variante du *Barbara, Celarent, Darii, Ferio*[1]. Vous voyez que ce sont les mêmes voyelles; et puisque dans ces mots les voyelles seules sont significatives, le vers que je viens de citer vaut mieux que l'inintelligible fatras qu'on nous fait ordinairement apprendre.

[1] Tout le monde connaît ces quatre premiers mots des vers techniques sur les figures des syllogismes.

— Mais, reprit Terville, puisque c'est un vers technique, que vous importe que les mots en aient ou n'en aient pas de sens?

— Pardonnez-moi, cela m'importe beaucoup; il importe à ma satisfaction personnelle, il importe surtout à ma mémoire, que des vers destinés à me rappeler quelque chose ne soient pas plus difficiles à retenir que la chose elle-même.

— Soit; mais qui vous empêchait alors de mettre aussi en vers français les mots suivants : *Baroco, Darapti, Felapton?*

— J'y avais bien pensé, quand je me suis trouvé arrêté parce que je ne les comprenais pas du tout. Si les quatre premiers mots *Barbara, Celarent, Darii, Ferio,* ne signifient rien, au moins ils sont latins. Mais l'Italie ancienne a-t-elle jamais entendu prononcer les mots de *Baralipton,* de *Frisesom,* de *Bocardo,* de *Ferison?* Je me suis quelquefois imaginé que ces mots étaient arabes; qu'à l'époque où Aristote fut si universellement étudié par les musulmans, les savants de ces peuples pouvaient avoir trouvé dans leur idiome quelques réunions de lettres qui représentassent les diverses combinaisons de syllogismes. Mais alors pourquoi n'en pas prévenir? Pourquoi surtout n'y pas substituer des mots latins ou français ayant même valeur?

— Détrompez-vous, reprit Terville. Je sais un peu l'arabe, et je puis vous assurer que les mots en question ne sont pas de cette langue.

— Vous m'enlevez mon dernier espoir, dit tristement l'écolier. Alors il faut que ce soit le diable qui ait composé lui-même ces mots bizarres pour le malheur des apprentis philosophes.

— Le diable! vous m'y faites penser, dit Terville en s'efforçant de garder son sérieux. Il se pourrait bien qu'il fût l'auteur de ces vers. Vous connaissez cet hexamètre rétrograde qu'il fit lorsqu'il portait saint Antide à Rome sur ses épaules :

Signa te signa ; temere me tangis et angis,

Qui, je vous prie, pourrait donner à cette phrase un sens raisonnable?

— Qui? Moi, si vous voulez. « Signe-toi, signe-toi, disait le diable; tu es bien téméraire de me toucher et de me serrer ainsi. » Et c'était une ruse infernale; car le signe de croix d'un saint est, du consentement de tout le monde, un exorcisme assez fort pour faire évanouir le démon; et saint Antide, se trouvant en l'air sans monture, se serait infailliblement rompu le cou en tombant à terre. Mais il comprit l'intention du malin, et s'étant contenté de répondre : « Tout signé que le diable porte, » il continua heureusement son voyage[1]. Si, comme on le dit, c'est le diable qui est l'auteur de ce vers, il s'est montré honnête ce jour-là et a parlé un langage intelligible, tandis que pour les *Darapti*, les *Disamis*....

— Il me vient une idée, interrompit Terville. Si vous croyez que le démon soit pour quelque chose dans l'invention de ces mots baroques, qui vous empêche de le consulter, lui ou ceux qui le voient de temps en temps.

— Doucement, répliqua Déclagny; ne badinons pas sur ce sujet. Je suis d'un pays où nous n'avons pas, comme à Paris, secoué le joug des anciennes croyances. Nous attribuons volontiers au mauvais esprit ce qui nous fait du mal ou nous embarrasse; mais c'est par des moyens humains et chrétiens, non par son concours, qu'il faut vaincre les obstacles.

— Je ne badine pas; moi aussi je respecte et je conserve dans le cœur la religion de mes pères. Mais il y a telle cir-

---

[1] Collin de Plancy, *Dictionnaire infernal*, mot *Antide*

constance où l'habitant de cette terre peut, sans encourir le blâme, correspondre avec ceux de l'autre monde.

— Je ne vous entends pas. Les conjurations, les évocations, n'ont-elles pas toujours passé pour de grands crimes.

— Sans doute. Aussi n'est-ce pas d'une évocation que je veux vous parler, quoiqu'on en cite plusieurs qui ont été faites par de saints personnages[1]. Mais ne se peut-il pas qu'une ombre s'offre à vos yeux d'elle-même et sans que vous ayez eu recours à aucune opération magique? Vous savez ce qui arriva au philosophe Athénodore, qu'un spectre vint lui demander une sépulture honorable pour le squelette qu'il avait animé jadis[2]; et Archytas demanda de même au matelot qui vit son corps sur le rivage de le couvrir d'un peu de terre[3]. Croyez-vous que le casuiste le plus sévère pût faire un reproche à ces hommes de leur humanité? Et Brutus, quand il reçut avant la bataille de Philippes la visite de son mauvais génie[4], fut-il coupable, à votre avis, de lui demander qui il était et ce qu'il venait lui annoncer?

— Non certes; ce sont les conjurations que je blâme; ce sont ces moyens occultes, ces cérémonies peu connues et condamnées par l'Église, que je repousse. Mais si j'étais simplement spectateur d'une apparition, je n'hésiterais pas plus à demander à un revenant ce qui m'intéresse, que je ne refuserais de faire pour le repos de son âme les prières ou les dévotions dont elle aurait besoin.

— Eh bien, c'est précisément là ce que je vous propose : on dit que depuis quelque temps un fantôme se montre vers dix ou onze heures du soir auprès du petit pont; il sort des massifs de buissons et pousse des gémissements lamentables.

---

[1] Collin de Plancy, *Dictionnaire infernal*, mots *Évocation*, *Purgatoire*.
[2] Plin., *Epist.* VII, 27.
[3] Horat., *Carm.* I, 23.
[4] Plutarch., *Cæsar*, 69.

Cette nouvelle qui d'abord avait paru n'être qu'un bruit sans fondement a pris, depuis peu, de la consistance. Des témoignages nombreux et puissants ne permettent pas de douter de sa réalité. Or, cette nuit même, un prêtre doit exorciser l'esprit et s'enquérir de ce qui le met en peine. Une seule personne accompagnera le ministre du Seigneur. Je m'étais d'abord offert pour l'aider, mais, n'ayant aucun intérêt dans cette affaire, je vous céderai volontiers ma place, et vous pourrez questionner l'esprit tout à votre aise.

— Je ne m'y refuse pas, répondit Déclagny : je n'ai pas jusqu'ici grande foi aux revenants. Dans cet état d'incertitude, et pourvu qu'on ne me demande rien qui répugne à ma conscience et à ma religion, je suis prêt à tenter l'aventure.

— Eh bien, reprit Terville, voilà qui est dit. Il est entendu que vous resterez chez moi jusqu'à demain. Je vais faire préparer votre chambre et dire qu'on mette votre couvert à table. Promenez-vous en attendant dans le jardin, ou entrez dans la bibliothèque. Mais permettez-moi de vous laisser seul quelque temps, une affaire indispensable me force de vous quitter pendant une couple d'heures. »

Cela dit, Terville introduisit l'étudiant chez lui, et, se hâtant de disparaître, il courut chez un de ses voisins. C'était un homme d'un joyeux caractère ; il était né très-pauvre et avait autrefois étudié pour être prêtre ; mais la mort d'un cousin l'ayant mis inopinément en possession d'une fortune assez considérable, il avait, comme on dit, jeté le froc aux orties, et trouvé plus d'agrément à vivre en propriétaire campagnard qu'à se charger la conscience des iniquités d'autrui. Terville le mit au fait de tout, et lui proposa de jouer le rôle du prêtre, tandis que lui-même ferait celui du fantôme. « Accepté, s'écria Gaidon : c'était le nom du voisin. J'irai dîner chez vous avec le costume ecclésiastique que j'ai conservé en souvenir de l'état que je devais embrasser. Nous entretiendrons notre homme dans les sentiments religieux qu'il a manifestés, et tout marchera de soi-même. Il importe cependant qu'il ne soit détrompé par personne sur la réalité de l'apparition.

— Soyez tranquille à cet égard. J'ai, depuis plusieurs jours, fait répandre le bruit qu'il revenait des esprits près du petit pont, et je suis bien trompé s'il y a dans tout le village, hors vous et moi, un homme assez hardi pour aller s'en assurer. »

Tout se passa comme il avait été convenu. On dîna chez Terville. Le repas fut gai et se prolongea assez tard. On s'entretint de l'acte qui allait s'accomplir. Gaidon rappela à ce propos que les vivants avaient bien souvent rendu ainsi des services aux morts, soit en leur accordant les prières qu'ils réclamaient, soit en acquittant leurs vœux ou payant leurs dettes; et, après avoir cité un certain nombre d'exemples à l'appui : « Vous voyez, ajouta-t-il en terminant, que toutes les relations avec les esprits ne sont pas criminelles, et que la religion ne les réprouve pas, quand on s'y présente avec un cœur pur et des intentions droites. »

Cet entretien les avait menés jusqu'à plus de dix heures. Alors Terville les engagea tous deux à partir. La nuit était fort sombre. Il ne lui restait que tout juste assez de temps pour se préparer à jouer son personnage. Il se rendit en effet par un sentier détourné aux buissons placés derrière le petit pont, et y arriva seulement quelques minutes avant ses convives.

Quand il les entendit s'approcher, il commença à pousser des gémissements et des cris; il s'était couvert d'un long vêtement blanc et prononçait ses paroles dans un pot de terre, ce qui leur donnait un son lugubre et de l'autre monde.

Alors Gaidon commença à l'interroger : qui il était? ce qu'il voulait? pourquoi il revenait en ce lieu depuis huit jours seulement? « Hélas! répondit tristement le fantôme, je naviguais pour mon commerce; le naufrage m'a fait périr. Mort déconfès, et ayant quelques petites usures à me reprocher, je n'ai pas été admis dans la demeure des bienheureux. Je me suis rappelé que j'avais caché jadis une somme sous ces buissons : je suis venu la chercher, espérant que quelque âme chrétienne voudrait bien à ce prix faire dire pour moi quelques prières. »

En même temps, il fit le geste d'un homme qui lance quelque chose. Gaidon qui suivait son mouvement laissa tomber une bourse à ses pieds. Déclagny la ramassa, et la remettant entre les mains de son compagnon : « Esprit, dit-il, je te promets les prières que tu réclames, et je souhaite qu'elles contribuent à ton soulagement. Maintenant que je fais pour toi tout ce qu'il m'est donné de faire, dis-moi si je puis, de mon côté, avoir recours à toi et t'interroger sur une chose qui me regarde personnellement.

— Il faudrait savoir d'abord de quoi il est question.
— Il s'agit de logique. La sais-tu?
— Les morts savent tout, dit l'esprit.
— Je leur en fais bien mon compliment. Dis-moi donc si c'est le diable qui est l'auteur des vers fameux :

Barbara, Celarent, Darii, Ferio, Baralipton, etc.

— Le diable est bien malin.
— J'étais sûr de mon fait. Il n'y a que lui qui ait pu imaginer un pareil galimatias. Maintenant y a-t-il pour des hommes, pour des chrétiens, moyen de les comprendre.
— Le soleil luit pour tout le monde.
— Ainsi, quoique ce soit un ouvrage diabolique, il m'est donné d'en pénétrer le sens. Mais qui me donnera cette explication? Peux-tu m'indiquer un livre où je la trouve? Toi-même peux-tu me l'exposer?

— La ligne droite est le plus court chemin d'un point à un autre.

— C'est-à-dire, sans doute, que je ferai bien de t'interroger pendant que je suis avec toi. Réponds-moi donc sur le sens de ces vers, et les prières ne te manqueront pas.

— Je le veux bien : mais nous sommes obligés de reprendre les choses d'un peu plus haut : et je vous demanderai d'abord, puisque ces vers barbares représentent les diverses formes des syllogismes, si vous savez bien ce que c'est qu'un syllogisme?

— Assurément : c'est un raisonnement composé de trois propositions nommées *majeure, mineure* et *conclusion*, telles, que la conclusion étant contenue dans la majeure, la mineure fait voir qu'elle y est en effet.

— Très-bien. Vous n'ignorez pas comment on distingue ces propositions?

— On les distingue, quant à la matière, en *nécessaires* ou *contingentes, possibles* ou *impossibles*; quant à la forme, en *affirmatives* et *négatives*; quant à la quantité, en *universelles, particulières, individuelles*, et *indéfinies*; quant à la qualité, en *vraies* ou *fausses*, *évidentes, certaines* ou *probables*.

— Parfaitement. Vous savez encore quelle relation il y a entre les propositions universelles ou particulières et les propositions considérées matériellement, c'est-à-dire comme nécessaires ou contingentes, possibles ou impossibles?

— Oui, sans doute : les propositions universelles étant toujours indiquées par les mots *tout* ou *nul*, et les particulières par *quelque*, avec ou sans la négation, on trouve que *tout* correspond à la nécessité, *nul* à l'impossibilité, *quelque* à la possibilité simple, *quelque ne* au pouvoir de n'être pas.

— Fort bien : vous auriez pu ajouter que toutes ces relations sont renfermées dans les deux prétendus vers suivants, dont le sens, si l'on n'en était averti, serait aussi obscur que celui de vos *barbara :*

Omne necesse valet ; valet impossibile *nullus :*
Possibile *quidam ; quidam non* possibile non [1].

Maintenant savez-vous comment on représente les propositions universelles et particulières, affirmatives ou négatives, par les quatre premières voyelles?

— Oui : on représente par A les universelles affirmatives, par E les universelles négatives, par I les particulières affirmatives, par O les particulières négatives ; et tout cela peut se voir par les deux vers léonins que voici :

Asserit A, negat E, verum generaliter ambæ ;
Asserit I, negat O, sed particulariter ambo.

— Je ne puis qu'applaudir à la sûreté de votre mémoire. Continuez donc, et me faites savoir si, outre ces propriétés générales des propositions, on ne considère pas encore quelques propriétés particulières, comme leur *conversion* ou leur *opposition?*

— Je sais encore assez bien tout cela. La conversion a lieu dans une proposition toutes les fois qu'on y change le sujet en attribut ou l'attribut en sujet. Cette conversion ne peut se faire que d'après des règles qui dépendent elles-mêmes de la quantité et de la forme des propositions [2]. Ainsi les universelles affirmatives se convertissent en particulières affirmatives.

Tout homme est animal,

donne en convertissant :

Quelque animal est homme.

---

[1] Voici la traduction de ces vers. *Omne* s'applique au nécessaire ; *nullus* à l'impossible ; *quidam* au possible ; *quidam non* à ce qui peut ne pas être.
[2] Aristot., *Analyt. prior.*, I, 2.

Les particulières affirmatives se convertissent sans changement dans leur quantité. Par exemple :

Quelque homme est heureux ;
Quelque heureux est homme.

Les universelles négatives restent négatives et universelles après la conversion :

Nul homme n'est pierre ;
Nulle pierre n'est homme.

Et les particulières négatives, ou celles qu'Aristote nomme *privatives* peuvent, selon le cas, se convertir ou ne le peuvent pas : ainsi de la proposition

Quelque animal n'est pas *quelque* homme,

on ne peut pas conclure que

Quelque homme n'est pas *quelque* animal [1],

quoique cette conclusion fût très-légitime s'il s'agissait d'une pierre ou d'un arbre.

— Bravo ! Vous auriez pu ajouter que la proposition que l'on change, s'appelle la *converse;* et celle en laquelle on la change, la *convertente;* et surtout qu'il y a trois sortes de conversions [2] : la conversion *simple* quand les termes sont simplement transposés sans changement dans leur quantité; la conversion *par accident* si la quantité change, c'est-à-dire si l'un des termes d'universel devient particulier ou au contraire; et la conversion par *contraposition*, lorsque les termes restant les mêmes sont seulement accompagnés de la négation et deviennent ainsi *indéfinis* [3], comme on disait autrefois, ou *négatifs*, comme nous disons aujourd'hui.

---

[1] Aristot., *Analyt. prior.*, I, 2, nos 3, 4, 2, 5.
[2] Herm. Osterrider, *Logica*, n° 162.
[3] Aristot., *Analyt. prior.*, I, 2, n° 1.

Il est clair, d'après ce que vous venez de nous dire, que les propositions universelles négatives et les particulières négatives representées par E, I peuvent seules se convertir *simplement;* que les universelles négatives ou affirmatives E, A se convertissent très-bien en particulières, ou *par accident;* qu'enfin les propositions universelles affirmatives et les particulières négatives A, O se convertissent *par contraposition.* On a réuni toutes ces circonstances dans le distique suivant :

E,I simpliciter convertitur ; E,A per accid.
A,O per contrap. Sic fit conversio tota [1].

— Je noterai tout cela ; car jusqu'à présent je n'avais trouvé ni vos vers, ni vos règles.

— Ce n'est pas tout : après la conversion des propositions, il faut examiner leurs *oppositions* [2], et comment on ramène la proposition opposée à l'*équipollence* ou *équivaleur.* Savez-vous tout cela ?

— J'en sais une partie. L'opposition considérée dans les propositions est, à proprement parler, l'affirmation et la négation du même dans le même, *ejusdem in eodem,* c'est-à-dire du même attribut dans le même sujet. Je sais aussi que l'on distingue les propositions en *contraires* et *contradictoires.* Mais quant à l'équivaleur de ces propositions, quant à leur réduction en propositions équivalentes, j'ignore entièrement ce que ce peut être.

— J'ajouterai donc à ce que vous avez dit les notions suivantes. Les propositions sont opposées en quatre manières ; car elles sont *contradictoires, contraires, sous-contraires* ou *sous-alternes* [3]. Les propositions *contradictoires* sont celles

---

[1] Herm. Osterrider, *Logica*, n° 162.
[2] Aristot., *Analyt. prior*, II, 15.
[3] Herm. Osterrider, *Logica*, n° 151 à 157.

qui se contredisent dans la quantité et la qualité essentielle. Exemple :

Tout homme est un animal raisonnable ;
Quelque homme n'est pas un animal raisonnable ;

sont deux propositions contradictoires. On voit que de ces deux l'une est nécessairement vraie, et l'autre nécessairement fausse. Les propositions *contraires* sont des universelles qui se contredisent dans la qualité seulement, c'est-à-dire que l'une nie universellement ce que l'autre affirme universellement. Exemple :

Tout homme est juste ;
Aucun homme n'est juste ;

et encore

Tout cercle est rond ;
Aucun cercle n'est rond.

Deux propositions contraires ne sont jamais vraies ensemble ; elles peuvent être fausses toutes les deux, et le sont en effet en matière contingente ou simplement possible.

Tout homme est savant ;
Aucun homme n'est savant ;

sont évidemment deux propositions fausses. En matière nécessaire ou impossible, des deux propositions contraires, l'une est nécessairement vraie, l'autre nécessairement fausse. Dans l'exemple donné tout à l'heure sur le cercle, c'est l'universelle affirmative qui est vraie. Ce serait, au contraire, l'universelle négative si, changeant la qualité, nous avions dit :

Tout cercle est carré ;
Aucun cercle n'est carré.

Les propositions *sous-contraires* sont des propositions particulières qui se contredisent dans la qualité. Exemple :

Quelque homme se *promène ;*
Quelque homme *ne* se *promène pas.*

Deux pareilles propositions ne sont jamais fausses ensemble. En matière nécessaire une seule est vraie, et l'autre est fausse. Exemple :

Quelque diamètre *est* plus grand que toute autre corde ;
Quelque diamètre *n'est pas* plus grand que toute autre corde.

La première est vraie, celle-ci est fausse. En matière contingente, les deux propositions peuvent être vraies ensemble, comme dans l'exemple donné tout à l'heure d'hommes qui se promènent et d'autres qui ne se promènent pas. Les *sous-alternes* sont des propositions qui ne diffèrent que dans la quantité, c'est-à-dire que l'une a le signe *tout* et l'autre le signe *quelque*. En matière nécessaire, ces deux propositions sont toujours vraies ou fausses ensemble. Exemple :

Tout cercle *est* rond ;
Quelque cercle *est* rond ;

voilà deux vérités.

Tout cercle *est* carré ;
Quelque cercle *est* carré ;

voilà deux faussetés. En matière contingente la proposition particulière peut être vraie sans que l'universelle le soit. Exemple :

Tout logicien *est* laborieux ;
Quelque logicien *est* laborieux.

La dernière seule est vraie.

— Esprit, mon ami, s'écria Déclagny, tu me fais faire un chemin prodigieusement long. Depuis une heure que je t'écoute, je ne vois pas encore poindre à l'horizon le sommet de nos *Darapti, Felapton*. Ma mémoire ne pourra jamais retenir tout ce que je viens d'entendre.

— Jeune homme, répondit l'esprit d'un ton sévère, croyez-vous qu'on puisse monter au haut d'une échelle sans mettre le pied sur les premiers échelons ? Soyez bien assuré que je n'allonge pas le chemin à plaisir; et que si nous sommes si longtemps avant de toucher le but, c'est que nous en étions d'abord fort éloignés. Maintenant encore je ne peux faire un pas en avant sans vous avoir dit ce que c'est que l'équivaleur dans les propositions et quel usage on en peut faire. L'*équivaleur* ou l'*équipollence* de deux propositions opposées, c'est leur réduction à un seul et même sens. On y parvient en altérant les termes à l'aide de la négation. Par exemple, si les deux propositions sont contradictoires, on les rend équivalentes en mettant **non** devant le sujet de l'une des deux :

Tout homme est mortel;
Quelque homme est immortel;

sont deux propositions contradictoires. Mettez la négation devant le sujet de la seconde, vous aurez :

Nul (non quelque) homme n'est immortel,

proposition certainement équivalente à la première,

Tout homme est mortel.

— Je comprends parfaitement cela : et si les deux propositions étaient contraires, est-ce que ce ne serait pas la même chose?

— Non, la négation doit alors tomber sur l'attribut.

Tout homme est mortel;
Nul homme n'est mortel;

sont deux propositions contraires. En niant le sujet *nul homme*, vous arrivez à

Non-nul *ou* quelque homme est mortel,

proposition qui est bien loin d'être équivalente à la première. Il faut absolument nier l'attribut et dire :

Nul homme n'est immortel (non mortel).

— C'est très-juste, et voilà de fort bonnes observations.

— On en fait d'aussi intéressantes sur les propositions sous-alternes et sur les sous-contraires. Dans les premières on met la négation devant le sujet et devant l'attribut de la proposition particulière.

Toute créature est finie ;
Quelque créature est finie ;

voilà deux sous-alternes. Mettez *non quelque* ou *nulle* et *non finie* ou *infinie*, vous aurez

Nulle créature n'est infinie,

équivalente à l'universelle affirmative *toute créature est finie*. Dans les sous-contraires il suffit de changer les termes de place. Exemple :

Quelque logicien discute ou est discutant ;
Quelque logicien ne discute pas ;

voilà deux propositions sous-contraires. Renversez les termes de l'une et de l'autre, vous obtiendrez ces propositions équivalentes aux précédentes.

Quelque discutant est logicien ;
Quelque non discutant est logicien.

Toutes ces transformations enfin ont été réunies dans le distique suivant :

Præ contradict. *post* contrar. *præ postque* subaltern.
In subcontrariis verba locanda aliter [1].

Præ signifie ici que la négation doit tomber *devant* ou *sur le sujet; post* qu'elle doit tomber *après* lui, c'est-à-dire *sur l'attribut; præ postque* sur l'un et sur l'autre.

— Voilà qui est encore bien ; et je tâcherai de me rappe-

[1] Herm. Osterrider, *Logica*, n° 159.

ler toutes ces particularités. Je suis seulement inquiet de ne pas voir arriver les *Barbara*.

— Les voici tout à l'heure. Mais il fallait donner toutes ces notions avant d'aborder les figures des syllogismes. Entrons maintenant en matière, et dites-moi combien il y a de syllogismes possibles? combien il y en a de concluants?

— Les enfants savent cela. Puisque toutes les propositions qui peuvent entrer dans les syllogismes sont représentées par A, E, I, O, et que dans chacun il n'y en a jamais que trois, il s'ensuit qu'en permutant ces quatre lettres prises trois à trois de toutes les manières, on aura toutes les formes imaginables de syllogismes. Mais l'algèbre nous montre que le nombre de ces permutations s'élève à soixante-quatre : il n'y a donc pas moyen de concevoir même une soixante-cinquième disposition des trois propositions; et les soixante-quatre premières sont ce qu'on appelle les *modes du syllogisme*, c'est-à-dire ses manières d'être[1]. Maintenant, de ces soixante-quatre modes, cinquante-quatre sont exclus par les règles générales ou leurs corollaires[2]; il n'en reste donc que dix de légitimes, comme le savent tous les logiciens.

— Voilà qui est très-bien exposé. L'*Art de penser* donne ces détails; et vous pouviez ajouter d'après cet ouvrage, que sur les dix modes reçus, il y en a quatre dont la conclusion est affirmative, et six où elle est négative. A présent, dites-moi ce que c'est que la *figure* du syllogisme : car c'est là le point dominant de notre théorie.

— Sans doute, et c'est ce que répète souvent le professeur dont j'étudie les cahiers. Il y a, dit-il, trois opérations de l'esprit, savoir : la première de bien concevoir par le moyen des universaux; la seconde de bien juger par le

---

[1] *Art de penser*, part. III, c. 4 et suiv.
[2] *Ibid.*

moyen des catégories ; la troisième de bien tirer une conséquence par le moyen des figures[1].

—C'est juste ; mais en quoi consiste la figure ? n'est-ce pas l'arrangement du moyen terme dans la majeure ou la mineure ?

—Précisément ; et parce que le moyen terme ne peut être que sujet ou attribut dans l'une ou l'autre de ces propositions, et qu'ainsi il ne peut occuper que quatre places, il n'y a donc aussi que quatre figures possibles, savoir une où le moyen est sujet de la majeure et attribut de la mineure ; l'autre où il est attribut de la majeure et de la mineure ; la troisième où il est sujet de l'une et de l'autre[2] ; la dernière où il est le sujet de la mineure et attribut de la majeure[3].

— Et celle-ci, ajouta l'esprit, est si peu naturelle qu'on peut se dispenser d'en donner des règles. Aristote n'en a pas parlé, et il est beaucoup plus simple de la regarder comme composée des modes indirects de la première figure, c'est-à-dire de ceux où la conclusion serait renversée de telle sorte que le sujet en fût l'attribut. En ne comptant donc pour sujet que les trois figures reconnues par Aristote, on se rappelle facilement leur définition au moyen de ces vers :

    Prædicat et subigit medium sibi prima figura :
    Prædicat altera bis, tertia bis subigit[4],

où *prædicare* signifie *avoir pour prédicat* ou *pour attribut*, et *subigere*, *prendre pour sujet*. A ces vers, il convient d'a-

---

[1] Molière, *Le Bourgeois gentilhomme*, acte II, sc. 6.
[2] Aristot., *Analyt. prior*, I, 4, n° 2 ; 5, n°s 1 ; 6, n° 12.
[3] *Art de penser*, part. III, c. 8.
[4] Aristot., *Analyt. prior*, I, 4, 5, 6 ; Herm. Osterrider, *Logica*, n°s 176 et suiv.

jouter les trois suivants, qui indiquent les règles de ces trois figures :

1. Sit minor affirmans nec major sit specialis.
2. Una negans præeat, nec major sit specialis.
3. Sit minor affirmans, conclusio sit specialis [1].

— Bien, bien, dit Déclagny, c'est-à-dire en français, que dans la première figure la majeure est universelle et la mineure affirmative; que dans la seconde, une des prémisses est négative, la majeure étant toujours universelle; que dans la troisième la mineure est affirmative et la conclusion particulière [2]. Nous pourrions dire encore que la première a quatre modes, et qu'elle est la seule qui puisse conclure en A, E, I, O; que la seconde en quatre aussi; et que la troisième en a six dont trois affirmatifs et trois négatifs [3].

— Ajoutez, pendant que vous êtes en train, que si l'on compte la quatrième figure, on trouvera pour elle trois règles, savoir : 1° quand la majeure est affirmative, la mineure est toujours générale; 2° quand la mineure est affirmative, la conclusion est toujours particulière; 3° dans les modes négatifs la majeure doit être générale. Ajoutez encore que cette figure contient cinq modes, dont deux affirmatifs et trois négatifs.

— Soit : et en récapitulant tout ce que nous avons dit sur les modes et les figures des syllogismes, nous reconnaîtrons qu'il n'y a que dix-neuf formes de syllogismes concluants, lesquelles se partagent ainsi : 1° selon les figures, en quatre pour la première, quatre pour la seconde, six pour la troisième, cinq pour la quatrième; 2° selon la quantité en cinq universels et quatorze particuliers; 3° selon la qualité en

---

[1] Herm. Osterrider, lieu cité; P. Barbay, *In univ. Aristotel. philosoph. introductio.*
[2] *Art de penser*, part. III, c. 5, 6 et 7.
[3] *Ibid.*

sept affirmatifs et douze négatifs ; 4° selon les conclusions un seul conclut en A, quatre en E, six en I, huit en O; 5° enfin selon les modes trois concluent en une seule figure, six concluent chacun en deux, et un conclut en toutes les quatre[1]. Tu vois que je possède assez bien tout cela. Mais, pour Dieu, un mot de nos *Barbara.*

— Nous y touchons, dit l'esprit. Qu'arriverait-il si l'on venait à renverser dans quelques syllogismes les propositions qui les composent, selon les règles de conversion dont nous avons parlé.

— Je n'en sais rien du tout, dit l'écolier.

— Vous voyez donc bien que j'avais raison de m'assurer si vous saviez tout ce qui précède, puisque tout cela est nécessaire pour ce qu'il me reste à vous exposer. Écoutez-moi donc avec attention. Les quatre modes de la première figure sont à la fois les plus naturels et les plus nécessaires[2]. On a représenté leur composition par les voyelles AAA, EAE, AII, EIO ; et leur ordre par les quatre premières consonnes B, C, D, F. Ces quatre consonnes mises devant les quatre groupes de voyelles, ont donné les mots factices BAAA, CEAE, DAII, FEIO, et en y intercalant quelques lettres insignifiantes pour avoir des mots latins que l'on pût faire entrer dans un hexamètre, on a eu *Barbara, Celarent, Darii, Ferio.* Ces consonnes initiales ont donc un emploi très-significatif[3]. Il ne faut pas les négliger, ni croire qu'on puisse remplacer ces mots par un vers de la forme de celui-ci où les voyelles seulement seraient les mêmes :

Cataplasme En pâté A midi Est-il bon ?

---

[1] *Art de penser,* lieu cité.
[2] Aristot., *Analyt. prior.,* I, 1, n⁰ˢ 8 et 9 ; 4, n⁰ˢ 24 et 26 ; 7, n⁰ 6.
[3] Inserviunt ad reductionem syllogismorum imperfectorum ad perfectos. P. Barbay, ouvr. et lieu cités.

— En pâté! interrompit Déclagny, il ne vaut rien du tout, ni à midi, ni à deux heures; j'aime encore mieux mon *Plat-à-barbe* que votre *Cataplasme*. Si vous avez ri de ma poésie, je puis, ma foi, prendre ma revanche sur la vôtre.

— Eh bon Dieu! que dites-vous, s'écria Gaidon, qui ne comprenait rien à l'exclamation de son voisin ni au rapprochement qui y avait donné lieu? N'avez-vous pas peur d'irriter l'esprit?

— Laissez-moi donc tranquille avec votre esprit. Ne l'entendez-vous pas rire à gorge déployée, maintenant que j'ai découvert sa ruse? Je me doutais bien depuis quelques minutes que le fantôme d'ici n'était autre que notre joyeux Amphitryon, quand sa variante du vers que je lui ai récité ce matin a changé mon doute en certitude.

— De quel vers me parlez-vous là? dit Gaidon. Je ne vous comprends pas du tout.

— Nous vous mettrons au fait, dit Terville en s'approchant. Terminons ici cette comédie, puisque je vois que si notre nouvel ami croit un peu aux revenants, du moins il n'en a pas peur; et retournons chez moi, où nous trouverons d'excellents gâteaux et un punch brûlant pour dissiper le froid de la nuit.

— Est-ce une défaite, demanda Déclagny, et le diable qui vous a si bien inspiré pour les quatre premiers mots vous abandonne-t-il en ce moment?

— Ne croyez point cela, répondit Terville. Je vous ai promis de vous expliquer complétement ces vers : je tiendrai ma parole. Notre conversation peut continuer; j'aurai répondu à toutes vos questions avant notre arrivée chez moi. Je vous ai déjà dit que les consonnes B, C, D, F ne devaient être regardées que comme des numéros d'ordre. D'un autre côté, les syllogismes en *Barbara*, *Celarent*, *Darii* et *Ferio*, c'est-à-dire ceux de la première figure étant les plus naturels de tous, on a pensé à y rapporter tous les autres¹, et on a désigné par la consonne initiale celui dont on pouvait rapprocher chacun d'eux : aussi voyez-vous que tous les mots qui entrent dans ces vers commencent par une de ces quatre consonnes.

— C'est vrai : je n'avais pas fait cette observation; elle est importante.

— Ce n'est pas tout : on a voulu indiquer les conversions ou renversements que l'on peut faire subir aux propositions, et ces conversions ont été désignées par de nouvelles consonnes placées dans l'intérieur des mots. Ces consonnes sont *s, p, m, c,* qui signifient, *s* une conversion *simple; p* une conversion *per accidens* (par accident); *m* une *métathèse* ou la transposition des propositions; *c* une réduction par *contradictoires* ou *per impossibile,* c'est-à-dire que l'on amène l'adversaire à avouer une proposition contradictoire avec une autre qu'il a déjà avancée. Ces significations des lettres *s, p, m, c,* sont du reste comprises dans les vers suivants :

S vult simpliciter verti ; P vero per accid;
M vult transponi ; C per impossibile duci ².

— Je commence à comprendre les choses.

—Ainsi les mots qui vous causaient tant de tracas, ne sont ni arabes, comme vous l'avez cru d'abord, ni diaboliques, comme vous l'avez imaginé depuis : ce sont des réunions de lettres significatives. Comme dans les formules algébriques, il ne faut pas chercher le sens de l'ensemble des lettres, mais bien celui de chaque caractère. On a d'ailleurs rangé tous ces symboles dans l'ordre suivant :

Barbara, Celarent, Darii, Ferioque præibunt.
Cesare, Camestres, Festino, Baroco sequentur.

¹ Sur la résolution des syllogismes d'une figure en une autre, voyez Aristote, *Analyt. prior.*, I, 44, 45, 46, surtout dans l'édition de Pacius.
² Herm. Osterrider, *Logica*, n° 204.

Tertia postveniet rationum turba Darapti,
Felapton, Disamis, Datisi, Bocardo, Ferison;
Barbari, Celantes, Dabitis, Fapesmo, Frisesom [1].

— A la fin j'y vois clair, dit l'étudiant. Ainsi *Dabitis* se rapporte à *Darii*, *Celantes* à *Celarent*, *Ferison* à *Ferio*; et les dix-neuf syllogismes énumérés dans ces vers se réduisent toujours aux dix que nous avions d'abord reconnus.

— Assurément. Vous en pouvez faire l'essai. Prenez, par exemple, le syllogisme suivant en *Cesare* :

Ces Nulle vertu n'est blâmable ;
ar Tout vice est blâmable ;
e. Donc nul vice n'est vertu.

Vous voyez tout de suite : 1°, la première lettre étant un *c*, que le syllogisme doit se convertir en *Celarent*; 2°, la consonne *s* indiquant une conversion simple, qu'on n'a qu'à changer les termes de place dans la première proposition et à dire :

Cel Rien de blâmable n'est vertu ;
ar Or tout vice est blâmable,
ent. Donc aucun vice n'est vertu.

Les lettres *r*, *n*, *t* n'ont aucune signification. La proposition où elles se trouvent doit donc rester telle qu'elle est. Les syllogismes en *Baroco* et en *Bocardo*, nous offrent encore des exemples curieux de ces conversions :

Bar Tout animal est sensible ;
oc Quelque substance n'est pas sensible ;
o. Donc quelque substance n'est pas animal.

---

[1] Ces mots ont été quelquefois rangés autrement. Les syllogismes contenus dans le dernier vers sont ceux de la quatrième figure. Les logiciens, qui n'y veulent voir que des modes indirects de la première (ci-dessus, p. 411), les mettent, immédiatement après les quatre premiers, sous cette forme :

Barbara, Celarent, Darii, Ferio, Baralipton,
Celantes, Dabitis, Fapesmo, Frisesomorum.

Vous réduisez le tout en *Barbara*, en convertissant la seconde proposition *par contradiction*, c'est-à-dire *par l'absurde*, en universelle affirmative :

Bar Tout animal est sensible ;
ba Or toute substance est sensible :
ra. Donc toute substance est animal.

Si le syllogisme était en *Bocardo*, on le ramènerait en *Barbara* par une conversion du même genre. Exemple :

Boc Quelque vivant n'est pas doué de raison ;
ar Tout animal est vivant :
do. Donc quelque animal n'est pas doué de raison.

Posez les propositions ainsi :

Bar Tout vivant est doué de raison ;
ba Tout animal est vivant :
ra. Donc tout animal est doué de raison.

Vous voyez que dans ces deux exemples on a fait des conversions de même nature pour arriver à des absurdités évidentes ; mais que dans le premier exemple c'est la mineure qui a été changée, tandis que dans le second c'est la majeure. On a exprimé cette différence dans les deux vers suivants qui couronnent nos citations précédentes :

Majorem servat mutatque *Baroco* minorem.
Majorem mutat retinetque *Bocardo* minorem [1].

— Grand merci, mon cher hôte ; grand merci, et de vos explications et de vos vers. J'ai plus profité avec vous en un seul entretien que je n'avais fait en un mois avec ces maudits cahiers. D'ailleurs je rends hommage à votre exactitude. Toutes les difficultés sont levées, et votre porte est

---

Baralipton et *Frisesomorum* ayant plus de trois voyelles, ont été évidemment allongés pour compléter les vers. Ils se réduisent à *Baralip* (autrement *Barbari*) et *Frisesom*.

[1] Voyez sur de nouveaux accidents des conversions, Barbay, ouvr. cité, p. 128 à 131, édit. de 1700.

encore à vingt pas de nous. Je voudrais pourtant bien, avant d'entrer, vous adresser une dernière question : A quoi tout cela peut-il servir ?

— J'allais, répondit Terville, vous faire la même demande. Cela ne sert à rien du tout et n'a jamais pu servir à rien; mais, à une époque où l'on croyait que toute la logique consistait dans l'art syllogistique, il n'est pas étonnant que l'on ait cherché les moyens de graver dans la mémoire ces combinaisons si difficiles à retenir. C'est donc un travail immense qu'on a fait là, travail qu'il ne faut pas juger d'après sa valeur actuelle, mais d'après l'intérêt qu'il excitait autrefois et les peines qu'il a dû coûter. Sous ce rapport, il est ridicule, sans doute, d'en faire un objet d'étude pour les élèves des colléges ; mais il serait fâcheux que le souvenir s'en perdît absolument. L'on doit, au contraire, le conserver comme on conserve les vieux monuments et les vieilles médailles. Il n'est jamais indifférent de savoir quels ont été à une époque et sur un sujet donné la direction et les efforts de l'esprit humain.

LA GRANDE COUR MAZARINE[1].

La grande cour du palais Mazarin, malgré sa sécheresse, et quoique sa double rangée de tilleuls ne donne aux promeneurs qu'une ombre bien clair-semée, est de temps en temps le théâtre de conversations intéressantes sur les lettres, les sciences ou les arts. Les membres et les habitués de l'Institut s'y promènent quelquefois dans la belle saison, pour attendre l'heure des séances, ou quand ils en sortent.

Les profanes comme moi n'entrent guère dans cette allée que lorsqu'ils vont du quai de Conti à la rue Mazarine et réciproquement, ou quand une rencontre particulière les y amène, comme cela m'est arrivé l'été passé. Mes deux commensaux, Bellelangue et Vézédix, le premier grand admirateur de nos auteurs et de notre idiome, l'autre plus initié dans les mathématiques et les sciences exactes, s'y trouvaient ensemble et paraissaient engagés dans un entretien des plus graves. Du moins la lenteur de leur marche, l'é-

---

[1] Ce dialogue, écrit à la fin de 1841, a pour objet spécial les noms réunis ou juxtaposés de la langue française. Le lieu de la scène a bien changé depuis : on a abattu les arbres et construit toute cette aile où se trouve la salle des séances ordinaires des Académies.

nergie de leurs voix, l'activité de leurs gestes, ne laissaient aucun doute sur l'intérêt qu'ils y attachaient.

Je me glissai derrière eux à pas de loup et, mesurant mon allure sur la leur, de manière à ne pas perdre un mot de leur conversation, j'entendis Vézédix déclamer à haute voix les vers suivants :

> Barythée à son centre attire l'univers ;
> Proballène le pousse en un sens tout divers.
> Mais entre ces rivaux dans mon vol je l'entraîne,
> Depuis que sous le ciel ma mère Nomogène,
> Balançant leur pouvoir et réglant mon essor
> Me fraya chaque ellipse où je circule encor [1].

— Quel diable de jargon est-ce là? demanda Bellelangue en haussant les épaules? Sont-ce des vers? Est-ce surtout du français que cet impertinent galimatias?

— Comment, galimatias ! riposta Vézédix indigné : ce sont des vers de Lemercier qui, comme il nous l'apprend lui-même [2], ont été fort admirés par les Laplace, les Thénard, les Dupuytren. On y a surtout approuvé cette expression originale des principaux phénomènes physiques. C'est la gravitation qui est personnifiée dans *Barythée*, dieu de la pesanteur; c'est la force centrifuge que représente *Proballène*, dieu qui pousse les astres en avant; *Nomogène*, mère de l'un et de l'autre, est la loi primordiale du monde, celle d'où dépend l'attraction et la répulsion des corps; et *Curgyre*, qui prononce ces vers, est le dieu de la ligne

---

[1] Lemercier, l'*Atlantiade*, chant II, p. 74.

[2] Voyez la préface de l'*Atlantiade*, p. xxxj et lxxiij, et surtout la note à la fin du *Moïse*. « Ma théogonie représentative du système de nos sciences physiques.... obtint l'honorable approbation de plusieurs savants renommés et de plusieurs des doctes membres de l'Institut de France..., Lagrange, Charles, Hallé et Dupuytren, Humboldt et Delambre.... daignèrent louer la nouveauté de mon entreprise et l'invention de mes divinités allégoriques (p. 128). » Sur la valeur littéraire de cette invention, voyez notre *Histoire de la poésie française à l'époque impériale*, t. I, liv. II, sect. 1, lect. 18, p. 290.

courbe ou de l'orbite circulaire[1]. C'est aussi pour cela qu'il dit que sa mère Nomogène, balançant le pouvoir de Proballène et de Barythée, lui fraya à lui-même une route elliptique. Toutes les forces de la nature sont ainsi métamorphosées en divinités dont les chefs sont l'être suprême ou *Théose* et l'âme du monde ou *Psycholie*.

> Théose, être sans fin et principe caché,
> Dégagé d'attributs dont notre œil soit touché,
> Des effets et du temps est l'éternelle cause.
> De Théose tout sort et tout rentre en Théose.
> . . . .
> Essence de lui-même, incorruptible et pure,
> L'active Psycholie, âme de la nature,
> Souffle partout la vie aux membres différents
> Du vaste corps du monde. . . . . .
> Tandis que Syngénie aux éléments divers
> Prête l'affinité, lien de l'univers[2].

Tu vois que *Syngénie* est l'homogénéité, la vertu chimique de la matière inorganisée ou organisée.

— Je vois tout cela, répondit Bellelangue en souriant : je vois aussi qu'avant Lemercier d'autres poëtes avaient mis en vers, et en beaux vers, sans se croire obligés pour cela de créer une théogonie nouvelle, les lois de l'astronomie. C'est dans Voltaire qu'on admire :

> . . . Cet astre du jour par Dieu même allumé,
> Qui tourne autour de soi sur son axe enflammé....
> Et dispense les jours, les saisons et les ans
> A des mondes divers autour de lui flottants.
> Ces astres asservis à la loi qui les presse
> S'attirent dans leur course et s'évitent sans cesse ;
> Et servant l'un à l'autre et de règle et d'appui,
> Se prêtent les clartés qu'ils reçoivent de lui[3].

---

[1] Voyez dans la préface de l'*Atlantiade*, p. lxxxij, la liste explicative des personnages, et dans le corps de l'ouvrage les notes qui s'y rapportent.

[2] *Atlantiade*, chant I, p. 9.

[3] *Henriade*, chant VII.

C'est dans ce style qu'il est bon de parler des grands phénomènes de la nature ; et le français ordinaire y suffit, pourvu qu'on sache le mettre en œuvre. Je n'examine pas ici quel est le mérite de Lemercier, ni le succès qu'auront ses fictions newtoniennes, ni si la postérité ratifiera les louanges qui lui ont été données par des mathématiciens. Mais quelle malheureuse inspiration lui a fait barder ses vers de tous ces noms grecs si mal sonnants à nos oreilles, si inintelligibles pour tout le monde? Il faut parler français, a dit Voltaire avec tant de raison ; et, longtemps avant lui, notre vieux Du Bellay, soutenant dans une petite pièce de vers qu'il faut que chacun écrive en sa langue, se moquait, par un jugement que le temps a confirmé, des faiseurs de vers grecs ou latins :

> Qui grec ou latin veut écrire
> Semble un Icare, un Phaéthon,
> Et semble, à le voir, qu'il désire
> A la mer donner nouveau nom....
> Princesse, je ne veux point suivre
> D'une telle erreur les dangers.
> J'aime mieux entre les miens vivre
> Que mourir chez les étrangers [1].

Or, employer à tout propos des termes tirés du grec, qu'est-ce autre chose, au fond, que d'écrire en grec? et pourquoi Lemercier n'a-t-il pas eu recours à nos substantifs composés qui lui auraient fourni en quantité des mots clairs, précis, harmonieux? »

Vézédix, à son tour, sourit de pitié : « Des mots français pour exprimer tout cela! Quelle tournure ils auraient! Tout le monde en rirait, mon cher, et ils feraient honte à leur inventeur, car il est bien reconnu aujourd'hui que tous les mots de sciences doivent être grecs, parce que la langue

---

[1] Les *Vieux poètes français*, t. IV, p. 122.

grecque seule peut composer facilement des mots significatifs.

— Reconnu ! interrompit Bellelangue : et par qui, je te prie ? Par les ignorants, par ceux, veux-je dire, qui, ne connaissant pas les ressources de la langue française, jurent, dociles écoliers, sur la parole d'autrui.

— Par les Académies, s'écria Vézédix triomphant.

— Justement ; par l'Académie des sciences surtout, qui, ayant à nommer un instrument inventé par Daguerre, n'a rien trouvé de mieux que cet abominable mot de *Daguerréotype*. Il lui fait honneur, convenons-en. Quand Argant eut cédé à Quinquet son brevet d'invention pour les lampes à réservoir au-dessus de la mèche, pourquoi celui-ci n'a-t-il pas demandé à l'Académie un nom significatif ? Elle lui aurait fourni le joli mot de *Quinquétohypellychnion*. Pourquoi, lorsque Carcel a exploité les lampes mécaniques inventées par Carreau, ne s'est-il pas aussi recommandé à la bienveillante érudition de nos savants ? On lui eût gratuitement offert l'agréable composé *Carcélomécanicolampe*, avec lequel sa gloire serait allée à la postérité. Au lieu de cela, le peuple, qui n'est pas académicien, mais qui fait sa langue en dernier ressort et qui seul a le droit de la faire, a dit tout simplement un *quinquet* et une *carcel*, selon sa bonne et noble coutume de donner aux choses belles ou utiles le nom du producteur. Il fallait nommer *Daguerre* l'instrument inventé par cet artiste. Au moins ce nom fût devenu populaire, et l'homme aurait joui de sa gloire. Mais un *Daguerréotype*, bon Dieu ! Quelle bouche française pourra jamais prononcer ce mot sans grimacer ?

— A merveille, m'écriai-je après cette vigoureuse sortie, et au moment où Bellelangue et Vézédix se retournaient et me voyaient les rejoindre. Chacun son métier, dit-on ; les vaches seront mieux gardées. Que les savants fassent des découvertes et que les grammairiens créent les mots nouveaux. Mais vous, Bellelangue, vous ne vous contentez pas de critiquer les mots mal faits : vous blâmez, d'une part, tous ou presque tous les mots tirés du grec ; et, de l'autre, vous soutenez que des mots français bien faits exprimeraient précisément la même chose, l'exprimeraient mieux et plus clairement. C'est là, je crois, l'idée que vous émettiez tout à l'heure, et que je voudrais bien vous voir prouver.

— C'est cela même, ajouta Vézédix ; montre-nous comment la langue française, si rebelle à la composition des mots, pourrait dans cet usage remplacer la langue grecque, qui y est justement si favorable.

— Oui, insistai-je ; montrez-nous cela, Bellelangue ; et vous nous aurez appris une chose dont bien des gens ne se doutent pas.

— Un moment, un moment, messieurs, répondit Bellelangue : procédons par ordre, s'il vous plaît ; et d'abord, observez bien, je vous prie, que je ne blâme pas indistinctement tous les mots techniques tirés du grec. Si les Grecs ont, en effet, cultivé quelque art ou quelque science auxquels les autres peuples fussent alors étrangers, comme la *rhétorique*, l'*anatomie*, l'*astronomie*, il me semble à la fois fort utile et fort raisonnable de leur emprunter les mots qu'absolument nous n'avions pas, surtout s'ils peuvent prendre en passant chez nous une physionomie française. Quel esprit à l'envers pourrait, je vous le demande, repousser les mots *théorie*, *physique*, *philosophie*, *mécanique*, *planète*, *comète*, *astrolabe*, *cône*, *cylindre*, *sphère*, *pyramide*, *trapèze*, *polygone*, venus chez nous directement ou par l'intermédiaire du latin ? N'en est-il pas de même de la *poésie*, de la *musique*, de l'*arithmétique* et de la *géométrie ?* quoique j'aie toujours eu de la peine à digérer, dans celle-ci, l'*hypoténuse*, le *parallélogramme* et le *parallélépipède*. Mais, qu'à propos des découvertes que nous faisons aujourd'hui, et dont les Grecs n'ont jamais eu la moindre idée, nous allions mettre leur langue à contribution, pour le plaisir de nous entendre un peu moins nous-mêmes, c'est là ce qui me passe en vérité, et que je ne puis absolument souffrir.

— Et ainsi, reprit Vézédix, tu blâmes, non pas les mots que nous avons tirés du grec tout formés, mais ceux que nous avons composés avec des éléments grecs. Tu penses qu'il était convenable de prendre au lexique ancien le *mètre* et même les *parhélies*, les *parallaxes*, l'*apogée*, le *périgée*, tous mots que les Grecs ont eus dans leur vocabulaire : mais qu'il est absurde d'avoir composé pour notre usage, et tout exprès, le *baromètre*, le *thermomètre*, le *microscope*, la cuve *hydropneumatique*, et tant d'autres.

— C'est précisément cela, répondit Bellelangue.

— Et comment diable les nommeras-tu? s'écria son adversaire. Comment diras-tu le *télescope?* un *instrument pour voir de loin?* Et l'*hygromètre?* un *instrument à mesurer l'humidité de l'air?* Et l'*oxygène?* un *corps propre à engendrer des acides?* Ce sont justement ces périphrases qu'on a voulu éviter, et avec raison, ce me semble. Vas-tu nous y ramener?

— Tu fais à la fois les questions et les réponses, répondit tranquillement Bellelangue : c'est un moyen d'avoir gain de cause, au moins à ton tribunal ; mais cette précipitation ne prouve rien au fond : la question reste toujours à examiner. Fais bien attention d'ailleurs qu'il ne faut pas me demander de créer *hic et nunc* les mots à substituer aux barbarismes grecs dont nous sommes inondés. La bonne composition des mots est chose assez grave pour qu'on y pense mûrement : faute de cette précaution, on ne fait que de mauvaise besogne, on fausse ses idées et on gâte la langue ; et comme je ne veux pas encourir ce reproche, ne t'étonne pas si je te demande quelquefois du temps.

— Je t'en donnerai tant que tu voudras.

— C'est bon, reprit Bellelangue ; eh bien! commence

par m'écouter, et nous arriverons bientôt, je te le promets, aux mots qui t'intéressent. Sache avant tout pourquoi je me plains de ce grand nombre de mots grecs introduits violemment et surabondamment dans notre langage technique. Je crois, en principe général, qu'il est inconvenant d'aller chercher à grands frais chez les étrangers ce qu'on a chez soi et sous la main. En ce qui touche surtout au langage, je trouve absurde et barbare de forger, d'après Homère ou Aristote, des mots dont le sens, quand on ne sait pas le grec, est une énigme indéchiffrable; et, quand on le sait, est, la plupart du temps, si incomplet et si faux, qu'une seconde étude est nécessaire pour désapprendre le sens des éléments du composé [1].

— Oh! c'est aussi trop fort, m'écriai-je.

— Je le prouverai tout à l'heure, et par de nombreux exemples. J'établis, pour le moment, que l'introduction des mots grecs dans notre langue la rend inintelligible pour presque tous. Molière, mettant sur le théâtre quatre médecins très-connus de son temps, voulut les affubler de noms significatifs et ridicules. Au lieu de les composer lui-même, comme il le fit plus tard, dans son *Malade imaginaire*, pour M. *Purgon*, M. *Fleurant* et *Thomas Diafoirus*; comme Regnard le fit pour M. *Clistorel*, dans son *Légataire universel*; il alla prier Boileau de les lui tirer du grec [2]. Celui-ci se mit courageusement à l'œuvre, et accoucha bientôt de *Bahis, Macroton, Tomès* et *Desfonandrès*, qu'on voit encore dans *l'Amour médecin*. Or, à moins d'être prévenu, qui, diable! pourrait s'imaginer que *Macroton* est un bègue qui allonge beaucoup ses syllabes, μακρὸς τόνος? que *Bahis* est un bredouilleur dont le nom contracté de βαΰζω, *japer, aboyer,*

---

[1] Voyez dans le *Cours supérieur de grammaire*, t. I, liv. III, c. 8, l'examen de plusieurs barbarismes tirés du grec.

[2] Clément et Delaporte, *Anecdotes dramatiques*, au mot *Amour médecin*, t. I, p. 63.

indique sa mauvaise prononciation? que *Desfonandrès* est un tueur d'hommes, ce que signifie le *fon* de φόνος, et *andrès* d'ἀνήρ, ἄνδρος? qu'enfin *Tomès*, de τομή, *coupure*, est un médecin qui veut toujours tailler ou couper? Était-ce bien la peine de dépenser tant d'érudition pour arriver à un si piètre résultat? et La Fontaine n'a-t-il pas mille fois mieux rencontré, quand il a dit en bon français dans une de ses fables :

> Le médecin *Tant-pis* allait voir un malade
> Que visitait aussi son confrère *Tant-mieux*[1]?

Cherchez tant que vous voudrez : vous ne trouverez pas à tous ces mots grecs d'autre raison, sinon qu'on se sépare de la foule; d'autre avantage, sinon qu'on fait parade, dans ce langage bigarré, d'une érudition fort équivoque. Je le déclare bien franchement : c'est mon antipathie que cette prétention ; c'est ma bête noire que celui qui en est infecté. Je répète volontiers, en les lui appliquant, ces vers d'un de nos vieux poëtes :

> Je hais l'Anglais mutin et le brave Écossais,
> Le traître Bourguignon et l'indiscret Français,
> Le superbe Espagnol et l'ivrogne Tudesque.
> Bref, je hais quelque chose en chaque nation ;
> Je hais encore en moi mon imperfection :
> Mais je hais par-sus tout un savoir pédantesque[2].

— Bon! m'écriai-je, voilà une déclaration bien extraordinaire chez un homme qui a étudié le grec aussi longtemps que vous!

— J'aime le grec dans le grec, répondit-il; le latin dans le latin, et le français chez nous. Le français a sa nature, il a ses étymologies et sa forme propre : ce sont des carac-

---

[1] *Fables*, V, 12, *Les Deux Médecins*.
[2] Du Bellay, dans *Les vieux poëtes français*, t. IV, p. 129.

tères qu'il faut respecter. L'introduction de mots étrangers dans notre langue ne peut que la corrompre et en faire un abominable jargon.

— Mais, grand réformateur, interrompit Vézédix, ce n'est que parce qu'il était impossible de composer des mots français exprimant des idées un peu complexes, qu'on a eu recours à la langue grecque. Le français ne se prêtant aucunement à la composition des mots....

— Qui t'a dit cela? dit en riant Bellelangue.

— Tout le monde; d'ailleurs c'est évident.

— Oh! évident : voilà de ces évidences qu'on trouve toujours à point nommé, quand on n'a pas étudié une question, et que partant on n'y entend rien du tout. Sans doute nos mots, qui n'ont en moyenne que deux ou trois syllabes, n'en peuvent pas sacrifier autant que le grec, toujours si riche en terminaisons superflues, et que n'épouvantent pas les mots de six, sept ou huit syllabes. Mais nous avons nos noms réunis ou juxtaposés, et avec ces mots seuls la langue française peut exprimer plus brièvement que le grec, sous une forme très-naturelle et intelligible pour tout le monde, ce que l'on semble prendre à tâche de dissimuler par les mots baroques à grand'peine tirés de si loin.

— Qu'appelez-vous mots juxtaposés? demandai-je.

— J'emploie cette expression pour désigner les mots qui se forment de deux ou trois autres, sans aucune altération des éléments : tels sont *perce-oreille, cure-dent, arrière-corps, hausse-col*. Je distingue ces mots *juxtaposés* des *composés* proprement dits, qui s'écrivent ordinairement en un seul mot, et où le préfixe se modifie le plus souvent, comme dans *condition, comporter, collation, corrélatif*. Je les distingue surtout des *dérivés*, qui se tirent d'un primitif par le changement de la désinence, comme *acte, acteur, action, actif*, etc. Or, notre langue peut former une multitude de mots juxtaposés, et tous d'une signification très-précise.

— Parbleu! je le crois bien, dit en riant tout haut Vézédix : on n'a qu'à mettre tous les mots du dictionnaire successivement après tous les autres, en les groupant deux à deux, trois à trois, quatre à quatre, on fera ainsi des combinaisons tant qu'on voudra. Donne-moi le nombre des mots français simples, je te dirai tout de suite combien tu pourras former de combinaisons binaires ou ternaires.

— Ta! ta! ta! ta! reprit Bellelangue, tu parles toujours trop vite, mon ami, et tu ne t'aperçois pas des contradictions où tu tombes sans cesse. Tout à l'heure, la langue française ne pouvait pas former de composés : maintenant, tous les mots français peuvent se réunir entre eux, et de toutes les manières. Ces deux propositions sont aussi erronées l'une que l'autre : les langues ne s'établissent pas selon des formules algébriques. Il y a des règles pour cette juxtaposition des mots; règles qui, pour n'avoir pas été écrites jusqu'à présent, ne sont pas moins réelles. L'examen attentif des mots ainsi réunis m'a fait reconnaître ces principes. Ils sont tels, que hors d'eux, il n'y a guère que des barbarismes, tandis que la composition qu'ils régissent est toujours bien française; et notre oreille nous l'indique tout de suite, pour peu, du moins, qu'elle soit sensible et exercée.

Ces mots réunis ou juxtaposés ne le sont que deux à deux dans l'immense pluralité des cas. Il y a quelques exemples de composés ternaires, comme *tête-à-tête, dès-ormais, n'a-guère;* quelques quaternaires même, comme *coq-à-l'âne, d'ore-en-avant, sainte-n'y-touche, tout-à-l'heure :* mais ces mots peuvent presque être regardés comme exceptionnels. Dans tous les cas, quand il y a plus de deux mots dans le composé, il y a toujours deux et souvent trois monosyllabes : *pied-à-terre, arc-en-ciel, chef-d'œuvre.* Les mots plus longs, tels qu'*arrière-petit-fils, arrière-petit-neveu,* sont des termes de pratique qui ne touchent pas à la question. Aussi on peut poser en règle que nos mots réunis n'ont pas plus de quatre et n'ont presque jamais que trois syllabes sonores; j'appelle ainsi celles où l'oreille entend un autre son que l'*e* muet. Comme selon notre manière de prononcer la prose, au moins dans le langage ordinaire, nous supprimons le temps de la syllabe muette, il est naturel de ne pas la compter dans le nombre des syllabes de nos mots réunis.

Vous comprenez qu'il ne s'agit pas dans cette discussion de l'orthographe de ces mots : c'est là une question de grammaire élémentaire dont je n'ai pas à m'occuper.

Cependant je dois remarquer, comme on le fait presque partout, que ces mots composés le sont diversement; quelques-uns le sont de deux noms en concordance ou d'un substantif et d'un adjectif, comme *chou-rave, rose-croix, chat-huant, plate-bande, coffre-fort, longue-vue,* etc. Il n'y a pas de règle, dans ce cas, pour leur position respective : le substantif peut être mis devant, comme dans *aigue-marine, arc-boutant, bout-rimé;* ou après, comme dans *bas-fonds, mi-lieu, claire-voie, ronde-bosse* et *rond-point.* Ces derniers mots si bien composés appelaient, ce semble, le juxtaposé *ronde-ligne*, pour désigner la circonférence d'un cercle; car il est vraiment honteux que nous n'ayons pas de mot français pour exprimer cette idée. *Cercle* s'applique proprement à l'espace plan compris dans la *ronde-ligne; circonférence* ne signifie, malgré sa longueur, que *pourtour* ou *contour*, et peut s'appliquer aux figures les plus irrégulières, par exemple, à l'enceinte d'une ville : aussi est-on obligé de dire la *circonférence du cercle,* et non pas seulement la *circonférence,* quand on veut, pour la première fois, désigner la ligne circulaire ; c'est-à-dire qu'il nous faut huit syllabes pour exprimer nettement ce que le mot *ronde-ligne* nous donnerait en trois.

Je continue mon relevé. Quelquefois les deux noms sont

en dépendance, que la préposition soit exprimée ou sous-entendue ; dans ce cas, le nom régi est ordinairement le dernier : *arc-en-ciel, chef-d'œuvre, pied-d'alouette, hôtel-Dieu* pour *hôtel de Dieu*.

Quand il entre dans le mot composé un adverbe, une préposition, ou un de ces noms abstraits si souvent pris chez nous comme prépositions ou adverbes, ce sont toujours ces mots que l'on place les premiers : *avant-corps, contre-coup, arrière-saison, entre-sol, sous-coupe, entre-colonnes, sous-ventrières*.

Ces règles nous donnent déjà le moyen de remplacer les mots que je blâmais tout à l'heure d'*hypoténuse*, de *parallélogramme*, de *parallélépipède* et autres, qui n'en finissent pas. L'*hypoténuse* signifie étymologiquement *sous-tendue*, c'est-à-dire ne signifie rien du tout. Il faudrait exprimer que c'est le côté d'un triangle opposé à l'angle droit, ce qui s'exprimerait très-bien par le mot *sous-rectangle*. Cette expression aurait l'avantage de ramener à sa véritable signification le substantif *rectangle ;* c'est à tort, en effet, qu'on le prend pour exprimer un quadrilatère dont les angles sont droits ; dans ce sens, il est adjectif, et l'on devrait dire *quadrilatère rectangle*, au même titre qu'on dit *triangle rectangle* et *parallélépipède rectangle*. Pris comme substantif, il signifie essentiellement un *angle droit*, et le mot de *sous-rectangle* appliqué à l'*hypoténuse* d'un *triangle rectangle* exprime exactement ce que l'on veut dire, savoir le côté placé sous cet angle ou en face de lui.

Le *parallélogramme* est un mot d'une longueur détestable. Les Grecs appelaient cette figure *rhombos ;* nous aurions dû, dans ce sens, leur emprunter ce mot *rhombe*, plus court et tout aussi clair, si nous n'avions déjà un mot français connu de tout le monde et représentant très-bien un quadrilatère à côtés parallèles, je veux dire le mot *cadre*. Le quadrilatère rectangle serait alors le *droit-cadre*, ou mieux encore le *dret-cadre*, en profitant, pour adoucir le mot, d'une prononciation admise dans l'ancienne langue française et conservée dans plusieurs provinces. Le simple parallélogramme deviendrait alors le *gauche-cadre*, le *cadre oblique*, ou plus brièvement le *clin-cadre*, en prenant ce mot *clin*, non dans le sens trop restreint d'un petit mouvement des paupières, mais dans le sens vrai qu'indiquent les composés *enclin*, *déclin*, et leur nombreuse famille [1].

Quant au *parallélépipède*, dont le nom incompréhensible fait gémir toutes les oreilles françaises, on le remplacerait avantageusement d'abord par le dérivé *caissière* ou *caisseret*, si l'on voulait représenter sa forme qui est celle d'une caisse ordinaire; et mieux encore par les juxtaposés *six-tables* ou *six-cadres*, qui seraient l'un et l'autre une définition, car un parallélépipède, qui signifie étymologiquement *plans parallèles*, est terminé par six parallélogrammes, ce que signifierait exactement un *six-cadres* ou un *six-tables*. Il va sans dire qu'on distinguerait le six-cadres *droit* et le six-cadres *oblique*, comme on fait aujourd'hui les parallélépipèdes; on aurait seulement des mots courts et expressifs, au lieu de longs mots insignifiants.

— Ce n'est pas mal, lui dis-je : mais continuez, je vous prie, votre théorie de la juxtaposition régulière des mots.

— Lorsqu'il entre un verbe dans le mot composé, reprit Bellelangue, il est toujours à la forme absolue, c'est-à-dire à la troisième personne du singulier du présent indicatif, et c'est lui qu'on place le premier : *tire-botte, passe-partout, serre-file*. Cette dernière classe de mots juxtaposés est, sans comparaison, la plus nombreuse et la plus importante; c'est aussi celle à laquelle se rapportent les règles de composition dont il me reste à vous parler.

---

[1] Roquefort, *Dictionnaire étymologique*, mot *Cligner*.

Tous les verbes ne sont pas également propres à former des composés de ce genre. Il faut que la dernière syllabe en soit muette et que la consonne qui précède soit pourtant entendue. Il n'y a donc en général que les verbes dissyllabes en *er* précédés d'une consonne qui se prêtent bien à cette composition : *serre-tête, tire-bouchon, passe-lacet*. Ceux où la terminaison *er* est précédée d'une voyelle n'ont pas à beaucoup près tant de grâce : un *prie-Dieu*, un *plie-linge*, un *tue-mouche*, un *essuie-main*, sont assurément des mots moins agréables que les précédents.

Parmi les verbes en *er* avec consonne, les dissyllabes seuls forment des mots bien français, parce qu'ils n'ont plus dans le composé qu'une seule syllabe sonore, avec une muette distincte, ce qui est la condition la plus favorable : *porte-feuille, garde-meuble, brûle-tout, rosse-coquin, boute-feu*.

Cette règle fondamentale n'a, je le pense, été formulée par personne[1]; cependant Henri Estienne, l'un des premiers qui aient porté dans notre langue un esprit d'examen philosophique, avait observé de quelle importance il était que dans les mots juxtaposés les derniers éléments ne dépassassent pas une certaine longueur. « Je ne doute pas, dit-il, qu'entre ces compositions de mots, les uns ne lui plaisent bien plus que les aultres. De ma part, je suis d'opinion que quelquefois le monosyllabe ha meilleure grâce au bout d'un composé que le dissyllabe, et le dissyllabe que le trissyllabe[2]. » Qui pourrait, en effet, supporter un *ferme-magasin*, un *chauffe-logement*, un *porte-chandelier*, et tant d'autres, formés peut-être pour le besoin du moment, et que notre

---

[1] Je l'ai indiquée dans mon *Abrégé de grammaire française* (Dieppe, 1832), p. 58; et dans mon *Cours supérieur de grammaire*, t. I, liv. III, c. 5.

[2] *Précellence du langage françois*, édit. de 1579, p. 137; p. 166 et 167 de l'édit. in-12 de M. Feugère, 1850.

sentiment instinctif du bon langage n'a pas laissé subsister.

Or, la remarque d'Henri Estienne sur le dernier mot s'applique avec plus de force encore au premier des deux. Il est facile de reconnaître par expérience que presque tous nos mots juxtaposés commencent par un monosyllabe, dans le sens que j'ai indiqué tout à l'heure : *boute-feu, tire-pied, serre-tête, vide-bouteille.*

Quand le premier élément n'est pas un monosyllabe, le second l'est presque nécessairement : *emporte-pièce, engoule-vent, arrête-bœuf.*

Tous ceux qui ont fait de bons mots juxtaposés en français les ont forgés de cette manière, l'oreille les guidant à leur insu et les menant ainsi à ce qui est bien. Rabelais a créé ou rapporté un grand nombre de ces noms, qui sont tous conformes à notre règle : *passe-dix, tire-la-broche, boute-hors, pince-morille, pique-à-Rome, vire-volte, passe-avant, pile-moutarde, croque-teste*[1], *Happe-mouche, Mâche-faim, Brûle-fer, Mire-langaut*[2], *mâche-rave, claque-dent, happe-lourde, boute-vent, tire-lupin*[3], *Tourne-moule, Bas-de-fesses, Touque-dillon,* l'un des conseillers de Picrochole ; les fameux cuisiniers *Frippe-sauce, Hoche-pot* et *Pille-verjus*[4] ; le grand *Loup-garou,* chef des géants, et les deux illustres colonels *Riffle-andouille* et *Taille-boudin.*

On trouve aussi dans La Fontaine :

Quatre animaux divers, le chat *Grippe-fromage,*
Triste-oiseau le hibou, *Ronge-maille* le rat,
 Dame Belette au long corsage[6] ;

---

[1] *Gargantua,* liv. I, c. 22.
[2] *Pantagruel,* liv. II, c. 1.
[3] *Pantagruel,* liv. II, c. 7. Ajoutez *tire-pet, baise-cul, hume-vesne, touche-merde,* et tant d'autres.
[4] *Gargantua,* liv. I, c. 31, 26, 37.
[5] *Pantagruel,* liv. II, c. 29, et liv. IV, c. 37.
[6] *Fables,* VIII, 22. *Le Chat et le Rat.*

et dans un autre endroit :

> *Ronge-maille* ferait le principal héros,
> Quoique, à vrai dire, ici chacun soit nécessaire.
> *Porte-maison* l'infante y tient de tels propos
>   Que monsieur du Corbeau va faire
> Office d'espion [1]. . . .

Il n'y a donc pas de doute sur la pratique constante des auteurs qui ont le mieux connu la nature intime de notre langue. Il n'y en a pas davantage, au jugement de l'oreille, quand nous comparons deux mots composés selon ou contre cette règle : par exemple, un *brûle-tout* avec un *consume-tout*, un *tire-bouchon* avec un *arrache-bouchon*, etc. Les premiers sont des mots très-bien faits : les seconds sont ridicules et insupportables.

Observez maintenant que nous avons en français environ quatre cents verbes dissyllabes en *er*; ils sont donc dans les conditions requises pour former des composés avec tous les noms et adjectifs d'une ou deux syllabes : jugez par là quelle mine inépuisable nous avons à exploiter, et combien nous pouvons trouver dans ces combinaisons de mots rapides, sonores et expressifs.

— N'y eût-il que mille monosyllabes ou dissyllabes, dit en riant Vézédix, cela ferait déjà un total de quatre cent mille mots : c'est une jolie réserve.

— Et ce n'est pas tout : quelques-uns de ces verbes, et plusieurs de ceux qui sont terminés par une consonne, reçoivent après eux une préposition. Celle-ci, se joignant au nom qui la suit, forme avec lui, pour l'oreille, une sorte de mot unique qui, pour tomber avec grâce, ne doit pas avoir plus de deux syllabes : exemple : *Tourne-à-gauche*; *Vit-de-grain*, c'est un des géants de Rabelais; *touche-aux-nues*, c'est un sobriquet berrichon pour désigner un homme de

---

[1] *Fables*, XII, 15. *Le Corbeau, la Gazelle, la Tortue et le Rat.*

petite taille; *fouille-au-pot, tâte-au-pot*, autres sobriquets pour désigner les hommes qui se mêlent des affaires du ménage; *pince-sans-rire, touche-à-tout, fiert-à-bras; pare-à-vent, pare-à-pluie, pare-à-sol, pare-à-grêle, pare-à-foudre*, qu'on écrit autrement à l'ordinaire, mais dont l'orthographe, bien que détournée, ne doit pas nous empêcher de reconnaître que les éléments satisfont à notre règle.

S'agit-il maintenant de former des noms français juxtaposés pour une multitude d'objets utiles ou commodes; rien de plus simple; il faut se bien rendre compte de ce à quoi la chose doit servir, et, indépendamment de la dérivation et de la composition particulières à notre langue, on trouvera presque toujours, par la réunion régulièrement faite de nos dissyllabes avec un substantif très-court, le composé convenable.

Je vous en donnerai quelques exemples. Il y a dans Rabelais un passage célèbre où conduisant Pantagruel et ses compagnons au pays des chimères, il les fait passer d'abord par des lieux dont le nom signifie en grec qu'ils n'existent pas.

— Ah! je m'en souviens, interrompis-je. « Passants par *Méden*, par *Uti*, par *Uden*, par *Gélasin*, par les îles des *Phées*, et jouxte le royaume de *Achorie*, finablement arrivarent au port de *Utopie*[1]. » Voudriez-vous blâmer cette ingénieuse fiction?

— Non certes, répondit-il; mais à moins que Rabelais n'ait attaché un intérêt quelconque à n'être compris que des savants (et ici je ne vois pas quel pouvait être cet intérêt), n'aurait-il pas exprimé la même chose, et de manière à frapper un plus grand nombre de lecteurs, en disant, par exemple que « passants par *Néant, Nulle-part* et *Tout-y-faut*,

---

[1] *Pantagruel*, liv. II, c. 24. Ces mots sont en grec μηδέν, rien, οὔτι, nulle chose; οὐδέν, aucune chose; γελαστνος, qui tient au rire, ridicule; ἀ privatif et χώρα, contrée; οὐ non, et τόπος, lieu.

puis par *Billevesées*, les îles des *Phées*, et jouxte le royaume de *Non-lieu*, ils étoient finablement arrivés au port d'*On-s'en-moque?* »

— J'aime mieux le grec, dit Vézédix.

— A la bonne heure, dit Bellelangue; parce que c'est du grec; car, au fond, tu ne peux pas croire que des mots comme *méden, uti* ou *gélasin* soient bien plaisants ni fassent un bien bon effet dans le livre de Rabelais.

— Mais croyez-vous, interposai-je, que les mots significatifs que vous mettez à la place des mots grecs soient bien propres à entrer dans le style élevé, dans la langue oratoire ou poétique?

— C'est une autre question. Je ne crois pas que ces mots, puisque vous me le demandez, puissent généralement convenir à la haute poésie, à la haute éloquence, quoique plusieurs y tiennent fort bien leur place, comme *tout-puissant, chefs-d'œuvre, beau-frère, beaux-esprits, bien-aimés, contre-cœur, demi-dieux, faux-fuyants*, etc. La tentative faite au xvie siècle par Dubartas n'a pas réussi; le *gosier masche-laurier*, le *pin baise-mer*, le *coultre fend-guéret*, n'ont pas eu plus de succès que le *dyspotme* et l'*oligochronien* de Ronsard; et n'en devaient pas avoir, quoique se comprenant mieux que ces derniers. Mais c'est là un petit malheur : la langue poétique, à mon avis, doit se resserrer plutôt que de s'étendre. Je ne vois aucun intérêt à faire fourmiller les poëtes et leurs compositions : ayons-en peu, mais qu'ils soient bons; et pour cela, tout en leur laissant la liberté d'emprunter à leurs risques et périls à la langue courante ou à la langue étymologique les mots qu'ils emploieront, soyons, nous autres, difficiles sur l'approbation à leur donner.

Pour venir au point précis et intéressant de la question qui nous occupe, ce qu'il y a de vraiment important dans les langues, c'est l'expression nette de la pensée, sans convention nouvelle : c'est ce qu'on obtient des mots formés d'éléments pris dans la langue même, c'est ce qu'on éloigne ou ce qu'on empêche absolument par les mots pris des autres langues.

Aussi je comprends parfaitement le prix que mettait Apulée aux termes qu'il avait latinisés en les empruntant des Grecs; lorsque ceux-ci disaient ζωοτόκα et ὠοτόκα, il y substituait ces mots si latins et aujourd'hui si français de *vivipare* et *ovipare*[1]; il avait encore composé plusieurs mots[2] perdus pour nous qui traduisaient exactement les mots grecs; et, par là, on peut dire qu'il enrichissait la langue latine, ce que Cicéron avait fait avant lui, de son côté.

Nous aussi, nous pouvons, pour la langue française, non pas la langue oratoire ou poétique, mais la langue usuelle et commune, introduire beaucoup de termes aussi clairs qu'utiles; en voici des exemples. On fait depuis quelques années des meubles en fonte que l'on place auprès des portes d'entrée des appartements, afin d'y égoutter les parapluies. J'ai entendu nommer ces instruments des *porte-parapluies*. C'est un mot mal fait et malsonnant; le véritable nom serait, à mon avis, un *égouttoir*, puisque c'est un vase pour égoutter. Mais, en renonçant même à ce dérivé, n'aurions-nous pas les juxtaposés *loge-gouttes*, *garde-gouttes* ou *garde-pluie*, qui signifieraient au moins autant que *porte-parapluie* et seraient bien plus français ? Les mêmes meubles sont nommés quelquefois des *porte-cannes*, eu égard à un autre usage auquel ils servent également. C'est un nom très-bien fait et qu'il faut garder.

Vous avez vu ces mains ou crochets que l'on adapte aux cheminées pour y accrocher la pelle et les pincettes. On les

---

[1] Viviparos.... et oviparos.... appello quæ Græci ζωοτόκα καὶ ὠοτόκα. *De Magia*, etc., t. II, p. 42, édit. bipont.

[2] Voyez le même traité, un peu plus loin.

appelle assez bien d'après leur forme des *croissants* : on les nommerait encore mieux d'après leur usage des *porte-pelles*.

— Je n'ai rien à dire contre ces mots, observa Vézédix. Je crois qu'on peut en effet trouver, que l'usage même nous fait infailliblement rencontrer, pour les objets ou meubles usuels, des mots très-courts et très-français. Mais en sera-t-il de même pour les sciences? Pourra-t-on remplacer ceux que je t'indiquais tout à l'heure, la *lunette*, le *microscope*, le *télescope*, le *graphomètre*, le *baromètre?*

— Rien, sans doute, ne serait plus aisé. Le *graphomètre*, dont le nom, tu l'avoueras, ne signifie guère ce qu'il veut dire, pourrait très-bien s'appeler un *compte-angle* ou un *vise-angle*, comme la *planchette* serait un *tire-angle* et le *rapporteur* un *lève-angle*. Rien assurément n'est plus simple, plus facile, plus complet.

Le *microscope*, puisque tu as cité ce mot, est un instrument destiné à grossir ou amplifier les objets : son nom le plus naturel serait donc un *grossissoir* ou un *amplifiant*. Mais pour n'employer ici que les juxtaposés, ceux de *vise-menu*, *vise-grigne* ou *vise-miette* lui conviendraient parfaitement, puisqu'on vise avec lui de menues parcelles ou des choses si petites qu'elles ne sont, pour ainsi dire, que des miettes ou grignes, ce que notre langue désigne de plus petit.

La *lunette* et le *télescope* ne sont pas, eu égard à la langue française, des mots de même ordre. *Lunette* est un mot très-français; il a le tort de ne signifier rien du tout ici que la rondeur d'un verre, mais sa forme est irréprochable. *Télescope*, au contraire, est un mot très-significatif; on peut ajouter très-bien fait, puisque τηλεσκόπος est réellement un mot grec : seulement ce mot ne signifie pas du tout un instrument, mais un homme qui regarde de loin; encore n'est-il usité qu'en poésie. Dans tous les cas, il n'a pas figure française. Il faudrait donc trouver des expressions à la fois significatives et d'une tournure parfaitement conforme à celle de nos mots usuels. Rien ne sera plus facile pour qui saura bien que le télescope et la lunette astronomique servent l'un et l'autre à considérer les astres. La différence est que les lunettes les visent directement, tandis que dans le télescope ils sont vus par réflexion ou dans un miroir. Cela étant, la lunette astronomique sera pour nous le *vise-astre*, et le télescope le *mire-astre* : ces mots n'expriment-ils pas plus et mieux que ceux qu'ils remplacent? Faut-il trouver un équivalent pour le baromètre? D'abord, que veut dire ce mot?

— Il signifie, dit Vézédix, instrument pour mesurer la pesanteur de l'air.

— C'est une erreur, reprit Bellelangue; il veut dire tout bonnement *mesure de la pesanteur*; et, à ce compte, toutes les balances sont des *baromètres*. On a donc créé exprès un mot grec d'une taille fort raisonnable, pour exprimer, sinon faussement, au moins très-incomplétement, ce qu'on pouvait rendre plus brièvement, plus exactement et plus intelligiblement par un composé français : il fallait l'appeler *pèse-air* ou *pèse-gaz*. Remarquez que quand Baumé a imaginé ses ingénieux instruments pour connaître le degré de concentration des esprits ou des acides qu'on appelait alors des *sels*, il les a nommés des *pèse-esprits* ou *pèse-sels*, les uns et les autres étant réunis sous le nom si français, si clair et si juste de *pèse-liqueur*. Ne fallait-il pas avoir le diable au corps, pour substituer à ces mots excellents le nom détestable d'*aréomètre*, qui ne signifie rien ou signifie mal? Il en est de même du *pèse-air*, qu'il est ridicule d'avoir oublié pour introniser le *baromètre*.

Le mot *thermomètre* est moins répréhensible : il signifie exactement *mesure du chaud*, mais il ne veut rien dire de plus; il est moins français et plus long que *note-chaud* ou *compte-chaud*, qui l'aurait pu remplacer dès le premier moment. Les thermomètres *à maximum* ou *à minimum* sont des instruments de la même espèce; ils désignent toujours le degré de *chaud* ou de température. La seule différence entre eux et les thermomètres ordinaires, c'est qu'une pièce y a été disposée pour marquer ou *coter,* comme on dit quelquefois, le maximum de chaleur ou de froid : ces thermomètres seront donc pour nous, non plus seulement des *note-chaud*, mais des *cote-chaud* ou des *cote-froid;* et, je vous le demande, ne vaut-il pas infiniment mieux dire un *cote-froid* que de demander pédantesquement, dans un jargon bigarré de grec et de latin, un *thermomètre à minimum ?*

— Quand nous vous l'accorderions, lui dis-je, ce ne serait qu'un ou deux mots remplacés par d'autres. Pourriez-vous, par le même système, donner les équivalents de tant d'autres noms, du *pyromètre,* de l'*udomètre,* de l'*anémomètre ?*

— Je crois qu'il n'y aurait en général rien de plus aisé. Le *pyromètre* d'abord deviendrait le *compte-feu* ou *note-feu;* l'*udomètre* ou plutôt l'*hyétomètre* dont le nom veut signifier *mesure de la pluie qui tombe,* serait bien remplacé par celui de *compte-pluie* ou *jauge-pluie;* l'*hygromètre,* qui mesure l'humidité atmosphérique, s'appellerait très-bien *note-moite* ou *compte-aigue,* en profitant pour cela de l'ancien nom de l'eau. L'*anémomètre,* s'il ne s'agit que d'indiquer la direction du vent, s'appelle dans notre langue *girouette* ou *flouette.* Ces deux mots doivent être conservés comme très-caractéristiques. Ils équivalent, le premier surtout, au juxtaposé *vire-vent,* et indiquent en effet de quel côté le vent tourne. Si l'anémomètre est vraiment digne de son nom, c'est-à-dire s'il permet de mesurer la force ou la rapidité de l'air en mouvement, on l'appellera en général un *compte-vent;* et d'une manière plus spéciale, un *aune-vent,* si l'on veut, en quelque sorte, auner le vent, c'est-à-dire déterminer au moyen de flocons de laine ou de coton combien d'aunes ou de mètres il parcourt en un temps donné, et un *pèse-vent*, si on obtient cette connaissance au moyen d'un poids qui lui fasse équilibre. Partout et toujours nous avons des mots français plus courts, plus clairs, plus agréables et surtout plus exacts que ces termes qu'on vous a forgés si cruellement du grec.

— A la bonne heure, reprit Vézédix; mais les machines plus compliquées dont on se sert en physique, la *machine pneumatique*, par exemple, la *machine* ou la *fontaine de compression*, le *fusil à vent*, la *machine électrique*, les *piles galvanique, thermo-électrique, hydro-électrique*, etc., les pourras-tu nommer d'une manière convenable?

— Je te conseille, dit Bellelangue en riant de me mettre au défi avec des mots pareils. *Machine électrique! compression! pile thermo-électrique!* N'y a-t-il pas de quoi se vanter? Comment, pour des appareils si communément employés, vous n'avez pas même un mot propre! il vous en faut deux ou trois, quelquefois quatre, et la plupart du temps pour ne rien exprimer! Que veut dire, je vous prie, *machine électrique*. *Électrique*, personne ne l'ignore, signifie étymologiquement *qui tient au succin ou à l'ambre jaune*. Appliquée à notre machine, cette définition devient si absurde qu'il faut chercher dans l'histoire une extension du mot au moyen de laquelle il prenne un sens plus raisonnable. On trouve que la machine électrique est un appareil qui produit des effets de même nature que ceux qu'on avait, dès le temps de Thalès, reconnus dans l'ambre jaune. Ne voilà-t-il pas une dénomination bien philosophique? Pour moi, si j'avais à nommer aujourd'hui cette machine, et à la nommer en français, je dirais son caractère principal et certainement le plus frappant pour tout le monde, c'est de développer du feu par le frottement d'un verre qui tourne; je l'appellerais donc un *vire-à-feu* ou un *frotte-à-feu* : ce dernier mot, qui me semble le meilleur, a un son exactement analogue à celui de *pot-à-feu*, que l'on emploie dans l'artillerie, et dans l'architecture pour représenter ces ornements en pots flambants, comme il y en a sur les toits de la façade de ce palais; il est donc parfaitement français et d'une agréable prononciation.

Les piles galvaniques donnent le même fluide par simple contact; je les appellerai des *touche-à-feu*; les appareils électro-magnétiques le produisent sans contact et sans frottement, seulement au passage : je les nommerai des *passe-à-feu*. J'appellerai de même *flue-à-feu* ou *coule-à-feu*, à moins qu'on ne préfère *aigue-à-feu*, les piles hydro-électriques où l'eau ou un fluide joue un grand rôle dans la production de l'électricité.

Par la même raison le fluide électrique, qui mériterait un nom particulier comme le calorique ou la lumière, devrait le recevoir de sa propriété la plus saillante, qui est de déterminer le feu, c'est-à-dire la lumière et la chaleur par son choc : on pourrait donc le nommer *choque-feu*, ou mieux *feu-choquant*, parce que l'action est si rapide que le feu électrique nous paraît être lui-même un fluide igné dont la nature est de donner un choc. Ce nom seul serait une définition[1].

Passons à d'autres mots. Tu m'as demandé comment je dirais la *pompe de compression* : je ne serai toujours pas embarrassé pour trouver un nom meilleur que celui-là. La pompe de Bramah n'est-elle pas aussi une pompe ou une machine de compression? Cependant ce n'est pas elle que l'on désigne par ce nom. Il fait entendre dans les cours de physique un récipient où l'on injecte de l'air ou un gaz au moyen d'une pompe foulante. J'appellerai donc cette machine un *foule-air* ou un *foule-gaz*. Je dirai même *foule-air*

---

[1] Aimerait-on mieux le désigner par sa propriété d'attirer ou de repousser. Le nom de *tire-ou-chasse* serait assurément très-significatif.

à cloche, si je veux le distinguer par sa forme extérieure de toutes les machines du même genre.

Plusieurs instruments de physique, en effet, ne sont que la pompe de compression diversement modifiée : la *fontaine par compression* est encore un *foule-air*. Mais l'air foulé y chasse l'eau sous la forme d'un jet ; je l'appellerai donc un *foule-air à jet*. Ce nom plus court que le nom ordinaire, exprime parfaitement la nature essentielle de cet appareil, qui est d'être un récipient d'air comprimé, et son objet spécial et caractéristique, qui est de former un jet de liquide.

Le *fusil à vent* est un des mots les plus absurdes que l'on puisse avoir. On disait autrefois *canne à vent* : et ce mot, sans être tout à fait bon, valait mieux pourtant que le mot moderne ; car enfin *fusil* vient du *foculus* ou *focillus* diminutif de *focus*[1], petit feu, ou instrument à feu autrement dit *briquet*. Lorsqu'on substitua aux mèches dont on se servait pour mettre le feu aux mousquets, d'abord un rouet, puis une platine qui en frottant vivement une pierre contre un morceau d'acier ou *fusil*, faisait jaillir une étincelle sur la poudre, par une synecdoque bien naturelle, on donna à l'instrument tout entier le nom de la partie nouvellement inventée : on dit un *fusil* pour un *mousquet à fusil*. Mais quand plus tard on a transporté ce nom à un instrument nouveau, où manque justement la partie d'où ce nom dépendait, n'est-ce pas un contre-sens formel, et ne valait-il pas mieux l'appeler, comme nos anciens, une *canne à vent*, puisqu'enfin ce nom en rappelait au moins la forme ? Aujourd'hui cependant nous avons dans nos mots juxtaposés une expression beaucoup meilleure de tout point. La canne à vent est un récipient d'air comprimé : c'est donc un *foule-air*. De plus, il lance des balles comme un fusil. Je l'appellerai donc *foule-air à balles*. Ces mots ne sont pas plus longs à

---

[1] Roquefort, *Dictionnaire étymologique*.

prononcer que *fusil à vent*. Mais quelle différence dans la signification !

La *machine pneumatique* nous intéresse plus encore. C'est sans doute une de celles dont la physique fait le plus d'usage : c'est une de celles aussi dont le nom est le plus insignifiant et le plus dur à prononcer. On croirait toujours, à entendre cette double articulation *pn*, qu'heureusement la langue française n'admet pas, qu'on a dans le nez un embarras dont on ne peut venir à bout. Mais c'est surtout par son sens étymologique que cette dénomination est ridicule. Elle veut dire *machine à air*, et convient, par conséquent, aussi bien à un van, à un soufflet, aux ailes d'un moulin, qu'à la pompe inventée par Otto de Guérike. Il se présentait pourtant aux savants français une multitude de noms plus significatifs les uns que les autres. D'abord *épuisoir*, c'est-à-dire instrument au moyen duquel on épuise l'air ; ensuite *évidoir*, ou instrument pour évider. Qu'est-ce, en effet, qu'*évider ?* c'est retrancher petit à petit pour faire un vide, de manière pourtant qu'il reste toujours quelque chose. Ce mot seul fait donc l'histoire complète de ce qui se passe dans le jeu de la machine pneumatique. Je laisse cependant ce mot de côté, puisque c'est un dérivé, et que je ne parle ici que des juxtaposés; mais n'aurait-on pas les mots *vide-cloche, puise-air, puise-gaz*, ou même *pompe à gaz* ou *pompe à air* quelquefois employés, qui tous indiqueraient la nature propre et l'objet spécial de la machine ? Un autre mot plus court et plus expressif encore, pour ceux du moins qui, comme moi, ne s'effrayent pas d'une analogie triviale, c'est celui de *lape-air* ou *lape-gaz*. Que font en effet les pistons de la machine au moyen de leurs soupapes ? Ils font sur l'air du récipient exactement ce que le chien fait avec la langue sur l'eau de son écuelle. Ils le *lapent*, c'est-à-dire qu'ils enlèvent à chaque tour une *lapée*, celle-ci diminuant de plus en plus comme celle du chien : et dans l'un et l'autre cas on ne peut parvenir à un vide absolu, quoiqu'on en approche de plus en plus.

— Bon! m'écriai-je : je vois que vous ne manquerez pas de mots à combiner ensemble pour exprimer les divers objets dont nous nous servons. Il me reste pourtant une inquiétude. On a souvent à former des adjectifs tirés des noms des instruments ou des sciences. *Barométrique, thermométrique, hydrostatique* sont des mots de ce genre, mots très-commodes à mon gré. Votre système nous les donnera-t-il? faudra-t-il conserver les anciens? faudra-t-il, en les rejetant, se priver soi-même des ressources que ces adjectifs peuvent offrir?

— Il faudra s'en priver absolument, répondit Bellelangue avec assurance, surtout lorsqu'on voudra se bien entendre; et cela non pas tant parce que ces mots nous manquent, que parce que les adjectifs tirés de substantifs dont le sens est bien déterminé, perdent presque toujours cette détermination précise, en même temps qu'ils reçoivent la forme adjective. Le mot *barométrique*, par exemple, s'emploie à tout instant avec des sens très-différents, que la traduction par le substantif correspondant accompagné de prépositions diverses va vous manifester. Vous dites une *expérience barométrique*, la *hauteur barométrique*, une *table barométrique* : l'adjectif *barométrique* a-t-il la même signification dans ces trois phrases? *oui*, en ce sens qu'il rappelle toujours le baromètre; *non*, quant à la manière dont il le rappelle. Nous pourrions en effet traduire ces trois expressions par celles-ci : *expérience avec le baromètre, hauteur du baromètre, table pour le baromètre*, où les trois prépositions *avec, de, pour* montrent bien que le baromètre est le moyen dans la première expression, qu'il est le sujet observé dans la seconde, et le but dans la troisième. Est-il permis dans les sciences d'exprimer par le même mot des vues si différentes? Est-ce là de la précision? Et ne vaut-il pas mieux y manquer d'une locution que de courir le risque d'être par elle induit en erreur?

Quant à ces noms qu'on peut regarder comme des titres d'ouvrages ou de chapitres, la *pneumatique*, l'*optique*, la *catoptrique*, la *dioptrique*, je ne vois pas d'inconvénient à ce qu'on les conserve, si l'on n'aime mieux faire des phrases, comme *traité de l'air, traité de la lumière, traité de la réflexion du fluide lumineux*, etc. Ces titres composés seront toujours par eux-mêmes plus clairs et plus précis que les adjectifs pris substantivement. Mais enfin; si l'on ne veut qu'une désignation générale, des mots tirés du grec, pourvu qu'ils soient vraiment grecs, et non pas de création moderne, peuvent parfaitement suffire. Là, en effet, où manque la détermination individuelle, si l'on peut employer ce terme, nos juxtaposés perdent leur supériorité, et je n'en recommande plus la recherche ni l'emploi.

— Laissons donc ces titres de côté, dit Vézédix; mais je voudrais savoir jusqu'à quel point ton système se prêterait à l'expression des idées morales, et comment tu remplacerais, s'il était nécessaire, les abstractions que Lemercier a divinisées dans son *Atlantiade*, puisque c'est par là que notre discussion a commencé.

— Je ne puis répondre à la première partie de ta question que par une considération générale. L'expression de nos idées par les mots juxtaposés dépendra toujours des nuances exprimées par les verbes, et de la précision du nom qui le suit. A ce dernier égard, nous n'avons pas grand'chose à désirer. Nos substantifs ont presque tous un sens exactement déterminé.

Quant aux verbes servant de préfixes, il est possible qu'on ne trouve pas toujours dans les conditions exigées celui que l'on voudrait. C'est là une question de dictionnaire que je ne puis ni ne veux traiter dans une conversation. Écartons plutôt les lieux communs, et passons aux exemples. Cite-moi quelques-uns de ces mots dont tu me demandes la traduction en juxtaposés; je te dirai tout de suite ce que je pense qu'on en peut tirer.

— Oh bien! je t'ai cité tout à l'heure quelques noms, comme *Syngénie, Psycholie, Théose.* Voici de nouveaux vers où le poëte a peint la gravitation universelle :

> Barythée est au centre, inaccessible point
> Où l'univers entier de terme en terme est joint.
> Il pénètre partout, ramène et presse entre elles
> D'un esprit attirant les sphères éternelles;
> Masses dont Proballène a d'un contraire effort,
> Centrifuge immortel, déployé le ressort.

— Ce sont là, dit Bellelangue, de bien pitoyables vers, et un français fort rocailleux. Comment l'univers est-il joint *de terme en terme* à un point? et qu'est-ce que *presser des sphères d'un esprit attirant?* Mais laissons cela. Il s'agit des noms de ces divinités, noms aussi barbares pour le moins en grec qu'en français, et qu'il était si facile à Lemercier de remplacer par les mots tout simples, l'*attraction*, l'*affinité*, la *force centrifuge*, etc. Ce sont toutefois ces noms si mal composés que tu me demandes de changer en d'autres plus français et plus expressifs. Je te proposerai les équivalents que voici : *Proballène* est le dieu de la projection. Il se traduit immédiatement en français par *pousse-devant, chasse-avant, pousse-au-large, lance-au-loin,* tu choisiras. Pour *Barythée*; c'est le dieu de la pesanteur : ces mots *Dieu-du-poids, Dieu-pesant,* vaudraient déjà beaucoup mieux. Mais le composé *Tire-à-soi,* que j'ai vu, dans je ne sais quelle épigramme, appliqué à un procureur[1], me paraît excellent pour le dieu de l'attraction, et vaut à lui seul beaucoup mieux que les deux détestables vers où Lemercier a délayé sa signification. *Psycholie* se rendra par *toute-âme, âme-du-*

---

[1] Pons (de Verdun), *les Loisirs*, p. 20.

monde. Syngénie sera de même *tout-naissant*, ou *tout-né*, ou la *toute-naissance*, s'il ne vaut encore mieux dire la *nature;* car, j'ai beau chercher, *syngénie* n'a pas d'autre sens étymologique ou philosophique que le mot *nature.* Quant à *Théose*, l'Être suprême, mettez *Dieu*, c'est exactement la même chose; et je ne vois pas quel avantage a cru trouver Lemercier à prendre pour le nom de sa divinité, plutôt que le *Dieu* des Français tiré du *Deus* des Latins, le *Théos* des Grecs, dont il a allongé et féminisé la syllabe finale, au mépris des plus simples règles de l'étymologie. S'il avait quelque chose à faire, c'était de traduire le *Jéhovah* des Hébreux qui signifie, comme l'a si bien dit Bossuet, *celui qui est*, ou selon Fénelon, *l'être au plus haut degré de l'être.* Or ces idées se rendent très-bien par les mots juxtaposés *Être-en-soi* ou *Être-par-soi.* Avec eux il aurait pu modifier, comme suit, les vers que tu m'as cités :

Être-en-soi, Dieu sans fin et principe caché,
Dégagé d'attributs dont notre œil soit touché,
Des effets et du temps est la cause et le centre;
Tout est dans Être-en-soi, tout en sort, tout y rentre.

Je ne dis pas, remarquez-le bien, que cette expression soit ce qu'on appelle *poétique;* je dis seulement qu'elle est ici d'une philosophie fort élevée ; et que pour celui qui voulait substituer au mot ordinaire *Dieu*, un nom plus expressif, il n'y en avait pas de plus convenable ni de plus énergique que celui d'*Être-en-soi.* Or c'est quelque chose que de trouver dans la langue française, qu'on dit si rebelle à la composition des mots, un trisyllabe exprimant une pensée très-élevée, et qu'eussent à peine pu rendre les langues grecque et latine.

— En effet, dis-je, c'est une grande puissance dans le langage, et je vois que nous avons dans la juxtaposition de nos mots des ressources aussi variées et fécondes qu'elles ont été jusqu'à présent négligées. Une dernière objection reste cependant, et je vous prie d'y vouloir bien répondre : ces mots juxtaposés, dont je reconnais volontiers la tournure française, le sens clair et précis, sont-ils cependant de nature à devenir d'un usage très-général ?

— Je n'ai rien à dire à cet égard, répondit Bellelangue ; l'usage plus ou moins habituel des mots dépend de deux conditions principales : 1° du besoin qu'on en a ; 2° du talent des auteurs ou des corps littéraires et savants à les placer dans des ouvrages qui deviennent populaires. Or la science pure n'a pas à s'occuper des applications réelles, mais seulement des applications possibles d'une invention. Quant à celles-là, je crois vous les avoir montrées.

— Oui, oui, dit Vézédix, et je ne te ferai pas d'objections sur ce point, au moins pour le moment ; car voici l'heure où je dois me rendre à la séance de l'Académie, sous peine de n'avoir plus de place. Je te dirai seulement qu'il me paraît bien difficile de ne pas ranger ton projet parmi les chimères.

— Il en est de même de tout ce qu'on propose, dit Bellelangue en lui serrant la main. Quelle est l'invention ou la proposition nouvelle qui n'a pas soulevé contre elle la foule des esprits routiniers ou peureux ? Ce n'est pourtant pas une raison pour ne rien proposer ; et, quant à moi, la crainte du non-succès ne me fera jamais enfouir dans le silence une idée que je crois bonne et utile.

DE LA
NOMENCLATURE CHIMIQUE[1].

La nomenclature des sciences devrait, en général, être faite par des grammairiens, non par des savants. Sans doute,

---

[1] La seconde partie et la plus importante de ce travail a paru en 1840 dans *l'Enseignement*, bulletin d'éducation publié sous les auspices de la Société des méthodes d'enseignement (in-8°, chez Roret). Deux ou trois ans plus tard, j'envoyai à l'illustre Berzélius le numéro de juillet, où mon projet était exposé. La réponse qu'il me fit l'honneur de m'écrire en contient une approbation formelle, quoiqu'il ne croie pas possible de le réaliser : « J'ai étudié avec intérêt, me dit-il, l'essai de nomenclature chimique que vous avez eu la bonté de me communiquer. Je conviens avec vous que les principes qui lui servent de base sont vrais; mais il me semble que le résultat de leur application, tel que vous me l'avez communiqué, ne saura jamais se frayer un chemin à la chimie.... » Suit l'énumération des difficultés ou des impossibilités qui s'opposent à l'admission d'une nomenclature entièrement nouvelle, et il conclut ainsi : « En tout cas, des essais comme le vôtre sont d'une très-grande utilité, puisqu'ils portent l'attention sur le grand besoin d'une réforme et sur les vrais principes qui doivent lui servir de base. »

Je reproduis mon projet tel qu'il était alors. N'ayant pas eu depuis seize ans à m'occuper de chimie, je dois être en retard sur les théories nouvelles; mais comme mon système a pour caractère essentiel de n'être jamais définitif, et de se prêter à tous les progrès de la science ainsi qu'aux changements de théories que l'expérience amène, il doit pouvoir s'appliquer aussi bien aujourd'hui qu'alors, sans quoi il serait justement condamné.

La première partie, ou partie critique, paraît aujourd'hui pour la première fois. Elle était faite cependant en 1840, et je la donne telle que je l'avais composée, sauf quelques exemples ou citations dont les dates sont postérieures, et qui m'ont semblé préférables à ce que j'avais mis d'abord.

les savants doivent dire ce qu'ils veulent exprimer, et les grammairiens, dans la composition de leurs mots, doivent suivre exactement la direction et exprimer à la lettre la pensée des savants; mais il faut que ce soient eux qui imposent les noms, si l'on veut que ceux-ci soient tout à fait convenables.

En effet, bien que la nomenclature ait une grande influence sur l'enseignement, ou, comme on dit aujourd'hui, sur la *vulgarisation* de la science; qu'à un certain degré même elle soit le moyen sans lequel celle-ci ferait difficilement des progrès, cependant elle n'est pas proprement la science; ce n'est qu'un langage qu'on y approprie ou qu'on y applique, langage dont les éléments et les règles doivent être établies par ceux qui ont étudié les langues et qui les connaissent, et non par ceux qui n'en ont pas fait l'objet spécial de leurs études ou même n'y ont jamais pensé.

C'est surtout quand il s'agit de la chimie qu'il est à désirer que les principes philosophiques du langage soient rigoureusement appliqués. « Il n'est point de science, disait Guyton de Morveau [1], qui exige dans les expressions plus d'exactitude et de clarté que la chimie, puisqu'elle doit considérer la même substance dans des états très-différents, tantôt unie, tantôt séparée; » et il ajoutait que « Si, dans une science qui n'embrasse qu'un petit nombre d'objets on peut, sans un grand inconvénient, conserver la langue que lui ont formée les premiers observateurs, il n'en est pas de même lorsque les objets d'étude déjà innombrables tendent à s'accroître de jour en jour et à dépasser de beaucoup tout ce que peut comprendre la mémoire de l'homme. » Là, en effet, où la composition et la décomposition des corps sont l'objet immédiat et principal de l'attention du savant, la composition et la décomposition des mots auront, pour re-

---

[1] *Encyclopédie méthodique* (Chimie et Métallurgie), t. I, p. 636.

présenter les faits, une puissance incomparablement plus grande que partout ailleurs : et comment arrivera-t-on au but, si celui qui se charge de nous y conduire ne connaît pas plus et mieux que tout autre la route qui y mène ou l'instrument qu'il doit manier pour cela, je veux dire le langage.

Les hommes illustres à qui nous devons la nomenclature chimique actuelle fournissent à tout moment la preuve du mal que peut faire soit un mauvais principe, soit l'application inintelligente ou la mauvaise exécution d'un bon. C'étaient assurément les savants les plus célèbres, les génies les plus élevés, les esprits les plus vastes, que l'on pût réunir. Mais quand leur fonction était seulement d'indiquer ce que l'on savait de leur temps et ce qu'ils voulaient exprimer, en laissant aux grammairiens philosophes le soin d'exécuter ce qu'ils demandaient, ils ont voulu faire eux-mêmes ce travail auquel ils n'étaient pas préparés et n'ont réussi qu'à nous laisser un triste monument de la faiblesse de l'esprit humain.

Je prie le lecteur de ne pas s'effaroucher de cette sévérité de langage. Personne plus que moi n'admire la sagacité étonnante et le génie essentiellement créateur de Lavoisier, la grandeur des vues et les utiles applications de Berthollet; la vive imagination et le langage animé de Fourcroy. Personne n'apprécie plus l'excellence du projet de Guyton de Morveau, qui proposa le premier une nomenclature systématique pour une science dont tous les termes techniques avaient jusqu'alors été produits au hasard. Mais enfin nul en ce monde ne peut avoir à la fois tous les mérites ; et dans l'exécution, ces quatre chimistes remarquables ont montré que s'ils possédaient bien leur science, ils n'avaient pas au même degré la connaissance de la grammaire philosophique. Le reproche n'est pas, au fond, plus cruel pour eux que ne le serait pour un grammairien celui de ne pas savoir la chimie.

Seulement ils ont voulu faire un ouvrage de grammairien, et n'ont ainsi montré que leur insuffisance : c'est là tout ce que veut dire l'observation faite ici sur leur travail.

Bien que celui que je présente n'ait aucunement pour objet la critique de la nomenclature reçue, comme la proposition d'une terminologie nouvelle n'aurait aucune raison d'être, si la précédente n'était pas reconnue mauvaise, on ne sera pas étonné qu'avant de passer, dans une seconde partie, à l'exposé du système dont il s'agit, je montre rapidement, dans une première, les défauts des noms admis présentement, soit pour leur forme et leur dérivation grammaticale, soit quant à l'imposition des termes généraux, soit quant à l'origine et à la formation des noms des substances, soit enfin quant à l'idée philosophique qui paraît avoir présidé à cette création, et que l'expérience n'a pas tardé à condamner comme tout le reste.

§ I. — PARTIE CRITIQUE.

I. Considérons d'abord la *dérivation grammaticale des mots*. On a remarqué depuis longtemps que le langage chimique n'était qu'un composé de barbarismes à tous les degrés et dans tous les genres[1] : *oxygène* pour *oxygone* ; *hydrogène*, *cyanogène*, pour *hydrogone*, *cyanogone* ; *azote* probablement pour *abiote* ou *azoïque*, et tant d'autres, montrent à quel point les nomenclateurs étaient ignorants du grec ; et combien Guyton de Morveau recommandait à tort, dans le choix des dénominations à introduire, de préférer celles qui ont leur racine dans les langues mortes, afin que le mot fût facile à retrouver par le sens et le sens par le mot[2]. Eh ! mon ami, pour que les langues mortes puissent nous

---

[1] *Cours supérieur de grammaire*, t. I, liv. III, c. 8.
[2] *Encyclopédie méthodique*, etc., t. I, p. 637.

aider dans ce travail, il faut au moins connaître leurs règles, et ne pas y supposer des mots qui n'y sont pas et n'ont jamais pu y être.

La dérivation des termes chimiques français n'a été ni plus régulière ni plus intelligente. *Soufre* appelait *soufrique* et *soufreux*, comme *nitre*, *nitreux* et *nitrique* : pourquoi *sulfurique* et *sulfureux*? C'est que *soufre*, en latin, se dit *sulfur*. N'est-ce pas là une belle raison?

Ce mot *sulfur* a été encore l'origine de ces terminaisons en *ure*, par lesquelles on indique la combinaison de deux corps simples; on a dit un *sulfure*, et, par imitation, un *phosphure*, un *carbure*, etc. Mais ici encore se manifeste l'irrégularité de la dérivation : la terminaison appartient au radical dans *sulfure*; elle n'y appartient pas dans les deux mots suivants. D'où cela vient-il? a-t-on voulu abréger et réduire les mots à leur première syllabe? pourquoi alors ne retranche-t-on rien dans *azoture?* pourquoi, au contraire, retranche-t-on jusqu'à deux syllabes dans *hydrure* pour *hydrogénure* et *cyanure* pour *cyanogénure?*

Les noms des sels ont été terminés en *ate* ou en *ite*, selon que l'acide était denommé par *ique* ou par *eux*; un *nitrate* ou un *azotate*; un *nitrite* ou un *azotite*. Il aurait fallu dire de même un *sulfurate*, un *phosphorate*, un *muriatate* : point du tout; on a dit un *sulfate*, un *phosphate*, un *muriate*. Cependant, pour l'acide *carbonique*, on n'a pas dit un *carbate*, mais bien un *carbonate*, sans aucune contraction; c'est-à-dire que la dérivation chimique semble être partout le résultat du caprice ou de la fantaisie. Du moins, il est impossible, malgré quelques vues générales, de dire exactement d'avance quel sera le nom d'un corps dont on suppose même la production connue. L'acide de l'étain s'appellera-t-il *étamique*, du français, ou *stannique*, du latin? celui de manganèse sera-t-il, avec ou sans syncope, *manganique* ou *manganésique?* Rien ne peut nous l'apprendre que la rencontre des mots eux-mêmes. N'est-ce pas là une condition déplorable dans une science où les mots doivent jouer un si grand rôle.

II. *Imposition des noms généraux.* — Les auteurs de la nomenclature ont eu la mauvaise inspiration, et leurs successeurs les ont suivis, de prendre, pour désigner les grandes classes de corps, des noms de la langue usuelle. Dans la chimie surtout, c'était une faute capitale; car les noms étant partout imposés aux objets d'après leurs apparences, c'est-à-dire d'après l'effet qu'ils font sur nos sens, la science qui avait précisément pour but de poursuivre l'étude des corps dans leurs derniers éléments et, par conséquent, hors du domaine de la sensation ordinaire, devait à tout instant se mettre en contradiction avec l'opinion commune, c'est-à-dire altérer ou resserrer la signification des mots employés, ou rendre même sa terminologie incompréhensible. C'est ce qui n'a pas manqué d'arriver.

Qu'est-ce, par exemple, qu'un métal? Selon l'ancienne définition de l'Académie, c'est un corps fusible et malléable. La définition n'est pas rigoureuse, sans doute; du moins elle rend suffisamment l'idée qu'on attache au mot de *métal*, une densité assez considérable, un certain brillant, la propriété de pouvoir être travaillé au marteau ou autrement, et de faire enfin des vases, des objets divers.

Mais quand on a voulu partager tous les corps simples en métaux et corps non métalliques; qu'on a mis parmi ceux-là le potassium et le sodium, qui ne peuvent rester dans l'air à l'état pur et qu'il est impossible d'employer à un usage commun; quand on a été jusqu'à dire que l'hydrogène n'était peut-être qu'un *métal gazeux*, comme si ces deux mots pouvaient avoir pour nous un sens quelconque, qu'a-t-on fait autre chose que de corrompre la langue en pure perte? S'il semblait commode de réunir sous un nom commun des corps dont les propriétés fussent à peu près semblables à celle des métaux, qui empêchait de déranger les lettres du mot *métal* et de créer ainsi un nom nouveau comme *tamel* ou *matel*, qui du moins n'aurait eu d'usage qu'en chimie et n'aurait entraîné aucune contradiction.

Nos pères ont nommé *acides* des substances qui ont à un très-haut degré la saveur aigre. Remarquons bien que le mot *acide*, dans notre langue, n'exprime pas d'autre idée que celle-là. Par analogie, les anciens chimistes ont nommé, et bien nommé *acides*, des substances qui, sans être ordinairement goûtées, avaient cependant et incontestablement cette saveur connue de tout le monde : on a dit ainsi *acide sulfurique, acide nitrique, acide oxalique*, etc. Mais lorsque, entraînés par une nouvelle idée que nous avons fait entrer dans l'acide chimique, je veux dire par l'idée de combinaison avec une base, nous appelons *acides* des substances insipides comme le stéarique ou le margarique ; quand nous considérons la silice, c'est-à-dire les cailloux, le sable, comme un *acide silicique;* quand nous appelons l'eau et la rouille de fer des *acides*, parce qu'elles forment des hydrates et des ferrates, que faisons-nous, sinon de sacrifier le sens général des mots de notre langue à la convenance particulière d'une science qui aurait dû prendre tout de suite un autre terme ?

Rien de plus habituel, rien de mieux connu pour nous que le sel. Sa saveur, sa propriété de se dissoudre dans l'eau, de décrépiter sur le feu, nous sont familières dès notre enfance ; et, par un abus de langage facile à comprendre, on a donné le même nom à des substances qui présentent au goût, au toucher, à la vue, quelque analogie avec le sel commun : tels sont le salpêtre, le sel d'oseille, le sel d'Epsom et d'autres.

Mais quelle idée, je vous prie, peut présenter ce mot, quand, en vertu d'une définition arbitraire, on y voit la combinaison d'un oxyde et d'un acide ? quand, en conséquence, on l'applique au marbre, à la pierre à plâtre, aux scories de la fonte de fer ? Les sculptures de nos jardins publics sont, comme la femme de Loth, des statues de sel; le jour n'entre dans nos maisons qu'à travers un sel; c'est dans des vases de sel que nous conservons nos vins et nos liqueurs. Le sucre lui-même, selon une certaine théorie, peut être considéré comme un sel, si bien que, pour parler congrûment, on pourra dire : Salez votre café; ces confitures ne sont pas assez *salées.* »

En revanche, le sel lui-même, celui que nous achetons sous ce nom chez tous les épiciers, le sel n'est plus un sel; il a le malheur de n'être pas composé d'un oxyde et d'un acide oxygéné : c'en est assez pour qu'on lui ait retiré son nom. Je trouve dans un livre de chimie cette phrase singulière : « Les chlorures sont des composés qui ressemblent tellement à des sels qu'on les a connus sous ce nom jusqu'à présent. Tel est le chlorure de sodium (sel marin), qui, dès la plus haute antiquité, portait le nom de sel, et qui maintenant n'en est plus un pour nous[1]. » — Je ne m'amuserai pas à critiquer la forme grammaticale de la fin de cette phrase; mais que dire de son idée logique et fondamentale? Quoi! l'antiquité a eu tort de donner le nom de sel à une substance connue aujourd'hui pour être du chlorure de sodium! Mais ne sont-ce pas plutôt les chimistes qui sont des maladroits d'avoir appliqué ce nom des composés où il n'entre pas une molécule de chlore ni de sodium?

Il n'y a dans les sciences aucun avantage à se faire une langue excentrique et dont personne ne comprend les termes; il y a surtout un immense inconvénient à prendre les mots dans un sens contraire à celui qu'ils ont naturellement. On n'arrive par là qu'à brouiller toutes les idées, on rend son propre langage une énigme perpétuelle pour ceux

---

[1] Brismontier, *Dictionnaire de chimie,* mot *Chlore.* Paris, 1826.

qui l'entendent, et l'on déshonore la science en la rendant ridicule autant que prétentieuse.

III. *Noms particuliers.* — Si les noms généraux n'ont pu avoir notre approbation, les noms particuliers des substances ne l'obtiendront pas davantage, par la raison que l'origine et la création de ces mots a été aussi capricieuse, aussi fantasque, que l'avait été la dérivation grammaticale. Je conviens qu'il est difficile, qu'il est même impossible de créer un nom chimique tout à fait satisfaisant, si la substance qu'il s'agit de nommer n'est pas parfaitement connue, puisque nous ne pouvons mettre dans les noms que ce que nous savons des êtres. La seule chose à faire alors, c'est de donner à une substance nouvelle un nom provisoire, pourvu qu'il soit court, facile à prononcer et à retenir, et surtout sans prétention.

Bien loin de là, les inventeurs se sont efforcés, dans les noms imposés par eux, d'indiquer les circonstances souvent les plus inutiles et toujours les plus disparates de la production des substances. Ils ont pour cela mis à contribution toutes les langues et toutes les sciences dans tous les pays : c'est un désordre perpétuel et une confusion indéchiffrable dont on donnera une idée suffisante en indiquant rapidement les principales sources des dénominations des corps.

Ce sont : 1° le nom du composé d'où la substance est extraite : acide *malique*, *citrique*, *oxalique*; acide de la pomme, du citron, de l'oseille.

2°. L'apparence du corps : acide *mellitique* ou *mellique*, des pierres nommées *pierres de miel*, à cause de leur ressemblance avec cette substance; acide *margarique*, du nom latin des perles, dont on lui a trouvé l'éclat.

3°. La manière dont on obtient le corps : acides *pyro-tartrique*, *pyro-citrique*, *pyro-malique*, parce qu'on les tire d'autres acides, à l'aide du feu.

4°. L'isomérie ou l'identité des parties : acide *paratar-*

trique, parce qu'il est composé des mêmes éléments, et en même quantité, que le tartrique.

5°. Le lieu où les substances ont été découvertes : l'acide *apocrénique* signifie tiré des fontaines (*apo crénôn*); l'acide *prussique* vient du bleu de Prusse, ainsi nommé lui-même de la nation présumée de son inventeur ; le nom de l'*aricine* vient de la côte d'Arica, au Pérou ; l'acide *aldéhydique* fut d'abord nommé *lampique*, parce qu'il se formait à la lampe sans flamme de Davy.

6°. La couleur : le *chrome*, le *chlore*, l'*iode*, les acides *croconique*, *rosaéique*, *purpurique*, *mélanique* et *verdique*, doivent leur nom aux couleurs qu'ils ont ou dont ils sont la cause.

7°. L'odeur : l'*osmium*, le *brôme*, l'éther *œnanthique*, tirent leurs noms de la manière dont ils affectent l'odorat.

8°. Les effets produits : la *morphine*, la *narcotine*, font dormir ; l'*émétine* rappelle les propriétés vomitives de l'ipécacuana ; le *cyanogène*, ou plutôt un composé dans lequel il entre, produit le bleu de Prusse ; l'acide *fulminique* est le principe de quelques poudres fulminantes.

9°. Le ciel et la terre : l'*urane*, le *tellure*, le *sélénium*, le *titane*, tirent leurs noms d'*Uranus, Tellus, Sélèné* (la lune), *Titan*; on est allé chercher jusqu'à une divinité scandinave, *Vanadis*, pour nommer le *vanadium*.

10°. L'épenthèse : c'est une figure de grammaire par laquelle on ajoute une ou plusieurs lettres dans l'intérieur d'un mot. C'est par épenthèse que *malique* a formé *maléique*; *oléique, oléidique; margarique, margaritique; caprique, caproïque; tartrique, tartralique* et *tartrélique*, etc.

11°. La métathèse : autre figure de grammaire par laquelle on transpose une ou plusieurs lettres d'un mot : *mélam* a formé *ammeline* ou *ammelide*; la noix de galle a donné d'abord l'acide *gallique*, puis, par le renversement de ses lettres, l'acide *ellagique*.

12°. L'apocope : c'est encore une figure de grammaire par laquelle on retranche une ou plusieurs syllabes à la fin des mots. Le bi-sulfhydrate d'hydrogène bi-carboné a été nommé *mercaptan* ou *mercaptum*, comme *mercurium captans* ou *mercurio captum*; l'*éthal* est formé des premières syllabes d'*éther* et d'*alcool*; l'*azulmine* vient de l'azote et de l'acide ulmique; l'*aldéhyde* est de l'*alcool déshydrogéné*; l'acide *chyazique* a été nommé ainsi des initiales *c, hy, az*, du carbone, de l'hydrogène et de l'azote, qui entrent dans sa composition; le nom de la *paraffine* lui vient de ce qu'elle s'unit difficilement aux autres corps ou qu'elle leur est *parum affinis*.

Il serait facile de citer encore d'autres noms qui ne se rapporteraient à aucune de ces étymologies déjà si arbitraires. Ces exemples suffisent; mais si l'on veut savoir à quel excès quelques auteurs ont poussé soit l'abus de ces principes, soit le désir de les suivre dans leurs déductions, on en peut trouver des modèles dans les *Comptes rendus des séances de l'Académie des sciences* ou dans les *Rapports annuels présentés à l'Académie de Stockholm*[1].

M. Dumas avait critiqué avec raison[2] la nomenclature proposée par M. Griffins, qui, traduisant la notation chimique dans un système particulier bariolé de grec et de noms modernes, appelait la craie du *calcicariproxintria*, l'alun du *kalialintria sulintétra oxinocta aquin dodéca*, et le fluoborate de baryte du *baliborintria fluintétra aqui*. Le système actuellement reçu vaut-il beaucoup mieux, quand il produit des noms comme la *cumylsalicilamide*, la *benzoïlsulfophénylamide*, l'*argentbenzoïlsulfophénylamide*, la *cumylbenzoïlsulfophénylamide*, etc.[3]?

---

[1] Voyez seulement la table des matières de l'année 1845, traduction française, 1846, chez Masson.

[2] *Leçons de philosophie chimique*, in-8°, 1837, p. 355.

[3] *Comptes rendus de l'Académie des sciences*, séance du 18 juillet 1853.

IV. *Noms méthodiques*. — Il y a des noms plus importants encore que tous ceux que nous venons d'examiner : ce sont ceux que l'on peut appeler *méthodiques,* parce qu'ils représentent la méthode même ou la manière dont les chimistes se figurent les progrès de la science : et ces noms sont souvent tout aussi blâmables que les précédents.

Nous ne parlons pas de l'erreur remarquée depuis longtemps, par laquelle Lavoisier et les premiers partisans ayant pris l'oxygène pour un corps à part et sans analogue dans la nature, avaient indiqué ses combinaisons par la terminaison *yde, oxydes,* au lieu de les appeler *oxygénés,* selon la finale admise pour les composés de tous les corps simples. Cette fausse opinion, inévitable, sans doute, au commencement de la science, a longtemps, comme on le sait, arrêté les progrès de la chimie, et le plus beau résultat des travaux de MM. Gay-Lussac et Thénard sur le chlore a été de la détruire irrévocablement. N'aurait-on pas dû dès lors changer le nom de la combinaison et la ramener à la règle générale ?

Bien loin de là, on a appliqué aux combinaisons de cet élément, les plus nombreuses, les plus variées et, on peut dire, les plus importantes de toutes, un système de dénominations bizarres et même déraisonnables dont l'exposé historique ne saurait être ici sans intérêt.

Lorsque la nomenclature de Lavoisier [1] fut adoptée, on avait reconnu que quelques corps, en se combinant avec l'oxygène, donnaient naissance à deux acides dont l'un était moins oxygéné que l'autre. On exprima ce fait par les terminaisons *ique* et *eux : acide sulfurique* ou *sulfureux, acide nitrique* ou *nitreux.*

Cette distinction dans les mots, utile et commode sans

[1] Cette nomenclature, quoique l'idée en soit due à Guyton de Morveau, a été faite d'après les idées de Lavoisier. Voyez les *Leçons de philosophie chimique,* par M. Dumas.

doute, avait cependant un grand défaut : elle était irrationnelle, en ce qu'elle semblait faire tomber la différence de composition sur le soufre ou le nitre, tandis qu'en réalité c'était la proportion d'oxygène, c'est-à-dire de l'élément acidifiant qui variait. Une logique rigoureuse devait donc faire porter la variation sur le nom de l'acide, et dire l'*acide-ique* ou l'*acide-eux* du soufre, l'*acide-ique* ou l'*acide-eux* du nitre.

Plus tard, on trouva qu'une même base formait quelquefois plus de deux acides ; et, entraîné par ce mauvais système de dénomination, l'on appliqua de la façon la plus bizarre les mots grecs *hypo* et *hyper*, qui devaient encore tomber sur l'oxygène ou sur le mot qui l'indiquait, aux adjectifs qui ne représentaient que la base ; on eut ainsi l'*acide hyposulfureux*, l'*acide hyponitrique*, l'*acide hyperchlorique*, qu'il eût été beaucoup plus juste de nommer le *sous-acide-eux* du soufre, le *sous-acide-ique* du nitre, le *sur-acide-ique* du chlore.

Nous ne prétendons pas dire que les mots proposés ici fussent les meilleurs possibles. Nous montrerons qu'on peut composer un système de noms chimiques, tout conventionnel, plus élégant, plus clair, plus précis. Nous voulons seulement faire voir comment les syllabes caractéristiques dont on avait résolu de se servir, devaient être disposées pour représenter exactement la pensée des chimistes d'alors, en faisant tomber les modifications indiquées sur le signe même de l'élément modifié, et non sur celui de l'élément invariable.

Lorsqu'on eut reconnu que ces quantités progressives de l'oxygène se retrouvaient même dans les corps qui n'étaient pas acides, qu'en d'autres termes il y avait plusieurs oxydes de la même base, le hasard heureux qui avait fait séparer et exprimer par deux substantifs, *oxyde de fer, oxyde de cuivre*, les deux éléments combinés, au lieu d'employer pour eux des adjectifs, comme on l'avait fait à tort pour les acides, ne permit pas de mettre à l'un de ces mots une terminaison adjective. On désigna donc ces composés par des préfixes tirés du grec : *protoxyde, deutoxyde, tritoxyde*, c'est-à-dire premier, second, troisième oxyde. Cela n'indiquait rien de plus que les terminaisons *eux* et *ique* dans les acides ; du moins le préfixe tombait bien plus à propos sur l'oxygène dont la quantité variait, que si l'on eût dit *oxyde de protofer*, de *deutofer*, ou, ce qui serait la même chose, *oxyde protoferrique*, *oxyde deutoferrique*.

Les progrès de la chimie amenèrent bientôt, et c'est là l'un des plus beaux titres de gloire de M. Berzelius, la théorie définitive des proportions. On reconnut que les quantités de l'élément électro-négatif ne variaient pas au hasard, mais selon la progression des nombres 1, 1 1/2, 2, 3, 4, 5, etc. Le langage suivit ce progrès. Aux préfixes grecs, qui n'indiquaient qu'un ordre souvent accidentel entre ces combinaisons, on substitua les préfixes latins *sesqui*, *bi*, *tri*, *quadr*, *quint*, qui exprimaient des rapports déterminés. L'oxyde de fer se composant d'un équivalent de fer et d'un équivalent d'oxygène, le sesqui-oxyde contint trois équivalents d'oxygène sur deux de fer ; le bi-oxyde de manganèse en eut deux pour un seul du métal. C'est là, nous n'hésitons pas à l'affirmer, une nomenclature aussi nette qu'élégante ; et, bien loin d'y renoncer, on aurait dû l'étendre aux acides ; comme nous l'avons marqué tout à l'heure, on aurait dû dire *l'acide du soufre* au lieu de l'acide *hyposulfureux* SO ; le *bi-acide* du soufre pour l'acide *sulfureux* SO^2 ; le *tri-acide* du soufre pour l'acide *sulfurique* SO^3 ; le *sous-tri-acide* du soufre pour l'acide *hyposulfurique* S^2O^5. De même, après l'oxyde et le bi-oxyde d'azote, on aurait eu le *tri-acide* d'azote Az^2O^3 ; le *quadracide* Az^2O^4 et le *quintacide* Az^2O^5, qui auraient remplacé les acides *azoteux*, *hypo-azotique* et *azotique* ; le nom d'acide ou d'oxyde désignant toujours la nature du composé, et le préfixe indiquant la quantité de l'élément variable.

Ce n'est pas là ce qu'on a proposé, ni ce qu'ont adopté M. Berzélius et d'autres chimistes. Ils ont transporté aux oxydes les terminaisons adjectives et irrationnelles appliquées autrefois aux acides. Nous lisons ainsi que la lumière est sans action sur l'oxyde *aureux*, tandis qu'elle détruit l'oxyde *aurique*. L'oxyde aureux, c'est l'oxyde d'or Au^2O ; l'oxyde aurique, c'est le trioxyde Au^2O^3. Or, indépendamment de ce que ces mots *aureux* et *aurique* sont barbares, et que, de plus, la variation du mot tombe, comme nous l'avons remarqué, sur l'élément qui ne varie pas, n'est-il pas évident qu'à moins d'une étude particulière antérieure, on ne peut savoir par ces expressions quelle est la proportion de l'oxygène? Qu'*aureux* et *aurique*, par exemple, indiquent O et O^3, tandis que *sulfureux* et *sulfurique* représentent O^2 et O^3, et *nitreux* et *nitrique* O^3 et O_5? N'est-ce pas là une confusion tout à fait fâcheuse? N'est-il pas manifeste qu'au contraire les mots *oxyde* ou *tri-oxyde d'or*, *bi-acide* et *tri-acide de soufre*, *tri-acide* et *quint-acide d'azote*, ne laisseraient aucun doute sur la composition des corps Au^2O ; Au^2O^3 ; SO^2 ; SO^3 ; Az^2O^3 ; Az^2O^5? Et n'est-ce pas une faute impardonnable dans celui qui écrit sur les sciences d'abandonner l'expression élégante et claire pour prendre le terme barbare et inintelligible?

Les chimistes de nos jours suivant l'exemple de M. Berzélius, étendent ce mauvais système à tous les composés où un élément électro-négatif entre en diverses proportions. Ce que l'on nomme si clairement *chlorure, sesqui-chlorure, bi-chlorure, sulfure, bi-sulfure, tri-sulfure* d'un métal, ils le nomment, en maintenant invariable le nom de l'élément qui varie et faisant varier celui qui reste immobile, *chlorure* ou *sulfure baseux*, *chlorure basique*, *chlorure hypobasique*.

Est-ce là tout cependant? non certes; et ce qu'il y a de bien pis encore, ils prennent, et ils sont obligés de prendre les mêmes mots dans des sens absolument différents, ce qui, dans les sciences exactes, est, sans contestation, le plus fâcheux de tous les symptômes. Si nous voulions ici remonter aux principes idéologiques de cette erreur, et en discuter l'origine grammaticale, nous montrerions que la cause en est à ce qu'on a pris des adjectifs pour représenter ce que la science nous donne comme des substances. Nous insisterions sur ce que l'objet de cette espèce de mots, dans le langage, est de représenter des qualités, et qu'il est absurde de leur donner, dans la langue spéciale d'une science, une valeur conventionnelle en opposition avec celle que toutes les langues du monde leur assignent. Mais en laissant de côté ces vues générales, et revenant à la terminologie confuse de nos jours, je dis qu'avec les adjectifs en *ique* et en *eux* on tombe forcément dans des équivoques détestables. Par exemple, ces mots *chlorure cuivrique* et *sulfate cuivrique* signifient : l'un, *chlorure de cuivre*, et l'autre *sulfate d'oxyde de cuivre*. Ainsi, voilà le même adjectif qui, résolu par des substantifs, désigne tantôt le métal, tantôt son oxyde : peut-on trouver une confusion plus déplorable?

La nomenclature chimique, quelque progrès qu'elle montre dans l'histoire de la science, ne peut donc en aucune façon résister à la critique. Soutenue par les anciennes habitudes et la difficulté qu'il y a toujours de changer un nombre de mots considérable, elle est aujourd'hui et sera peut-être, pendant bien des années encore, l'instrument des chimistes. Toutefois ceux-ci se plaignent depuis longtemps de n'avoir pas un vocabulaire en rapport avec leurs idées, ni susceptibles de les exprimer convenablement.

Est-il impossible de leur donner cet instrument qui leur manque : je ne le crois pas, et c'est ce que j'ai tenté de faire dans un travail où, sans admettre aucune idée préconçue, ni partir d'aucune langue positive, je tâche de profiter des sons que nos organes peuvent produire, pour arriver à des mots conventionnels toujours parfaitement clairs, et qui expriment exactement ce que l'on sait de plus essentiel sur l'histoire des corps.

C'est ce système que je vais exposer dans la seconde partie de ce mémoire, le plus brièvement possible ; me bornant ici à cette seule remarque que c'est un langage tout conventionnel que je propose ; et que son caractère spécial, comme son immense avantage, c'est d'être variable à ce point qu'il pourra et devra suivre les progrès de la science elle-même, les noms des substances devant essentiellement varier, a mesure que des expériences plus exactes nous montreront que la quantité ou les rapports des éléments qui y entrent ne sont pas ce que l'on avait cru d'abord.

§ II. — PARTIE MÉTHODIQUE.

I. *Idées préliminaires.* — Une substance n'est bien connue en chimie que quand on a déterminé par expérience : 1° la nature des éléments qui la composent; 2° la quantité de ces éléments ; 3° leur disposition et le rôle qu'ils jouent entre eux ; 4° les réactions générales du composé.

Si tout cela était parfaitement su des chimistes, la science serait faite et terminée, et l'on n'aurait rien de mieux à désirer, pour en faciliter l'étude, qu'une nomenclature artificielle exprimant nettement, par des mots courts et faciles à prononcer et à retenir, les caractères ci-dessus énoncés.

Je ne dis pas qu'une telle nomenclature pût jamais s'introduire dans le langage ordinaire ; mais comme moyen mnémonique, et même comme méthode de classification, elle aurait incontestablement tous les avantages des formules chimiques de M. Berzélius ; et en outre celui qu'ont les mots créés conformément aux usages de la langue maternelle, de pouvoir se graver facilement dans la mémoire.

468   DE LA NOMENCLATURE CHIMIQUE.

II. *Expression quidditaire*[1], *corps simples et composés*. — La première chose à faire, c'est sans doute de donner à tous les corps simples ou réputés tels des noms étymologiquement insignifiants, mais qui puissent se prêter facilement à toutes les combinaisons possibles ; ces conditions seront remplies si l'on prend pour noms de ces corps des monosyllabes digrammes, commençant par une consonne, c'est-à-dire formés d'une seule articulation et d'une voix simple, ou en termes moins exacts, d'une consonne et d'une voyelle.

En choisissant pour former cette nomenclature parmi les sons de la langue française, les voix mobiles ouvertes (*à, è, o, e*[2]) ou closes (*â, é, ô, eû*) et les articulations muettes (*b, p, d, t, g, k*) ou sifflantes (*v, f, z, s, j, ch*), on forme la suite ci-après de 96 monosyllabes parfaitement distincts.

Ba	bâ	bè	bé	bo	bô	be	beû
Pa	pâ	pè	pé	po	pô	pe	peû
Va	vâ	vè	vé	vo	vô	ve	veû
Fa	fâ	fè	fé	fo	fô	fe	feû
Da	dâ	dè	dé	do	dô	de	deû
Ta	tâ	tè	té	to	tô	te	teû
Za	zâ	zè	zé	zo	zô	ze	zeû
Sa	sâ	sè	sé	so	sô	se	seû
Ga	gâ	guè	gué	go	gô	gue	gueû
Ka	kâ	kè	ké	ko	kô	ke	keû
Ja	jâ	jè	jé	jo	jô	je	jeû
Cha	châ	chè	ché	cho	chô	che	cheû

L'oreille ne pouvant jamais confondre ces 96 syllabes

---

[1] Les chimistes ont appelé *analyse qualitative* celle qui fait connaître les éléments qui entrent dans un composé. *Qualitatif* est un barbarisme ; jamais un mot en *té* n'a formé un dérivé en *tatif* ; *facultatif* est le seul que l'on puisse citer, et il est lui-même barbare. *Qualitatif* est surtout un contre-sens : ce n'est pas la qualité des éléments, mais leur *quiddité* que l'on veut déterminer, si l'on peut employer ici un mot fort usité dans la scolastique ; et de là se forme tout naturellement l'adjectif *quidditaire*.

[2] L'*e* ici, bien que sans accent, n'est pas muet. C'est celui de nos monosyllabes *me*, *te*, *se*, *le*, *que*, etc. Il a le son *eu* ouvert qu'on entend dans la première syllabe de *meule*. Il faut avoir soin de le prononcer exactement avec ce son.

quand elles seront bien prononcées, il y a de quoi nommer dès aujourd'hui tous les corps simples connus et une quarantaine d'autres si l'on vient à les découvrir.

Mais il faut bien faire attention, en les prononçant, à la vraie nature des voix; le son ouvert *a* doit être aussi différent de l'*â* fermé que celui de l'*è* ouvert est distinct de l'*é* fermé. En un mot les huit voix différentes inscrites ici doivent conserver respectivement le son qu'elles ont dans les mots suivants : *galas, prêté, bobo, cheveu* ou *peureux*. La substitution de l'une à l'autre, lorsque l'on sera convenu d'appliquer chacune à telle ou telle substance élémentaire, équivaudrait évidemment à nommer un autre corps que celui dont on parle.

Par la même raison les consonnes ne doivent pas changer de son quelle que soit leur position dans le mot. Il ne faut pas adoucir *s* entre deux voyelles, ni lui donner le son du *z*; ni prononcer le *g* devant un *é* ou un *i* avec le son du *j*. C'est pour indiquer le véritable son que j'ai écrit dans le tableau *guè, gué, gue, gueû*; il vaudrait mieux que les yeux s'habituassent à lire et la bouche à prononcer *gè, gé, ge, geu*, comme nous prononçons les syllabes grecques γὴ, γέ, γεῦ.

Les lettres que nous avons reçues des Romains étant en trop petit nombre pour représenter nos voix et nos articulations, il a fallu employer quelquefois des réunions de plusieurs caractères pour représenter un son réellement indécomposable; ainsi dans les syllabes *gue, cho, deû*, les doubles lettres *gu, ch, eû* expriment des sons simples et indivisibles quoique l'écriture nous montre deux caractères distincts : il est rationnel cependant, à cause de leur valeur, de les regarder comme des voyelles ou consonnes simples qui auraient trois ou quatre jambages au lieu de deux ; et dans cette idée j'ai pu nommer *digrammes* ou *bilitères*, c'est-à-dire *composés de deux lettres*, les monosyllabes ci-dessus, bien qu'ils en aient quelquefois quatre.

Quoi qu'il en soit, le tableau précédent une fois tracé, tous les noms en pouvaient être également appliqués à tous les corps simples ; mais dans les sciences il convient d'abandonner le moins possible au hasard, et il vaudra toujours mieux imposer des noms d'après une raison quelconque, que de s'en remettre aux dés ou aux numéros d'un jeu de loto pour déterminer l'appellation des éléments.

M. Thénard, par exemple, a rangé les corps simples dans l'ordre de leur affinité pour l'oxygène : on pourrait suivre cet ordre ; nommer *ba* l'oxygène et successivement tous les autres éléments selon leur affinité pour le *ba*.

M. Berzélius a placé les corps simples d'après leur état electrique relatif ; l'oxygène est le premier dans l'ordre électro-négatif et le potassium le dernier ; on pourrait ranger les simples dans cet ordre ou dans l'ordre inverse et leur donner leur nom selon leur place.

M. Ampère a proposé de diviser les substances chimiques en familles naturelles, réunissant sous un seul et même chef les êtres dont les analogies sont assez frappantes pour que l'histoire de l'un soit en grande partie l'histoire de l'autre. Si ces analogies étaient parfaitement connues et avouées des chimistes, on pourrait les rappeler dans le nom du corps en conservant la voyelle et faisant varier la consonne pour tous les êtres de la même famille. Ce dernier ordre est, je l'avoue, celui qui me paraîtrait réunir le plus d'avantages. Mais il a, comme les précédents, l'inconvénient de fixer d'une manière définitive le rang et la valeur relative des corps simples, lorsque rien ne nous assure que ces corps soient tous connus, ou que leurs qualités ou analogies soient parfaitement déterminées.

En l'absence de toute raison tirée de la science, il n'est pas défendu d'aider la mémoire ; on pourra donc, au moins provisoirement, prendre parmi nos monosyllabes, pour noms des corps simples, ceux qui se rapprocheraient le plus des noms anciens mutilés, écourtés selon les règles suivantes : 1° Supprimer les lettres *gn, m, n, l, r, i, u, ou, an, en, ein, on, un*; 2° Retrancher les voyelles initiales ou qui le deviendraient par suite des suppressions précédentes; 3° Réduire à deux lettres celles qui resteraient après cette épuration ; 4° En cas d'insuffisance de ces règles, prendre au lieu du nom ancien un de ses synonymes ou analogues, et lui faire subir une mutilation semblable.

Voici, par exemple, comment les noms se trouvent distribués : je mettrai en italique dans le nom ancien ou dans ses analogues les lettres conservées dans l'appellation nouvelle[1].

Ba	*ba*ryum.	Do	*o*r (*do*ré).	Se	*s*trontium.
Bè	molyb*dè*ne.	De	i*ri*dium.	Seû	*si*licium.
Bo	*bro*me.	Deû	rho*diu*m.	Ga	man*ga*nèse.
Bô	*bo*re.	Ta	é*ta*in.	Guò	ar*g*ent.
Be	*b*is*m*uth.	Tà	*ta*ntale.	Gue	*glu*cynium.
Pa	*pa*lladium.	Tè	*te*llure.	Gueû	ma*gne*sium.
Pè	*p*la*t*ine.	Té	*ti*tane.	Ka	*ca*rbone.
Po	*po*tassium.	To	an*ti*moine.	Kà	*ca*lcium.
Pô	*p*l*o*mb.	Tô	*tho*rium.	Kè	ni*ck*el.
Pe	osmium (*pue*).	Te	*tu*ngstène.	Ké	*cé*rium.
Peû	lithium (*pierreux*).	Teû	y*t*trium.	Ko	*co*balt.
Va	oxygène (*vital*).	Zè	*z*in*c*.	Kô	urane (*cœlum*).
Và	*va*nadium.	Zo	*z*az*o*te.	Ke	*c*admium.
Vè	c*uivre*.	Zeû	*z*ir*c*onium.	Keû	*me*rcure.
Fè	*fe*r.	Sè	ar*s*enic.	Jo	*io*de.
Fo	*f*lu*o*r.	Sé	*sé*lenium.	Jeû	alum*i*nium.
Fô	*pho*sphore.	So	*so*dium.	Cho	*ch*lore.
Dè	*h*y*d*rogène.	Sô	*so*ufre.	Chô	*ch*rome.

Quant aux noms des composés, ils se formeront du nom des simples réunis dans l'ordre électro-positif : ainsi l'oxyde d'argent sera du *guèvà*; le chlorure de sodium du *sòchò*; le

---

[1] Dans tous les noms suivants, les *a* et les *o* doivent être prononcés comme dans *plat* et *cor*; les *à* et les *ó* comme dans *bât* et *impôt*, soit dans l'intérieur, soit à la fin des mots.

sulfure d'hydrogène du *désò;* il n'y a là-dedans ni doute ni difficulté.

III. *Radicaux composés.* — Il y a des corps composés qui se comportent constamment comme des corps simples ; tel est le cyanogène, qui est composé d'azote et de carbone ; l'appellerons-nous *kazo?* C'est ce qu'il y a de plus simple au premier coup d'œil ; ce n'est peut-être pas ce qu'il y a de plus avantageux. En effet, il nous importe moins la plupart du temps de savoir quelle est exactement la composition d'un corps que la manière dont il se comporte dans ses réactions. On aurait donc trouvé la forme la plus avantageuse si le nom imposé à ces corps qu'on a nommés *radicaux* était comme un drapeau sur lequel on lirait : « Cette substance est composée ; mais se comporte presque toujours comme un corps simple. »

Or l'admirable disposition de nos organes nous permet d'exprimer à la fois la composition réelle du corps en renonçant aux consonnes simples employées précédemment, et la simplicité dans les réactions, en conservant des noms monosyllabiques ; il suffit pour cela de modifier la voix par une articulation double. On sait ce que c'est qu'une articulation double ; c'est celle qui, comme le ξ et le ζ des Grecs, fait entendre deux articulations distinctes, dont la séparation est si rapide que l'oreille, en appréciant très-bien le double son, n'y reconnaît pourtant qu'une seule syllabe.

Prenons ici les articulations doubles dont la prononciation est la plus facile et la plus distincte, savoir : les combinaisons des dentales sifflantes *s* et *z* avec les muettes de même intensité, nous aurons les consonnes composées *bz, zb, ps, sp, dz, zd, ts, st, gz, zg, ks, sk;* et celles-ci, suivies tour à tour des huit voix marquées dans le précédent tableau, donneront une nouvelle liste de 96 monosyllabes, savoir : *bzà, bzâ, bzè, bzé, bzò, bzô, bze, bzeû, zbà, zbâ, zbè, zbé, zbò, zbô, zbe, zbeû, psà, psâ, psé,* etc. Il y a dans cette liste de quoi nommer pendant longtemps encore les radicaux que découvrira la chimie.

Il serait avantageux, sans doute, de pouvoir rappeler par le choix des consonnes les corps simples dont ce radical est formé, et par sa voyelle ceux dont ses réactions le rapprochent le plus. Ainsi le cyanogène étant formé de carbone et d'azote *ka,zo*, le *ks* indiquera très-bien sa composition ; et comme, d'un autre côté, toutes ses réactions sont semblables à celles des corps halogènes, et en particulier à celles du chlore, dont le nom est *cho*, en prenant la voyelle *o* de ce dernier, on aura dans le mot *kso* un nom tout à fait significatif du cyanogène.

Mais il ne faut pas compter habituellement sur une telle bonne fortune ; nos organes s'y refuseront la plupart du temps ; les noms des corps pourront fort bien ne pas s'y prêter ; enfin ce choix supposerait qu'on sera sur tous ces radicaux aussi avancé qu'on l'est sur le cyanogène, ce qui est loin d'être vrai. Je crois donc que ce qu'il y aura à faire ce sera de prendre, en général, pour les radicaux les premiers trouvés, et autant que possible pour les plus importants, les syllabes les plus faciles à prononcer et à écrire, celles surtout où les deux consonnes sont fortes, et où la voyelle est simple.

Il y a aussi une observation à faire sur les composés de l'hydrogène et du carbone ; ces composés sont si nombreux, ils se présentent à nous avec des éléments en proportions si diverses qu'il y aurait, si je ne me trompe, avantage à leur consacrer exclusivement une voyelle, l'*a* par exemple, et à représenter par la double consonne la proportion de leurs éléments, ainsi que je le dirai dans les paragraphes suivants.

IV. *Expression quotenaire*[1]. — La chimie est aujour-

---

[1] Les chimistes appellent *quantitative* l'analyse qui fait connaître la

d'hui trop avancée pour qu'on puisse se contenter de dire : tel composé se forme de tels éléments sans déterminer en même temps leur proportion, au moins pour les corps bien connus, c'est-à-dire pour les corps dont les exposants chimiques sont très-peu élevés. Cette indication se fera facilement dans les mots eux-mêmes, si aux syllabes précédemment classées et que j'appelle *syllabes substantives*, parce qu'elles indiquent des substances, nous en ajoutons d'autres que nous nommerons *numérales*, et qui indiqueront le nombre des atomes ou équivalents.

J'ai omis à dessein, dans le tableau des syllabes substantives, les consonnes nasales ou liquides, **gn, m, n, l, r**, et les voyelles fixes **i, u**. Nous pouvons, avec elles, former des syllabes *numérales* essentiellement distinctes des premières ; il suffit pour cela de placer successivement toutes ces consonnes devant chacune de ces deux voyelles. Nous aurons ainsi les dix monosyllabes nouveaux *gni, mi, ni, li, ri, gnu, mu, nu, lu, ru*, qui peuvent devenir les noms des dix chiffres arabes 0, 1, 2, 3, 4, 5, 6, 7, 8 et 9.

Si maintenant nous combinons ensemble ces noms comme l'arithmétique combine ses chiffres, en leur attribuant une valeur dépendante de leurs places, nous obtiendrons un système de noms de nombres exactement conforme à la numération écrite, savoir : *migni*, 10 ; *mimi*, 11 ; *mini*, 12 ; *mili*, 13 ; *miri*, 14 ; *mignu*, 15 ; *mimu*, 16, etc.

Ces syllabes, prises comme *suffixes*, c'est-à-dire attachées à la suite des syllabes substantives, pourraient, à toute force, suffire à l'expression quotenaire ; mais on ob-

---

quantité de chaque élément ; c'est un barbarisme : si l'on voulait forger un mot pour cette signification, il fallait dire *quantitaire* ; car les noms en *té* ne forment régulièrement que des adjectifs en *taire*. Mais depuis qu'on connaît la théorie des équivalents chimiques, ce n'est plus simplement la quantité, c'est le nombre proportionnel de ces équivalents qu'on veut déterminer ; il convient donc de l'appeler *analyse quotenaire*, c'est-à-dire qui se rapporte à la question *quoteni, æ, a*.

tiendrait ainsi des mots disgracieux d'une forme peu élégante, souvent trop longs pour la langue française; on peut, sans aucun inconvénient, y introduire les modifications suivantes :

1°. On n'exprimera pas l'unité; le nom seul de la substance indiquera toujours qu'elle entre dans le composé pour l'unité, que les chimistes nomment un *équivalent*.

2°. Dans les unités décimales 10, 100, on n'exprimera pas le dernier zéro; *mi* n'étant pas employé pour l'unité, le sera pour 10; *migni* alors ne l'étant plus pour 10, le sera pour 100.

3°. Les exposants 2, 3, 4, 5, 6 de l'élément le plus électro-négatif, exposants qui doivent sans doute se représenter le plus souvent, pourront très-bien remplacer leurs syllabes pleines *ni, li, ri, gnu, mu*, par les syllabes muettes *ne, le, re, gne, me*, qui donneront aux mots une forme plus française et une syllabe de moins [1], sans leur rien ôter de leur signification.

4°. Enfin, en conservant pour la dernière syllabe substantive, c'est-à-dire pour l'élément qui doit probablement le plus varier, les suffixes contenus dans le tableau général, on peut, pour les éléments moins électro-négatifs, en admettre d'autres qui formeront un système moins complet, mais qui permettront enfin d'énoncer en une syllabe le corps électro-positif accompagné d'un exposant moindre que douze : il suffira d'indiquer cet exposant de la manière suivante : 1 par le son simple, comme il a été dit : *dè* l'hydrogène vaut H; 2 par *y* devant la voyelle; *dyè* $= H^2$; 3 et 4 par *l* et *r* après la voyelle; *dèl* $= H^3$; *dèr* $= H^4$; 5 par *ï* après la voyelle *dèï* $= H^5$; 6 et 7 par *l* et *r* devant la voyelle; *dlè* $= H^6$; *drè* $= H^7$; 8 et 9 par *y* devant, et *l* ou

---

[1] Ces syllabes étant finales, l'*e* y est absolument muet, et ne peut s'y confondre, quoiqu'il soit écrit de même, avec les syllabes substantives *be, pe,* etc., où il a le son d'un *eu* faible. Voyez ci-dessus, p. 468.

r après ; *dyèl* = H^8 ; *dyèr* = H^9 ; [illegible] par *il* ou *ir* après la voyelle ; *dëil* ou *dëir* = H^{10}, H^9[?]

Voici, d'après cette règle, les noms de quelques-unes des substances chimiques les plus connues : Eau, HO, *dèva* ; acide carbonique, CO^2, *kavane* ; acide hyposulfureux, SO, *sôva* ; acide sulfureux, SO^2, *sôvane* ; acide sulfurique, SO^3, *sôvale* ; acide hyposulfurique, S^2O^5, *syôvagne* ; oxyde d'azote, AzO, *zova* ; bioxyde d'azote, AzO^2, *zovane* ; acide azoteux, AzO^3, *zovale* ; acide hypoazotique, AzO^4, *zovare* ; acide azotique, AzO^5, *zovagne* ; acide chlorique, ClO^5, *chovagne* ; acide hyperchlorique, ClO^7, *chovanu* ; acide succinique, $H^2C^4O^5$, *dyècarvagne* ; oxamide, $H^2C^2AzO^2$, *dyèkyazovane*.

Ces deux derniers mots sont un peu longs, mais il faut avouer que les formules elles-mêmes sont bien compliquées ; si, plus tard, la chimie détermine dans quelle relation sont les éléments de divers corps, de manière à en donner une formule simple et rationnelle, la parole suivra aussitôt et les noms se simplifieront.

Déjà nous apercevons un grand nombre de simplifications comme possibles, par la réduction de plusieurs composés en un seul radical ; j'en parlerai tout à l'heure, et l'écriture chimique nous en indique une autre qu'il ne faut pas négliger par l'emploi des *coefficients :* on appelle ainsi des chiffres placés à gauche de la formule et servant, comme en algèbre, à multiplier toutes les lettres jusqu'à la première virgule, ou même toute la parenthèse, lorsque des virgules sont comprises entre des crochets. Le nom numéral placé devant un mot doit aussi multiplier tous les éléments de ce mot ; ainsi $4SO^3$, ou quatre atomes d'acide sulfurique, s'exprimera par *ri-sôvale* ; 24 HO, ou vingt-quatre parties d'oxyde d'hydrogène se lira *niri-dèva*.

V. *Radicaux composés : expression quotenaire.* — Les radicaux composés suivront exactement les mêmes règles, leur nombre relatif s'exprimera de la même manière. Le cyanogène étant représenté par *kso*, l'acide cyanhydrique HCy sera du *dèkso*, le cyanure de potassium KCy du *pokso*, le cyanure de mercure HgCy du *keûkso*, l'acide cyanique CyO du *ksova*.

Ce qui se fait aujourd'hui pour le cyanogène se fera sans doute plus tard pour un bon nombre de radicaux organiques ou inorganiques. Le sulfo-cyanogène pourrait recevoir un nom monosyllabique, comme *spè* ou tout autre. L'acide acétique anhydre a pour formule $H^3C^4O^3$; l'acide aldéhydique $H^3C^4O^2$; l'aldéhyde H^3C^4O. Ces trois corps peuvent donc être regardés comme un tri-oxyde, un bi-oxyde et un prot-oxyde d'un radical H^3C^4; mais, dans ce cas, nous avons un nom tout prêt pour l'exprimer : appelons *gza* le radical composé H^3C^4, et les trois composés ci-dessus s'appelleront du *gzava*, du *gzavane*, du *gzavale*.

L'acide formique anhydre a pour expression HC^2O^3; le chloroforme HC^2Cl^3; le brômoforme HC^2Br^3; l'iodoforme HC^2I^3; et ces trois derniers corps se transforment en acide formique sous l'influence des bases; cela étant, ne semble-t-il pas naturel de considérer HC^2 comme un radical composé que nous nommerons *psa* et qui se comportera avec l'oxygène, le chlore, le brôme et l'iode, précisément comme l'hydrogène dans les composés HO, HCl, HBr, HI? et alors ces combinaisons devront s'appeler du *psavale*, du *psachole*, du *psabole* et du *psajole*.

C'est ici le cas de dire que les combinaisons de l'hydrogène et du carbone étant extrêmement nombreuses et en proportions très-variables, il semble qu'il y aurait avantage à représenter par des syllabes différentes les diverses proportions de ces composés, par exemple : HC par *bza*, HC^2 par *psa*, HC^3 par *zba*, HC^4 par *spa*, HC^5 par *dzà*, HC^6 par *tzà*, et ainsi de suite.

Il est d'ailleurs évident que la voyelle recevra, selon le

besoin, toutes les modifications indiquées précédemment, ainsi *bzya* ou *bzane* ou *bzani* sera (HC)², c'est-à-dire H^2C^2, *psàle* ou *psali* sera $(HC^2)^3$ ou H^3C^6.

Il faut seulement observer que l'on ne doit employer ces monosyllabes que pour représenter des corps que l'on regarde actuellement comme radicaux composés, et que l'on suppose, par conséquent, fonctionner comme des corps simples. Par exemple, dans la théorie de l'éthile, l'éther est un oxyde de ce radical qui a pour expression H^5C^4; l'éther est donc H^5C^4,O; ici H^5C^4 joue le rôle d'un métal combiné avec l'oxygène; appelons ce radical *zga*; et nous aurons pour le nom de l'éther le *zgava*, qui signifie littéralement : *combinaison d'un équivalent d'oxygène avec un radical composé de 5 d'hydrogène et de 4 de carbone.*

Dans la théorie du l'éthérène, l'éther est un hydrate de H^4C^4 ou 4 HC. Dans ce cas, puisque l'eau fait fonction d'acide, et que les acides ne se combinent qu'avec des corps binaires, H^4C^4 doit être regardé, non comme un radical, mais comme un vrai composé qu'il faudra nommer du *ri-dèka* (4 HC) et non du *bzari*.

Cette règle doit s'appliquer à toutes les combinaisons où entrent des corps de ce genre, la nomenclature ne devant jamais tendre à autre chose qu'à exprimer nettement ce que les chimistes ont découvert ou croient actuellement.

VI. *Expressions des réactions principales.* — Les corps que considère la chimie se distinguent les uns des autres, non-seulement par les substances simples qui les composent, mais encore par leurs qualités.

1°. Les composés, considérés relativement à leurs combinaisons, sont constitués en deux états électriques opposés : l'un, qui joue le rôle électro-négatif, s'appelle *acide*; l'autre, qui est électro-positif, se nomme *base* ou *alcali*.

2°. Il y a des corps qui jouent le rôle de *base* ou celui d'*acide* selon l'occasion : on les nomme *indifférents*; d'autres ne jouent ni l'un ni l'autre rôle: on les nomme *singuliers*.

3°. Les *acides* et les *bases* en se combinant donnent naissance à des composés nouveaux ; ce sont des *sels*.

4°. Ces sels sont *simples* ou *multiples : simples*, quand il n'y a qu'un acide et qu'une base ; *doubles* ou *multiples*, quand il y a un seul'acide et deux bases, ou réciproquement.

5°. On distingue encore les sels *neutres*, les sels *acides*, les sels *basiques* ou *alcalins*.

6°. Il y a des corps qui sont très-volatils et très-inflammables ; on les nomme ordinairement des *esprits*.

7°. D'autres, qui peuvent brûler aussi, avec une fumée plus ou moins épaisse, sont chargés de particules odorantes qu'ils répandent de tous côtés ; on les nomme *essences* ou *huiles essentielles*.

Toutes ces divisions et d'autres semblables, dont les chimistes font usage ou qu'ils établiront plus tard, doivent pouvoir être exprimées dans une bonne nomenclature ; voyons de quelles ressources nous pouvons disposer pour exprimer ces nouvelles circonstances sans confusion et, s'il est possible, sans allonger nos noms symboliques.

Les douze consonnes employées d'abord, *b, p, v, f, d, t, z, s, g, k, j, ch*, n'indiquent des substances que lorsqu'elles sont suivies des voyelles sonores *a, â, è, é, o, ô, e, eu;* si nous les faisons suivre de l'*e* muet, nous en formerons douze syllabes *be, pe, ve, fe, de, te, ze, se*, ou *ce, gue, ke* ou *que, je, che*, qui pourront terminer le mot[1] ; alors, comme elles sont tout à fait muettes, elles ne l'allongeront pas ; et cependant, comme notre oreille saisit parfaitement le son de la consonne, elles nous donneront douze terminaisons très-distinctes.

---

[1] Même observation que tout à l'heure : ces syllabes étant finales, l'*e* y sera absolument muet. — Voyez les notes des p. 468 et 475.

Mais, parce que notre langue n'admet pas deux syllabes muettes à la fin des mots, il doit être entendu que dans le cas où on ajoute à un mot une de ces finales, on doit y replacer la lettre numérale que nous avons dit pouvoir être remplacée par l'*e* muet; il faut alors appeler selon la règle stricte l'acide sulfurique du *sóvali* et non du *sóvale;* l'acide nitrique du *zovagnu* et non du *zovagne.*

Alors ces douze syllabes finales étant entièrement libres peuvent être employées à notre choix pour désigner telle ou telle qualité ; je les appellerai donc *syllabes qualificatives.*

C'est aux chimistes de décider quelles qualités méritent d'être exprimées ; il n'y a pas de doute aujourd'hui sur l'*acidité*, l'*alcalinité*, la *salinité ;* je vais montrer comment ce système s'applique avec une facilité extrême ; on verra plus tard s'il convient d'indiquer d'une manière analogue la *spirituosité*, l'*oléaginosité*, etc.

1°. *Acides.* — La finale *que* exprimera l'acidité ; alors quelques-uns des mots ci-dessus se modifient ainsi qu'il suit : l'acide hyposulfureux SO est du *sô-va-que;* l'acide sulfureux SO^2, du *sô-va-ni-que,* l'acide sulfurique SO^3 du *sô-va-li-que;* l'acide hyposulfurique S^2O^5 du *syóvagnuque*[1],

---

[1] Je lis dans l'*Abrégé de chimie* de MM. Pelouze et Frémy (1849) : « Jusqu'alors les règles de la nomenclature suffisaient pour désigner ces quatre acides ; mais de nouveaux composés également formés de soufre et d'oxygène ont été trouvés récemment. Il a fallu leur donner des dénominations particulières. Ces nouveaux acides peuvent être placés à côté de l'acide hyposulfurique. Ils contiennent tous une même quantité d'oxygène, tandis que les équivalents du soufre augmentent comme les nombres 3, 4 et 5. On a proposé de désigner cette série sous le nom de série *thionique,* de θεῖον, soufre. Elle comprend quatre acides, savoir l'acide *dithionique* S^2O^5 ; le *trithionique* S^3O^5 ; le *tétrathionique* S^4O^5 ; le *pentathionique* S^5O^5 (p. 106). » Je ne veux parler ici que de l'embarras où on a été pour nommer ces nouveaux composés des mêmes substances. On voit que, pour nous, les quatre noms nouveaux deviendraient du *syóvagnuque,* du *sóivagnuque,* du *sórvagnuque* et du *soïvagnuque,* et conserveraient ainsi entre eux la parenté qu'on a voulu établir par ce mot *thionique,* sans renoncer à nommer les substances simples qui y entrent, ni surtout leur quantité.

l'acide azoteux AzO^3 du *zovalique;* l'hypo-azotique AzO^4 du *zovarique;* l'acide azotique AzO^5 du *zovagnuque;* l'acide hyperchlorique ClO^7 du *chovanuque.*

Je supprime la distinction des acides en *eux* et en *iqué*, le degré de l'acidité étant toujours beaucoup mieux exprimé par nos lettres numérales, qu'il ne peut l'être par ces terminaisons, ou par les préfixes grecs *hypo* et *hyper.*

Je supprime également la division devenue inutile des *oxacides, hydracides,* et autres acides; les lettres substantives indiquent toujours nettement de quel acide il est question; l'acide chlorhydrique est du *déchoque,* l'acide sulfhydrique HS, du *désôque* : on voit bien que ce ne sont pas des oxacides, puisque la syllabe *va* n'entre pas dans leur nom.

2°. *Alcalis, bases, oxydes.* — Désignons-les par la finale *de:* le protoxyde de cuivre Cu^2O, sera du *vyè-vade;* le bioxyde de cuivre C O du *vèvade;* le quadroxyde CO^2 du *vévanide;* le protoxyde de plomb du *pôvade,* son sesquioxyde Pb^2O^3 du *pyôvalide,* son bi-oxyde PbO^2 du *pôvanide;* l'oxyde d'azote AzO, du *zovade;* son bi-oxyde du *zovanide.*

Les composés en *ure* sont du même ordre que les oxydes; ce sont des composés non acides de deux corps simples ou agissant comme corps simples; il convient donc de les exprimer par la même finale, les lettres substantives indiqueront toujours suffisamment quel est l'élément électro-négatif. Le proto-chlorure de fer Fé Cl sera du *féchode;* le sesqui-chlorure $Fé^2Cl^3$ du *fyécholide;* le proto-sulfure de plomb du *pôsóde;* le bi-sulfure de platine du *pésônide;* l'ammoniaque anhydre ou azoture d'hydrogène H^3Az du *délzode.*

Nos lettres numérales nous permettent de supprimer les préfixes latins, *sesqui, bi, tri, per,* ou grecs, *proto, deuto, trito,* comme les lettres substantives nous ont dispensés des mots *oxyde, chlorure, cyanure, sulfure, carbure,* etc., etc.

3°. *Corps indifférents.* — Ce sont ceux qui sont tantôt acides et tantôt bases ; ils n'exigent pas une dénomination particulière ; la syllabe qualificative de leur nom doit seule changer avec leur manière d'être ; le sesqui-oxyde de fer, Fé^2 O^3 est du *fyévalide;* combiné avec le protoxyde Fé O, il forme un composé où il paraît jouer le rôle d'acide ; nous le nommons alors du *fyévalique;* il en est de même de l'eau, qui est une base faible avec les acides et un acide faible avec les bases ; nous l'appelons du *dèvade* dans le premier cas, et du *dèvaque* dans le second.

4°. *Corps singuliers.* — Ce sont les corps qui ne peuvent se combiner ni avec les acides ni avec les alcalis ; le quadroxyde de cuivre CO^2 (*vévanide*) et le bi-oxyde d'hydrogène HO^2 (*dèvanide*) sont dans ce cas. On pourrait leur appliquer une finale particulière ; il vaut peut-être mieux les comprendre, comme par le passé, sous la terminaison *de,* et observer seulement la singularité qui les caractérise.

5°. *Sels.* — Nous conserverons, autant que possible, la belle idée de Lavoisier, de donner aux sels le nom de l'acide en changeant seulement la terminaison, et le faisant suivre du nom de la base ; désignons donc le sel par la finale *te,* le degré de l'acide générateur étant toujours indiqué par les lettres numérales, un sulfate sera pour nous un *sòvalite,* un sulfite un *sòvanite,* un hyposulfite un *sòvate,* un azotate un *zovagnute,* un azotite un *zovalite,* etc.

Ici, comme pour les acides, nous pouvons supprimer les différences de terminaisons, et les préfixes grecs ou latins dont on embarrasse les noms chimiques ; nos lettres numérales expriment avec bien plus de précision et d'élégance la circonstance qu'on veut représenter.

Nous joignons, comme on le fait maintenant, le nom de la base au nom du sel par la préposition *de :* seulement il convient de retrancher du nom de cette base toute syllabe qualificative ; car nous ne savons plus quel est l'état des éléments dans le composé; ainsi nous disons pour sulfate de soude NaO, SO³, *sôvalite* de *sova* et non de *sovade;* car ce dernier mot exprimerait que la substance NaO est encore à l'état de soude dans le composé, et c'est ce que nous ignorons. Il faut donc jusqu'à ce qu'une expérience décisive nous apprenne ce qu'il en est, ne nommer le sel désigné par *te*, qu'avec les syllabes substantives et numérales *sô, vali, so, va* des substances simples qui y entrent.

Par une raison du même ordre, nous ne dirons jamais du *sôvalite de fé*, du *zovagnute de vè*, comme on dit aujourd'hui du *sulfate de fer*, de l'*azotate de cuivre*. C'est une négligence impardonnable de mettre ici les noms des métaux lorsque ce sont leurs oxydes qui entrent dans la combinaison saline; nous dirons donc du *sôvalite de féva*, du *zovagnute de vèva* ou de *vyèva*.

6°. Les sels ont, selon la force relative de leurs composants, des réactions acides ou alcalines. Je ne pense pas que cette différence doive être indiquée par une terminaison ; c'est une circonstance particulière de leur histoire, qu'il faut retenir de mémoire, et qu'on fera bien de réunir, si cela est possible, sous une loi générale. Il n'en est pas de même de la *neutralité*, de l'*acidité* ou de l'*alcalinité*, considérées eu égard à la quantité relative de l'élément électro-négatif dans les deux éléments du sel. L'oxygène devant, d'après la foi de Richter, se trouver en rapport constant dans l'acide et dans la base, il est clair que le sulfate neutre de protoxyde de fer sera $FéO, SO^3$; et le sulfate neutre de sesquioxyde $Fé^2O^3, S^3O^9$ ou $Fé^2O^3, 3SO^3$; le premier est pour nous un *sôvalite de féva ;* le second se nomme naturellement un *li-sovalite de fyévali*, ou plutôt de *fyévale*, puisque nous avons vu qu'on pouvait modifier ainsi certaines syllabes numérales à la fin des mots. La syllabe *li* préfixée au nom du sel indique combien de parts d'acide il entre en lui, et cette syllabe, comparée à la dernière de la base, montre, par l'égalité, la supériorité ou l'infériorité de son nombre, s'il s'agit d'un sel neutre, d'un sur-sel ou d'un sous-sel.

Il est évident que si la base augmentait dans une proportion semblable, ce serait elle qui devrait porter le préfixe numéral. On sait, par les belles expériences de M. Graham, que l'acide phosphorique PhO^5 se combine avec 1, 2 ou 3 parts de soude NaO, ou d'eau HO, selon certaines circonstances; il conviendra d'appeler la première combinaison NaO, PhO^5 (phosphate acide de soude), le *fôvagnute de sova*; la seconde $2NaO, PhO^5$, le *fôvagnute de ni-sova*; la troisième $3NaO, PhO^5$, le *fôvagnute de li-sova*. Les syllabes *ni* et *li* traduisent exactement les coefficients 2 et 3 placés devant NaO.

7°. *Sels doubles.* — Les plus connus sont ceux où l'élément électro-négatif est commun; tels sont les aluns dont l'expression est de cette forme $Al^2O^3, 3SO^3 + KO, SO^3$; je fais abstraction de l'eau (24 HO) qui y est interposée. La formule est alors trop compliquée pour qu'on puisse lui donner un nom symbolique élégant et facile à prononcer, mais on peut très-bien l'appeler un *sôvalite double de jyeûvale et de pova*; ce nom nous représente immédiatement la formule chimique, puisque le mot *jyeûvale* (Al^2O_3) appelle auprès de lui un *li-sôvalite* ($3SO^3$), et le mot *pova* (KO), un *sôvalite* seulement (SO^3).

8°. *Autres qualifications.* — Je ne vais pas plus loin dans la liste de ces dénominations : il est facile de voir comment elles devront être généralement appliquées; et que si la spirituosité ou toute autre qualité paraît mériter plus tard d'être indiquée, une syllabe finale en fera l'affaire; de même que le sens des terminaisons *de, que, te,* pourrait être modifié plus tard si, ce qui ne paraît pas probable, les progrès ultérieurs de la chimie rendaient moins utile la considération des bases, des acides et des sels.

Tel est l'avantage des symboles purement conventionnels, qu'ils se prêtent sans aucune difficulté, et surtout sans obscurité, à toutes les significations que l'on désire.

VII. *Dérivation et termes généraux.* — Tous nos mots qualificatifs se terminant par des *e* muets, sont parfaitement propres à former des verbes et des adjectifs. Les terminaisons verbales *er* et *ir* exprimeront très-bien, la première notre action sur une substance, et la seconde son passage d'un état à un autre. Ex. : *va* désigne l'oxygène, *vade* un composé non acide, *vaque* un composé acide; de là, les verbes actifs *vader* et *vaquer*, et les intransitifs *vadir* et *vaquir*. Nous *vadons* l'hydrogène quand nous le brûlons; le fer *vadit* à l'air humide. L'oxydation, quand elle est le résultat de notre action, est le *vadage;* elle est le *vadissement* quand elle se produit sans notre concours immédiat; le résultat du *vadage* ou du *vadissement* est déjà nommé : c'est le *vade*. Tous les autres noms chimiques peuvent former des verbes et des noms verbaux analogues; *choder,* c'est combiner avec le chlore; *chodir,* se combiner avec lui; nous *chodons* facilement l'or, mais on ne peut le *vader* ou il ne peut *vadir* immédiatement.

Les particules *dé*, *en*, *re*, placées devant ces verbes comme devant les autres verbes français, leur font signifier la cessation, le commencement ou le retour de l'action, ou de l'état qu'ils expriment. Les métaux alcalins *dévadent* l'eau à froid, c'est-à-dire lui enlèvent son oxygène; ceux de la cinquième classe de M. Thénard ne la *dévadent* ni à chaud ni à froid, mais ils *vadissent* à l'air libre à une certaine température, passé laquelle ils *dévadissent.*

Les participes de ces verbes peuvent être employés avec avantage. Par exemple, l'ammoniaque anhydre ou *délzode* (H^3 Az) ne forme le sulfate d'ammoniaque qu'en se combinant avec un équivalent d'eau HO; il faudrait donc dire, pour parler rigoureusement, *sulfate d'hydrate d'ammoniaque* ou *sôvalite de dèvate de dèlzode*. Ces deux prépositions forment une mauvaise construction qu'on évite facilement au moyen du participe *sôvalite de dèlzode dèvati*, comme on dit aujourd'hui *sulfate d'ammoniaque hydraté ;* seulement l'expression nouvelle représente exactement la formule chimique SO^3, HO, $H^3\ Az$, que l'expression vulgaire ne rappelle aucunement.

Il est évident que ces verbes et ces participes peuvent, en cas de besoin, recevoir les préfixes numéraux, symboles des coefficients, et que l'acide phosphorique combiné avec 1, 2, 3 parts d'eau sera, si l'on veut, du *fôvagnute dèvati, ni-dèvati, li-dèvati,* comme on aurait dit du *fôvagnute de dèva, de ni-dèva, de li-dèva*.

Les noms généraux se forment avec une égale facilité ; toutes les qualités chimiques étant exprimées par une finale muette, plaçons devant cette finale la syllabe *hou*, dont l'*h* est aspirée, et qui est jusqu'à présent sans usage, nous aurons des substantifs masculins indiquant cette qualité d'une manière abstraite : un *houde* sera une combinaison non acide, un *houque* une combinaison acide, un *houte* une combinaison saline.

Le nom d'une substance placé devant ces terminaisons indique immédiatement toutes les combinaisons acides, non acides ou salines, qui se rapportent à cette substance : ainsi les *vahoudes* sont tous les oxydes ; les *vahouques* tous les oxacides, les *vahoutes* tous les oxysels ; ils diffèrent des *vades*, des *vaques* et des *vates*, en ce que dans ceux-ci la quantité d'oxygène est déterminée ; c'est un équivalent ; c'en seraient deux dans les *vanides*, les *vaniques* et *vanites;* trois dans les *valides, valiques* et *valites*, et ainsi de suite ; mais les *vahoudes*, *vahouques* et *vahoutes* comprennent toutes ces suppositions particulières, puisque *hou* indique l'indétermination.

On comprend que ces syllabes s'appliquent aussi bien aux

noms des bases qu'à ceux des acides, aussi bien aux corps électro-positifs qu'aux électro-négatifs : tous les *povahoutes* sont solubles ; c'est-à-dire tous les sels à base de potasse ; tous les *bavahoutes* sont vénéneux, c'est-à-dire tous les sels à base de baryte.

Les *pohoutes* et les *bahoutes*, qui sont les mêmes mots que les précédents, moins la syllabe *va*, indiquent tous les sels où entrent le potassium ou le baryum, et, par conséquent, outre les oxysels, les chlorosels, les sulfosels, les brômosels, etc., dont ils contribuent à former la base.

Les combinaisons bien faites des syllabes substantives avec ces finales des noms généraux, nous donnent encore les moyens de nommer des corps pour lesquels il nous faut aujourd'hui des périphrases ; les *dékahoudes*, par exemple, expriment tous les carbures d'hydrogène, quelle que soit la proportion des éléments ; les *décavahoudes* les combinaisons non acides d'hydrogène, de carbone et d'oxygène, c'est-à-dire les substances immédiates végétales ; si on les considère comme acides, ce sont des *décavahouques*. Les *dékazovahoudes*, *dékazovahouques* et *dékazovahoutes* sont les substances immédiates animales, selon la manière dont on les considère.

Je ne m'arrête pas sur ces noms que tout le monde peut former selon sa volonté ; je remarque seulement qu'ils ont l'avantage d'être exactement scientifiques, d'exprimer, par conséquent, avec une rigoureuse précision ce que l'on veut dire ; et d'exclure à tout jamais les mots de la langue vulgaire, tels que *acides*, *sels*, *métaux*, etc., qu'on ne peut faire entrer dans le langage chimique qu'en altérant leur signification et corrompant la langue française.

VIII. *Circonstances particulières.* — Nous avons exprimé jusqu'ici à peu près complétement tout ce qui tient à l'essence, à la quantité, à la qualité des corps ; ces trois catégories sont les premières, les plus importantes, et jusqu'à un certain point les seules indispensables dans une bonne nomenclature.

Cependant les chimistes ont reconnu des lois ou des analogies qu'il serait fâcheux de passer sous silence, et il faut tâcher de les exprimer d'une manière commode, c'est ce que je vais essayer de montrer ici brièvement.

1°. *Isomorphisme.* — Les corps *isomorphes* ont des propriétés tellement semblables, que souvent l'histoire de l'un est celle de l'autre. L'*isomorphisme* serait donc le premier caractère auquel on pourrait reconnaître des familles naturelles; et alors, comme je l'ai dit, le meilleur moyen de l'indiquer serait de conserver à tous les isomorphes la même voyelle; c'est ce que nous avons fait pour les halogènes, *fluor, chlore, brôme* et *iode*, dont les noms *fo, cho, bo, jo* indiquent nettement l'analogie; mais jusqu'à ce que les familles naturelles aient été déterminées aussi incontestablement que celle des halogènes, il y a lieu de surseoir à la notation de l'isomorphisme.

2°. *Polymorphisme.* — Le polymorphisme est une circonstance intéressante de l'histoire des corps; mais c'est une circonstance physique plutôt que chimique, il ne paraît pas qu'il y ait grand intérêt à en faire entrer l'expression dans la nomenclature; nous la laissons donc dans l'histoire particulière des corps, où elle se place nécessairement.

3°. *Isomérie.* — Les corps *isomères* sont composés des mêmes éléments pris en même proportion, mais disposés différemment, puisqu'ils n'ont pas les mêmes propriétés; ainsi le gaz oléfiant C^8H^8 et le méthylène C^4H^4, sont composés l'un et l'autre de parties égales de carbone et d'hydrogène : seulement il y en a deux fois autant dans le premier que dans le second; le gaz de l'huile $C^{16}H^{16}$ en a deux fois autant que le gaz oléfiant et le cétène $C^{64}H^{64}$, quatre fois autant que le gaz de l'huile. Entre tous les moyens d'exprimer cette analogie, le plus naturel est sans doute de réduire les exposants à leur plus simple expression en les divisant par leur plus grand diviseur commun, et de mettre ce commun diviseur en coefficient. Les quatre corps indiqués ci-dessus ont alors les formules suivantes : *méthylène* $= 4HC$; *gaz oléfiant* $= 8HC$; *gaz de l'huile* $= 16HC$; *cétène* $= 64HC$, et les noms symboliques sont respectivement *ri-dè-kade, lu-dè-kade, minu-dè-kade, nuri-dè-kade* : mais il y a ici un petit inconvénient; les mots *ri-dè-kade, lu-dè-kade*, etc., indiquent-ils 4 ou 8 atomes de HC, ou, comme on le suppose, un seul atome de $(HC)^4$ ou $(HC)^8$? C'est ce qui n'est pas dit. On évitera toute équivoque en convenant que pour le cas de l'isomérie seulement, les finales des coefficients, au lieu de faire entendre les voix orales *i, u*, feront sonner les voix nasales correspondantes *in, un*, comme dans *fin* et *brun* : ainsi les noms ci-dessus et tous les analogues deviendront *rin-dè-kade, lun-dè-kade, minun-dè-kade, nurin-dè-kade*, etc.

4°. *Isomérie parfaite.* — Il y a des corps isomères qui le sont même dans la quantité absolue de leurs éléments; ainsi l'acide maléique et le paramaléique ont pour formule HC^4O^5, l'amidon et la dextrine $H^5C^6O^5$; l'acide cyanique et le fulminique CyO. Dans ce cas il y a indubitablement des différences dans leur constitution moléculaire, puisqu'ils ont des propriétés différentes; et aussitôt qu'on aura reconnu la cause de leur différence, on l'exprimera dans la nomenclature. Mais jusque-là leur composition nous paraissant identique, nos noms symboliques doivent les nommer de même; et en effet, le *ksovaque* CyO, est aussi bien le nom de l'acide fulminique que celui de l'acide cyanique, de même que la formule chimique appartient à l'un et à l'autre. Cependant, comme il est important de les distinguer, et que nous n'apercevons entre eux d'autre différence que celle du rang, l'un ayant été trouvé d'abord, un autre après le premier, un troisième après le second, désignons ces nombres ordinaux 2ᵉ, 3ᵉ, 4ᵉ, 5ᵉ et 6ᵉ par les syllabes *nou, lou, rou, gnou, mou* : et nous dirons que l'acide cyanique étant le *ksovaque*, le fulminique sera le *nou-ksovaque*, un troisième isomère, s'il s'en rencontre, le *lou-ksovaque*, et ainsi de suite : il n'y aura ni difficulté ni incertitude sur le sens de ces mots, qui d'ailleurs ne sont que provisoires.

5°. *Substitutions.* — La loi des substitutions peut donner un moyen d'exprimer facilement dans la nomenclature certaines modifications complexes. Ainsi il est assez simple de considérer un corps comme ayant perdu 1, 2, 3 équivalents d'hydrogène, ces atomes étant remplacés par les quantités équivalentes d'un autre élément. Or, ces deux circonstances s'expriment très-aisément au moyen de nos participes, précédés des particules *dé* ou *en*. Un corps qui aura perdu 1, 2, 3 équivalents d'hydrogène sera, selon nos règles, *dé-dédi, dé-dyèdi, dé-dèldi*. S'il a gagné 1, 2, 3 parties de chlore il sera *en-chodi, en-chyodi, en-choldi*. Il suffira donc d'ajouter au corps en question une de ces qualifications pour exprimer tout ce que l'on voudra dire.

Ainsi, le système proposé donne le moyen d'exprimer en mots courts et d'une prononciation facile tout ce que nous savons d'important sur l'histoire générale des corps chimiques. Quant aux vérités que l'avenir nous réserve, nous ne serons pas embarrassés : nos listes sont bien loin d'être épuisées, nous n'avons pas fait usage des consonnes substantives unies aux voyelles numérales, ni réciproquement. Nous avons à peine montré la voix *ou*, nous n'avons pas parlé des voix nasales *an, ein, on, un*. Il n'y a donc pas à craindre de voir d'ici à plusieurs siècles s'épuiser la mine que nous avons ouverte.

IX. *Application immédiate du projet.* — La nomenclature proposée n'est, je le répète, qu'un moyen mnémonique, une méthode pour classer et retenir les corps et les faits chimiques.

Cependant il y a moyen de l'employer immédiatement sans heurter en rien nos habitudes.

1°. Nos chimistes découvrent-ils un corps dont les exposants soient peu élevés, puisque le corps est nouveau et encore innommé, un nom symbolique bien fait vaudra mieux sans doute que les noms tirés du grec ou composés arbitrairement.

2°. Tirent-ils plusieurs corps à exposants élevés d'une même substance; il convient de donner à ce corps, inconnu avant eux, un nom dérivé de la substance originaire. Ainsi l'acide tiré de la noix de galle a été bien nommé par M. Chevreul, acide *gallique;* mais le second acide qu'il en a tiré a été mal appelé *ellagique;* car qui irait chercher dans les lettres *ellag,* l'anagramme du mot *galle?* Nos syllabes ordinales *nou, lou, rou, gnou, mou* nous donnent le moyen de nommer convenablement ces 2e, 3e, 4e, 5e et 6e corps tirés de la même substance.

3°. Quelques pharmaciens ont conservé l'habitude d'écrire sur les vases qui contiennent leurs médicaments les mots latins barbares *sulfas magnesiæ, nitras potassæ,* etc.; ne serait-ce pas une innovation heureuse et commode que l'inscription sur ces vases de noms symboliques traduisant la formule chimique et exprimant en outre la qualité du composé?

4°. Enfin, le projet de nomenclature proposé aura du moins cela de bon, qu'après lui on n'en proposera pas d'autre[1]; car

---

[1] M. Dumas, dans ses *Leçons de philosophie chimique* (p. 353) a condamné d'une manière trop générale et trop absolue tous les essais de nomenclature symbolique. « Il ne se passe pas d'année, dit-il, que l'Institut ne reçoive un ou-deux nouveaux plans de nomenclature plus ou moins vicieux, plus ou moins niais. »—Nous croyons que cette condamnation n'est que conditionnelle, et qu'elle se changerait en approbation si le système proposé avait enfin tous les avantages que l'on peut y désirer. Dans tous les cas, cette tentative si souvent renouvelée et avec tant de persévérance, prouve le besoin qu'on ressent partout d'un travail analogue à celui que je soumets aux chimistes.

il a pris les moyens que nous offre le langage dans ses éléments les plus simples, les voix et les articulations. Quoi que l'on fasse à présent, on ne pourra que partir du même principe ou de moins haut. On fera donc la même chose ou on fera moins bien ; ainsi il peut être posé comme la borne que nous indique la nature, au delà de laquelle nos organes ne nous permettent pas d'aller : *Huc usque venies, et non procedes amplius.*

FIN.

TABLE ALPHABÉTIQUE

DES MATIÈRES CONTENUES,

DES AUTEURS ET DES OUVRAGES CITÉS

DANS CE VOLUME.

Ablatif en français, 143, 151.
Abrégé de Grammaire française, 142, 177, 192, 433.
ACADÉMIE FRANÇAISE (Remarques de l') sur le *Cid*, 14, 51; — admet l'orthographe de Voltaire, 74; — tolère à tort quelques abus de langage ou d'orthographe, 168; — laisse souvent l'écriture incertaine, 174; — s'est trompée dans la critique d'un vers de Corneille, 177 et suiv.
Accent très-mobile en français, 113; coupe le discours en petites sections naturelles, *ib.* Voy. *Mots*.
Accentif ou signe de la syllabe accentuée, 133.
Accents (aigu, grave, circonflexe). Voy. *Traits à gauche, Traits à droite et Chevron*. — N'étaient pas marqués avant le dix-huitième siècle, 172.
Accentuation dans une langue, 77, 78. — des finales dans le latin, fautive, 365.
Accusatif en français, 143, 145. Voy. *Objectif*.
Acides chimiques, 457; — mal distingués par les terminaisons *ique* et *eux*, 462, 463; et par les prépositions *hyper* et *hypo*, 463; — auraient dû être nommés comment, 464; — nommés d'après la nouvelle méthode, 480.
Adjectifs pris comme mots techniques souvent inexacts, 446; — doivent indiquer des qualités, non des substances, 466.
ÆLIUS (Lucius), 13.
Ai employé de tout temps pour le son *è*, 54; — a remplacé le son *oi*, 55; — ne le doit pas remplacer dans les ouvrages anciens, 56; — contrarie très-peu l'étymologie, 57.
Alcalis. Voy. *Base, Oxydes*.
ALCÉE, 238.
ALEMBERT (D'), 35, 36, 37, 159, 171, 325, 348, 359.
ALEXANDRE (M.), 213.
Alexandrin (vers), majestueux par l'égalité de sa coupe, 315; — à la longue devient monotone, 316, 330; — cru le vers épique, mais à tort, 328, 329; — convient au genre dramatique et didactique, 330; — résiste à la brisure du dialogue, 331; — dans la narration tombe un à un ou deux à deux, 334, 335.
Alexandrins (les grammairiens), 6.
Allée (Mouvement d'). Voy. *Progrès*.
ALLOU, 65, 342.
AMPÈRE, 470.
AMPÈRE (M.), 67, 71.
AMPHION, 2.
Analyse logique ou grammaticale. Ne fait pas le sens primitif des mots, 198.
ANAXAGORE, 188.
ANDRIEUX, 341 et suiv.
Anecdotes dramatiques. Voy. CLÉMENT et DELAPORTE.
Annotateurs (grammairiens), 15, 16.
Annotations. Voy. *Commentaires*.
Anthologie grecque, 223, 259.
APOLLONIUS DYSCOLE, 9, 12, 46; — est tombé sur l'article dans une confusion inexcusable, 47.
Apostrophe, 136, 137; — pour indiquer l'*h* muette, 137; — et les consonnes finales qu'il faut prononcer, *ib*.
Appel aux Français, 109. — (Les principes de l') sont difficiles et trom-

peurs, 109; — vont plus loin que les auteurs ne l'ont cru, 113.
APULÉE, 438.
ARCHÉLAÜS, 12.
ARCHILOQUE, 233.
ARGENS (D'), 151.
ARISTARQUE, 6.
ARISTOPHANE, 253, 257, 258.
ARISTOTE, 4, 5, 229, 230, 233, 243, 247, 251, 253, 272, 323, 403, 404, 405, 411, 413.
ARLINCOURT (M. D'), 273.
ARNAULD (Antoine), 30 et suiv. Voy. LANCELOT.
ARNAULT, 97.
Art de penser (L') ou la *Logique de Port-Royal*, 410, 412, 413.
Article (L') étudié par les grammairiens grecs, 46, 47; — par les modernes, 47, 48; — par Dumarsais, 48, 49; — par Beauzée, 49.
Articulations ou consonnes françaises très-nettes, 81; — labiales, dentales, palatales, liquides, 82, 83, 87; — simples, doubles, triples, quadruples, 82, 83, 87, 88. — En quelle proportion elles sont dans le français, 87, 88.
Artigraphes, 9.
ASCONIUS PEDIANUS, 13.
Aspic, Spic, 95.
Aspiration, 81; — toujours dure, *ib.*
Attributif, cas de la déclinaison française, 143, 147.
AUCTOR AD HERENNIUM, 230, 248, 251, 252.
AULU-GELLE, 13, 253, 268, 370.
AUTELZ (Guillaume DES), 72.

Badins (Poëmes), 329.
BAÏF (Antoine DE), 343, 344.
BAÏF (Lazare DE), 68.
Baïfins (Vers), 343 et suiv.; — comparés aux vers latins, 351; — jugés diversement par les érudits et le peuple, 358; — doivent être rejetés par les poëtes, 358, 359.
Baralipton, 396, 416.
Barbara, 395, 415, 416.
BARBAY (P.), 412, 413, 417.
BARBAZAN, 102, 103.
Baroco, 395, 416.
BARON, 149.
Base, 463. Voy. *Oxyde*.
BASSET, 97.
Bâtir à chaux et à sable, *Bâtir sur le sable*, 99.
BEAUMARCHAIS, 149, 194.
Beauté de la pensée ou de l'expression, étrangère à l'harmonie, 76; — des langues, qualité très-composée, 205; — des vers, 357.
BEAUZÉE, 19, 24, 25, 41, 49, 64, 135, 137, 148, 177, 283; — apprécié, 42, 43; — son plan de grammaire, 43; — son étude de l'article, 49.
BELIN DE BALLU, 229, 246, 247.
BÉRAIN, 55.
BERNARD, 381.
BERTHOLLET, 453.
BERZÉLIUS, 451, 464, 464, 465, 467, 470.
Bible (la sainte), 160, 186, 216.
BION, 246.
Bocardo, 396, 417.
BOILEAU, 60, 62, 96, 153, 184, 221, 310, 311, 329, 342, 386, 426.
BOSSUET, 140, 193, 288, 449.
BOUHOURS (Le Père), 16.
BOUILLET (M.), 231.
BOURSAULT, 58, 59.
BRÉBEUF, 58.
BRISMONTIER (M.), 458.
BROSSES (Le président DE), 16.
BUFFIER (Le Père), 34, 47; — apprécié, 35.
BURNOUF, 206.

CADMUS, 2.
CALLINUS, 233.
Capacité de signification dans les langues, 205, 206; — indice de la civilisation avancée des peuples, 207; — s'augmente par quels moyens, 208 et suiv.; — (mesure de la), par deux méthodes, 215; — plus grande en français qu'en latin, en latin qu'en grec, 224, 225; — dans les vers, 317; — limite leur brièveté, 318; — augmente avec le nombre de leurs syllabes, 319.
CAPELLA (Martianus), 13.
Caractère des poëmes diffère de leur genre, 326, 327.
Cas en français, 143; — dans quelques noms et dans les pronoms, *ib.*; — dans *ce* et *qui*, 143 et pages suiv.
CATON, 13.
CATON (Valérius), 234.
Ce (Déclinaison de), 143; — (sens de), 144.
Ce, *cette*, pris quelquefois pour indiquer le temps, 184.
Cédille (Invention de la), 22, 23; — bien placée sous le *t* sifflant, 135; — mal placée sous *h* aspirée, 137.
Celarent, 395, 415.
CENSORIN, 13.
Césure, 293; — (vers à), *ib.*; — (vers sans), *ib.*; du vers de 9 syllabes, 294; — du vers de 11 syllabes, 296, 297; — des vers de 13 et 14 syllabes, 298, 299; — des vers de 10 et de 12 syllabes placée autrement qu'à l'ordinaire, 305, 306; — double dans quelques vers, 299 et suiv.
Changements de notre orthographe, 165.

TABLE ALPHABÉTIQUE. 495

CHAPELAIN, 362.
CHARISIUS (Sosipater), 13.
CHEVREUL (M.), 491.
Chevron ou accent circonflexe, 135.
CICÉRON, 12, 151, 229, 230, 235, 239, 246, 248, 251, 252, 262, 263, 265, 266, 272.
Civilisation avancée (La) des peuples suppose une grande quantité d'idées, 207 ; — et tend à abréger le discours, 208.
CLÉMENT et DELAPORTE, 98, 426.
CLODIUS (Servius), 13.
COLLIN DE PLANCY, 397, 398.
Commentaires, 15, 16.
Comparaison de la beauté des langues complexe et difficile, 83.
Complétif dans la déclinaison française, 143, 154 ; — de *qui* prend quatre formes, *ib.*
Composition (bonne) des mots difficile, 425.
Condensation de la diction primitive dans les langues, 208. Voy. *Capacité de signification.*
CONDILLAC, 40 ; — grammairien philosophe, *ib.*; inférieur comme grammairien à Dumarsais et Beauzée, 41.
Conjonctifs invariables, 142 ; — sont des cas de *qui*, ib.; — ont embarrassé les grammairiens, pourquoi, 142 et 156 à 161.
Consonnes simples indiquant des corps simples, 478 ; — doubles indiquant les radicaux composés, *ib.*
Contractions et syncopes, 214 ; — opèrent la condensation de la diction dans les langues, *ib.* et p. suiv. ; — ont abrégé le discours en français, 215.
Contradictoires (Propositions), 405.
Contraires (Propositions), 406.
Converse (Proposition), 404.
Conversion des propositions, 403 ; — (trois sortes de), 404 ; — représentée par des lettres, 405 ; — (règles pour la), *ib.*
Convertente (Proposition), 404.
CORAX, 228.
CORNEILLE (Pierre), 54, 60, 69, 143, 147, 155, 177, 178, 181, 182, 196, 198, 200, 383 ; — critiqué par l'Académie, 177, et par Voltaire, 178 ; — justifié, pages suiv. et surtout 189.
CORNEILLE (Thomas), 16.
Cours supérieur de grammaire, 1, 7, 47 à 49, 75, 78, 79, 80, 82, 84, 86, 143, 162, 191, 226, 248, 253, 254, 256, 257, 269, 270, 279, 293, 426, 433, 454.
COUSIN (M.), 201.
CRATÈS DE MALLUS, 6.
CRÉBILLON, 98.
CREUZÉ DE LESSER, 122.

Critiques (Grammairiens), 9.
Croisement des vers, 301 ; — (règle du), 304.

DACIER (Madame), 124.
DANCOURT, 70, 149, 150, 153.
DANGEAU (L'abbé DE), 34, 118, 171.
Darapti, 396, 397.
Darii, 395.
Datif en français, 143, 147. Voy. *Attributif.*
Décasyllabe (Vers), moins rhythmé que les vers moyens, plus que l'alexandrin, 320 ; — mauvais à la scène, 329, 331 ; — excellent dans le récit, 332 ; — convient parfaitement à la narration poétique, 339 ; — est véritablement notre vers épique, 321 et suiv.
Déclinaison française de *ce* et *qui*, 143 ; — permet une grande rapidité, 159 ; — est une synthèse difficile. 161, — se complique de diverses difficultés, 160, 162.
DECOURCHAMP (M.), 93.
Défauts du style, 253.
DELAUNAY, 171.
DELILLE, 97, 363.
DÉMÉTRIUS (Le Rhéteur), 230, 252, 253.
Dentales (Articulations), 82, 87.
DENYS de Thrace, 7, 8, 46.
DENYS d'Halicarnasse, 229, 238, 247, 253, 265, 266, 271.
Dérivation grammaticale reçue en chimie, n'y a produit que des barbarismes, 454 ; — irrégulière et insignifiante, 455 ; — proposée, 485.
DESFORGES, 299.
Désinences d'une longueur excessive en grec et en latin, 214.
Dictionnaire des origines, 275.
Didactique (Vers), 321.
DIODORE, 1.
DIOMÈDE, 13, 372, 374.
Disamis, 397.
DOLET (Etienne), 23, 24.
DOMERGUE, 19, 44, 45, 129.
DONAT (Ælius), 13.
Dont, ablatif ou génitif de *qui*, 151, 152 ; — n'est jamais interrogatif, 154 ; — a trompé plusieurs grammairiens, 156 ; — Diffère de *de qui* et *de quoi,* 157.
Douceur ou dureté d'une langue, 80, 82 ; — dépend des articulations ou consonnes, 82, 87.
Dramatique (Vers), 321.
DUBARTAS, 377, 378.
DU BELLAY, 422, 427.
DUBOIS. Voy. SYLVIUS.
DUCLOS, 39, 64.
DUFRESNY, 200.
DUMARSAIS, 35, 48, 53, 64, 279 ; — fut un

grammairien aussi profond qu'original, 36; — son étude de l'article, 48, 49.
DUMAS (M.), 461, 491.
DUMÉRIL (M.), 236, 237.
Dureté. Voy. *Douceur*.

E muet dans notre orthographe, 111; — après une voyelle est entendu dans le style élevé, 167; — rend les rimes féminines, *ib.*; — ne doit pas former une syllabe détachée, 169; — pénultième dans les verbes, 172.
E sonore, 170; — il y en a deux en français, *ib.*; — ouvert est le plus commun, *ib.*; — se marque de deux manières, 173; — devrait toujours être indiqué par le trait à droite, 174; — fermé n'existe qu'à la fin des mots, 170, 171; — devrait se changer en *è* dans l'intérieur des mots, 172.
Echecs, jonchets, 94.
Écriture alphabétique, 1; — (origine de l') chez les Grecs, 2; — chez les Romains, 3; — (système d') de Sylvius, 22, 23; — cause de la bonne prononciation en français, 113; — n'entraîne pas toujours la prononciation, 117.
Écuyer, 103.
EGGER (M.), 9 à 12, 46 à 48, 323; — a fait un exposé important des doctrines grammaticales des Grecs, 9; — n'a pas estimé à son prix le travail philosophique des grammairiens modernes, 43.
Élégiaque (Vers), 232; — (difficulté sur le vers) proposée par d'Alembert, 326.
Éléments harmoniques d'une langue, 76, 77; — sont l'accent, la quantité et surtout le son des lettres, 77.
Élisions d'un vers à l'autre en latin; 369; — dans les vers mêmes, 369, 370.
En, ablatif ou génitif de *ce*, 151 à 153; — s'applique plus souvent que *y* aux personnes, 153; — remplace *son*, *sa*, *ses* quand il s'agit des choses, *ib*.
Encyclopédie méthodique (partie de grammaire et de littérature), 19, 26, 55, 64; — (chimie et métallurgie), 452, 454.
Enjambement, 335, 367.
ENNIUS, 235, 345.
Enseignement (L'), bulletin d'éducation publié en 1840, 451.
Épique (vers) en français, 321. Voy. *Décasyllabe*.
Épithètes oiseuses, 212.
Équipollence. Voy. *Équivaleur*.
Équivaleur des propositions, 405, 408; — (règles pour obtenir l'), 408, 409.
ÉRATOSTHÈNE, 6.
ESCHYLE, 2, 194, 244.

Espèces de mots, 5, 6.
Essais de grammaire de Dangeau, 171.
ESTIENNE (Henri), 15, 65, 72, 438.
ESTIENNE (Robert), 27.
Études sur quelques points des sciences dans l'antiquité, 78, 134, 228, 234, 235, 236, 238, 239, 244, 324, 341, 345, 349, 358, 369, 372.
Étymologie, 16; — garantit seule la pureté des langues, 164.
Étymologistes, 16.
EUMOLPE, 2.
EUSTORGE DE BEAULIEU, 69.
ÉVANDRE, 3.
Exégèse, 8.
Explétifs (Mots), 208; — n'existent pas chez nous, *ib.*; — assez communs au temps d'Homère, 210; — plus rares dans les siècles suivants, *ib.*; — rejetés du latin et du français, 211.
Expressions composées superflues rejetées, 212.

Fasolet, flageolet, 95, 96.
FAURIEL, 302.
FAYOLLE (M.), 256, 321.
Felapton, 396.
Féminines (Rimes), 168.
FÉNELON, 145, 155, 200, 203, 449.
FÉRAUD (L'abbé), 58, 59, 64, 156.
Ferio, 395.
Ferison, 396, 416.
FESTUS, 235.
FICKER, 6, 13, 14.
Figures, 227; — de mots, 227, 243; — de construction, de pensée, 227, 245; — de signification. Voy. *Tropes*.
Figures des syllogismes, 393 et suiv.; — définies, 410; — se rapportent à trois ou quatre espèces, 411; — renfermées dans des vers techniques, 411, 416, 417; — (règles pour les), 412, 413; — (la théorie des) n'a aucune utilité, 418.
Fin (Style), 256; — manquait aux Grecs, 258; — a fait des progrès chez les Romains, 260, 263; — très-commun chez nous, 260.
Finesse du style. Voy. *Fin*.
Fixes (Voix ou voyelles), 85.
FONTENELLE, 203.
Formes inutiles, 212; — allongées, 213; — du style, 227; — harmoniques, *ib.*; — brillantes, *ib.* et 243. Voy. *Figures*. — des syllogismes comprenant les combinaisons des modes avec les figures, 412.
FOURCROY, 453.
Française (Langue) douce, sonore et variée, 89; — moins riche en mots, mais plus riche de sens que le grec et le latin, 213; — et surtout plus rapide, 224, 225; — contient en soi trois

nuances principales, 261 ; — a sa nature, ses qualités, etc., 428 ; — se prête bien à la composition des mots, *ib.*
Frisesom, 396.
FROMANT (l'Abbé), 39.

Gages touchés (Les), 89, 91.
Gai (Style), 261 ; — très-naturel à la langue française, *ib ;* — dépend de quoi ? 265 ; — peu connu des anciens, *ib.*
Gaité du style. Voyez *Gai.*
GAY-LUSSAC, 462.
Génitif en français, 143. Voyez *Ablatif;* — existe en anglais dans les pronoms et sous deux formes, 154.
Genre (Le) des poëmes ne doit pas être confondu avec leur caractère, 326, 327.
GILLES D'AUBIGNY, 69.
GIRARD (L'abbé), 16, 36, 47, 55, 57, 58, 64 ; — apprécié, 37, 279, 283.
GIRAULT-DUVIVIER, 138.
GORGIAS, 229, 246.
GOUGET (L'abbé), 26 ; — entendait médiocrement la grammaire, 26, 27.
GRAHAM (M), 484.
Grammaire (Origine de la), 1 ; — dans les siècles héroïques, 2, 3 ; — au siècle des sept sages, 4 ; — en Grèce et à Rome, 4 à 12 ; — (étendue et nature de la), 6 ; — chez les anciens ressemblait à nos commentaires, 7 ; — exégétique ou historique, 8. Voyez *Exégèse ;* — méthodique ou art, *ib.;* — (ces deux parties de la) bien déterminées par Donat, 12 ; — portée à son plus haut point chez les anciens par Priscien, 13 ; — après la prise de Constantinople, 14 ; — au seizième siècle, 14, 15 ; — divisée en quatre parties, 15, 16 ; — dogmatique ou proprement dite est la plus importante, 17 ; — est une étude très-philosophique, 19 ; — cultivée avec succès surtout en France, 21 à 45 ; — y a fait des progrès immenses sur les anciens, 45 à 50 ; — est digne de toute notre attention, 50.
Grammaire générale, science moderne et presque exclusivement française, 30 et suiv.
Grammaire générale (La), d'Arnauld et Lancelot fut le premier ouvrage de ce genre, 32 ; — doit être complétée par l'*Art de penser, ib. ;* — a plusieurs défauts, 33.
Grammairiens anciens, 4 à 14 ; — modernes, 14 à 45 ; — rhéteurs ou dissertateurs, 15 ; — annotateurs, *ib.;* étymologistes, 16 ; — dogmatiques ou proprement dits, 17 ; — praticiens n'ont pas de valeur durable, 18 ; — dogmatiques théoriciens ou originaux sont peu nombreux, 21, 22 ; — se suivent presque sans interruption en France, 22 à 44 ; — méritent la reconnaissance de la postérité, 45 ; — embarrassés par les relatifs et conjonctifs invariables, 142 ; — latins se taisent sur l'harmonie imitative, 366, 367, 371. — doivent créer les mots nouveaux, 423 ; — et les termes des sciences, 451.
GRÉBAN, 241.
Grec (Le) ou la langue grecque a ses qualités, 206 ; — n'a pas toujours été la même, *ib. ;* — est beaucoup plus riche que l'hébreu, 207 ; — ne brille pas par la capacité de signification, 206 et suiv. — est pauvre sous une opulence apparente, 213 ; — est peu propre à fournir des mots français, 424 ; — ne donne pour les sciences que des barbarismes inintelligibles, 425, 426, 454, 455.
GRESSET, 324.
GRIFFINS (M.) 461.
GRIMOD DE LA REYNIÈRE, 93.
GROS (M.) 229, 243, 247, 248, 253, 266, 270, 272.
Gui l'an neuf (Au), 275.
GUIMOND DE LA TOUCHE, 383.
GUYTON DE MORVEAU, 452, 453 ; — n'avait pas la philosophie de la grammaire, 454, 455 ; — a le premier proposé une nomenclature systématique et exclusive, 452, 462 ; — a cru mal à propos que les noms devaient être tirés du grec, 464.

HABERT, 305.
HAMILTON, 297, 298.
Harmonie matérielle d'une langue, 75, 76 ; — comprend trois éléments principaux, 76, 77 ; — est toujours inférieure à l'harmonie musicale, *ib. ;* — des vers dépend de quoi ? 301 ; — se détend et s'affaiblit quand ? *ib. ;* — indispensable aux vers, 307 ; — change avec les vers, 317 ; — nous échappe par l'excessive longueur ou l'excessive brièveté, *ib. ;* — matérielle des vers consiste dans le son des syllabes, 357 ; — est toujours en rapport avec la langue, 347.
Harmonie imitative, 361 et suiv. — cherchée ou rencontrée par les poëtes, 362 ; — est une qualité frivole, 363 ; — n'est le plus souvent qu'une illusion, 364 ; — nous donne une opinion fausse et dangereuse pour la poésie latine, 366 et suiv. ; — dans les vers français est ridicule, 376.
Harmoniques (Formes), 227, 228 ; —

périodes, 228 ; — vers, 231 ; — strophes, 238 ; — stances, 240 ; — refrains, 242.
HARRIS, 19, 20, 39 ; — apprécié, 39, 40.
HAUTEROCHE, 299.
Hébraïque (Langue), plus pauvre que le grec et pourquoi, 207.
HÉPHESTION, 242.
Héraut, Héros, 99.
HERMOGÈNE, 230, 243, 251, 253.
HÉRODIEN, 9, 12.
Héroï-comique (Poëme), du même genre, mais d'un autre caractère que l'épique, 329.
HÉSIODE, 221.
Hexamètre (Vers), 231 ; — mieux rhythmé que l'iambique, 323.
HIPPONAX, 234.
Histoire de la poésie française à l'époque impériale, 272, 420.
HOMÈRE, 210, 211, 220, 246, 250, 372, 373.
Homogramme, 131, 132.
Homonymes parfaits, 132 ; — écrits à tort différemment, 132, 133.
Honchets, barbarisme, 94.
HORACE, 90, 232, 233, 235, 266, 267, 270, 271, 323, 325, 327, 340, 346, 366, 369, 371, 389, 391, 393, 398.
HUGO (M). 51, 115.

Iambique (Vers), 233 ; — n'avait par lui-même aucun caractère particulier, *ib.* ; — se rapprochait de la prose, 323.
Ignorance (L'), nous mène toujours à mal, 94.
Impairs (Vers), 304 ; — ne se croisent pas bien avec les pairs, *ib.* ; — peuvent se croiser entre eux, 304 et suiv. ; — se croiseraient peut-être avec les vers pairs coupés d'une manière particulière, 305, 306.
Imparfait du subjonctif. Voyez *Optatif*.
Impératif (L'), ne se distingue souvent du subjonctif que par l'ellipse de la conjonction *que*, 197.
Imprécations (les), positives exigent l'impératif ou le subjonctif, 196 ; — conditionnelles admettent l'optatif, *ib*.
Indifférents (Corps), 482.
Indivis (Vers), ou sans césure, 293.
ISÉE, 246.
ISIDORE de Séville, 13.
ISOCRATE, 229.
Isomérie, 488, 489.
Isomorphisme, 488.

JEAN DE VANNES, 54.
JEAN LE GALLOIS, 54.

JODELLE, 344, 350.
JOHNSTON, 53, 56.
JOINVILLE, 64.
Jonchets, 94 ; — origine de ce nom, *ib*.
Jugements dans les arts mauvais, 199 ; — littéraires souvent opposés, 386 ; comparés, 389 et suiv.
JULLIEN (Marc-Antoine), 342.
Juxtaposés (Mots), 422 ; — définis, 428 ; — (règle des), 429 ; — formés de deux ou trois éléments, rarement de quatre, *ib.* ; — ordre et nature des éléments dans les), 430, 431, 433, 435, 436 ; — remplacent très-bien les mots forgés d'éléments grecs, 431, 432 ; — (création des), 436 ; — peuvent quelquefois servir dans la poésie, 437 ; — enrichissent surtout la langue usuelle et précise, 438 ; — (exemples divers de), 438 à 449 ; — peuvent devenir d'un usage général, comment ? 450.

Labiales (Articulations ou consonnes), 81, 87.
LABRUYÈRE, 289, 290.
LA FONTAINE, 115, 149, 151, 181, 224, 266, 277, 281, 294, 335, 367, 427, 434, 435.
LAHARPE, 197, 389.
LALANNE (M.), 256.
LAMOTTE, 209, 257, 279, 330, 364.
LAMPADION (Octavius), 12.
LANCELOT, 29, 30 à 33, 47, 67, 242, 311, 313, 314, 318.
Latin (Le), plus rapide et plus riche en réalité que le grec, 213 et suiv.
LAVEAUX, 170.
Le, objectif de *ce,* 143, 145.
LAVOISIER, 453, 482. — fait modifier selon ses idées le système de nomenclature chimique, 462.
LEBEAU, 308.
LEGOARAND (M.), 96, 284.
LEMAIRE (M.), 180, 184.
LEMARE, 44, 45.
LEMERCIER (Népom.), 200, 420, 421, 448.
LEROUX DE LINCY (M.), 68.
Lettres radicales, 120 et suiv. ; — doubles dédoublées, 126 ; — changées, 127 ; — nouvelles, 129 ; — restituées, 164 ; — seules importantes, 165 ; — significatives des propositions, 403 ; — des conversions de propositions, 415 ; — des figures des syllogismes, 415 et 416.
Lexicographes (Grammmairiens), 9.
LHOMOND (L'abbé), 19.
Liquides (Articulations ou consonnes), 83, 87.
Littérature, sujet ordinaire des conversations, 383.

Logique divisée en quatre parties, 395.
LONGIN, 253, 323.
LUCAIN, 2.
Lyriques (Vers), 232, 234, 321.
MABLIN, 344, 350, 351, 352.
MACROBE, 13, 367, 372, 373.
MAGE (A.), 306.
Majesté dans les vers, 315; — n'est pas inhérente à tel mètre, *ib.*; — de l'alexandrin dépend de sa coupe égale, *ib.*; — dégénère en monotonie, 316.
MALFILATRE, 337, 338.
MARIE DE FRANCE, 67.
MARLE (M.), 53, 108, 109.
MARMONTEL, 52, 256, 299, 330, 349.
MAROT (Clément), 159.
MAROT (Michel), 305.
MARTIAL, 224.
Mazarine (*La grande cour*), 422 et suiv.
MEIGRET, 23 à 27, 65, 66, 118.
Mélange des vers, 301; — (règle du), 304; — des vers pairs et impairs désagréable, *ib.*: — des vers pairs entre eux, toujours bon, *ib.*; — des vers impairs entre eux, 305, 306.
MÉNAGE, 16.
MERVESIN, 275.
Mesure de la capacité de signification, 215; — première méthode, 215, 216, et suiv.; — deuxième méthode, 215, 218 et suiv.
Métaux chimiques, 457.
Métriciens, 241.
Mobiles (Voix ou voyelles), 85.
Modes des syllogismes, 410.
MOLIÈRE, 61, 70, 150, 151, 155, 169, 193, 195, 197, 201, 257, 264, 330, 411, 426.
Monosyllabes à la fin des vers latins, 366.
MONTFLEURY, 59, 257.
MOSCHUS, 246.
Mots déterminés chez nous par l'écriture, 113, 114; — ne sont pas entendus séparément dans notre langue, 114; — sont réunis par l'accent plusieurs en une seule prolation, 113.
Mots techniques, Voyez *Techniques*.
MOURGUES (Le Père), 242.
MOUSSET (Jean), 344.
Mouvements de retour et de progrès dans notre orthographe, 116, 125; — rhythmique dans nos vers, 307, 318; — dépend de l'accentuation, 318; — et du retour fréquent de la rime, 319; — diminue quand la longueur des vers augmente, 319.
Moyens (Vers), 293.

Nains (Vers), 293.
Narratif (Vers), 320. Voyez *Décasyllabe*.

Nasales (Voix), 82, 83; — (articulations), 87.
NÉPOS, 223.
Netteté des sons est une beauté dans une langue, 80, 81.
NÉVIUS, 235.
NODIER, 57, 62, 69.
NOEL, 363.
Nomenclature des sciences appartient aux grammairiens, non aux savants, 423 et suiv.; 451; — n'est pas la science, mais un moyen pour la science, 452; — chimique, 451 et suiv.; — a surtout besoin d'une grande exactitude, 452; — de 1787 très-fautive, 453; — critiquée dans 1° sa dérivation, 454; 2° ses noms généraux, 456; — 3° ses noms particuliers, 459; 4° ses noms méthodiques, 462; — nouvelle proposée, 467 et suiv.; — est le dernier terme qu'on puisse atteindre, 492.
Nominatif. Voyez *Subjectif*.
Noms généraux (en chimie), imposés en dépit du bon sens, 456; — proposés, 486.
NONIUS (Marcellus), 13.

Objectif en français, 143, 145; — n'est pas exactement l'accusatif latin, 146, 147.
OE, lettre fort utile, 123, 124.
Oi, a toujours rimé avec *è* et *ai*, 35; a changé de son successivement, 58; — s'est prononcé *ouè*, 59; puis *oua* et *è*, 64; — vient des mots latins où *e* se trouve, 66; — a produit naturellement deux sons, 72.
OLEN, 2.
OLIVET (D'), 16, 38, 55, 64, 65.
Onchets, barbarisme.
Onomatopie, 361.
Opposition des propositions, 405; — (quatre sortes d'), 405, 406.
Optatif en français appelé *imparfait du subjonctif*, n'est pas un imparfait, 191; — ne diffère pas du subjonctif présent par le temps, *ib.*; — ne signifie pas un passé parce qu'il est joint à des temps passés, 192; — s'emploie quelquefois tout seul, avec sa signification pure, 193; — se distingue du subjonctif par un sens hypothétique ou incertain, 194 et suiv.; — est soumis à une règle ordinaire, 199; — s'en écarte quelquefois, 200; — est un subjonctif hypothétique, 204.
Orateurs (Les), font toujours quelques belles phrases, 390.
Ornements du style, 227, 248.
Orthographe française (Réforme de l'), 107 et suiv.; — peut-être sage-

ment modifiée, 118, 119; — l'a été par le passé, 165; — de quelques verbes en *er*, 163 et suiv.

Orthographe de Voltaire, n'est pas de lui. 52, 53; — due à Bérain, 55; — fut propagée par Voltaire, 56; — ne contrarie pas l'étymologie, 57; — n'a pas fait perdre le son *oua*, au contraire, 57; — a rendu un vrai service à la langue, 73, 74.

Orthographie, 408, en note.

OSTERRIDER (Hermann), 404, 405, 409, 411, 412.

Où attributif ou datif de *qui*, 143, 147, 150; — s'applique aux personnes, 151; — complétif de *qui* ne s'applique qu'aux lieux, 154; — diffère de *où* attributif, 156.

Ouvertes (Voix ou voyelles), 82, 84.

OVIDE, 186, 188, 234.

Oxydes, 457, 463; — distingués d'abord par des préfixes grecs, 464; ensuite et mieux par des préfixes latins, *ib.*; — nommés aujourd'hui d'une manière déraisonnable, 465, 466; — désignés d'après la méthode proposée, 481.

Pain, pin, 105.

Palatales (Articulations ou consonnes), 82, 87.

PALÉMON, 13.

PALSGRAVE, 21.

Paronymes, 92; — définis, *ib.*; — appauvrissent continuellement les langues, 104.

Participes présents terminés tous en *ant*, 166.

Partie de dominos figurée, 115.

Parties du discours. Voyez *Espèces de mots*.

PASCAL, 150, 155, 184.

PASQUIER, 241, 352, 355, 377.

PATRU, 16.

PAUSANIAS, 241.

Peinte, pinte, 106.

PELLETIER, 377.

PELOUZE (M.), 480.

Périodes, 228.

Petit traité de rhétorique et de littérature, 272.

PHÈDRE, 224.

Pieds dans les vers, 313, 314; — n'avaient pas chez les anciens de caractère lent ou rapide, 371.

Philologues (Grammairiens), 9.

PHILOPONUS, 12.

Philosophia lugdunensis, 394.

PIIS (DE), 378, 379.

PINDARE, 238.

PIRON, 160, 261.

Plaine, pleine, 106.

Planté, pleinté, 101.

PLANUDE, 47.

PLATON, 4.

PLAUTE, 264.

PLINE (le jeune), 298.

PLUTARQUE, 100, 222, 398.

Poëmes épiques français, écrits surtout en alexandrins, 328; — illisibles, excepté *la Henriade* et *le Lutrin*, 329; — Ennuyeux : pourquoi, 339.

Poésie (La) comprend quatre espèces principales de poëmes, 320.

Poëtes (Les) font toujours quelques beaux vers, 390.

Poétique (style), 268; — comment caractérisé chez les anciens, *ib.* et 269; — et chez nous, 269, 270; — (l'idée du) a changé des anciens à nous, 272; — peut se trouver chez nous dans tous les sujets, 273; — est mauvais en prose, 273, 274.

Polymorphisme, 488.

Pompe de Niort (La), 380 et suiv.

Pons, de Verdun, 448.

Préfixes grecs *prot*, *deuto*, *trito*, etc., 464; — latins *bi*, *tri*, etc., 464, 465; — supprimés, 481, 482.

Prépositions grecques *hyper* et *hypo* appliquées à contre-sens, 463; — supprimées, 481, 482.

Présent de l'indicatif avec un sens passé, 187.

Prétérit français mal expliqué par nos grammairiens, 177; — l'a été d'une manière absurde et démentie par le bon usage, 180; — (définition et véritable règle du), 183; — est le temps historique par excellence, 184; — exemples et preuves, 185; — est déterminé par ce qui le précède, 186.

PRISCIEN, 14, 372.

Progrès (Mouvement de) dans la réforme de l'orthographe, 116, 125 et suiv.; — s'applique aux lettres non radicales et aux terminaisons, 125.

Prolations ou sections de phrase d'une seule teneur, 113; — (division d'un vers en), 114.

Prononciation (notre) des vers latins ridicule, 348.

Propositions : divisées comment, 402; — dans un syllogisme, *ib.*; — indiquées par des adjectifs déterminatifs, 402, 403; — et par des lettres, 403; — opposées, Voy. *Opposition*; — converties, Voy. *Conversion*.

PROTAGORE, 229, 247.

PUTSCH, 13.

Qualitatif, tive (en chimie) est un barbarisme et un contre-sens, 468.

Qualités du style, 249; — ont été senties tout d'abord, 250; — remarquées et classées plus tard, 250, 251; —

distinguées de mieux en mieux, 251;
— habituelles, 252; — accidentelles,
254; — celles-ci déterminent les différents styles, *ib.* et suiv.
Quand, complétif de *qui*, s'applique aux temps, 143, 154.
Quantitatif, barbarisme, 474.
Quantité prosodique, 77, 78.
Que, objectif de *qui*, 143, 146; — dans les interrogations, 147; — est souvent un attribut, 158.
Qui (Déclinaison de), 143, 145; — dans les interrogations, 147; — au cas complétif ne s'applique qu'aux personnes, 154, 155; — diffère du *qui* subjectif, 156.
QUICHERAT (M.), 212, 216, 235, 241, 242, 294, 297, 369, 370.
Quidditaire (Expression), 468 et suiv.
Quiddité, 468.
Quiescentes (Consonnes) ou muettes à la fin des mots, 111.
QUINTILIEN, 5, 6, 230, 248, 251, 252, 262, 347.
Quoi, complétif de *qui*, 143, 154, 155; s'applique aux choses, *ib.*; — n'est ni sujet ni complément des verbes, 158; — en joue pourtant le rôle, 159.
Quotenaire (Expression) ou de la quotité, 470 à 476.

RABELAIS, 65, 95, 387, 394, 434, 436.
RACINE, 60, 62, 91, 98, 146, 149, 150, 168, 169, 181, 185, 187, 200, 203, 217, 222, 269, 287, 299, 362, 364.
Radicales (Lettres), maintiennent les familles des mots, 120; — importent peu dans les terminaisons, 121; — (exemples de), 122 à 125.
Radicaux composés, 470 et suiv.; — (expression quotenaire des), 476.
RAMÉE (LA) ou RAMUS, 28.
Réactions principales des corps, 478; — exprimées par des syllabes qualificatives, 478 et suiv.
Recul (Mouvement de). Voy. *Retour*.
Réforme raisonnable de l'orthographe, 116 et suiv.; — comprend deux mouvements, *ib.*; — (but de la), 119; — (moyens de la), *ib.*, savoir lettres, 126 à 132; signes orthographiques, 133 à 139; — n'aurait rien d'exagéré, 139; — (modèle de la), 140; — doit être approuvée par l'Académie, 141.
Refrains, 242; — connus des anciens, 243; — employés dans les chants d'église, 244; — et chez les modernes, *ib.*
REGNIER DESMARAIS, 33, 64, 118, 177, 306; — apprécié, 34.
Règles de grammaire : ce que c'est et comment elles se forment, 18.
REGNARD, 155, 195.

Réification opposée à la personnification, 149.
Rejet (Le) des mots inutiles, des synonymes accolés, des épithètes oiseuses, etc., contribue à la condensation du langage, 208 et suiv.
Rejets dans les vers latins, 367, 368; — admis partout, 368; — ne ressemblaient pas aux nôtres, *ib.*
Relatifs invariables, 142; — ont embarrassé les grammairiens, *ib.*; — sont des cas de *ce*, 142 et suiv.
RESTAUT, 18, 118.
Réticule, ridicule, 93.
Retour (Mouvement de), dans la réforme de l'orthographe, 116 et suiv.; — s'applique à la racine des mots, 116; — et seulement aux lettres utiles, 117.
Rétrograde (Vers), 397.
Revenant (Le), 393 et suiv.
Revue de l'Instruction publique, 163, 261.
Rhéteurs, 246.
RICHELET, 242.
RICHTER, 483.
Rime, 236.
Rime équivoque, 72.
Rimés (Vers), 236.
ROLLIN, 349, 363, 365, 367, 370, 373, 376; — s'est bien trompé sur l'harmonie imitative, 364 et suiv.; — a donné des règles très-fausses, 373, 374; — se contredit fort souvent, 376.
RONSARD, 193, 309, 310.
ROQUEFORT, 55, 66, 67, 92, 102, 118, 285, 432, 444.

S n'a pas toujours été signe du pluriel, 165.
SACY (Silvestre DE), 44, 45.
SAINTE-BEUVE (M.), 305, 378.
SANCTIUS ou SANCHEZ, 29.
SAPHO, 232.
Satire ménippée, 54, 262.
Saturniens (Vers), 235.
Savants (Les), font très-mal les mots nouveaux, 423. Voyez *Grammairiens*.
SCARRON, 149, 197, 297, 299.
Scolies d'Aristophane, 258.
SCRIBE (M.), 285.
SCUDÉRY, 16.
Sels chimiques, 455, 457, 482; — acides ou alcalins, 483; — doubles, 484.
Singuliers (Corps), 482.
SÉNÈQUE, 221, 239.
Sensations (Les), ne nous trompent pas, 353; — mais bien les jugements portés à leur occasion, *ib.*; — n'ont pas besoin d'être justifiées, 388.

Sévigné (Mme de), 79, 144 à 146, 149, 152, 202.
Sextine, 241.
Sicard (L'abbé), 44.
Signes orthographiques, 133; savoir accentif, ib., traits à droite, 134; à gauche, 135; chevron, 135; cédille, ib., tréma, 136; apostrophe, 136.
Son absolu des lettres, 77, 80.
Sonnet 241, 96.
Sonorité ou sourdeur d'une langue, 80, 82; — dépend des voyelles, 80, 82.
Sophocle, 221.
Sourdeur, Voyez *Sonorité*; — (note sur ce mot), 82.
Sous-alternes (Propositions), 406.
Sous-contraires (Propositions), 406.
Souvenirs de la marquise de Créquy. Voyez Decourchamp.
Stances, 240; — diffèrent des strophes en quoi? 240; — sont très-variées, ib.; — liées entre elles par la rime, 241.
Stoïciens (Les), 5.
Strophes, 238; — alcaïque et saphique, ib.; — de Stésichore et Pindare, ib.; — des tragiques, ib.; — ces dernières sans harmonie pour nous, 238; — non imitées par les Romains, 239; — des poètes chrétiens bien terminées, ib.
Style (Histoire du), 226 et suiv.
Styles divers, 226, 227; — figuré, 245; — distingués par leurs qualités, 249; — et leurs défauts, 253; — énumérés, 254; — mieux sentis chez nous que chez les anciens, 254, 255; — fin, 256; — gai, 261; — poétique, 268.
Subjonctif présent, indique le même temps que l'optatif, 192; — a un sens plus ferme, 194, 196 et suiv.; — est soumis ordinairement à une règle de syntaxe, 199; — s'en écarte quelquefois, 200.
Substitutions, 490.
Suétone, 6, 13.
Suffixes, 474.
Syllabes orales ou nasales, 83; — claires et ouvertes, 82; — ou obscures et sourdes, 82, 83; — substantives (en chimie), 468, 474; — numérales, 474, 481; — qualificatives, 478, 479 et suiv.
Syllogismes, 402, 410; — se rapportent à dix modes seulement, ib.; — et à quatre figures, 411; — ne peuvent en tout prendre que dix-neuf formes, 412; — sont alors désignés par des mots techniques, 415, 416.
Sylvius ou Dubois, 22.

Synonymes accolés rejetés du langage, 210; — parfaits existent-ils dans les langues? 275, 279 et suiv.; — venus des mêmes mots un peu altérés, 280; — venus de diverses langues, 281; — venus de diverses racines, 282; — dans une signification restreinte, 286 et suiv.

Tacite, 2.
Techniques (Mots), sur les figures des syllogismes 396 et suiv. Voyez *Barbara, Celarent*, etc.; — (vers), 160, 395, 401, 403, 405, 409, 411, 412, 413, 415, 416, 417.
Technographes, 9.
Temps positifs ou certains, 198; et incertains ou hypothétiques, 198; — soumis à une règle de syntaxe, 199, dont ils s'écartent quelquefois, 200 et suiv.
Térence, 217.
Térentien, 67, 242.
Terminaisons sans importance pour l'étymologie, 120, 165; — doivent être réglées par la grammaire, 166; — *ique* et *eux* en chimie, mal appliquées aux acides, 463; — encore plus mal données aux oxydes, 465; — sont équivoques, 466; — supprimées, 481.
Theil (M.) Voyez *Ficker*.
Thénard (M.), 462, 470.
Théocrite, 244.
Théodecte, 5.
Thurot, 5, 20, 27; — s'est trompé sur Rob. Estienne, 27; — corrige souvent Harris, 40; — a trop élevé Condillac comme grammairien, 40, 41.
Tierce rime, 241.
Tite-Live, 235.
Touches de la voix, 84, 85.
Tracy (de), 44, 201.
Traductions des ouvrages anciens souvent lourdes et maussades, 264.
Trait d'union, 136, 138; — doit être maintenu dans les mots juxtaposés, 138; — et introduit quelquefois dans les composés, 139; — à droite ou accent grave, 134; — à gauche ou accent aigu, 134, 135; — double, ou accent circonflexe, 135.
Tréma, 136; — peut indiquer les consonnes qui se détachent des lettres voisines, ib.
Tropes, 227, 245.
Trouvères et troubadours, 237.
Tryphon, 9, 46.
Turgot, 344, 353.
Tyrtée, 233.

Valart (L'abbé), 13.

VALÉRIUS PROBUS, 13.
VARGUNTÉIUS, 12.
Variables (Voix ou voyelles), 85.
VARRON, 3, 13, 235.
VAUGELAS, 16.
Verbes en *er*, 163; — leur nombre, *ib.*; — divisés en cinq classes, 164; — en *cer* et *ger*, 166; — en *yer*, 167; — en *é-er*, 170; — en *c-er*, 172.
VERRIUS FLACCUS, 13.
Vers (Invention des), 3; — définis, 231; — hexamètre, *ib.*; — antérieurs aux hexamètres, 232; — élégiaques, 231, 232; — iambiques, 231, 233; — lyriques, 231, 234; — saturniens, 235; — latins, *ib.*; — rimés, 236; — français, 237; — blancs faciles à faire, 286, 343; — français réduits à six espèces, 292; — nains ou versicules, 293; — moyens, *ib.*; — d'une teneur ou indivis, 293; — à césure ou partagés, *ib.*; — (d'où vient l'harmonie des), 294; — de neuf syllabes, 294; — de onze syllabes, 296; — de treize syllabes, 297; — de quatorze syllabes; 298; — de seize syllabes, *ib.*; — à deux césures, *ib.*; doivent se succéder régulièrement, 300; — de quinze syllabes, 300; — de seize syllabes, 301; — (principe général des), 301; — mêlés et croisés, 302; — pairs et impairs, 304; ordinaires plus harmonieux que les inusités, 306, 307; — dépendent tous d'une certaine harmonie naturelle, 307; — épiques en français, 308 et suiv.; — alexandrin, héroïque, commun, épigrammatique, 313; — différent par la capacité de signification, l'harmonie, le mouvement rhythmique, 315 et suiv.; — baïfins ou métriques, 343; — imités mal à propos des vers latins, 347; — ne sont pas sentis quant à leur harmonie réelle, 356; — sont estimés en raison de la peine qu'on a prise pour les apprendre, 359; — rétrogrades, techniques, Voyez ces mots.
Versicules, 293.
VICTOR (Aurélius), 3, 4, 186.
Vieux poëtes français ou *Vieux poëtes*. Je désigne ainsi la collection publiée par Crapelet en 6 vol. in-8º (Paris, 1824) sous ce titre : *Les poëtes français depuis le douzième siècle jusqu'à Malherbe*, 68, 69, 102, 193.
VILLEHARDOIN, 102.
VOITURE, 101.
VIRGILE, 220, 221, 235, 244, 337, 340, 344, 353, 362, 365 à 369, 371 à 376.
Voix ou voyelles, très-nettes en français, 79; — ouvertes, 82, 84; — nasales, 84; — mobiles ou variables, 85; — fixes, 85; — en quelle proportion, 84, 85.
VOLTAIRE, 16, 35, 102, 149, 153, 177, 199, 203, 220, 223, 228, 287, 288, 294, 306, 323, 328, 329, 331 à 334, 336, 369, 421; — son orthographe, 52 et suiv.; — s'est trompé dans une critique de Corneille, 178, 181; — a fait une faute de français, 189; — s'est trompé sur les vers anciens, 369.
Vossius (Gérard), 4, 30, 363, 379.

WAILLY (de), 18.
WALZ (M.), 228, 230, 243, 251, 252, 253.
WEY (M.), 22, 24, 28.

XÉNOPHON, 259.

Y, doit se changer en *i* devant l'*e* muet, 169.
Y, datif ou attributif de *ce*, 143, 147; — s'applique quelquefois aux êtres animés, 149.

TABLE ANALYTIQUE.

GRAMMAIRE PROPREMENT DITE.

I. — Coup d'œil sur l'histoire de la grammaire, 1 à 50.

Origine de la grammaire, 1; — écriture, Cadmus, Prométhée, Cécrops, 2; — premiers vers, 3; — âge des philosophes, 4; — grammairiens d'Alexandrie, 6; — Apollonius Dyscole, 9; — grammairiens latins, 12; — grammairiens modernes, 14; — grammairiens originaux, 17; — seizième siècle, 22 à 29; — dix-septième et dix-huitième siècles, Arnault et Lancelot, 30; — Régnier-Desmarais, 33; — Dangeau, Buffier, 34; — Dumarsais, 35; — Girard, 36; — Duclos, 39; — Condillac, 40; — Beauzée, 41; — de Tracy, 44; — progrès de la grammaire des anciens à nous, 45.

II. — La bivocale oi, 51 à 74.

Exposition du sujet, 51; — l'orthographe de Voltaire n'est pas de lui, 52; — le digramme ai, 54; — a remplacé oi, presque toujours en respectant l'étymologie, 55; — et a bien distingué les deux sons, 57, 58; — le son primitif était ouè, 59 à 61; — objections malentendues, 62; — preuves d'autorité, 63; — preuves étymologiques, 66; — preuves d'harmonie, 68; — preuves de logique, 71; — conclusion, 73.

III. — L'harmonie matérielle du français, 75 à 89.

Sens ordinaire du mot harmonie, 75, 76; — définition, 77; — trois éléments de l'harmonie matérielle, ib.; — quantité, 78; — accent, ib.; — enclitiques en français, 79; — sons absolus d'une langue, d'où dépendent sa sonorité ou sa sourdeur, sa douceur ou sa dureté, 80; — aspiration, 81; — voix ou voyelles, 83; — articulations ou consonnes, 84; — conclusion, 88.

IV. — Les Gages touchés, ou Lettre sur les paronymes, 90 à 106.

Préliminaires, 90; — Exposition du sujet, 91; — ridicule, réticule, 93; — échecs, jonchets, 94; — spic et aspic, fasolet et flageolet, 95; — sonnet et sonnez, 96; — Corbulon, Crébillon, 98; — héros, héraut, 99; — Seine, Saône, ib.; — Casilin, Casinat, 100; — Angerville, Augerville, 100, 101; — pantalon, planté, pleinté, 101, 102; — écuyer, 103; — maréchal, 104; — pin, pain, croquer, 105; — peinte, pinte; plaine, pleine, 106.

V. — La Partie de dominos, ou la réforme de notre orthographe, 107 à 141.

Exposition du sujet, 107; — la partie, 108; — l'orthographe de l'*Appel aux Français* critiquée, 109 et suiv.; — fin de la partie, 115 ; — orthographe normale ou raisonnable, 116; — importance des lettres étymologiques, 117; — moyens à employer, 119 ; — lettres radicales, 120; — terminaisons, 126; — règles qui s'y rapportent, 126 et suiv.; — lettres nouvelles, 129; — signes orthographiques, accent, 133 ; — signes de quantité, traits à droite et à gauche, 134; — chevron, cédille, 135; — apostrophe, tréma, 136 ; — trait d'union, 138; — modèle de la nouvelle orthographe, 140 ; — conclusion, 141.

VI. — Relatifs et conjonctifs invariables, 142 à 162.

Énumération de ces mots, 142; — ce sont les cas de *ce* et *qui*, 142; — déclinaison française, 143; — subjectif ou nominatif, 144; — accusatif ou objectif, 145; — l'objectif ne répond pas exactement à l'accusatif latin, 146 ; — datif ou attributif, 147; — origine de ces mots, 148; *y*, 149; — *où*, 150; — ablatif ou génitif, 151; — complétif, 154; — remarques sur les diverses formes de ce cas, 156 ; — rapidité qu'elles mettent dans le discours, 159 ; — difficulté de cette déclinaison, 160; — conclusion, 162.

VII. — De l'orthographe de quelques verbes en *er*, 163 à 176.

Exposition du sujet, 163; — classification des verbes en *er*, 164; — préliminaires sur l'orthographe des verbes, *ib.*; — cette orthographe a été modifiée quelquefois, 165; — verbes en *cer* et *ger*, 166; — verbes en *yer*, 167; — verbes qui ont un *é* pour pénultième, 170; — verbes qui ont pour pénultième l'*e* muet, 172; — conclusion, 175.

VIII. — Du prétérit en français, 177 à 189.

Idée que les grammairiens se font du prétérit, 177; — elle est fausse, 178, 182; — exemples qui la combattent, 180; — véritable règle à ce sujet, 183; — applications, 184; — justification des vers de Corneille, critiqués à tort, 189.

IX. — De l'optatif français, 190 à 204.

Signification de ce mot *optatif*, 190; — l'optatif ne diffère pas du subjonctif par le temps, 191; — sa subordination à des passés ne prouve pas qu'il ait un sens passé, 192; — cette subordination n'est pas même réelle, 193; — la différence entre l'optatif et le subjonctif est toute modale, 197; — objection réfutée, 198; — distinction dans nos verbes des temps positifs et des temps hypothétiques, *ib.*; — Règle de syntaxe à ce sujet, 199; — exceptions, 200; — conclusion, 204.

X. — De la capacité de signification dans les langues, 205 à 225.

Opinion vague sur la beauté des langues, 205; — idée de beauté très-complexe, 205, 206; — moyen de l'apprécier dans les langues, *ib.*; — capacité de signification, ce que c'est, 207; — le discours tend à s'abréger sans cesse, 208; — par quels moyens, *ib.* et suiv.; — rejet des mots explétifs, *ib.*; — et des expressions inutilement allongées, 210; — et des formes inutiles, 212; — contraction des mots, 213; — manières de mesurer la capacité de signification des langues, *ib.*; — première méthode, 216; — deuxième méthode, 218; — application au grec, au latin et au français, 220; — résumé et conclusion, 225.

HAUTE GRAMMAIRE ou GRAMMAIRE SUPÉRIEURE.

XI. — Coup d'œil historique sur le style, 226 à 274.

Diversité des styles, leur origine et leurs diverses parties, 226 ; — formes harmoniques, périodes, 228 ; — vers grecs, 231 ; — vers latins, 235 ; — vers rimés, 236 ; — strophes des Grecs, 238 ; — strophes des Latins, 239 ; — strophes des poëtes chrétiens, *ib.* ; — stances, 240 ; — métriciens, 241 ; — figures de mots, refrains, 243 ; — style figuré, figures, 245 ; — rhéteurs, 246 ; — qualités du style, 249 ; — reconnues par les anciens, 251 ; — par les modernes, 252 ; — qualités habituelles, *ib.* ; — qualités accidentelles, 254 ; — style fin défini, 256 ; — les Grecs ne l'avaient pas, 257 ; — les Romains l'ont eu un peu, 260 ; — style gai, 261 ; — particulier à la langue française, et pourquoi ? *ib.* ; — les Grecs et les Romains ne l'avaient pas, 262 ; — les critiques n'y pensaient pas, 263 ; — explication de quelques passages latins, 266 ; — style poétique, 268 ; — présentait aux anciens une idée tout autre qu'à nous, 270 ; — conclusion, 274.

XII. — Au Gui l'an neuf, ou Y a-t-il des synonymes ? 275 à 291.

Vieilles coutumes conservées longtemps, 275 ; — chant du Gui l'an neuf à Saint-Maixent, 276 ; — y a-t-il des synonymes parfaits ? 279 ; — cas divers à examiner, premier cas, 280 ; — deuxième cas, 281 ; — troisième cas, *ib.* ; — autres exemples, 284 ; — dans quel sens il y a des synonymes parfaits, 286 ; — exemple de Racine et Voltaire, 587 ; — exemple de Bossuet, 288 ; — opinion de La Bruyère, 289 ; — conclusion, 290.

XIII. — Des diverses espèces de vers français, 292 à 307.

Opinion générale à ce sujet, 292 ; — division et classification des vers ; vers nains, 293 ; — vers moyens, *ib.* ; — vers à césure, *ib.* ; — considération générale et nouvelle des vers réels ou possibles, 294 ; — vers de neuf syllabes, *ib.* et 295 ; — vers de onze, 296 ; — vers de treize syllabes, 297 ; — vers de quatorze syllabes, 298 ; — vers en trois parties ou à deux césures, 299 ; — vers de quinze syllabes, 300 ; — vers de seize syllabes, 301 ; — vers croisés et mêlés, 302, 303 ; — Règle du mélange des vers de mesure paire, 304 ; — mélange de vers impairs, *ib.* et suiv. ; — conclusion, 307.

XIV. — La Bataille des livres, ou du vers épique en français, 308 à 340.

Préliminaires, et occasion de ce dialogue, 308 ; — mise en scène et exposition du sujet, 309, 311 ; — deux opinions contraires sur le choix du vers épique, 312 ; — raisons en faveur de l'alexandrin, 313 ; — sa majesté, 315 ; — le consentement des poëtes, 316 ; — raisons contre lui ; distinction dans les vers de la capacité de signification ; de l'harmonie, 317 ; — et du mouvement rhythmique, 318 ; — caractères généraux et dénomination nouvelle de nos vers, 319 à 321 ; — objections, 321 à 323 ; — réponse et réfutation, 323 à 329 ; — opinions de Lamotte et de Marmontel, 330 ; — comparaison du décasyllabe et de l'alexandrin, à la scène, 331 ; — et dans la narration, 332 à 338 ; — conclusion, 339.

XV. — Une Après-midi chez Andrieux, ou les vers métriques en français, 341 à 360.

Occasion de ce dialogue, 341 ; — naissance de la question, 343 ; — vers baïfins ou métriques, 344 ; — opinion de Mablin, *ib.* et 345 ; — opinion exagérée qu'on se fait de l'harmonie des vers anciens, 345 et suiv. ; — sentiment de Mablin, 350 ; — comparaison des vers métriques en latin et en français, 351 et suiv. ; — objections graves, 357 ; — conclusion, 360.

XVI. — L'Harmonie imitative, 361 à 379.

Différence de l'harmonie imitative et de l'onomatopée, 361 ; — exemples de cette harmonie, 362 ; — erreur de Rollin sur ce sujet, 363, 364 ; — objections contre son sentiment, tirées de notre mauvaise prononciation du latin, 365 ; — de notre façon de prononcer les vers français, 366 ; — des rejets ou enjambements, 367 ; — des élisions, 369 ; — des différents pieds, et du silence des grammairiens à ce sujet, 371 à 373 ; — des principes posés par les modernes, et démontrés faux par l'examen des poëmes, 373 à 375 ; — des préceptes sans cesse contredits par le fait, 376 ; — des mauvais produits de l'harmonie imitative, en français, 377 ; — conclusion, 379.

XVII. — La Pompe de Niort, ou le bon style, 380 à 392.

Exposition du sujet, 380 ; — pièce de vers récitée, 384 ; — jugements opposés sur cette pièce, 386 ; — discussion de ces jugements, 388 ; — conclusion, 392.

GRAMMAIRE APPLIQUÉE.

XVIII. — Le Revenant, ou les figures des syllogismes, 393 à 418.

Exposition, 393 ; — vers et mots techniques pour les figures des syllogismes, 395, 396 ; — vers rétrograde latin attribué au diable, 397 ; — consultation d'un revenant, 400, 401 ; — définition des syllogismes, 402 ; — division des propositions, *ib.* ; — lettres qui désignent leurs conversions et oppositions, 403 ; — converse et convertente, 404 ; — règle pour les conversions, 405 ; — division et équivaleur des propositions opposées, *ib.* et 406 ; — règle pour leurs transformations, 409 ; — quatre figures de syllogismes, 411 ; — signification des mots techniques, 413 à 415 ; — suite de ces mots, 415, 416 ; — exemples, 416, 417 ; — conclusion, 418.

XIX. — La grande cour Mazarine, ou les mots juxtaposés, en français, 419 à 450.

Introduction, 419 ; — usage fâcheux d'employer des mots tirés du grec, 422 ; — mots forgés d'après le grec, mauvais, 425 ; — ces mots, ainsi forgés, sont barbares et inintelligibles, 426 ; — mots juxtaposés, composés, dérivés, 428 ; — divisions des juxtaposés, 429 ; — mots juxtaposés remplaçant des dérivés grecs, 431 ; — formés d'un verbe, et règle à ce sujet, 432 ; — peuvent-ils entrer dans le style poétique ? 437 ; — exemples de l'emploi de ces mots ; termes usuels, 438 ; — termes des sciences physiques, 439 ; — adjectifs tirés de ces mots, 446 ; — termes des sciences morales, 447 ; — conclusion, 450.

XX. — DE LA NOMENCLATURE CHIMIQUE, 451 à 492.

La nomenclature des sciences appartient à la grammaire, 451 ; — insuffisance des chimistes qui ont fondé la nomenclature actuelle, 453 ; — § I. Partie critique, 454 et suiv. : — I. Dérivation grammaticale des mots, *ib.* ; — II. Imposition des noms généraux, 456 ; — III. Noms particuliers, 459 ; — IV. Noms méthodiques, 462 ; — conclusion du § I, 466. — § II. Partie méthodique, 467 et suiv. : — I. Idées préliminaires, *ib.* ; — II. Expression quidditaire, corps simples et composés, 468 ; — III. Radicaux composés, 472 ; — IV. Expression quotenaire, 473 ; — V. Radicaux composés ; expression quotenaire, 476 ; — VI. Expression des réactions principales, 478 ; — VII. Dérivation des noms généraux, 485 ; — VIII. Circonstances particulières, 487 ; — IX. Application immédiate du projet, 490.

Ouvrages du même auteur :

De quelques points des sciences dans l'antiquité (PHYSIQUE, MÉTRIQUE, MUSIQUE). 1 beau volume in-8°. Prix, broché.. 7 fr. 50 c.

Cours supérieur de grammaire. 2 volumes grand in-8°. Prix, brochés.................................... 15 fr.
<small>Ouvrage autorisé par le Conseil de l'Instruction publique.</small>

Histoire de la poésie française à l'époque impériale. 2 volumes grand in-18 de plus de 1000 pages.

Paris. — Typographie Panckoucke, rue des Poitevins, 8 et 14.

www.ingramcontent.com/pod-product-compliance
Lightning Source LLC
Chambersburg PA
CBHW051132230426
43670CB00007B/782